苍天呀苍天，我并不要知识，我并不要名誉，我也不要那些无用的金钱，你若能赐我一个伊甸园内的"伊扶"，使她的肉体与心灵，全归我有，我就心满意足了。

YUDAFU YU WANGYINGXIA

郁达夫与王映霞

许凤才◎著

人民出版社

目　　录

欲将沉醉换悲凉

辛亥革命的前夜,大约是 1910 年的深秋时节,美丽的西子湖畔,温馨的杭府中学里,时常会有两个相貌、性情和衣着都迥然不同的少年在徘徊吟唱,甚是引人注目。其中的"一个是身体生得很小,而脸面却是很长,头也生得特别大的小孩子",名曰徐志摩,海宁县硖石镇富商之子。"无论在课堂上或在宿舍里,总在交头接耳的密谈着,高笑着,跳来跳去,和这个那个闹闹,结果却终于会出其不意地做一件很轻快很可笑很奇特的事情来吸引大家的注意的。"然而让人惊奇的是,"头大尾巴小,戴着金边近视眼睛的顽皮小孩,平时那样的不用功,那样的爱看小说——他平时拿在手里的总是一卷有光纸上印着石印细字的小本子——而考起来或作起文却总是分数得最多的一个"。(郁达夫《志摩在回忆里》)

与肉色细白,锦衣玉食的徐志摩形成鲜明对比的另一位少年同学——个头矮小,"前额开阔,配上一副细小眼睛,颧骨以下,显得格外瘦削"。(《王映霞自传》)此乃富阳才子郁达夫,绰号"怪物"。相貌虽然不很阳刚,衣着也稍显粗糙和土气,既不善与人沟通交流,"说话也不大会说",但"做起文章来,竟也会得压倒侪辈"。尤其是旧体诗词的创作,"接二连三地在一册红格子的作文簿上写满了"。享誉东南半壁的《全浙公报》、《之江日报》和上海的《神州日报》,不断有其化名之作发表。

谁能料到,杭府中学的这一对"宝贝"——"顽皮小孩"和"怪物",十几年后,竟能在"五四"新文坛上声名鹊起,领一时之"风骚",重要的还是他们各自都演绎出了一场旷世绝伦的"爱情"悲壮剧。

徐志摩杭府中学毕业后，先是师从梁启超，尔后是留学欧美，再至故都主编《晨报副刊》，又到上海领衔"新月社"，并以一卷《志摩的诗》风靡大江南北，黄河上下。他的诗"在感情的宣泄、意境的营造、节奏的追求和形式的探究诸方面，都为后世留下了珍贵的启迪，体现其特殊的美学价值"。（《徐志摩诗全编·出版说明》）

正当徐志摩在京华新诗坛上一枝独秀、高歌猛进时，郁达夫在上海也同样是英姿勃发，笑傲黄浦江畔，畅怀十里洋场。

与徐志摩相比，郁达夫离开杭府中学后的经历稍微曲折些，先是辗转于之江大学预科、惠兰中学，尔后是回故乡索居独学，又漂洋过海到日本求学。1921 年与郭沫若等人在东京组织创造社，再至上海主编《创造月刊》，同年处女作《沉沦》问世。

《沉沦》是新文坛上的第一部白话小说集，一经出版，京沪等地，一时"洛阳字贵"。青年学生"对于他的热烈的同情与感佩，真像《少年维特之烦恼》出版后德国青年之'维特热'一样……"（匡亚明《郁达夫印象记》）许多人"效仿"着小说里主人公的衣着打扮和言行举止，故意装出一副忧郁的神态，以示对现实生活的不满和反抗。

杭府中学的"顽皮小孩"和"怪物"，不但在新文学创作上取得了辉煌成绩，名存史册，万古流芳，而且在打破封建婚姻枷梏，大胆地追求婚姻自主、自由等方面，也同样是轰轰烈烈，惊天地泣鬼神。

徐志摩与结发妻张幼仪离异后，先是与才女林徽因"热恋"了一阵子，继之便是发飙般的追逐京城名媛陆小曼。

对徐志摩的浪漫情怀和风流韵事，郁达夫不但理解，而且是真心实意地表示支持和赞颂。在《怀四十岁的志摩》里有言曰：

> 他和小曼的一段浓情，在他的诗里，日记里，书简里，随处都可以看得出来；若在进步的社会里，有理解的社会里，这一种事情，岂不是千古的美谈？忠厚柔艳如小曼，热烈诚挚若志摩，遇合在一道，自然要发放火花，烧成一片了，哪里还顾得到纲常伦教？更哪里还顾得到宗法家风？当这事情正在北京的交际社会里成话柄的时候，我就佩服服志摩的纯真与小曼的能敢，到了无以复加。记得有一次在来今雨轩吃饭的席上，曾有人问起我以对这事的意见，我就学了《三剑客》影片里的一

句话回答他:"假使我马上要死的话,在我死的前头,我就只想做一篇伟大的史诗,来颂美志摩和小曼"。

这里名为赞美徐志摩、陆小曼的伟大爱情,和勇敢的叛逆精神,实际上是夫子自道,所讲的情理又何尝不是他自己的切身体验呢?对"父母之命,媒妁之言"的包办婚姻,郁达夫也是深受其害的。1923年在《茑萝行》中借主人公之口所表白的一段话就是明证。

我十七岁去国之后,一直的在无情的异国蛰住了八年。这八年中间就是暑假寒假也不回国的原因,你知道么?我八年间不回国来的事实,就是我对旧式的,父母主张的婚约的反抗呀!这原不是你的错,也不是我的错,作孽者是你的父母和我的母亲。但我在这八年之中,不该默默的无所表示的。

后来看到了我们乡间的风习的牢不可破,离婚的事情的万不可能,又因你家父母的日日的催促,我的母亲的含泪的规劝,大前年的夏天,我才勉强应承了与你结婚。但当时我提出的种种苛刻的条件,想起来我在此刻还觉得心痛。我们也没有结婚的种种仪式,也没有证婚的媒人,也没有请亲朋来吃酒,也没有点一对蜡烛,放几声花炮……

是啊,有所爱而不能去爱,没有爱而又不得不去爱的婚姻,无疑,是对青年男女性灵的摧残,生命的吞噬。

郁达夫和孙荃婚后所承受的种种痛苦,以及理想幻灭后的悲哀,在他的小说、散文、诗词里多有流露。如在《一封信》里,说到"恋爱"一词时他感慨道:"我自见天日以来,从来没有晓得过什么叫做恋爱。运命的使者,把我从母体里分割出来以后,就交给了道路之神,使我东游西荡,一直飘泊到了今朝,其间虽也曾遇着几个异性的两足走兽,但她们和我的中间,本只是一种金钱的契约,没有所谓"恋",也没有所谓的"爱"的。

"五四"新文坛上,敢于抛弃世俗的理念,反抗包办的婚姻,热烈地追求爱情,徐志摩和陆小曼是开风气之先的,他们的结合如晴天霹雳,将一些传统的"卫道"士们震得晕天雾地,不知去向。

受徐志摩和陆小曼的影响和启发,郁达夫也决意跳出传统礼教的囚笼,不再逆来顺受做封建婚姻的牺牲品,要走属于自己的路,开拓婚姻自主、自由的新天地,使心灵得到真正的解放和超脱。《沉沦》中主人公的呐喊,表达的就是他的真实想法。

知识我也不要，名誉我也不要，我只要一个安慰我体谅我的"心"。一副白热的心肠！从这一副心肠里生出来的同情！从同情而来的爱情！

我所要求的就是爱情！

若有一个美人，能理解我的苦楚，她要我死，我也肯的。

若有一个妇人，无论她是美是丑，能真心真意的爱我，我也愿意为她死的。

我所要求的就是异性的爱情！

苍天呀苍天，我并不要知识，我并不要名誉，我也不要那些无用的金钱，你若能赐我一个伊甸园内的"伊扶"，使她的肉体与心灵，全归我有，我就心满意足了。

这赤裸裸的性饥渴、性苦闷的呼叫，是那个时代"新青年"们所共同的心声。

一代"诗哲"徐志摩觉悟了，勇敢地踏入了"禁区"，尝试了"爱情"的甜蜜果实，郁达夫紧步后尘，也很快在新文坛上掀起了"爱情"大战的滔天巨浪。1927 年 1 月 4 日，他在留日同学孙百刚的家里，碰上了梦中苦苦追求的情人——王映霞。

王映霞既是大家闺秀、名门千金，又是引领时代新潮的洋学生，年方二十，像一株含苞待放的牡丹，格外鲜艳美丽、楚楚动人。

郁达夫与她相识片刻之后，内心就激烈地冲动起来，在回家的路上，看着满街阑珊的灯火，忽然感到自己仿佛是在回顾生命的历程。过去的岁月，都如同在漫漫黑夜里的长途跋涉，虽然也曾有微光亮点的慰藉和温暖，但企盼和渴望的那璀璨闪烁的火花，却从没有真正出现过。

在他的眼里，王映霞既像一株出水的芙蓉，是那样的清纯，那样的苍翠欲滴，给人以精神，给人以力量。同时，她又像一朵春雨后盛开的牡丹，是那样的美艳绝伦，国姿天香，令人陶醉，使人无限遐想。

郁达夫醉了，真的醉了。

为了这株芙蓉，为了这朵牡丹，他使尽了浑身解数，展开了"如猛火电光"般的凌厉攻势，终于抱得佳人归。

屠家骐、张方晦在《飞去的诗人》一书里,论及徐志摩和陆小曼的感情世界和现实生活的关系时,有一段话讲的很是精辟透彻。

> 志摩深深地、深深地爱着小曼。他透过那两片理想的水晶似的深度近视镜片去看待爱情和人生,看到的是至高无上的、纯净的、诗意的、神圣的理想境界。其实这境界只是他自己心灵折光里的海市蜃楼。在那里,爱人是圣坛之上的神祇,永远带着启迪你心智的微笑,倾听你的祈祷,用她那永恒的温柔抚慰你的心灵,给你以无穷的愉悦和温暖……然而,一接触现实,当神灵被一个血肉之躯的女性所替代,神性的完美便消散了,接踵而来的是现实生活中许许多多令人烦忧、令人束手无策的问题……爱情是一个纽带,可以把两个人的心灵和身体联结在一起,却难以使他们的生活习惯、趣味爱好、人生目标一下子变得完全丝丝入扣。对现实生活抱着过于理想化的要求的人,就不可能不时时感到失望和遗憾了。

徐志摩的经历正是从云端坠入尘埃,而不能自救,最终消失在常常仰望的天空,结束了短暂的 36 岁的生命。

徐志摩走了,是那样的突然和无奈,给世人留下了太多的遗憾和思考。表面上看起来,他的英年早逝,纯属偶然的"天灾"所致,实际上这是与陆小曼的情感"走私"和腐化堕落的生活密不可分的。

无独有偶,郁达夫和王映霞婚后没几年,也很快出现了感情危机,最终是劳燕分飞,各奔东西。

王映霞贪图富贵,酷爱虚荣。是她逼着郁达夫将著作版权拱手相让,以至身无分文;是她唆使郁达夫离开如火如荼的革命斗争中心——上海,到宁静的山水间浅吟低唱;是她引诱郁达夫结交权贵,置身尔虞我诈的官场……如果没有她的种种行为,也就不可能导致郁达夫远赴南洋,以身饲虎。

再三连四地将郁达夫与徐志摩拉在一起相比较,其意是在说,"五四"新文坛上,高扬婚姻自主、自由大旗的郁达夫、徐志摩不但有着共同的文化教育背景和社会阅历,而且在情感世界和婚姻道路的选择上,也有太多的相似之处。

如果能将郁达夫和王映霞的爱情历程,婚姻之路探索个清楚,研究个明白,对同时代人,尤其是对鲁迅、郭沫若、徐志摩等心灵深处的窥视,还原历史的真实面貌等方面都将是大有裨益的。

黄浦江畔映彩霞

也许是历史的巧合吧！1911年，郁达夫告别初恋的故乡少女赵莲仙时，曾有一缕"水样的春愁"在心中荡漾，但伴随着岁月的流逝，这缕春愁很快就湮灭在了杭州的湖光山色之中，之后便是与第一任妻子孙荃的洞房花烛；15年之后，当他在广州依依惜别文坛新星、"红颜知己"白薇时，也有一缕淡淡的哀愁在心头缠绕，巧合的是，这缕哀愁，随着大上海灯红酒绿的闪烁，同样很快就消散得无影无踪，紧接着便是与第二任妻子王映霞的喜结良缘。

沙 漠 绿 洲

郁达夫与王映霞从一见钟情，迅速热恋，再到闪电式缔结良缘，这其中既有二人性格、气质、文化素养、家庭教育诸方面的因素使然，也有彼此生存空间危机等外力的作用，而更多的则是为波澜壮阔的时代浪潮所席卷激荡。

如果没有20世纪初叶风起云涌、气象万千的社会大变革、大动荡、大分化，他们二人相遇的机会是很少很少的，洞房花烛，同枕度春宵的可能性更是微乎其微。

先从郁达夫的经历说起。1926年的阳春三月，与郭沫若、王独清等创造社同仁应邀奔赴广州时，他确实是想在那里"改变旧习，把满腔热忱，满怀悲愤，都投向革命中去……"（郁达夫《〈鸡肋集〉题辞》）轰轰烈烈地干一番惊天动地,解救万千民众于水火的大事业,以期实现自己的人生价值和崇高理想。然而,广州也并非是革命者的天堂、人间理想的乐园,种种不如意,形形色色的卑鄙和污浊,也同其他地方一样触目可见,伸手可及,特别是以蒋介石为代表的国民新政府的倒行逆施,横征暴敛,更是使他感到痛心失望,幻想破灭了,一种难以言状的痛苦也随之而生。

虽不满于广州国民革命政府的倒行逆施,愤慨于蒋介石等新军阀的卑鄙污浊,但心灵深处并没有产生马上要离开的意思。因为这里毕竟是革命的策源地,人心向上,朝气蓬勃,各种新生事物如雨后春笋……这些都是旧军阀盘踞的北方所无法相比的,再加上生活相对安定,收入又丰,一时难以下决心远赴他乡另谋高就。促使他决计离开南国,重回上海主持创造社出版部,专做文学生涯的是成仿吾、王独清、蒋光慈等人的大力劝说和诱导。

创造社出版部是郭沫若、郁达夫、成仿吾等人苦心经营起来的,倾注了大量的心血和汗水。1926 年他们南下广州后,就将经营管理方面的诸项事宜全权委托给了周全平、潘汉年、叶灵凤等一批文坛新秀。平心而论,这一批"小伙计"确实是为创造社出版部的发展出了大力。冯乃超在《鲁迅与创造社》一文中对此曾有过很中肯、很公允的评价,说是他们的一番努力工作才"使整个创造社改涂了一番面貌……"

随着创造社出版部的日益发展壮大,周全平、潘汉年、叶灵凤等人相应地在新文坛上脱颖而出,名声也越来越大,渐渐地开始不满足于"小伙计"的角色,想发出自己的声音,建立自己的出版阵地,标榜自己的旗号,于是乎,头脑一热,未征求郭沫若等人的意见,几个人一商量,便创办了一种小型周刊,名曰《A11》。这是一种四开八面的小报。刊名看起来很奇怪,很深奥,实际上并没有寄寓什么深意,只不过是当时出版部所在地址的门牌号码而已。

每期刊物,除有 1 个版面是专门刊载书刊的广告外,其余 3 个版面大多刊登的是政论和杂文。"泼妇骂街"式的社会短评大都出自潘汉年的手笔。像在教育界、学术界和新文坛上大名鼎鼎的胡适以及因主编《性史》名声大噪、风云一时的张竞生等,都是经常被《A11》攻击嘲笑的对象。

《A11》新颖的形式和嬉笑怒骂的文风很快受到读者的普遍欢迎,但终因锋芒太露,言辞激烈,触动了统治阶级的神经,为反动当局所不容。出版了5期之后,便被上海宪兵司令部以没有"登记备案"为借口,禁止出版发行。

不甘寂寞的"小伙计",在《A11》停刊不久,又创办了新的代言刊物《幻洲》,继续摇旗呐喊,以此来发泄心中的不平和愤怒。

正当这一班"小伙计",擎着创造社的大旗,顺乎时代的潮流,一往无前的开拓革命文学新领域时,却不幸招来了杀身之祸。1926年8月7日,上海淞沪警察厅突然派人查封了创造社出版部,并捕去了值班的戈仲平、成绍宗、叶灵凤、周毓英等人。后来经过多方营救,被捕去的4人放了回来,遭封的大门也得到了重新启封,但此次打击,既给"小伙计"们的心灵带来了巨大创伤,同时也埋下了日后创造社元老与他们分道扬镳的种子。

在广州的创造社元老们,对在上海主持创造社出版部工作的"小伙计"早就心怀不满了。一是不满他们私自编印小刊物胡言乱语,四处捅娄子;二是怀疑他们账目不清,公饱私囊。再加上这场几乎断送创造社出版部前程的横祸,更加剧了彼此间的矛盾和误解,甚至到了一触即发的境地。而且,广州这边已很明确地要求郁达夫去上海进行整顿。

广州方面整顿创造社出版部的计划和行动,郁达夫在《劳生日记》、《村居日记》里多有记载。1926年11月17日的日记是:

> 仿吾要我去上海,专办出版部的事情,我心里还没有决定,大约总须先向学校方面交涉款子,要他们付清我的欠薪之后,才能决定。接上海蒋光赤来信,他也是和仿吾一个意见,要我在上海专编《创造》,作文学生涯,然而我心里却很怕,怕又弄得精穷。

这则日记说明,创造社的元老们这时已经不能容忍上海的"小伙计"再继续他们的"幻洲"梦了,并已开始付诸实施整顿计划。

对成仿吾等人的提议,郁达夫是心存疑虑的,并没有马上表示接受。过了几天,大伙见他没有任何回上海的迹象,就请与他关系甚笃的成仿吾再度进行劝说。1926年11月21日,他的日记是:

> 午前仿吾自黄浦来,要我上东山王独清那里去等他。等到十一点钟,他来了。大家谈了一些改组创造社内部的事情。创造社本来是我和资平、沫若、仿吾诸人惨淡经营的,现在被他们弄得声名狼藉了。大家会议的结果,决定由我去担当总务理事,在最短的时间内,去上海一

次,算清存账,整理内部。我打算于二礼拜后,到上海去一趟。现代青年的不可靠,自私自利,实在出乎我意料之外,我真觉得中国是不可救药了。

自此,郁达夫辞去广州的教职,回上海整顿创造社出版部的事已基本决定,而且行程也大致有了安排。

广州方面的决定很快传到了上海,遂引起了"小伙计"们的极大不满,不久,郁达夫便收到了周全平的信,信中多是不敬之语和一些诬蔑不实之词,令其十分的不快。1926 年 11 月 27 日,他这天的日记是:

> 途中遇仿吾,就同他上清一色去吃午饭。席间谈创造社出版部的事情,真想得没有办法。人心不良,处处多是阴谋诡计,实在中国是没有希望了。这一批青年,这一批天良丧尽的青年,真不晓得如何才能改善他们。
>
> ……
>
> 晚上见了周某的信,心里又气得不了,他要这样的诋毁我,不晓他的用意何在。

双方既然到了水火难以相容的地步,郁达夫也别无选择,只有义无反顾地奋勇而前行了,1926 年 12 月 27 日抵达上海,稍事休息,即按原定计划去创造社出版部进行整顿改造。1927 年 1 月 6 日的日记云:

> 有人来访,谈创造社出版内部整理事宜,心里很不快乐,总之中国的现代青年,根底都太浅薄,终究是不能信任,不能用的。
>
> 吃饭后去创造社出版部,又开了一次会,决定一切整理事情自明朝起实行。

因未来上海之前,创造社元老已对"小伙计"们抱有成见,心存不满,所以,郁达夫来上海后便处处感觉到他们所作所为都不顺眼,其言语也多不入耳。1927 年 1 月 11 日的日记是:"在出版部里,又听到了一个恶消息,说又有两三人合在一处弄了我们出版部的数千块钱去不计外,还有另外勾结一家书铺来和我们捣乱的计划。心里真是不快活,人之无良,一至于此。我在出版部里等候了好久,终没有人来,所以于五点前后,郁郁而出,没有法子,只好去饮酒。喝了许多白干,醉不成欢。"

这里所言的"小伙计"勾结一家书铺来和他们进行捣乱的"计划"实属

误传，具体情况是这样的。

郭沫若、郁达夫、成仿吾等人南下广州后，周全平、潘汉年、叶灵凤等"小伙计"，虽身处繁华喧闹的大上海，但感觉"却比行走在茫无边际的大戈壁中还觉得无聊寂寞"。茶余饭后，一商量便在创造社出版部之外又成立了一个小组织，名曰"幻社"。主要活动有两部分：

一是编辑"幻洲丛书"。以叶灵凤、周全平为主，仰仗光华书局为印刷发行的平台。如叶灵凤的小说集《女娲氏之遗孽》、《鸠绿媚》，周全平的《苦笑》，戈仲平的《海夜歌声》，金满城的《我的女朋友》，洪为法的《长跪》等都曾列入丛书之内。丛书一式的36开本，毛边而横排，装帧设计均出自叶灵凤之手，不仅封面非常的漂亮，就是书中的环衬、扉页等，亦都相当讲究。

二是创办《幻洲》半月刊。内容分作上下两部。前者为"象牙之塔"，由叶灵凤主编，专载纯文艺的作品；后者为"十字街头"，由潘汉年主编，主要刊登短小精悍的评论随笔。

尽管"小伙计"们曾在《洪水》上登出启事，说"幻社"与创造社无任何瓜葛，但人们还是把它看作是分支机构。这样也就很自然地引起了"元老"们的不满，都以为他们在怠工，搞小组织。再加上"年终时局不靖，创造社被封了一次以后，风鹤时惊，弄得一般办公者，无心专业，所以结算下来，却只够开销伙食。"（郁达夫《创造社出版部的第一周年》）

鉴于上述原因，郁达夫从广州回沪后，未经深入细致地调查研究，武断地将周全平、潘汉年逐出了创造社出版部。

此番举措，首先引起了叶灵凤的愤愤不平，以为郁达夫仅凭道听途说之言，下马伊始，就全盘否定了他们为创造社出版部在上海的发展壮大所作的努力和立下的汗马功劳，一见面便话不投机，不欢而散。郁达夫1927年1月12日的日记曾记录下了这一幕。

> 酒后又去创造社，和叶某谈判了一两个钟头，心里更是忧郁，更觉得中国人的根本的卑劣……

这里所言的"叶某"，指的就是叶灵凤。

周全平、潘汉年等人与郁达夫没有什么私交，与之进行抵阻尚情有可原，而素有其私淑弟子之称的叶灵凤，也为整顿之事与他反目为仇，这不能不令他十分震惊和悲哀。

叶灵凤,南京人氏,1905 年生,在上海读美术专科学校时与创造社元老们认识,自称与郁达夫的关系乃在师友之间。他在《达夫先生二三事》中曾意味深长地回顾了郁达夫对他的"厚爱"和关照。

　　……我那时也住在民厚南里叔父的家里,晚上在客堂里"打地铺",白天背了画箱到美术学校去学画,下课回来以后,便以"文学青年"的身份,成为达夫先生那一间前楼的座上客了。他是不在家吃饭的,因此,我们这几个追随他左右的青年,照例总是跟了他去上馆子。他经常光顾的总是一些本地和徽帮的小饭馆,半斤老酒,最爱吃的一样菜是"白烂汙",所谓"白烂汙"。乃是不用酱油的黄芽白丝煮肉丝。放了酱油的便称为"红烂汙"。我记得有一次到江湾去玩,在车站外面的一家小馆子里歇脚,他一坐下来就点了"白烂汙",可见他对于这一样菜的爱好之深。

另外,据叶灵凤在《我的藏书的长成》一文回忆,他收藏书籍的"最初的胚芽",也是郁达夫培育的。他的散文和小说很明显带有"郁达夫式的笔调"。

彼此就是这样一种亦师亦友的关系,也因郁达夫对创造社出版部的"整顿"产生了不同意见,继而"反目"为仇。

广州的教职辞去了,上海的整顿又不顺利,真是进退维谷,心如枯井,下一步棋该如何走,就连他自己也不清楚。王映霞的出现,则使他柳暗花明,再放异彩。

郁达夫与王映霞相识是在他到上海后的第二十一天。

初到上海时,虽为整顿创造社出版部的事弄得焦头烂额,苦不堪言,但在稍为闲暇之际,他仍忘不了到书店去转悠转悠,苦中寻乐,借机消愁。所去的书店,除四马路上的中国古旧书铺和专卖新文化书籍的小店外,最多的则是日本友人内山完造经营的内山书店。是在这里,遇上了他和王映霞的红线牵引者——孙百刚。

孙百刚,杭州人氏,1921 年东京留学时与郁达夫相识。二人相处虽仅一年有余,却十分相知,来往也很密切。后来随着各自的回国谋生,关系也就渐渐疏远了,但相互都没有忘怀,也不时地留心于对方的行踪。

1927 年初,孙百刚暂住上海期间,为编一部书稿的事,常到北四川路底的内山书店去买书或看书,就这样,与多年不见的老朋友不期而遇了。对这次巧遇,孙百刚在《郁达夫外传》里有过详细记载。

> 当时我为了编务上的需要,常到北四川路底内山书店去买书或看书。有一天上午我踏进内山书店的店堂,就听见有个极熟的口音在那里和内山说日本话,是一种忧郁的带着鼻音的声调,使我脑海中立即出现了多时不见的达夫的面影。"是他,一定是他。"我三脚两步走到里面账台边一看,果然是达夫。

两位老友数年不见,猛然间异地相逢,喜悦之情是不言而喻的。精明强干,而又人情味十足的老板内山先生目睹此情此景也很感动,"索性关照伙计沏了两杯茶出来",以便让他们畅怀叙旧。孙百刚在《郁达夫外传》中回忆当时的情景道:

> ……我和达夫坐下,细谈别后种种。从他在广州中山大学的事情,一直谈到最近险恶的时局,以及若干朋友的升沉。知道他这次来沪是为了创造社事务,不久还要到北京去。我也告诉他我婚后的情形和现在替某书店编书的经过。后来他问清楚了我的地址,约定日内来看我。

郁达夫是个很重情义、守信用的人,言必行,行必果,一点也不虚伪,更不会逢场作戏。说日后要去看孙百刚,也就真的如约而行。在内山书店相见大约一个星期后,他的身影便出现在马浪路尚贤坊孙百刚夫妇下榻的寓所。而就在这里,他发现了自己梦中追求多年的理想佳人——王映霞,并踏上了苦苦追求的漫漫征程。

王映霞,原姓金,名宝琴。1907 年出生在杭州城内一家破落的盐商大家庭里。祖父金沛珊,一生既未做过官,又没干过幕僚,也没有到商场里去驰骋过,坐享祖上遗留下来的丰厚资产。在他手里,上几代人辛辛苦苦挣下来的庞大家业,日渐衰微,几近破产。父亲金冰孙,虽"是个很有气度的男子汉,一直想自立门户,不依靠爹娘"。但终因资质平平和诸多条件所限,学问、事业、仕途都未能有所成就,更没有带领风雨飘摇的大家族走出颓败、衰亡的困境。

因家境富裕,又是世代书香,王映霞自幼便受到良好的家庭和学校教育。七八岁读私塾,两年后便开始了正规的、新式的小学教育,直至师范毕业。

在十余年的求学读书生涯中,对王映霞影响最大,甚至说决定并改变她一生命运的,恐怕还是那3年的女师生活。

1923年秋季高小毕业后,根据对家里的经济状况以及学校的教学质量、校风和毕业后去向等方面因素的综合考量,征得外祖父的同意,她决定投考浙江省立女子师范,并以较高的分数被录取。

浙江省立女子师范是经过改造的一座极大的旧式花园,假山流水、亭台楼阁,处处呈现出古色古香。在这里,她接触到了"五四"新文学,知道了鲁迅、郭沫若、郁达夫等新文学的拓荒者,耳目为之一新,思想感情、人生观、价值观也随之发生了质的变化,并为她以后人生道路的选择打下了坚实的基础。对在女师所受的教育和启迪,以及她与鲁迅、郭沫若、郁达夫等人的作品接触时的情感,她在《王映霞自传》里有过很客观、真实地描述。

我们的语文老师是北京大学文科的毕业生。他常将"五四"以后的许多文学作品扯进课本去结合着讲解,使我们接触到这许多新的、以前不知道而正想探求的知识,因而更增进了对于这一位老师的尊敬和崇仰。从此在我们的课堂里和寝室里,增添了不少正流行着的新小说。冰心、鲁迅、郭沫若、郁达夫等作家的名字,也时常会在谈话声里听到。

我读完了鲁迅的《彷徨》和郁达夫的《沉沦》。对于鲁迅是人类的斗士和民族的精英的提法,实在还不够理解,只看出了他的笔法很坚很健;至于《沉沦》里的大胆的描写,觉得有些怕看,有些难为情,因为和我这时的实际生活,不相符合。有一种似真似假的猜想,我的意念中也曾动过不少疑虑。后来又接触到了郭沫若的《女神》等新诗,我只热爱诗中那些新词儿和新的体裁,至于内在意义,还相当模糊。不过在作文中,自己也曾以极幼稚的笔法来模仿过。读到《少年维特之烦恼》,主人公的专情痴情,以及两性间细致的心理描写与分析,却无端地引动了我不少愁怀。在求知欲极旺盛的当年,和这许多新书一接触之后,便对于每一个作者的形象都产生了一些想象。而同学中,则常常传说某一个作家来过西湖,住在西湖的什么地方,或者哪一个作家的什么亲友,在我们学校的哪一班读书。

私塾也好,新式学堂也罢,这只是接受教育的一个方面,与之相比,家庭教育对她的影响,也同样是至关重要的。就她的记忆所及,家庭教育及社会环境对她的影响,主要来自外祖父王二南。

王二南,杭州的硕儒名士。清咸丰三年生,自幼聪慧,博闻强记。12 岁时为宁德县主官汤四如所赏识;16 岁为浙江省学政史徐寿蘅所拔擢;19 岁时补廪生,可谓是少年得志,平步青云,前途不可限量也。就在他春风得意,心高气盛,踌躇满志时,却因 21 岁科考那年母亲的一场大病,陡然间改变了命运,从此潦倒。10 年之内,先是丧母丧父,继之是托人经营的数家钱庄同时倒闭破产,"更因给嫁海宁查氏以四妹之故而倾家,甚至弄得饘粥不继,不得不依敷文,崇文,紫阳,诂经精舍,学海堂等五个书院的膏火收入以自活……"(郁达夫《王二南先生传》)

尽管苍天不保佑忠良,将一连串的灾难、祸患都降临到少年才俊王二南的身上,但他仍不改青云之志。用郁达夫在《王二南先生传》中的一段话说就是:"先生的技艺,样样都能和专家比甲乙;自写字,刻金石,仿谜语,唱道情起,一直到缝衣补袜,制印泥,种花木,为小孩子们做玩意儿止,总件件都做得非常出色。"

王映霞有这样一个外祖父在身边朝夕相处,耳提面命,自然是既幸福,又受益。据她在《王映霞自传》中回忆说,童年时到外祖父家走亲戚,是一生中最快乐最惬意的时光。

也许是王二南太钟爱王映霞了,就在她快要初级小学毕业的时候,突然向她的父亲提议,希望将其宝贝女儿过继到王家。自此,她便由金宝琴改名为"王映霞"。

在外祖父的精心呵护下,她像一棵小树苗要风有风要雨有雨,阳光充足,泥土湿润,气候温和,一天天茁壮成长起来。至 19 岁浙江省立女子师范毕业时,已出落成了一株于国有利,于家有益的参天大树了。

1926 年盛夏来临之际,经过十多年的寒窗苦读,终于学业有成,浙江省立女子师范毕业后,在外祖父和母亲的默认同意下,她孑身去温州教书,开始了新的人生旅程。

在温州教书期间,她结识了郁达夫的留日同学孙百刚。

王映霞与孙百刚相识并一同逃难和避居上海的经过,她在《王映霞自传》里有过表白。

一九二六年的年终,大革命的浪潮汹涌澎湃,影响到了温州,一时传说纷纭。有说要马上封锁海口，又有说学校快将停课停火，每天都有不同的消息传来。我究竟还是一个未经风霜的女孩子，听这听那，把那游子思乡情感浮动了起来。

在这种情形下，有两条道路可供选择：一是趁着战火还未燃烧到这里时，立马打道回府，以免陷入动乱，颠沛流离，朝不保夕；二是静观其变，与一位经验丰富、年长的，且又信得过的同事一同进退，好相互照应。前者是于己有利，遇事有主动权；后者于事业有利，不授人以胆小如鼠、临阵脱逃的话柄。王映霞刚踏入社会，第一次遇上兵荒马乱的岁月，审时度势，选择了后者。但为了慎重和保险起见，在作出此决定的当时，就去找了孙百刚夫妇商量下一步的行动方案。

原来王映霞来温州不久，就通过浙江女师的日文老师林本侨与在高中教书的孙百刚认识了。在闲谈中，她不但知道孙百刚是杭州老乡，而且还得悉他的父亲和自己的外祖父是多年的莫逆之交。无形中又将二人的关系拉近了一层。同时外祖父在来信中还曾一再叮嘱，倘遇着什么问题需要就近解决时，可找孙百刚商量，他会帮忙的。

孙百刚是世家子弟，不但在杭州，就是在上海等大城市也有不少人缘。温州的道尹张冷僧就和其父有着非同一般的关系。孙到温州任教后，曾多次到道尹府上做客。

王映霞找到孙百刚，表示愿意和他们夫妇一同进退，而孙百刚出于对王映霞负责，也欣然答应了她的请求。

克服了千难险阻，排除了万般忧患，王映霞、孙百刚一行总算逃离了战火纷飞、风云骤变的温州城，来到了一时还算安宁的东方明珠——上海。他们一行初到上海时的生活情景，王映霞在她的自传中有描述。

　　到了上海之后，我跟随孙氏夫妇一同住进了旅馆。住定之后的首要大事便是探听驶往杭州的火车究竟开行不开行，又写了一封快信给祖父。很快祖父的复信来了，说火车还是乱糟糟的，还不如随同孙家暂时住上海再说。于是我和孙家商议，说是长住旅馆既不舒服且又多花钱，倒不如找一间房子住下再说。好在孙氏夫妇早就把我当作了自己人。我们就一起在白来尼蒙马浪路（今名马当路）的尚贤坊四十号内，租定了一间前楼，又向朋友们借来了一些床桌应用之物，住了下来。

　　我对于孙百刚先生，始终以长一辈的世伯事之，平时不必要的话，对他不多讲。孙师母因为与我年龄相差无几，性情又很柔和，在生活起居中，常把我当作她的妹妹来看待。烧茶煮饭等家务，当时我完全是外行。比如叫人拆洗了棉被，我就无法再缝起来。她却不声不响地帮着我做，有时还向我打趣地说："家务还是应该自己学着做，省得将来有了家庭，只是依靠佣人，是很不方便的。"

　　我和他们住在一起，无论谁家有亲友来访，大家都不分彼此同样接待。出门也彼此一样。到上海没几天，附近的几条马路，我渐渐地熟悉起来了。虽然已近岁尾年头，而自己也还在他乡做客，在残年急景里，我也居然没有感觉到寂寞。

　　正是因为与孙百刚夫妇有着这种熟不拘礼的亲密关系，所以王映霞才对来访他们夫妇的朋友，都视作了自己的朋友，毫无陌生、隔阂之感。她和郁达夫就是在这样一种氛围里相识并相恋的。

　　郁达夫在上海首次登门拜访孙百刚，是 1927 年 1 月 14 日。这一天是一个难得的好天气，风轻云淡，阳光明媚，正可谓是"晴暖如春"。

　　为整顿创造社出版部的事，他与一班"小伙计"闹得一直不痛快，其心情也同当时的天气一样，沉沉如阴，郁闷非常。遇到"晴暖如春"的艳阳天，心情也自然舒畅了许多。办完了几件应办的急事，稍得空闲，便想到了数日前在内山书店碰到的留日同学孙百刚来，两只脚也随之迈向了他寓居的马浪路尚贤坊 40 号。

　　因孙百刚已视王映霞为自家人，所以，向郁达夫介绍完夫人掌华后，极其自然地便将王映霞也一同做了介绍。

　　郁达夫是经过风雨，见过大世面的人。尤其是对女性的熟知和认识程度，在同时代的作家中是无人可比的。换句话说就是，无论是雍容华贵的大家闺秀，抑或是锦心绣口的小家碧玉，再或是行云于庙堂之上的知识女性，或出入里巷旷野的乡村少女，他都不陌生，甚至有许多还曾相爱过。然而，无论是哪个层次的女性，让他一见就怦然心动，情不自禁的还未曾有过。是王映霞，唯有王映霞才有这么大的魅力。

　　与王映霞相识后的三言两语，或者说是片刻之后，他的心中似乎已激烈地冲动起来，同时一个理念也清晰地在脑海里形成，眼前的这位少女将是他生命历程中的一个重要驿站或港湾,自己后半生的命运将与她紧紧相连,幸福也好,悲苦也罢,恐怕在很大的程度上将取决于这位少女的态度和情感。仿佛又回到了少年时代,怎么也不能控制住胸中奔腾的热流激浪。

按常理讲,初次登门拜访老朋友,理应有朋友做东小酌几杯,以叙旧情,孙百刚有家眷在此,更应该是这样,而孙氏夫妇也执意这样。但郁达夫却一反常态和常理,无论如何要由他来做东,而且一定要在大饭馆里请他们3人。孙百刚在《郁达夫外传》里描述的很是细微。

随便谈了一阵,我看已快到吃中饭的时候,关照掌华去预备酒菜。不料达夫站起来拦住掌华:

"孙太太,你不必客气,我今天特诚来邀你们出去吃饭的。在上海,我比百刚熟些,应该让我来做个东道主。"达夫一只手拿着呢帽,做着手势,要和我们一起同去吃饭。

"既来之,则安之,今天就在此地便饭吧。附近有家宁波馆子,烧的菜还不错,去喊几样很便当的。"我要达夫重新坐下。

"不行不行,今天我是诚心诚意来请你们两位及王小姐的,我现在去打电话,喊汽车去。"达夫边说边向门外跑去。

"达夫!等一等。即使要去也要让她们换换衣裳。"我看上去没有方法拒绝了,只好这样说。

"好的好的,反正晨光还早,请孙太太王小姐慢慢地收拾起来。"达夫回身走到隔壁的韵逸的房间去和韵逸招呼了。

等达夫走后,掌华和映霞同时对我说:

"我们不去,还是请郁先生在此地吃便饭算了。"

"我们要是一定不去,他要不开心的。大家是老朋友,没有关系的。你们赶快打扮起来吧。"我反而代达夫邀她们了。

"有什么打扮呢?就这样去好了。"掌华随便地说。

"孙先生,我想不去了。你和孙太太两人去吧,我觉得不好意思的。"映霞从来没有这种忸怩的样子。

"有什么不好意思呢?你莫非还怕难为情吗?不要耽搁时间了,快些换衣裳吧。"映霞被我一催,预备化妆。我也到韵逸房中去谈天。

不久,她们衣裳换好了。今天映霞似乎特别出色,一件颜色鲜艳的大花纹旗袍，衬托出发育丰满的匀称身材，像是夏天晨光熹微中一朵盛开的荷花，在娇艳之中，具有清新之气。

"嗬！王小姐，真漂亮！"那时才十四、五岁的韵逸的弟弟，对她开玩笑。

"喔唷，小弟弟！你真调皮啊！"映霞旋转了头，向各人扫了一眼，似嗔非嗔地说。

"你们等一等，让我去喊汽车。"达夫的神情特别兴奋。又向着韵逸说："赵先生，你和令弟也一同去，大家都是熟人，不必客气。"

"我下午还有课，谢谢！"韵逸推辞着。

达夫那天不但很开心，而且特别周到，还拿出一张名片插在剑华锁着的房门上，就匆匆跑向楼下去。

"何必如此忙，为什么一定要喊汽车？你预备到什么大饭店请我们这班贵客吗？即使要坐汽车，也只要大家一起走出去，弄口不就是汽车行吗。何必一定喊到公馆门口，排场十足呢！"我追出去，在扶梯口朝下对达夫边笑边说。同时，招呼映霞、掌华，别了韵逸一同下楼。

从上述的一系列举动来看，郁达夫确实是处在十分高亢昂奋的状态之中。他不但在南京路上有名的"新雅"饭店请孙氏夫妇和王映霞饱餐了一顿美味佳肴，而且余兴未尽，又用黄包车拉他们到"卡尔登"电影院看了场电影。

电影之后，他仍是兴致勃勃，没有一点要分别的意思。见此情，孙百刚也来了精神，一不做，二不休，索性爽快一回吧！提议大家伙到南京路上转一圈后，共同到三马路的"陶乐村"吃夜饭，一醉方休。而这正是郁达夫所希望的。

从"陶乐村"吃完夜饭出来，已是华灯灿烂，夜色正浓的时分了。郁达夫差不多已有六七分的酒意了，醉眼朦胧，憨态可掬，坐在汽车上只有他一人海阔天空，东南西北的闲言絮语，而且越说兴致越浓。不知什么时候，他忽然用日语对孙百刚说道：

老孙！近来我寂寞得和一个人在沙漠中行路一样，满目黄沙，风尘蔽日，前无去路，后失归程，只希望有一个奇迹来临，有一片绿洲出现。

老孙，你看这奇迹会来临吗？绿洲会出现吗？请你告诉我！

——《郁达夫外传》

这里用的虽是小说家的语言，但它却道出了郁达夫当时真实的心境和心态。

听其言，观其行，孙百刚已很明了他所谓"沙漠"和"绿洲"的真实含义了。瞬间发生的这一切，实在是太突然，太猛烈了，一下子既转不过弯来，又不能马上接受，只希望老朋友是在"做小说"，所表白的都是小说中的故事和情节。

不管孙百刚如何去想，怎样去理解，眼前发生的这一切都是真实的。

与孙氏夫妇和王映霞分别后，看着满街阑珊的灯火，郁达夫忽然感到自己仿佛是在回顾生命的历程。过去的岁月，都如同在漫漫黑夜的长途跋涉，虽然也有微光亮点的慰藉和温暖，但他真正企盼和渴望的那璀璨闪烁的灯火，却从没有真正地出现过。此时，瞬间出现了他企盼、希冀已久的那盏明灯，禁不住热血沸腾，心潮澎湃。在当晚所写的日记里，已明白无误地宣布了他对王映霞的钟情和热"爱"。

> 从光华出来，就上法界尚贤里一位同乡孙君那里去。在那里遇见了杭州的王映霞女士，我的心又被她搅乱了，此事当竭力的进行，求得和她做一个永久的朋友。
>
> 中午我请客，请她们痛饮了一场，我也醉了，醉了，啊啊，可爱的映霞，我在这里想她，不知她可能也在那里忆我？
>
> ……晚上在出版部吃晚饭，酒还没有醒。月亮好极了，回来之后，又和华林上野路上去走了一回，南风大，天气却温和，月明风暖，我真想煞了霞君。

应该说，此时此刻在他的心里，是有一股熊熊的恋火在燃烧。虽然已经是结婚过的中年人了，但他并没有真正尝过恋爱的滋味，封建的旧式婚姻给他带来的只是精神上的痛苦和折磨，而那些用金钱买来的肉体只能满足一时的性欲，暂时麻醉其苦闷的心灵。他无奈，他彷徨，情似荒漠。王映霞的出现，正像久旱逢甘霖，沙漠现绿洲，他怎么不激动，怎么不欢呼雀跃。

郁达夫一见王映霞便倾心拜倒在了她的石榴裙下，而他也同样给王映霞留下了美好的印象。

她在晚年写的回忆录《王映霞自传》里，曾生动地记述下了他们首次相见时的情景。

一九二七年一月十四日（农历十二月十一日），午前十时前后，这是一个我无法忘去的日子和时刻。

从楼梯上突然传来了几声标准的杭州口音，随声喊着"百刚"，这就令我这个杭州人格外地注意起来。等到这一位来访者出现在我们的房门口时，孙先生一边招呼，一边给孙师母和我介绍见面。彼此坐定后，我就和平时一样，去后面倒了一杯茶出来，先端给了孙先生，然后再由孙先生端给这一位来客。刹那间想起刚才孙先生给我介绍的，是一个好像熟悉的姓名啊。这样一转念，我倒自然而然地在注意起他们的谈话内容来了。从什么稿子、什么书店的这些词句里，我又忽然回忆到在学生时代，曾看过一本小说名叫《沉沦》的，这一本书的作者，似乎就是刚才孙先生给我介绍的郁……达……夫。

他身材并不高大，乍看有一些潇洒的风度。一件灰色的布面的羊皮袍子，脚上穿了一双白丝袜和黑直贡呢鞋子。从留得较长而略向后倒的头发看上去，大约总也因为过分的忙碌而有好久未剪了。他前额开阔，配上一双细小的眼睛，颧骨以下，显得格外瘦削。我很快打量了这一番之后，便又留心着他们的谈话，才听出他是孙先生在日本读书时的浙江同学，新从广州来上海的……过了一会，我到隔壁房间去了。不几分钟，听见孙先生在招呼我，说郁先生邀我们一同出去吃午饭。我就很习惯地和他们一同去了。

年轻的女性们，大多都有崇仰名人的心理，王映霞自然也不会例外。

在血刃塞途，兵戈四起的年代，一人漂泊在外，王映霞的心情应该是很孤独寂寞的，也需要安慰和与外界的交流。于不经意间认识了既是新文学界的名流，又是杭州同乡的郁达夫，其激动和兴奋是不言而喻的。但这时，她对郁达夫还仅仅停留在"好感"和仰慕上面，其"情"意还尚未产生。

郁达夫第二次与王映霞相见，还是在孙百刚的寓所。

因没有初次相见时的拘束，再加上王映霞"生性活泼，爱说爱笑"，第二次再相见时都没有了陌生感。酒桌上推杯换盏，猜拳行令，闹得个不亦乐乎。郁达夫乘着酒兴，当场吟诗两首，以博大家的欢欣。

一

　　朝来风色暗高楼,偕隐名山誓白头。

　　好事只愁天妒我,为君先买五湖舟。

二

　　笼鹅家世旧门庭,鸦凤追随愧秽形。

　　欲撰西泠才女传,苦无椽笔写兰亭。

　　郁达夫出口成章,即兴赋诗的才情,风流倜傥的名士气质,也真的博得了王映霞的佩服。在酒桌上除不时地和他逗乐取笑外,还不断地给他斟酒添菜,殷勤有加。真的是让他心旌飞扬,热血沸腾,想入非非。

　　这次宴会有一点对郁达夫很重要,那就是得知了王映霞的生日,而且她的生日距今天只有10日的时间,无疑,这又给他创造了一个与王映霞相接近的机会,另外一点也不容忽视,那就是王映霞愉快地接受了在她生日那天送美酒一樽的请求。

　　这一切都是天赐良机;这一切都是美好的开端。

　　王映霞斟酒添菜的举止,以及答应郁达夫在她生日那天送美酒,欢聚一堂的请求,似乎在向他暗示着某些寓意,而他也仿佛从中读懂了一些什么,所以才在诗中感慨良多。

　　生辰是人生最隐私的东西,尤其是未婚的年轻女子更不能随便示人,能将自己的生辰报告给相识未久的男性,其"好感"的意味是不言自明的。对这一切,素有情场剑客英名的郁达夫焉有不知不明的道理。所以,在当天的日记里,他就浓墨重彩地记下了当时的感受和对未来美好前景的瞻望。

　　晚上至杭州同乡孙君处,还以《出家及其弟子》译本一册,复得见王映霞女子。因即邀伊至天韵楼游,人多不得畅玩,遂出至四马路豫丰泰酒馆痛饮。王女士已了解我的意思,席间颇殷勤,以后当每日去看她。王女士生日为旧历之十二月廿二,我已答应她送酒一樽去。今天是十二月十二,此后只有十日了,我希望廿二这一天,早一点到来。……荃君信来,嘱我谨慎为人,殊不知我又在为女士颠倒。

　　今天一天,应酬忙碌,《洪水》廿六期,仍旧没有编成功,明日总要把它编好。

　　王映霞女士,为我斟酒斟茶,我今晚真快乐极了。我只希望这一回的事情能够成功。

自 1927 年 1 月 14 日与王映霞相识之后,以后的数日内,几乎天天都要去孙百刚处,不是邀请他们出去逛公园,就是请他们到外边吃饭饮酒。

一向粗犷豪放、不拘小节的郁达夫,这期间的心却特别的细微,处处留意,事事谨慎,唯恐一不留神引起王映霞的不满,招来终身后悔。孙百刚在《郁达夫外传》中记述的一件小事就很能说明这一点。

郁达夫与王映霞相识后的第四天将近黄昏的时候,孙氏夫妇和王映霞正准备吃夜饭,郁达夫突然来了,而且手里还提着两瓶"王宝和"牌的太雕酒,气喘吁吁的,进门便喊道:"你们没有吃过饭吧? 我已经在弄口那家宁波馆子喊好几样菜,马上就可以送过来。孙太太! 这两瓶酒请烫一烫。"

老朋友来访,自带酒菜,既不合情,也不合理,作为主妇的掌华不得不嗔怪道:"喔唷! 郁先生,这是什么话,你来吃饭尽管请过来好了,何必买酒叫菜,蜻蜓咬尾巴,自吃自呢? 我们无论怎样穷,也不至于来个客人无肴无酒吧!"

一见掌华有点不高兴,郁达夫马上自我辩解道:"孙太太,你这样说使我难为情了。我因为时候不早,恐怕你们吃过饭,急急赶来,为简便起见,走过酒店就沽了酒,走过菜馆就喊了菜。我和老孙是老朋友,不拘任何痕迹的,请孙太太千万莫要介意。"

聪明伶俐,义善解人意的王映霞,见此景遂上前打圆场,替他解围。"郁先生恐怕在此地买不到好酒,所以特诚地到王宝和去买了酒来。"

从这个偶然间的小举动来看,王映霞似乎已对郁达夫有"意思"了,从情感上开始向他这方倾斜,自觉不自觉地在维护他的"面子"和尊严。

在家中吃饭和上馆子去吃,气氛截然不同。这一餐吃下来,使郁达夫和王映霞更加热络和亲切了。

孙百刚的判断不错,经过几次接触,郁达夫似乎已把握住了王映霞的脉搏,爱的力量也时时在增长。1927 年 1 月 16 日,他在日记中写到:

　　昨晚上醉了回来,做了许多梦。在酒席上,也曾听到了一些双关的隐语,并且王女士待我特别的殷勤,我想这一回,若再把机会放过,即我此生就永远不再能尝到这一种滋味了,干下去,放出勇气来干下去吧!

　　窗外面在下雪,耳畔传来了许多檐滴之声。我的钱,已经花完了,今天午前,就在此地做它半天小说,去卖钱去吧!我若能得到王女士的爱,那么恐怕此后的创作力更要强些。啊,人生还是值得的,还是可以得到一点意义的。写小说,快写小说,写好一篇来去换钱去,换了钱来为王女士买一点生辰的礼物。

爱情是人生飞速旋转车轮的润滑剂,是永不枯竭的力量源泉。这一点在郁达夫的身上得到了充分体现。正是因为他对王映霞的爱,和王映霞对他"爱"的暗示,他精神饱满,活力无限。这期间,除紧锣密鼓地处理创造社出版部的事务外,还写了一系列的论文。如 1927 年 1 月 17 日的日记云:"午前即去创造社出版部。编《洪水》第二十六期,做了一篇《无产阶级专政和无产阶级的文学》,一共有两千多字。编到午后,才编毕。"即使在如此忙碌的工作中,他的心仍在王映霞那里。"天又下微雨了,出至四马路洗澡,又向酒馆买小樽黄酒二,送至周勤豪家,差用人去邀王女士来同饮,饮至九时,醉了,送她还家,心里觉得总不愿意和她别去。坐到十点左右,才回家来。"

周勤豪系著名画家刘海粟的妹夫,上海艺术大学的校长,和郁达夫是很好的朋友,其夫人是个很爽直的女性,待人热情和蔼,甚是招人喜爱。郁达夫从广州回沪后,是他家的常客。

能邀王映霞到周家去饮酒,而王映霞又真的去周家赴约,彼此又都喝了个痛快。可见他们的关系又较前进了一程。

郁达夫一日不见王映霞,真的像隔了三秋,心里空荡荡的,没有一点着落,而见了面又不想离去,难舍难分。1927 年 1 月 18 日的日记便反映了他这种心态。

三四点钟,又至尚贤坊四十号楼上访王女士,不在。等半点多钟,方见她回来,醉态可爱,因有旁人在,竟不能和她通一语,即别去。

晚上在周家吃饭,谈到十点多钟方出来。又到尚贤坊门外徘徊了半天,终究不敢进去。夜奇寒。

相见时难别亦难,东风无力百花残。郁达夫活得真的是好苦好累。1927 年 1 月 19 日的日记,仍旧重复着这种复杂的情感。

天气真好极了,一早起来,心里就有许多幻想,终究不能静下来看书做文章。十时左右,跑上方光焘那里去,和他谈了些关于王女士的话，想约他同去访她，但他因事不能来，不得已只好一个人坐汽车到创造社出版部去看信札去。吃饭之后，蒋光赤送文章来了，就和他一道去访王女士。谈了二个钟头，仍复是参商咫尺，我真不能再忍了，就说明了为蒋光赤介绍的意思。

午后五点多钟和蒋去看电影。晚饭后又去王女士那里，请她们坐了汽车，再往北京大戏院去看 elinorglyn's beyoud the rocr 的影片。十一时前后看完电影片出，在一家小酒馆内请她们喝酒。回家来已经是午前一点多钟了。写了一封给王女士的短信，打算明天去交给她。

今晚上月亮很大，我一个人在客楼上，终竟睡不着。看看千里的月华，想想人生不得意的琐事，又想到了王女士临去的那几眼回盼，心里只觉得如麻的紊乱，似火的中烧，啊啊，这一回的恋爱，又从此告终了，可怜我孤冷的半生，可怜我不得志的一世。

茫茫来日，大难正多，我老了，但我还不愿意就此而死。要活，要活，要活着奋斗，我且把我的爱情放大，变作了对世界，对人类的博爱吧！

满天的阴霾，一脸的不快，又因第二天与王映霞的相见，便一扫而光，真的又是一个风和日丽的晴朗天空。

郁达夫也好，王映霞也罢，短短的五六天时间里，都为一个"情"字困扰得六神无主。

首先是郁达夫神魂颠倒，乾坤错乱，见人就想诉说"对于王女士的私情"，其心神也像初恋的少年一样"恍惚"不定。如当他听到王映霞将要回杭州的消息，顿时便觉昏天地暗，日月无光。"心里真沉闷极了。想放声高哭，眼泪又只从心坎儿上流，眼睛里却只好装着微笑。"

心里有所思，而在表情和行动上又不能有所显示，这实在是太难为人了。

而这时的王映霞，其心情也和郁达夫一样不好受。她这次到上海，纯粹是为逃避战乱而来的，与郁达夫等人的相识也完全属于偶然。转眼间，春节将至，而沪杭之间的交通也渐渐开始恢复秩序，客观上已迫使她不得不离沪返杭与家人团聚，喜迎欢乐时光。这一别，不知何时才能与上海的这一班子朋友相见，想到此，一种难言的苦衷禁不住涌上心来。当大家正"围炉喝酒"，欢声笑语时，她却一个人躲在被窝里暗暗抽泣。是郁达夫的到来，她才转涕为笑。

当郁达夫得知王映霞是为不愿和他分别而哭泣时，心里顿时感到十分的快乐，二三个钟头以前的那一种抑郁的情怀，顷刻间烟消云散。心里充满了爱的欢乐，脸上洋溢着爱的笑容，双脚敲打着爱的音符。一句话，爱占领了他整个的精神世界和生活领域。1927 年 1 月 20 日的日记就如是说：

啊啊！我真快乐，我真希望这一回的恋爱能够成功，窗外北风很大，明天——否否——今天怕要下雪，我到了这三点多钟，还不能入睡。我只在幻想将来我与她的恋爱成就后的事情。老天爷老天爷，我情愿牺牲一切，但我不愿就此失掉了我的王女士，失掉了我这可爱的王女士。努力努力，奋斗奋斗！我还是有希望的呀！

在这之前，无论是与富阳的少女赵莲仙，还是与日本的美貌女郎隆儿等，所谓的谈情说爱，恐怕都是青春呓语，唯有这一回与王映霞的相恋，他才真正找到了"爱"的感觉，甚至说已坠入情网不可自拔。

云 遮 雾 障

郁达夫热烈追求王映霞时，早已是儿女绕膝承欢了，且已届中年，长王映霞十多岁。从家庭，从年龄，从责任和义务，从道德，从社会舆论……总之，无论是从哪一方面，他和王映霞的这场恋爱都是为社会所不容的，也是极不应该的，所以，反对、阻碍的人就特别的多。而他们双方共同的好朋友孙百刚夫妇就是其中首先反对者之一。

孙氏夫妇认为，郁达夫早已是有家有室，儿女好几个的中年人了，其妻孙荃女士虽没有进过什么新式学堂，也不洋派，但却知书达理，亦诗亦文，相夫教子，十分贤惠，是乡间罕见的才女。若是将其弃之如履，真是太不公平了。

再之，站在王映霞的角度来讲，她正值豆蔻年华，刚踏入社会，不谙世事，不辨真伪，什么是友情，什么是爱情，尚分不清楚，硬要她去介入别人的婚姻生活，充当可耻的第三者，于情于理于义，都是难以让人接受的，更何况以她的年龄、学识、容貌以及家庭地位,完全可以找一个比郁达夫更为合适和优秀的夫婿。

鉴于此,他们对郁达夫痴迷王映霞的举动很是反感和不理解,甚至说在其初露端倪时就有所警觉。

正处于痴迷阶段的郁达夫,对孙氏夫妇的警示,一点也没有感觉到,仍我行我素,不请自到,从不隔天。有时还找个理由进行搪塞,实在无理由可寻时,便以"出门无知友,动即到君家"的唐诗来自慰。

有谁能知道,他心中的苦闷和愁绪,随着与王映霞的相识,不但丝毫未减,而且是与日俱增。有一天的夜饭后,他大概有点微醉的样子,两眼充溢着血丝,青筋突起,满面通红,用差不多要哭出来的声调对孙百刚言道:

> 我自己也不知道是什么缘故,自从第一次看见她——你当然知道我指的是谁——之后,就神魂颠倒,无论怎样想抑制,也抑制不住自己的感情。眼睛一闭拢,睡梦中梦见的也是她,眼睛一睁开,作事也无心,吃饭没滋味,眼面前只见她的影子在摇晃。一出门,脚步不期然而然地到此地来了。一到此处,只要看见她,我的灵魂似乎找到了归宿处,象迷途的孩子重复来到母亲的怀抱一般。即使她不和我说话,也觉得精神上很安慰。如果她偶尔和我谈上几句,我全身的细胞神经,像经过熨斗烫过似地舒适服帖……我明知道中年热恋的后果,常不佳妙,但教我如何办呢?

> ——《郁达夫外传》

向孙百刚推心置腹地进行表白时,他的眼泪似乎要流出来了,样子十分难看,其表情则是痛苦和无奈。

作为同学和朋友,孙百刚也直言不讳地表述了自己的观点,语重心长地规劝他道:其实我们大家早就看出你的变态心理了,也正替你担忧着这事的前途呢!请讲实话,你到底是偶然一时的感情冲动?还是要做永久的打算。倘若是一时的冲动,希望你立刻离开上海到北京去。两地相隔,火热的激情自然也就会冷却下来。若是要做永久的打算,那则是大错而特错,万万使不得。现在悬崖勒马还来得及,否则,将面临的是万劫不复的深渊。

面对挚友的诘难和规劝,郁达夫哪里还会有什么理智可言,同样毫不掩饰地回答孙百刚道:"我已经失去理智,哪里还分辨出是一时冲动还是永久感情。我只知道她是我的生命,失去了她,就等于失去我自己的生命。要我现在离开上海那就意味着要我立刻毁灭我的生命……"

意见相悖,话不投机,相聚自然是不欢而散。但这之后,孙氏夫妇每逢他到家来时也就故意避开,要是来约请吃饭,尽量地说出种种不能前去奉陪的理由,让王映霞和他单独在一起,而王映霞有时深夜归来,也不再有意去询问。

虽然孙百刚夫妇在表面上是不再干涉过问他们的事情了,但为了友情和责任,还是忍不住地要进行劝解阻拦。有一天的早晨,孙百刚趁他还没有起床,便跑到宝山路三德里创造社出版部的寓所,再一次向他袒露心声,阻止他和王映霞继续发展关系。

> 达夫! 我今天特地来忠告你克服你近来的冲动的。你倘若要和映霞结合,必须先毁了到如今为止是宁静平安、快乐完美的家庭,这于你是大大的损失。感情是感情,理智是理智,我们差不多是快近中年的人了。写小说,不妨不顾一切,热情奔放。轮到现实的切身大事,总应当用理智衡量一番。同时,你也得替映霞设身处地想一想:以她的年龄、人品、家庭、学识,当然很容易找到一个比你更合适的对象。她何必要一个已经有了家,必须毁了家再和她结婚的男人? 你倘若是爱她的,也应该顾全到她的前途和幸福,你以为对吗? 再有一点:你和她年龄相差过大,贸然结合,一时即无问题,日久终有影响。我以清醒的旁观者的地位,对你忠告,希望你慎重考虑。我明知道你对她一见钟情,很难断念。但事关你的家庭,你的前途,做朋友的岂可知而不言,言而不尽呢。
>
> ——《郁达夫外传》

对孙百刚的忠告和奉劝,正处在恋火熊熊燃烧中的郁达夫,半点也没有听进去,而且还很反感。他认为老朋友很不够哥们儿义气,不但不在困难时助他一臂之力,反而百般阻挠,真是匪夷所思。在他看来,孙百刚的话太不符合现代中国青年知识分子的理念了。他把中国固有传统的礼教、习惯及家庭、名誉、地位看得太重、太神圣了,以为人生的乐趣只在循规蹈矩的刻板生活上面。结了婚就不能离婚,犹如吃了饭就不应该再喝酒一样荒唐可笑!

悲哀啊,悲哀,实在是太悲哀了。悲的是多年相知的老朋友竟然不能理解自己的心状;哀的是自己半生事业无成,恋爱无果。经过一阵子激烈的思想斗争和认真地理智地考虑，他十分坚定地向孙百刚表明了自己的态度。"百刚：这一次是我生命的冒险，同时也是生命的升华。我们再见吧！"

言辞虽然激烈，仿佛要与孙百刚决裂似的，但在行动上，他依然是天天往王映霞和孙氏夫妇合租的寓所跑。

郁达夫苦恋王映霞，身心交瘁，万般无奈，而被恋者也同样陷入了艰难抉择、苦不堪言的境地。

郁达夫之于王映霞，是一见钟情，死死相追，志在必得，而王映霞之于郁达夫，则是为其精神和毅力所感动，其情其意是随着日月的轮换渐渐培养起来的。正像她后来所回忆的那样，开始与郁达夫相见时，之所以热情，彬彬有礼，完全是出乎对社会名流，对大作家的敬佩之情，而决无要和他结成夫妻的意念。这有她的《王映霞自传》为证。

> 我认识郁达夫时才虚岁二十岁，他已三十多岁，而且他是来看作为我伯伯辈的孙百刚先生时偶然遇见我的。说实话，初次相见，说是我对他有好感，不如说是好奇，爱慕不如说是敬佩，就好比一个读者见到了自己爱读的那本书的作者一样。我知道自己不太丑，但绝不是天下第一美人，未曾想到却会打动了已经成家立业的他的心……我那天回来后，只是心里感到很高兴，在孙先生家里认识了一个客人，而他是位有名的作家，从没有其他非分的想法。

王映霞自幼生长在文化氛围十分浓厚的杭州，祖父王二南又是通古达今的一代硕儒，耳闻目染，环境熏陶，骨子里就透着文化人的灵性。对有文化、有知识、有名气者的崇拜之意也较同时代的其他女性更为浓烈，再加上读师范时又曾接触过郁达夫的作品，对其《沉沦》所表现的反封建意思和赤裸裸的性自由呐喊，虽不敢苟同，但却很强烈地震动过心灵深处的潜意识，或者说是深有感触，颇有启迪。

经过与郁达夫的几次接触，已由对他的好奇变为好感，而当她从对方的眼神和举止里已读懂他的"追求"时，便茫然不知所措了。实话讲，这时，她对婚姻，对爱情，对未来的生活还毫无思想准备，更谈不上有什么理性的认识。

从小学到师范，她都是在家门口上的，老师们的关怀，家长的呵护，同学们之间的友情，使她始终处在温馨的港湾，没有风雨，没有波浪，一切都是那样的宁静祥和。

生活充实,无忧无虑,再加上读的是女子师范,很少与同龄的男性相接触,所以能引起少女怀春的外因就很少很少。

没有外部力量的促使,内心的情愫一时也就难以迸发。

离开故乡到温州谋职期间,教席未暖,就碰上了轰轰烈烈的大革命,幸好,在温州又巧遇世交孙百刚。

孙百刚的父亲与王二南是好朋友,她视之为世伯。

孙百刚的妻子掌华与她年龄相差无几,相处融洽,甚是谈得来,以姊妹视之。

安逸的生活,易使人的感情趋于淡泊平和。

王映霞就是在这样一种生活状态里,漫度她的青春年华,郁达夫的陡然出现,一下子打破了她生活和心灵的宁静。

从好奇到好感,王映霞是欢乐的,所以,郁达夫每次相邀,她都欣然而去。然而一旦有"爱"的萌芽产生,便立刻陷入了困惑和痛苦的泥潭。

未遇郁达夫之前,她对爱情的理解还是一片空白,将来的夫婿是个什么样子,更是模糊不清,或者说是空空如也。

郁达夫的闯入,使她平静的生活起了波浪。

论学识,论才华,论社会地位和名望,郁达夫应该是未来夫婿的上乘人选,但一涉及到家庭和年龄等问题,则又令她不寒而栗了。

1927年,郁达夫已过而立之年,而她则是刚至20岁,两者相差10岁有余,这一点倒还是次要的,重要的是郁达夫早已有家室之累,儿女好几个,大的已到入学受教育的年龄。

若作为第三者插足别人的家庭,这是要受良心、道德和社会舆论所谴责的。

不破坏他们现有的家庭,作为偏室而存在,这在当时社会上层和知识界虽是司空见惯的,但身为名门望族之后裔,且为有知识有文化的新女性无论如何是心不甘的。

这真是让她左右为难。除心灵的痛苦之外,社会外界的压力,也令她不敢有所造次。

首先,孙百刚夫妇就对她和郁达夫的恋爱持强烈的反对态度。并多次进行劝说和阻挠,甚至使用不光彩的手段来割断他们之间的联系。

孙百刚在《郁达夫外传》中曾详述了他和王映霞之间就这个问题所作的沟通交流。

你和我们相处,虽则不过半年,但大家感情颇好,因此我们无时不在考虑你的事情。最近达夫对你的热烈追求,你总应当知道吧。你觉得如何呢? 你对他的意思到底怎样?

这是孙百刚第一次提出她和郁达夫恋爱的事,因毫无思想准备,一时语塞,竟半天没有说出一句话来。

不言语,表示她已默认和郁达夫的恋爱关系,于是,孙百刚就以长者的身份和语气,进一步对其劝说:"达夫是个已经有妻子,有儿女的中年人了。他对你的爱慕,虽则是出乎真情,然而多少总有点不健康、不正常的。你是否应当接受他的追求,你自己应当有自己的考虑。你以为如何?"

对孙百刚以"世伯"的身份直言不讳地发问,她已没有一点退路,不得不如实地道出心中的秘密,那就是"我当然不会马马虎虎答应他的"。

王映霞的回答,既令孙百刚意外,又仿佛早在意料之中,所以他的劝阻则是有板有眼,步步相逼。

我知道你所谓不马马虎虎者,无非要他和富阳太太离婚。但我以为男女的结合,决不是如此简单的一个形式问题。人的感情是流动的。尤其是象郁达夫那样的罗曼蒂克的文人,感情的流动性比任何人更大。再讲到人道,何必一定要牺牲那位无辜的富阳太太,而来建筑你们的将来呢? 就你而论,人品、家庭、年龄、学问,哪一样不及人家? 正可以从容不迫,任意选择,何必一定要找一个象达夫那样,必须毁一个家,再来重建一个家的男人呢? 我们的意思,希望你断然拒绝他的追求,一面解除了他的烦恼,一面成全了你自己的前程。你以为我的说话对吗?

孙百刚的语气既热情而又委婉,令她十分感动,到了这般田地和份上,已没有什么秘密可遮掩了,内心的苦衷,扑朔迷离的前景,难以破解的迷惑,及种种疑虑和担忧,都一五一十地全盘托出,最后一句话更是点到了问题的实质。"我怎么会愿意答应他呢,不过我倘若断然拒绝他,结果非但不能解除他的烦恼,也许会招来意外。"

寥寥数语,王映霞那善良、质朴、纯洁少女的形象和伟大母亲的胸襟在这里得到了充分的展现。

虽然，孙百刚对他们的恋爱一直是持怀疑和反对态度，但听了王映霞的回答，也似乎有所触动。局外之人的清醒和冷静，迫使孙百刚再度提醒王映霞要充分认识到这场"恋爱"的后果及问题的严重性。

> 那末你已经动了怜才之意了。既然有如此伟大的精神，我希望你索性伟大到底，可以无条件地和他结合，不必一定要他毁灭了已成的家庭。你能这样做吗？

对孙百刚提到的问题，王映霞似乎已经考虑过，不让郁达夫毁灭已有的家庭，自己屈居侧室，这是万万得不到家庭方面同意的，也是不可能的。

经过与王映霞的一番对话，孙百刚似乎已弄清楚了她和郁达夫之间的关系，那就是有好感，有同情，有怜悯，但还说不到已上升到"爱情"的高度。因此，他仍没放弃"劝阻"的意图，并且还进一步采取了措施。他们夫妇天真地认为，王映霞涉世不深，没有社会经验和人生阅历，再加上没有异性朋友相伴，是很容易上像郁达夫这样多情文人的当的。如果能给她找一个称心如意的男朋友，她和郁达夫之间的关系也就自然地会断了。于是，便开始积极地为她物色异性朋友。

郁达夫、孙百刚共同的朋友章克标在《世纪挥手》中就曾谈到了这一点。

> 孙百刚闲谈中告诉我们，郁达夫已经从广州中山大学辞职来上海了，他来是为了整顿创造社。他们有个创造社出版部在闸北三德里。创造社出版部现在由达夫一手经理，事情很忙。百刚是在内山书店里跟达夫不期而遇的。不料达夫看见了王小姐之后，竟然发疯着魔，一见倾心，竭力追求了。达夫常常到这里来，有些动作竟然超出常轨，很教百刚为难。达夫是有妇之夫，百刚对他的行为有点看不入眼，以为最好能介绍一个适当的人给王小姐作配，让她有所归宿，也许可以阻止达夫的胆大妄为，因王小姐同他家是世交，他不能坐视不见，

章克标所言，乃是亲身经历，亲眼所见，应该是真实可信的，另外，从王映霞的自传中也可以找到佐证。

> 孙百刚夫妇当时好比是我的保护人，况且与我家有世交之谊，万一出点什么事，他在外祖父面前交代不过去，他们商量之后，觉得最好的

办法是赶快给我介绍一个适当的人,倘有所归宿,好杜绝郁达夫的觊觎妄想。现在回想起来,他们是给我介绍过不少人,如徐钓溪、章克标、蒋光慈等。

徐钓溪、章克标、蒋光慈三人中,唯章克标与郁、王二人发生的故事最多。

章克标,浙江海宁人,1900年生,为孙百刚留日时的同学。回国后曾一度任教于台州省立六中。1926年岁末,因学校为战事提前放假,便到上海寻亲访友。在立达学园做客期间,得悉老同学孙百刚处住有一位绝代佳人,兴趣使然,遂与友人结伴前去探访。

果然是名不虚传,王映霞真是像人们所说乃西湖大美人,给他留下了极其深刻的印象。他认为,"王小姐极活泼,也擅于辞令。双眼也确实如秋水之波,衣着是朴素的,不叫人讨厌。"然而说她是绝代"尤物",究竟尤在那里? 一时却捉摸不住……

他乡遇故知,孙百刚对章克标的相访是很高兴的,特别当得知小伙子尚未婚配时,就动了与王映霞撮合的念头。

章克标长王映霞五六岁,家庭也比较殷实,又是留学生,单身一人,长的一表人材,英俊潇洒,孙百刚夫妇甚是满意,极力怂恿他去接近王映霞。对这一点,章克标在《世纪挥手》中也有披露。

> 朋友们都怂恿我去凑合天缘,表示坚决拥护,无奈我是一个扶不起的阿斗,对于这种多半出于嬉戏方式的话,觉得不快意、有反感。我向来对于男女问题,胆小而严肃,因之人家鼓励,我反而心里不快,更加退缩了。夏丏尊不知从哪里弄来一张英美烟草公司的月份牌,记得是杭穉英画的,这个美女的相貌也确实很像王映霞。把那张月份牌特地送来给我,说美人已进门来了,你不能不纳呀。他们这样闹,也许是一番美意……

章克标文中所言的"天缘",实际上就是平常人所讲的"姻缘"。

依实情而言,章克标配王映霞应该是很合适的,不但孙百刚夫妇如此认为,就连夏丏尊、方光焘等一班朋友也认为他们是天生的一对,地造的一双。

对孙百刚等人的行动,郁达夫大概也看出了其中的奥秘,于是便演绎出了请章克标喝酒,请他退出情场的故事。章克标在《世纪挥手》中曾绘声绘色地描述了这段生动有趣的故事。

> 我又一次到孙兄寓次闲谈,谈文艺,谈时局,谈理想之类。郁达夫来了,参加天南地北,海阔天空、谈了好些时间,连王映霞也来加入座谈,偶然插口几句,大家谈得十分高兴而时间已经不早。这次,达夫没有提出要请客吃饭,邀大家上馆子,最后告辞出来,说要回闸北,我要回江湾是同路的,他邀我同行。我就跟他一同出来了。

郁达夫与章克标早在东京留学时就已相识,后者在《创造季刊》出版后,还曾应创造社"同仁"的约请写过批评文章。这次沪上再度相逢,大家都是很高兴的。

章克标没有被推入王映霞"视野"之前,郁达夫对他还是蛮客气,挺看重的。但当得悉他对王映霞已有"意",而且孙氏夫妇也在极力撮合时,便开始坐卧不安了。

按学识、声望、地位、才气,章克标与他相争没有任何优势可言,而其唯一的"优势"就是年轻"未婚"。这一点正好最重要,如果不采取相应的得力措施,他这一"优势"会将郁达夫的所有"优势"抵消为零。后果将是不堪设想。

于是果断地决定,要和章克标短兵相接,劝其退出,以保证和王映霞"恋爱"的绝对成功。请他出来一同小酌,就是这番意思。

据章克标回忆,他们二人在一家小酒馆坐定后,三盏两杯一下肚,郁达夫的话也就"逐渐多起来了,他不满意王映霞今天对他的冷淡,说早先几天并不这样,是好说话很多情的样子,为什么今天突然变了!几乎理也不理他,对于他故意提出来的话题问题,也假装不闻不知,不搭腔,好像有点嫌恶他,冷淡他,生疏他,对他好像对待一个陌生人"。

章克标和郁达夫也算是老朋友了,虽然说不上是知己,但也来往不断,并无意去插足郁、王之间的事情。所以,心里是坦然的,对他今天的疑虑,便站在王映霞和女性的立场上进行劝解。他认为,王映霞今天之所以对郁达夫冷淡不热情,主要是有陌生人在场之故,显得庄重矜持,再之她和郁达夫已经十分熟识,不好意思在生人面前,把这种"亲热显露出来,青年女性常有这种情形"。

对章克标的劝解,郁达夫很不以为然。他认为,王映霞今天对他冷淡,一定是有别的原因在里面作祟,根据她性格的特点,她是不会故意做作的。

> ……她很天真。说话没遮拦,有时还很尖刻,只有她心里不高兴时,才少说话。今天,她有什么不高兴呢?我真想不出个道理来。不过,她人总是好的,很好的。我看她真是美貌无比,真是美而艳,十分引人动人的。你说怎样?是不是可以算当代美人?

对郁达夫的疑虑和他对王映霞的评价,章克标也有自己的看法和标准。下面二人的一番对话,即证明了章克标对王映霞的"无情"和郁达夫对王映霞的"痴迷"。

章克标认为,王映霞只能算是"颇有姿色,但总说不上是绝代佳人"。郁达夫认为王映霞是绝代佳人,是因为他已"着了魔,入了迷",是情人眼里出西施。

对章克标所谓的"着了魔,入了迷"的说话,郁达夫并不反对。"对了。这话你说对了。我真是入了迷,着了魔,我像是被勾了魂,摄了魄。每天时时刻刻想着她。换句话说,是坠入情网,恋爱了。我十分热烈地爱上她了,好像身不由己。"

郁达夫心中的苦闷和烦恼,真是太多太多了,诉说起来,像长江之水波涛滚滚,一泻千里。其情之真,其意之切,令人感动。诉完心中的苦闷,终于袒露出了请章克标单独喝酒的真实意图。那就是希望他远离王映霞,不要介入他们情感纠葛的圈子,并再三表白他已被王映霞"迷住"了,她就是他的"性命",他的"上帝",他的一切的一切,他要千方百计的获得她的爱情,至于孙百刚等人的"竭力反对"和妻子不愿离婚的威胁,他都完全不在乎,只在乎王映霞的心灵和肉体。

为了得到和拥有王映霞,他甚至不惜牺牲自己的人格和"尊严",低三下四地向章克标求情,并毫不掩饰自己的担忧。"我就怕你要来干扰,在你没有出现之前,我是毫无顾虑,大胆进行也像十分顺利似的,自从你出现之后,我觉得情况变了,感到很大的威胁,所以真心诚意,请你高抬贵手发发慈悲,放弃她,不要干扰我的生命线。"

章克标对王映霞本无什么强烈的追逐意思,只是在孙百刚等一班老朋友的怂恿下,逢场作戏罢了。看到郁达夫为这事如此难过、伤感,也就动了恻隐之心,立刻表示退出,不再参与竞争。

得到章克标保证"不主动去追求"王映霞的承诺,郁达夫激动得狂呼大饮。

> 谢谢你!谢谢你!这已经是够了。我已经十分满足了。不是在你的范围里的事,我不会强来求你的。你这种光明坦白的态度,我是放心了。非常非常感谢,我的目的已经达到了。对你的大恩大德,我将毕生不忘。你真是好人,比我原来想象得还要好。我感谢极了。干杯啊!喝呀!庆祝我们的伟大的胜利!

从章克标的这段往事回忆里可以看出两个问题,其一,郁达夫对王映霞完全是痴迷、入魔了,已视她为生命中的一部分,如果不能获得她的爱,就将无法生存下去,生命也将从此暗淡无光,甚至是消亡;其二,这件事也同时说明了孙百刚夫妇为阻止郁、王恋爱确实费尽了心血,采取了尽可能采取的措施,釜底抽薪,想从根本上解决问题。

除孙百刚夫妇之外,对郁达夫和王映霞恋爱表示反对和不满的,还有方光焘等朋友及创造社的一班"小伙计",他们甚至用"恶作剧"的形式来阻挠郁、王二人的交往。这一点,章克标在《世纪挥手》一书中亦有记载。

> 后来我又去过尚贤坊一次,正当大家在嘲笑郁达夫痴情的丑态时,我也不免随声附和了几句,有人提出捉弄他一番,借用王映霞名字,约他到法国公园叙谈。大家说好,不知由谁人执笔写了封信,寄到创造社出版部去。那时王小姐自然不在家里,孙百刚也不反对这个捉弄。哪些人参加了这个恶作剧已记不清,郁达夫有没有上当去公园里团团转,也不明白。总之,大家对达夫的这种行为,是反对而不是同情,因而要想惩罚他是实,是否还含有点醋意,也说不清楚。

章克标文中所言之事并非虚构和臆想。数十年后,孙百刚在《郁达夫外传》中也曾论及到了这一点,并且还满带忏悔之意。

> 当年我们住在尚贤坊四十号的这批人,再加上常来的几位,如方光焘、章克标、徐钧溪等人联合一起,想出一些寻开心、恶作剧的办法,作弄他们两人……有时故意放个信息给达夫,说映霞几点钟在法国公园(现复兴公园)或兆丰公园(现中山公园),让达夫去瞎寻空等,同时另派人去窥看达夫找不到映霞时的一副急相窘态,回来报告,作为笑料。甚至有时故意让达夫知道某日某班车映霞将回杭州,预料达夫一定会

买许多东西到车站去送行。我们派了人在车站等候达夫，要看他的窘态急相。不料来人报告说，达夫等不着映霞，竟买了车票上车去了。当年我们这样作弄达夫的原因，第一是我们似乎有一种预感，认为他俩结合，结果不会佳妙，确是希望他们不要成功；第二，完全出于青年人的好玩作耍心理，认为略寻开心，无伤大雅。后来回想，虽无什么大恶意，但终究是缺德的。

无疑，他们那些无聊的"小动作"给郁达夫增加了许多难以忍受的痛苦。更有甚者，有一次几位朋友告诉他，王映霞在法国公园里正等他去幽会哩，他信以为真，急匆匆地赶去，在寒风里苦等了半天，才始知上当受骗。

有一天一大早，他按捺不住"激动"的心情，便托人去请王映霞出来"约会"，等了半天，却得到了一张四指宽的便条——"因病不能来，请原谅"。

王映霞有病无病，他心里是清楚的。因病不能赴约，很显然是推脱拒绝之辞。

看着这张小小的纸片和那冰冷的8个字，他的心里凉透了，也伤心极了，勉强忍耐着，强打精神，消磨了一天的光阴。傍晚时，实在熬忍不住，便不顾一切地跑向孙氏公寓。

孙百刚的家里正热闹非凡，一班朋友饮酒高歌，不亦乐乎，一见郁达夫到来，似乎更有精神了，好像也故意拿他寻开心。"找工女士么？她已经回杭州去了！"

郁达夫知道，他们是故伎重演，有意叫他出"洋相"，强逼他知难而退，放弃对王映霞的追求。实际上，王映霞并没有回杭州，而是去看朋友了，更令人可恶的是，等了好半天，好不容易等到王映霞回来了，他们又设计谋不让她和郁达夫见面。对这件事的起因和经过，王映霞在她的自传中有过说明。

有一天，我去新闸路探访同学后回来，还未走到我们住处的后门，老远已经望见孙师母站在后门口向我打招呼，她说："你上楼之后，最好一直走进厨房里，将房门关上，暂时不要出来。若有人来敲门，也装作没听见，不可来开门，尤其是不要直接到自己的房间里去。"

我听了这些摸不着头脑的话，猜想内中一定有些蹊跷，又以为孙先生在房间里和一位陌生的朋友有事商量，我进去会不方便的。上楼之后，我照孙师母所嘱咐的做了。过了一小时之久，大约已经吃过晚饭，孙师母才来叫我回房。房间里没有别的人，事情过去了。这到底是怎么一回事？我未曾马上追问。不过凭我的猜想，也许会和郁达夫有关。

对孙百刚夫妇及一班朋友的阻挠，郁达夫是欲哭无泪，悲愤难抑。1927年1月21日的日记是：

> 完了，事情完全被破坏了，我不得不恨那些住在她周围的人。今天的一天，真使我失望到了极点。
>
> ……
>
> 已经是伤心了，勉强忍耐着上各处去办了一点事情，等到傍晚的六点左右，看见街上的电灯放光，我就忍不住地跑上她那里去。一进她的房，就有许多不相干的人在那里饮酒高笑。他们一看见我，更笑得不得了，并且骗我说她已经回杭州去了。实际上她似乎刚出去，在买东西。坐等了两个钟头，吃完晚饭，她回来了，但进在别一室里，不让我进去。我写给她的信，她已经在大家前公开。我只以为她是在怕羞，去打门打了好几次，她坚不肯开。啊啊！这就是这一场求爱的结束！
>
> 出了她们那里，心里只是抑郁。去大世界听妓女唱戏，听到午前一点多钟，心里更是伤悲难遣，就又去喝酒，喝到三点钟。回来之后，又只是睡不着觉，在室内走走，走到天明。

这则日记表明，周围的朋友是没有几个人支持他和王映霞恋爱的；同时，也说明孙百刚等人的阻挠和反对在王映霞身上起了一定的作用，很明显地她的态度变了，即由热情转为冷淡，甚至连面也不愿意见了，而且多次无情地拒绝了他的约会。从这些细微小事里，郁达夫仿佛看到了这次"恋爱"的不幸结局，有点气馁了，灰心了，不自觉地重踏老路——自暴自弃，放浪形骸。这之后数天的日记里，重复的是这种老调，发泄着对周围朋友的不满和愤恨。1927年1月22日的日记是：

> 冒冷风出去，十一点前后，去高昌庙向胡春藻借了一笔款。这几日来，为她而花的钱，实在不少，今日袋里一个钱也没有，真觉得穷尽了。匆匆说了几句话，就和厂长的胡君别去，坐在车上，尽是一阵阵的心酸，逼我堕泪。不得已又只好上周家去托周家的用人，再上她那里去请她来谈话。她非但不来，连字条也不写一个，只说头痛，不能来。
>
> ……

六点到创造社出版部。看了些信，心里更是不乐，吃晚饭之后，只想出去，再上她那里去一趟。但想想前几回所受的冷遇，双脚又是踌躇不能前进。在暮色沉沉的街上走了半天，终究还是走回家来。我与她的缘分，就尽于此了，但是回想起来，这一场的爱情，实在太无价值，实在太无生气。总之第一只能怪我自家不好，不该待女人待得太神圣，太高尚，做事不该做得这样光明磊落，因为中国的女性，是喜欢偷偷摸摸的。第二我又不得不怪那些围在她左右的人，他们实在太不理解我，太无同情心了。

啊啊，人生本来是一场梦，这一次的短话，也不过是梦中间的一场恶景罢了，我也可以休矣。

1927年1月23日和24日两天，是郁达夫和王映霞恋爱以来最受尽折磨和痛苦的日子。因为他听人说，王映霞要于今天回杭州省亲，未明即起，冒着严霜到车站去守候，目的就是想和她再见上一面，叙叙相思之苦。在车站等了两个钟头，往杭州方向去的车一趟一趟地开过去了，就是不见她的芳影，从南站赶到龙华，龙华不见，再上松江，在松江又守候了两个多钟头，还不见人，索性又买票到杭州，以期在车厢里找到她。

在杭州守候了一天没能等到王映霞，第二天仍不死心，继续守候寻觅，他这天的日记是：

早晨九点钟起来，我想昨天白等了一天，今天她总一定要来了，所以决定不回富阳，再在城站死守一日。

车未到之前，我赶上女师她所出身的学校去打听她在杭州的住址。那学校的事务员，真昏到不能言喻，终究莫名其妙，一点儿结果也没有。

到十二点前，仍复回去城站，自上海来的早快车，还没有到。无聊之至，踏进旧书铺去买了五六块钱的旧书，有一部《红芜词钞》，是海昌嵩生钟景所作，却很好。

午后一点多钟，上海来的快车始到，我捏了一把冷汗，心里跳跃不住，尽是张大了眼，在看下车的人，有几个年轻的女人下车来，几乎被我错认了迎了上去，但是她仍复是没有来。

气愤之余，就想回富阳去看看这一次战争的毒祸，究竟糜烂到怎么一个地步，赶到江干，船也没有，汽车也没有，而灰沉沉的寒空里，却下起雪来了。

没有办法，又只好坐洋车回城站来坐守。看了第二班的快车的到来，她仍复是没有，在雪里立了两三个钟头，我想哭，但又哭不出。天色阴森的晚了，雪尽是一片一片的飞上我的衣襟来，还有寒风，在向我的脸颊上吹着，我没有法子，就只好买了一张车票，坐夜车到上海来了。

午前一点钟，到上海的寓里，洗身更换衣服后，我就把被窝蒙上了头部，一个人哭了一个痛快。

不但在郁达夫《村居日记》《穷冬日记》里可以看到孙百刚夫妇、创造社的"小伙计"及其他朋友反对郁、王恋爱的事实记录，就连王映霞本人对这件事也直言不讳，晚年她在《王映霞自传》中有言曰："对于郁如此入魔地追求我，他周围的朋友都在嘲笑他，捉弄他。有一次他们假借我的名义写信给他，约在法国公园（今复兴公园）相会。反对他的不仅有孙百刚夫妇及其朋友，还有创造社的一群小伙计，如潘汉年、叶灵凤等。"

孙百刚夫妇、方光焘等人反对郁达夫、王映霞"恋爱"，主要是指站在王映霞的立场上，从爱护她、关心她、保护她的心理出发，他们认为，出身名门望族，又时尚新潮的王映霞，无论如何都应该找一个英俊潇洒的年轻"处男"作为夫婿的，已届中年，又有家室之累，相貌一般的郁达夫和她绝对不相配，他们的结合是不道德的。

创造社里的"小伙计"反对郁达夫和王映霞恋爱，则是站在郁达夫的立场上说话的，他们认为无名望，又市俗的王映霞是不配新文坛领军人物郁达夫的。郁达夫若和她结合，只会熏染铜臭气和官僚气，是不会有什么幸福可言的。叶灵凤在《读〈郁达夫集外集〉》一文中，就明确地说明了这一点。"在当时许多年轻的朋友中，包括我自己在内，大都是对王映霞不满的，认为是她害了达夫，逼他结交权贵，逼他赚钱。这种反感不仅王映霞知道，就是郁达夫自己也知道。因此几个年轻的朋友，不仅在口头上，就是在文字上，也狠狠地挨过了他的几次骂。"

在《郁达夫的〈迟桂花〉》一文里，叶灵凤对郁达夫、王映霞恋爱的不满，表现的更是赤裸裸。"我们那一群年轻人，根本对王映霞没有好感。觉得我们所崇拜的达夫先生，竟爱上了一个梳横S髻穿平底软缎鞋的女子，太不像我们想象中的'爱人'了。这种不满后来还形诸言辞和行动。"

与孙百刚一样,在叶灵凤的晚年,想起当初反对郁、王恋爱的事时,还充满着无限感慨:"后来为了反对他追求王映霞,我和其他几个朋友都和他闹翻了,他在《日记九种》里曾说有几个青年应该铸成一排铁像跪在他的床前,我猜想其中有一个应该是我。"(《达夫先生二三事》)

反对郁、王恋爱的,除孙百刚夫妇及创造社里的"小伙计"之外,来自家庭里的阻力也是很大的。他的长兄曼陀先生就曾数次在信中进行劝阻和痛骂;他的妻子孙荃也曾以死相威胁。然而这些都未能阻挡住他对爱情的渴望和追求。

郁达夫与王映霞的爱情历程,正可谓是扑朔迷离,跌宕起伏,一波三浪,而且波波是惊奇,浪浪有风光。

不是吗?刚刚晓之以理,动之以情,将具有潜在竞争力的对手章克标逐出了"爱情"的竞技场,自认是天下太平,该心想事成了,谁知,王映霞却又不辞而别,神秘失踪,一时杳如黄鹤,毫无踪影。

在杭州遍寻王映霞不见踪影,十分沮丧,乘车返回上海后,真是伤心痛苦到了极点,同时,"想王女士"也想得"要死"。爱情之路似乎已经走到尽头,希望之火也渐熄渐灭,绝望了,彻底地绝望了。原先要振作起来的雄心,要改掉陋习的誓言,统统抛到了九霄之外,这种醉生梦死的行态,直到得悉王映霞在杭州的确切住址和行踪后,心情才略有好转。1927年1月28日,他写给王映霞的一封信,就是这期间痛苦之状的具体表现。

王女士:

在客里的几次见面,就这样的匆匆别去,太觉得伤心。

你去上海之先,本打算无论如何,和你再会谈一次的,可是都被你拒绝了,连回信也不给我一封。

这半个月来的我的心境,荒废得很,连夜的失眠,也不知是为了何事。

你几时到上海来,千万请你先通知我,我一定到车站上去接你。有许多中伤我的话,大约你总不至于相信他们吧!

听说你对苕溪君的婚约将成,我也不愿意打散这件喜事,可是王女士,人生只有一次的婚姻,结婚与情爱,有微妙的关系,你但须想想你当结婚年余之后,就不得不日日做家庭的主妇,或抱了小孩,袒胸哺乳等情形,我想你必能决定你现在所应走的路。

你情愿做一个家庭的奴隶吗?你还是情愿做一个自由的女王?你的生活,尽可以独立,你的自由,决不应该就这样的轻轻的抛去。

我对你的要求,希望你给我一个"是"或"否"的回答。

我在这里等你的回信。

上海闸北宝山路三德里 A 十一号

达夫

十二月廿五日

此信中所言的"你对莼溪君的婚约将成"一事,并非空穴来风,实乃事出有因。众所周知,孙百刚夫妇是极力反对郁达夫和王映霞谈恋爱的,在他们相悦相恋的情感初露端倪时,就曾进行过耐心劝说和阻挠,劝阻不成,就四处张罗给王映霞介绍朋友,以此来断绝郁达夫的痴心妄想。

章克标是第一个进入孙氏夫妇视野的。

经过几次接触,章克标和王映霞都没有触"电"的感觉,更没有燃起如火如荼的激情。再加上郁达夫的软硬兼施和苦苦哀求,章克标很快退出了"游戏场"。

继章克标之后,莼溪是第二个进入孙氏夫妇视野的。

莼溪姓徐,也是杭州人氏,名门望族之后裔,与郁达夫、孙百刚一样曾留学日本,年轻英俊,气度不凡。

孙氏夫妇见章克标未能赢得王映霞的芳心,接着又把徐莼溪给推了出来。

与章克标一样的是,徐莼溪与王映霞也没有缘分,很快便淡出了她选婿的范围和视野。

尽管徐莼溪与王映霞已没有任何"恋情"可言,但孙氏夫妇仍把他拉出来做挡箭牌。有一次,郁达夫去孙氏寓所找王映霞,孙的夫人杨掌华很明了的告诉他说,王映霞与徐莼溪的婚约已成,择日就要举行成亲大典,请他自尊自爱自律,今后不要再来干扰王映霞的感情生活了,以免玷污她青春少女的清白,影响其家族的声誉。

对与徐莼溪"婚约将成"一事,王映霞在自传里也有记载和说明。"莼溪即徐钓溪,是郁达夫留日同学,曾请我吃过饭,孙百刚见郁达夫在苦苦追求我,就对郁谎说我将与徐结婚,遂引起郁的'婚约将成'的猜疑以及一通议论。"

郁达夫写的这封信,应该说是王映霞平生收到的第一封充满真挚情感和火辣辣言语的求爱信,所以,在她心中引起了不小的波澜。

需要说明的是,王映霞对郁达夫之所以不辞而别,而且别后也曾一度不给他半点音讯,也是充满苦衷和矛盾的。自和郁达夫相识后,她的心情和日常生活完全被打乱了,说严重点就是一刻也不曾平静过。一面是郁达夫那颗赤诚火热的心,一面是以孙百刚夫妇为首的一班朋友们一张张冷漠嘲讽的脸。

对郁达夫的热烈追求,如果是投之以桃报之以李,固然能博得他的欢心,这样做的后果,必然会引起孙氏夫妇及一班关心自己、爱护自己朋友们的不满和反感,甚至还会落个"第三者"插足的骂名,而且在当时,她也没有这方面的心理准备,同时也下不了这个决心。反之,如果一味地将郁达夫拒之门外,冷若冰霜,不但伤害了他的情感,甚至还会毁了他的前程和性命,这样,自己不就成了遭人唾骂的千古罪人? 就是自己的良心也是不得安宁的,更无法面对故乡的父老乡亲及世人的眼光。经过一番认真思考,她决计离开风雨多端的上海,到西子湖畔暂避一时,等冷静下来之后,再决定与郁达夫之间的情感纠葛是否继续下去的问题。这就是所谓"三十六计,走为上计"的序幕。

对这期间的情感纠葛、矛盾心理和复杂的生活环境,王映霞是刻骨铭心,没齿难忘的,晚年在写《王映霞自传》时,专门立了个章节——《三十六计,走为上计》,对此时的心情和打算描述的很是详细:

　　自从开过这一次玩笑后,我仍旧感觉不出自己在情感上有什么变化,每当静下来的时候,还暗暗地计算岁阑的归期。最好就能在这几天里回杭州。三十六着,还是走为上着。我一走,一切的事情也都随之而烟消云散,再不会有什么枝节的了。

　　当时不知什么原因,火车站根本不出售火车票,我很焦急,正在这时候,在铁路局工作的年轻人丁幼方来找我了,他也是杭州人,其父也是我外祖父的老朋友。他知道我想回杭州,但又弄不到票,外祖父曾到他家去,托他到上海时去找我。我见到了丁幼方真是喜出望外,立刻约定一月二十五日(阴历十二月二十二日),我生日的这天就离沪返杭。

在离开上海的前几天,为了避免与郁达夫接触,被人当作笑料,所以我就住到同学陈锡贤教书的坤范小学里。陈锡贤也是杭州人,想乘学校放寒假,同我一起回家过年。出发的这天,我们很早起床,把已经整理好的箱子拿出来,又理了一次。然后坐三路无轨电车到北站,在约定的地点,看见丁幼方已经在等我们。互相打过招呼后,他立即带我们到一节另外加上去的车厢里去,一看是二等车厢,窗门上满是厚厚的保险玻璃。等我们坐定后,丁幼方就帮我们把车门、窗全部关上,并嘱咐一路上千万别开窗。我们起初并不明白这是为什么,后来经过嘉兴等站时,发现许多人拥上来,想推窗爬进来,但没有成功。因为我们的窗都关得紧紧的。

我踏进家门,只见妈妈正在为我的生日供奉菩萨,保佑我一切平安,供桌上放了四盘点心、四盘水果。我望着母亲微微有点驼的背,头发里夹杂着几根银丝,心里不觉一阵难过。我长大了,母亲老了。我奔上前去叫了声:"妈!我回来了。"母亲转过身来,欣喜地上下打量我,"噢!你回来了,把妈给想死了。快去看看祖父,他整天念叨你。"我正想跑进去看祖父,祖父已闻声而来了。"锁锁,快过来让外公好好看看。"两位老人拉着我问长问短,问我到温州生活怎样?如何到上海去的?在上海情况又怎样?其实这些问题我早已在信上讲了,但我还是一一回答。他们问了许多,但一句也没提到郁达夫。

我到杭州的当天,路上正巧遇见杭州女师训育主任江龙渊,她说:"哎!王映霞你回来了?跟我到嘉兴去教书吧。"我一口答应。我在回杭州的路上想过找职业的事。

家中父亲去世多年,外祖父虽在担任育婴堂工作,但毕竟他年纪大了,弟弟还小,我是老大,有责任照顾家里的一切。为母亲减轻负担,现在江先生的建议正合我的意思,所以便马上一口答应。第二天,就跟着她到嘉兴去。江先生是到嘉兴二中附小去接任校长职务的……

王映霞在文中所说的"玩笑",当指向众友人公开郁达夫写给她的"纸条"一事。

在离沪回杭的前夕,实在忍耐不住压抑心中多日的苦闷和烦恼,"白天也不肯起来,躲在被子里痛哭。"大伙极力宽慰都无济于事,她仍哭个不停,无奈之际,郁达夫写了个纸条塞到她手里。她一看,"上面写的全是哄小孩的话,挺逗,不觉笑了起来。"她说:"我觉得我和郁达夫的友谊是纯洁的,我的胸襟是坦白的,两人之间并没什么不可告人的秘密,孙百刚先生和孙太太又是我在上海最信得过的人,所以等郁走后,我就把这张纸条公开了。不曾想到,这件事在郁达夫的胸中掀起了爱和恨交织在一起的波浪。"

从学校毕业到温州去谋职,又到上海避难,再至与郁达夫的感情纠葛及周围的是是非非,恩恩怨怨,短短几个月的时间内,让一个青春少女经历了那么多的风雨和磨难,既难为了她,又让她增长了许多见识。

从惊慌和激动的日子里,一下子来到"家"这个宁静温馨的港湾,给她的感觉真是太幸福,太美满了,仿佛又回到了无忧无虑的童年时代,而回杭州的当天就决定了以后谋生的行程,这又是一个天大的意外和喜讯。

也许是幸福来得太突然了吧,所以到嘉兴的当天,她就在月明风清,万籁俱静的夜晚,禁不住地给郁达夫去了封信,既报告了自己的行程和去向,又掩饰不住地透露了自己找到工作的喜悦心情。

在嘉兴时,她对郁达夫的爱情还尚处在朦朦胧胧的阶段,因此,信就写的比较平和,既找不出有闪出火花和亮光的词句,又看不到有撩人心弦的情愫在里面,就像一般朋友间的通信那样——寡味、平淡。

因王映霞在嘉兴写给郁达夫的信早已佚失,内容无从考证,但从郁达夫当时所记的日记和王映霞后来写的《王映霞自传》中却可窥见一斑。其言曰:"我到嘉兴以后就给郁达夫写了封信,表明我们只能做一般的朋友,不应再有进一步的发展奢望。"这真是此地无银三百两的说辞,那厢爱的要死要活,你这厢要和他只"做一般的朋友",谁会相信呢?直白的说吧,她这是向郁达夫伸出的橄榄枝。

《王映霞自传》中所写大概是比较客观真实的,这从郁达夫的《村居日记》里可以得到进一步证实。

> 回到寓里来,接到了一封嘉兴来的信,系说王女士对我的感情的,我又上了当了,就上孙君那里去探听她的消息。费了许多苦心,才知道她是果于前三日回去,住在金刚寺巷七号。我真倒霉,我何以那天会看她不见的呢?我又何以这样的粗心,连她的住址都不曾问她的呢?

王映霞的嘉兴来信，虽然没有透露出什么真实情感的信息，但她毕竟还是惦念着郁达夫的，也愿意和他保持联系，这一点，郁达夫自然是能领悟到的，也可以说是心知肚明，不然的话，他是不会又重新燃起希望火苗的。所以，自接到王映霞的来信，他一直处于心神不宁状态，坐也不是，卧也不是，行也不是。1927 年 1 月 27 日的日记是：

> 昨天探出了王女士的住址，今晨起来，就想写信给她。可是不幸午前又来了一个无聊的人，和我谈天，一直谈到中午吃饭的时候。
>
> ……
>
> 晚上在周家吃饭，饭后在炉旁谈天，谈到十点多钟。周太太听了我和王女士恋爱失败的事情，很替我伤心，她想为我介绍一个好朋友，可以得点慰抚，但我总觉得忘不了王女士。

因和"无聊"客人谈天，再加上其他应酬，忙得不亦乐乎，直到次日才有空闲时间给王映霞写信。1927 年 1 月 28 日，他在日记中又写道："今天午前曾发了一封信给王女士，且等她两天，看看有没有回信来。"

日记中所说的给"王女士"的信，即是前面所引述的阴历十二月二十五日写给王映霞的那一封。

郁达夫写信给王映霞时，她已在嘉兴办完了接收手续，当天就又赶回了杭州。用她自己的话说，原以为，离开上海，在杭州与家人团聚了，半个月来心理上的紧张情绪顷刻间便可烟消云散，在温暖的家庭里，可以"重过有规律的生活"，实际则不然，与郁达夫的那种剪不断、理还乱的情感仍时时在缠绕、在延续、在发展，特别是接到郁达夫的回信，她的心情又激荡起来。其《王映霞自传》云：

> 我回到杭州后平静的心情被这封信搅乱了，信写得似乎很动人，看上去还有人情味，我读了又读，思想斗争了又斗争，还是决定不了是否要回信。我若回了信，则当时四周的环境都是封建气氛，我怎么对付？对方再接二连三地来信，我又怎么办？我马上想到了两句古谚：
>
> 落花有意随流水，
>
> 流水无情恋落花。
>
> 做一次"流水"又有什么不好。再一想，若有来而无往，不会被人说不懂礼貌？还是复他一封让他捉摸不定的信吧！我独自个坐着想

着,就这样,我写了一封淡而无味的信。

王映霞在这里虽然口口声声说,对郁达夫无"情"无"意",只是出于礼貌而写信复信的,这是出于少女的羞涩而说的冠冕堂皇的话,实际情况则是另一番景象,郁达夫的音容笑貌已牢牢地扎根在了她的心中。繁忙之时,她想的是"家"和未来的前程,而一有闲暇,则更多想的是郁达夫。

初到嘉兴,工作一有头绪,她马上便想起了郁达夫,并主动写信向他报告行踪,这说明她还是有情有义的,而接到郁达夫的回信,却犹豫了,是复信还是不复信,复信的结果如何,不复信又是怎样的情景,要复信选择什么样的措辞和用语,一时拿不定主意了,考虑再三,最终,还是情感战胜了理智,决定回信。她在《王映霞自传》中回忆说:

> 终于,我决定写回信,就算是出于礼貌吧!
>
> 我信中告诉他,我是阴历十二月二十二日早晨离开上海回杭州的,但对郁达夫信中提出的"希望你给我一个'是'或'否'的回答,"我避而不谈。

回复郁达夫的信,虽说是模棱两可,亦真亦假难以分辨,但她毕竟还是回了信,这说明,她还是愿意和郁达夫继续来往的,希望和可能还是大大存在的。

接到王映霞的回信,郁达夫是既快活,又激动,当晚便去信于她,并提出杭州相会的要求。

> 映霞君:
>
> 接到了你的回信,我真快活极了。你能够应许我来杭州和你相见么?时间和地点,统由你决定,希望你马上能够写一封信来通知我。
>
> 信的往复,总须三天,若约定时日,须在阴历的来年正月初二以后。你的回信若能以快信寄来最好。
>
> > 达夫
> >
> > 十二月廿七日晚上

这封信表明郁达夫想见王映霞的心情已经是迫不及待了,连二三天的时间也不想等了,恨不得马上插翅飞到杭州去。

按当时的邮递速度,即使是"快信",从上海到杭州,再由杭州到上海,也需要二三天的时间,这一点,他是很清楚的。因想见王映霞的心情实在是太迫切了,所以,没有等到王映霞接到信,第二天又发一封快信给她,再次提出杭州相会的要求。

> 霞君惠鉴:
>
> 昨晚上发出了一封快信,今天又想了一天,想你的家庭,不晓得会不会因此而起疑心。我胛下若有两只翼膀,早就飞到杭州来了。I think you should have understood me, you should have understood!
>
> 因为天冷的原因,今晨起来竟伤了风。一个人睡在客里,又遇到了一年将尽的这一个寒宵,想起身世,真伤心之至。
>
> 我病了,我在候你的回信,无论如何,我想于正月初二或初三搭早车到杭州来养病。
>
> 平常回杭州来总住在西湖饭店,这一回我想住在城站,因为去你那里近些,不晓得你以为何如?
>
> 今晚上已经十二点了,我一个人翻来覆去,在床上终于睡不着。明朝一早打算就去请医生看病,大约正月初二三总能起床向杭州来的,我只在这里等你的回信。
>
> > 达夫
> >
> > 十二月廿八夜

信中的英文意思是:感谢你对我的理解,你,理解我。

他的两封"快信"到达杭州时,正值爆竹声声除旧迎新之际。

本来在故乡过春节,就是欢乐欣喜的事情,更何况在经历了那么多的风雨之后,异地归来,在慈母的身边重温童年时代的旧梦,其感觉正是甜美无比,王映霞哪里还顾得上对他的相思不相思呢。接到信也就弃置一旁,而且"下决心再不给上海复信了"。

两封"快信"发出之后,在等待王映霞回信的日子里,真是度日如年,1927年2月3日,他在日记中写道:"午后整理书籍,费去了半天工夫。雨仍是不止,很觉得郁闷,本想去杭州会王女士去,因为天气不好,也不愿行。"

第一封致王映霞的信发出去八九天后,他计算着,如果回信的话,也早该收到了,未接到回信,说明她没有回复。想到此,既伤感,又气恼,1927年2月5日的日记云:

一路上走回家来，我只在想我此刻所进行的一件大事。去年年底我写了两封信去给王，问她以可否去杭州相会，她到现在还没有回信给我。

啊！真想不到到了中年，还曾经验到这一种 love 的 pain。

到家之后，知道室内电灯又断线了，在洋烛光的底下，吸吸烟，想想人生的变化，真想出家遁世，去做一个完全无系累，无责任的流人，假使我对王女士的恋爱，能够成功，我想今后的苦痛，恐怕还要加剧，因为我与她二人，都是受了运命的播弄的人，行动都不能自由。

今天接了许多信，重要的几封，如张资平的，荃君的，王独清的，打算于两三天之内复他们。

晚上九点前后就上床睡了，但翻来覆去，终究是睡不着。

薄情的王女士，尤其使我气闷。她真是一个无情者，我真错爱了她了。

在床上睡不着，又只好披衣坐起来看书，但是看来看去，书终是看不进。这两三星期中间，情思昏乱，都为了女人，把我的有生命的工作丢弃了，以后想振作起来，努力一番，把这些女魔驱去。但是，但是这样柔弱的我，此事又哪能够办到。啊，我现在真走到山穷水尽的人生末路了，到西洋去，还是想法子，赶快上西洋去吧！

到了 1927 年 2 月 7 日，还没有接到王映霞的回信，不但焦急万分，而且还很无奈了，一种不祥的预感时时在脑海里浮现，孤独、寂寞、凄凉，禁不住一个人在创造社出版部餐厅里浮想联翩，百感交集，想到自己不幸的婚姻、漂泊流浪的生涯，尤其是与王映霞恋情的失败。他恨苍天无眼，恨大地无情，恨女性的势利，恨自己命运的多艰，恨黑暗污浊的社会，恨人世间的不公平。在当天的日记中他写到：

餐厅很大，我只孤冷清的一个人，想想我这半月来的单恋的结果，竟吧嗒吧嗒的滴落了两点眼泪来。……我所要求的东西，她终究不能给我。啊啊，回想起来，可恨的，还是那一位王女士，我的明白的表示，她的承受下去的回答，差不多已经可以成立了。谁知到了这为山九仞，功亏一篑的时候，她又会给我一个打击的呢？

……

　　大约我的时候是已经过去了，Blooming season 是不会来了，象我这样的一生，可以说完全是造物主的精神的浪费，是创造者的无为的播弄。上帝——若是有上帝的时候——（或者说运命也好）做了这一出恶戏，对于它究竟有什么意义呢？

　　今天出版部里的酒也完了，营业也开始了，以后我只有一个法子可以逃出种种无为的苦闷——就是拼命地做事情，拼命地干一点东西出来，以代替饮酒，代替妇人，代替种种无谓的空想和怨嗟。

　　前两天立春了，今晚上还有几点飞雪从月光里飞舞下来，我希望这几点雪是去年寒冬的葬仪，我希望今天的一天，是过去的我的末日。

　　接连去了几封信，王映霞都未回音，郁达夫似乎已心灰意冷，万念俱灰，殊不知，在杭州度假的王映霞心中也是很不平静的。她口头上说，在故乡过春节的日子里，心情舒畅，万事如意，一切都很满足，对郁达夫既不理解，也不想去理解，但这只是表面现象，内心深处却不然，——白天，与亲人，与朋友，与同学结伴而游，或相晤交谈，其乐融融，什么忧愁，什么烦恼，都随之抛到九霄云外，可在夜深人静，亲友都散去的时候，一切都又翻了个，郁达夫的身影不时在眼前浮现，他的信函也不自觉地捧在了手中。思绪就像钱塘江的水，波涛汹涌，浪花翻滚。她想，如果答应郁达夫来杭州相会，那就意味着彼此的"恋爱"关系已经确立，拒绝他来杭州相会，那则显示对他无情无义，而这两点都不是心中所想，情中所愿。思之再三，她再次用模糊数学的概念，给郁达夫回了封留有无限想象空间的回信。《王映霞自传》中的一段话就活灵活现地表现了她当时复杂矛盾的心态。

　　他那儿在拼命地骂我，我在杭州使劲地想：我该怎么办？白天我和家人、亲戚、同学一起玩乐，晚上躺在床上，我翻来覆去地睡不着，又拿出信来读，从信上可以看出，他是无论如何要来杭州见我的，这怎么行呢？如果他来了，我的长辈、我的亲戚、我的同学会怎么看我呢？我越想越怕，越想越急，理智在告诉我，若再相见，怕不是一件妥当的事情。于是，我就索性不分亲疏地写了一封信去责怪他。说他想到杭州来的动机是不应该、不纯正的。我以为一个人受到了这样的婉言拒绝，该会马上断绝杂念。至少，也总该搁起笔来，少写几次信，或者从此不写信来了。谁知这不过是我这个毫无社会经验的人，对于男女间微妙感情的一种天真想法,事实上,反而很快地发展到第二阶段上去了。

左等右等,朝思暮想,终于盼来了王映霞的来信。刚接到回信时,他是激情满怀,热泪盈眶,而看完信时却一下子怔住了,却原来这鸿雁传来的不是什么欣喜,是完完全全、彻彻底底的透心凉。王映霞在这封信中,不但责怪他去杭州相会的念头是错误的,而且还明言拒绝他去杭州相会。一句话,该信伤透了他的心。

1927年2月9日,他在《穷冬日记》里很凄凉、悲惨地写到:

> ……七点半回家,接到了王女士的来信,她说我这次打算赴杭州的动机是不应该的。我马上写了一封回信,述说了一遍我的失望和悲哀,也和她长别了,并告诉她想去法国的巴黎,葬送我这断肠的身世。啊啊,女人终究是下等动物,她们只晓得要金钱,要虚空的荣誉,我以后要和异性断绝交际了。
>
> 巴黎去,到巴黎去吧!

一边骂女人是下等动物、不知羞耻的东西,一边却又拼命地去追求王女士,恐怕连他自己也说不清楚自己的心态和神志,哪一会儿是正常的,哪一会儿是疯狂的。可以这样说,这时候,他对王映霞是既恨又爱,而恨却恨不起来,爱则不得要领,不知从何处下手。

虽已届而立之年,但心灵却是十分纯洁天真的,接到王映霞拒绝他去杭州相会的信,一方面是失望、气愤;另一方面则是在"绝望"中努力挣扎,以期"绝处逢生",柳暗花明。1927年3月4日当晚写给王映霞的信,就是这种矛盾心理的综合写照。

> 两月以来,我把什么都忘掉了。为了你我情愿把家庭,名誉,地位,甚而至于生命,也可以丢弃,我的爱你,总算是切而且挚了。我几次对你说,我从没有这样的爱过人,我的爱是无条件的,是可以牺牲一切的,是如猛火电光,非烧尽社会,烧尽己身不可的。内心既感到了这样热烈的爱,你试想想看外面可以不可以和你同路人一样,长不相见的?因此我几次的要求你,要求你不要疑我的卑污,不要远避开我,不要于见我的时候要拉一个第三者在内。……你的信里依旧是说,我们两人在这一个期间内,还是少见面的好。你的苦衷,我未始不晓得。因为你还是一个无瑕的闺女,和男子来往交游,于名誉上有绝大的损失,并且我是

一个已婚之人，交游容易使人家误会。所以你就用拒绝我见面的方法，来防止这一层。第二，你年纪还轻，将来总是要结婚的，所以你所希望于我的，就赶快把我的身子弄得清清爽爽，可以正式地和你举行婚礼。由这两层原因看来，可以知道你所最重视的是名誉，其次是结婚，又其次才是两人中间的爱情。不消说这一次我见到了你，是很热烈的爱你的。正因为我很热烈的爱你，所以一时一刻都不愿意离开你。又因为我很热烈地爱你，所以我可以丢生命，丢家庭，丢名誉，以及一切社会上的地位和金钱。所以由我讲来，现在我所最重视的，是热烈地爱，是盲目的爱，是可以牺牲一切，朝不能待夕的爱。此外的一切，在爱的面前，都只有和尘沙一样的价值。真正的爱，是不容利害打算的念头存在于其间的。所以我觉得这一次我对你感到的，的确是很纯正，很热烈的爱情。这一种爱情的保持，是要日日见面，日日谈心，才可以使它长成，使它洁化，使它长存于天地之间。而你对我的要求，第一就是不要我和你见面。我起初还以为这是你慎重将事的美德，心里很感激你，然而以我这几天自己的心境来一推想，觉得真正的感到热烈的爱情的时候，两人的不见面，是绝对的不可能的。若两个人既感到了爱情，而还可以长久不见面的说话，那么结婚和同居的那些事情，简直可以不要。尤其是可以使我得到实证的，就是我自家的经验。

这封信，是郁达夫致王映霞的所有信中内容最丰富，感情最热烈，同时也是文字最长的一封。

在这封信里，他首先亮明了自己的爱情观——那就是爱一个人是无私无畏的，是可以牺牲一切的，什么家庭、地位、金钱、名誉、权利，全都可以抛弃。世俗的一切，在爱的面前都显得是那样的渺小，那样的微不足道，"都只有尘沙一样的价值，真正的爱，是不容利害打算的念头存在于其间的。"总之，他认为的爱，是可以超越年龄，超越时空，超越地域疆别的，是天地间的精气神灵所凝聚而成的。一句话说完，郁达夫对王映霞的爱，是发自心灵深处的，是真挚、纯洁、高尚的，上苍的日月星辰，大地的山川海洋都可为其作证。因此，他认为，只有像王映霞这样有知识，有文化，有教养，有地位，既年轻貌美，又时尚新潮的女性，才能够享受他那"猛如电光"似的爱，否则，那就是对爱的亵渎，而王映霞只有接受他的爱，以后的人生道路才会越来越光明宽阔,精神世界才会更加丰富多彩,若不然,则会变成"抱了小孩,袒胸哺乳"的家庭主妇一流。

信的另一层意思,向王映霞表白了他和孙荃夫人无爱的痛苦。要而言之,他和孙荃的婚姻,完全是听命于"父母之命,媒妁之言",俩人根本没有什么爱情可言。他之所以滞留海外多年不愿回归的主要目的,就是为逃避与孙荃的不幸婚姻,而被逼结婚后又四处流浪漂泊的原因,也是因不愿与孙荃厮守相聚所致。总之,他和孙荃的婚姻是不幸的,是痛苦的,也是不人道的。向王映霞表白这一层意思的目的,是在告诉她,自己之所以抛弃孙荃,拼命地追求她,绝不是见异思迁,喜新厌旧,更不是为了拈花惹草,风流潇洒。所有这一切,是出于天然的真性情。希望精诚所至,金石为开的奇迹在他和王映霞的身上发生。

再一点,一而再,再而三地向王映霞表现自己与她相爱的心灵轨迹,无非是期盼她能够珍惜他的这份爱和真诚,万一彼此因无法抗拒的力量不能相爱结合时,也好还她一个纯洁少女的清白。让自己心爱的女性永远幸福,也聊以慰藉自己空虚寂寞的情怀。

总览这封信,可以毫不夸张地说,这绝不是一封普普通通的书信,分明是一篇充满激情和热烈,火辣辣地"爱"的宣言书。

郁达夫的光明磊落和率真坦诚的光辉人格,在这封信里得到了尽情展现;

郁达夫的横溢才华和绝世聪明的智慧,在这封信里得到了充分显示;

郁达夫对王映霞真挚动人的情爱,在这封信里也同样表现得淋漓尽致。

也许这封信真的打动了王映霞的心,她不由自主地又开始弹拨和郁达夫相亲相爱的那根琴弦了。

王映霞和郁达夫"恋爱"期间,她就像一个高明的琴师,弹奏什么样的曲,什么时间弹,什么场合弹,所弹曲子的每个音符的大小,每个节拍的长短,动用不动用哪个琴弦,都完全掌控在她的手指之间。郁达夫的欢喜忧愁是全凭她的情绪来决定的。她高兴时,郁达夫那边就是湛蓝的天空,风轻云飘,阳光明媚。她苦闷时,郁达夫那边自然是乌云翻滚,电闪雷鸣,大地一片漆黑。

这期间她和郁达夫似乎有点捉迷藏的味道。书信虽然不断,但总是若

明若暗,似即又离,让人捉摸不定,难以猜测。这一点,从郁达夫当时的日记和书信里可以看得出来。如《穷冬日记》云:

> ……夜间咳嗽时发,我的身体大约是不行了。啊啊,若在现在一死,我恐怕我的一腔哀怨,终于诉不出来。我真恨死了王女士,我真咒死了命运之神,使我们两人终于会在这短短的生涯里遇到了。

从这则日记里获悉,郁达夫似乎已判断出和王映霞的恋爱到此也就是一个句号了,彼此将是天涯海角,各奔东西了,所以他对王映霞是恨极了。但从他当天写给王映霞的信里,又得到了彼此藕断丝连的信息。日记对王映霞恨得咬牙切齿,而在书信里表现的却又是温柔缠绵。

> ……我现在正在计划去欧洲,这是的确的。但我的计划之中,本有你在内,想和你两人同去欧洲留学的。现在事情已经弄得这样,我真不知道如何是好。我接到了你的回信之后,真不明了你的真意。我从没有过现在这样的经验,这一次我对于你的心情,只有上天知道,并没有半点不纯的意思存在中间。人家虽则在你面前说我的坏话,但我个人,至少是很 sincere 的,我简直可以为你而死。

> 沪上谣言很盛,杭州不晓得安稳否?我真为你急死了,你若有一点怜惜我的心思,请你无论如何,再写一封信给我!千万千万,因为我在系念你和你老太太的安危。啊啊,我只恨在上海之日,没有和你两人倾谈的机会,我只恨那些阻难我,中伤我的朋友……

> 伯刚那里,好几天不去了。因为去的时候,他们总以中国式的话来劝我。说我不应该这样,不应该那样。他们太把中国的礼教,习惯,家庭,名誉,地位看重了。他们都说我现在不应该牺牲(损失太大),不应该为了这一回的事情而牺牲。不过我想我若没有这一点勇气,若想不彻底地偷偷摸摸,那我也不至于到这一个地步了。所以他们简直不能了解我现在的心状,并且不了解什么是人生。人生的乐趣,他们以为只在循规蹈矩的刻版生活上面的。结了婚就不能离婚,吃了饭就不应该喝酒。这些话,是我最不乐意听的话,所以我自你去后,尚贤坊只去了一两趟。

> 此外还有许多自家也要笑起来的愚事,是在你和我分开以后做的。在纸笔上写出来,不好意思,待隔日有机会相见时再和你说吧。

我无论如何,只想和你见一面,北京是不去了。什么地方也不想去,只想到杭州来一次。请你再不要为我顾虑到身边的危险。我现在只希望你有一封回信来,能够使我满意。

这封信说明,郁达夫在和王映霞相识之后,就把他们婚后的人生道路作了具体安排,那就是到欧洲去,俩人携手到欧洲留学去。

与王映霞的恋爱眼看无望,真是伤感至极。

伤感也好,悲哀也罢,路总还是要走的。念及以后的前程,决计一个人去欧洲,离开他那有所爱而始终得不到爱的故国。再之,这封信还说明了一点,郁达夫是反传统,反礼教的,敢爱敢恨,敢怒敢言,敢作敢为,正义的我坚持,封建的我荡涤。进一步也可以说是思想解放,行动开明,不拘小节,追求幸福,力求达到人生臻善臻美的境界。

1927 年 2 月 10 日的信刚发出去,晚上便接到王映霞的回信,该信仍重复的是前几封信的内容和语言,即拒绝到杭州相会,指责他来杭州的动机不纯,两人应该冷静冷静再冷静,先保持一般的朋友关系,然后看情态的发展,再决定以后的事情。当天的日记是:

晚上又接到映霞的来信,她竟明白表示拒绝了。也罢,把闲情付于东流江水,想侬身后,总有人怜。今晚上打算再出去大醉一场,就从此断绝了烟,断绝了酒,断绝了如蛇如蝎的妇人们。

半夜里醉了酒回来,终于情难自禁,又写了一封信给映霞。我不知道这一回究竟犯了什么病,对于她会这样的依依难舍,我真下泪了,哭了,哭了一个痛快。我希望她明天再有信来,后天再有信来。我还是在梦想我和她两人恋爱的成功!

有一点需要说明的是,他在这里所谓的"她竟明白表示拒绝了",不是指王映霞要和他断绝书信来往,或中止朋友关系,而是指拒绝他到杭州去相会。

王映霞对郁达夫来杭的劝阻不能说没有一点道理。试想,在杭州王氏这个封建大家族里,一个豆蔻年华,光彩照人,前途无量的年轻姑娘,突然招来了一个不明不白的中年已婚男性,不引起轩然大波才怪哩,以后,她还如何面对长者和亲朋好友。

被"恋爱"热昏了头脑,他全然没有想到王映霞的苦衷和为难之处。

王映霞不让他来杭相会,云里雾里,耍的是花枪,而他却当真的去看待了。按他那神经质式的逻辑推理,不产生苦恼也就不正常了。记完当天的日记,发了一通与王映霞断绝来往的牢骚,并将其臭骂了一顿,心情似乎平稳了许多。可不久,又手痒起来,握笔挥毫,展纸泼墨,再度去信杭州,向王映霞表达心中失恋的痛苦。

二月八日的信,今天才接到,我已经了解你的意思。杭州决定不来了,但相逢如此,相别又是如此,这一场春梦,未免太无情了。

中国人不晓得人生的真趣,所以大家以为象我这样的人,就没有写信给你的资格。其实我的地位,我的家庭和我的事业,在我眼里,便半分钱也不值。假如你能 Understand me, accept me,则我现在就是生命也可以牺牲,还要说什么地位,什么家庭?现在我已经知道了,知道你的真意了。人生无不散的宴席,我且留此一粒苦种,聊作他年的回忆吧!你大约不晓得我这几礼拜来的苦闷。我现在正在准备,准备到法国去度我的残生。王女士,我们以后,不晓得还有见面的机会没有?

这真是到了无可奈何花落去的境地,失望,彻底地失望了。然而,冥冥之中,他还是抱有一线希望,期盼着峰回路转,奇迹出现。

从王映霞 1927 年 1 月 25 日离沪回杭,到 1927 年 2 月 25 日从杭州返回上海,在这一个月的时间里,他们之间的书信来往是很频繁的,特别是 1 月 28 日之后,郁达夫几乎天天都有书信给她,甚至是一天数封,而她的回信也是很多的。1927 年 2 月 12 日郁达夫的日记是:

王女士又有信来,我真不明了她的真相。她说的话,很是冠冕堂皇,然而一点儿内容也没有。我想结果,终究是因为我和她的年龄相差太远,这一次的恋爱,大约是不会成立的。

自阴历正月十五起,我想把我的放浪行为改变一下,锐意于创造社的革新。将来创造社出版部的发展计划,也不得不于这几个月内定一定。

好久不写信到广东、武昌、南昌去了,大约明后天当写它一天的信,去报告出版部的计划和将来发展的步骤。

半夜里又去喝酒,喝得半醉回来,想想我这一次和王女士的事情,真想放声高哭,我这一次又做了一个小丑,王女士的这样的吞吞吐吐,实在使人家一点儿也摸不着头脑，你说教人要不要气死呢！

　　唉，可怜我一生孤冷，大约到死的那日止，当不能够和一位女人亲近，我只怨我的运命，我以后不想再作人家的笑柄。

这则日记表明，王映霞虽然明确拒绝了郁达夫到杭州相会的要求，也没明确答应和他建立恋爱关系，但却始终和他保持着书信来往。真真假假，虚虚实实，似断非断，若隐若现，雾里看花，水中望月，这就是王映霞和郁达夫"恋爱"初期所运用的策略和采取的战术。郁达夫自始至终是围绕着她这个圆心在旋转。

轻风细雨

　　经过十多天的书信来往，王映霞的铁石心肠，终因郁达夫的真诚所至，开始稍微裂开了一点缝。1927年2月15日的《穷冬日记》已透出了寒冬已过，春天即将来临的信息。如，又接到了王女士的信，"稍稍露了一点诚意。不过她总要想试练我，看我的诚意如何。马上又写了一封回信给她，告诉她以我对她的衷情。"到这时，他才算稍微读懂了一点王映霞，现在所认识的她，应该是去掉面纱和伪装，比较接近真实的。

　　大梦初醒，惊起了一身冷汗，真实的王映霞原来竟是这般模样，开始对恋爱前景进行重新审视和评估，1927年2月15日晚他写给王映霞的信是：

　　　　二月十三日晚上的信，今晚上我才接着。这一个月中间，我也不知怎么的，仿佛又回到了做梦的时代去的一样，一点儿事情也不能做。自从那一天和你见面之后，天天总觉得心里不安静，所以弄得早应该发出去的稿子，都还没有写好。你劝我的话，我都铭刻在心坎儿上了。我总想得到你一点真诚的表示，所以每想到杭州来会你，现在你既在这样的劝我，我也只好暂时忍住，努力去做你所嘱咐的事情吧。

　　　　我所怕的，就怕你不了解我，你既然能够了解，那我还有什么话说？你今年上半年打算怎么的过去？有一定的计划没有？你愿意再去教书么？你可不可以出来到上海来住？上海学校很多，我的朋友也很多，你若想教书，我可以为你介绍，只教你将条件提出来就对了。譬如教什么,每星期多少钟点,等等。你愿不愿意再读书了? 若愿意再进大学,我也可以为你设法。譬如南京的东南大学,武昌的中山大学,北京大学等,我都有熟人在那里。用费一切,你可以不管的。

今年暑假后,我无论如何,总想出国去,当然想和你同去。现在就想努力做几部书来卖,能够得到三千块钱,两人的费用就够了。已经有一家书店,答应我于暑假前送两千块版税给我,只教我能够给他一篇十万字的长篇。我想在三四个月里,做一二十万字是不成问题的,所以对于这一次的渡欧计划,也抱着乐观,可是可是,还有一个条件,就是非要得到象你这样的一位好友,常常应该激刺我不行。我的所以想到杭州来的原因,一半就是为想得到一点激刺,一半也想得到一点 real feeling,就是可以把空洞的 feeling embody 出来的实际。

在这封信之前,心情一直是很沉重很郁闷的,希望王映霞能够理解他、承认他、接受他,然而一次次的请求都落空了,唯有这一次,心情是比较放松的,而放松的原因是王映霞终于开始理解他了。

有了王映霞的理解,顿时情绪高涨,神采飞扬,宏伟的计划和有条不紊的行动方案也就呼之而出,同时也在为他们结合后的前程开始筹划安排。信中之所以有为王映霞来上海教书和读大学进一步深造的议论,这说明王映霞在信中曾经给他说过这些事,否则,他是不会空发这番议论的。

经过近一个月来的冷静观察和思考,特别是沪杭间的十数次的书信沟通交流,王映霞对郁达夫开始有了新的,或者说是更深层次的认识和了解。

在王映霞的心目中,郁达夫已从著名作家、社会名流,渐渐演变为一个重情义,负责任,可信赖,能依托的男性伴侣形象。也仿佛要下定决心来摒弃世俗的观念,破除一切障碍和阻力,与他做一个永久的朋友,"让自己在生活中增加些丰富的养料",若有可能,干脆与他结为秦晋之好,白头偕老。这一点,恐怕是王映霞当时的真实情感和想法。但郁达夫却不完全认同这一看法。他认为,男女一旦相爱,就像干柴遇到了火焰,不可能不熊熊燃烧,哪里还会有什么冷静沉着而言,更不可能长期分离,人为地天涯海角不复相见。用他的话说就是:"爱情的保持,是要日日见面,日日谈心,才可以使它成长,使它洁化,使它长存于天地之间。"正因如此,他很不赞成王映霞"爱情"分阶段进行的主张。他要的是两颗心紧紧地联系在一起,彼此像鸳鸯一样,形影相随,朝夕相伴,共度青春岁月,同享爱情的琼浆玉液。

看着郁达夫在信中所表现的痛苦和失望的情绪日益严重,王映霞实在不忍心下去了,更怕他走极端,造成终生遗憾。由往日的冷静渐变为感动,再迅速升温为激动,最后,干脆一不做二不休,元宵节一过,便和同学陈锡贤匆匆赶回了上海。

就在郁达夫对这次"恋爱"旅程近乎于绝望时,王映霞却突然出现了,这真是山穷水复疑无路,柳暗花明又一村。顿时,令他又惊又喜,手忙脚乱,不知如何是好。1927年2月25日,他在日记中记下了当时的心情:

> 又接到了映霞的一封信,约我去尚贤坊相会,马上跑去,和她对坐到午后五点,一句话也说不出来。她约我于下星期一再去,并且给了我一个地址,叫我以后和她通信。无论如何,我总承认她是接受了我的爱了,我以后总想竭力做成这一回的 Perfect Love,不至辜负她,不至损害人。跑回家来,就马上写了一张字条,想于下星期一见她的时候,亲交给她。约她于下星期二(二月廿八日)午后二点半钟在霞飞路上相见。啊啊!人生本来是一场梦,而我这一次的事情更是梦中之梦,这梦的结果,不晓得究竟是怎样,我怕我的运命,终要来咒诅我,嫉妒我,不能使我有圆满的结果。

王映霞能从杭州专门到上海来看望郁达夫,这就是爱的表示,幸福旅程的美好开端,他自然不会看不出这一点,再之,邂逅再度相逢,相对无言,唯有泪千行。另一个重要信息,就是王映霞又给了他一个新的联系地址,并嘱咐他以后要经常与她通信。很显然,王映霞对他的认识,已从朦胧到清醒,并且还向前迈出了坚实的一步。

王映霞与郁达夫分别后首次相见的情景,她在《王映霞自传》中也有自白:"二月二十五日,是我与郁达夫分别后的第一次见面。两人在房间里坐了几个小时,竟然说不出一句话来。和一个月前的初相识相比,在彼此的心灵里,都有着不同的感觉。我和他一起散步,一起谈笑,我仿佛把他当作一个大人。向他问这问那的;而他也降低了年龄,压住了原来的个性,凑合上我的好动好玩的脾气,和我谈笑。"

由陌生到认识是一个过程,由认识到钟情是一个过程,而由钟情到相知相爱又是一个过程。王映霞与郁达夫这次沪上相会,是第三个过程正在实现的有力表现。

她这次回沪是有备而来的,为了与郁达夫相见方便,没有再去尚贤坊孙百刚夫妇那里住宿,而是搬到了同学陈锡贤任教的小学里。

陈锡贤是王映霞在浙江女子师范读书时的同学,任教于上海坤范小学,系单身。寄宿在那里,正好给她做了个伴,彼此都很高兴。

1927年2月25日的这次相见,无论是对郁达夫而言,或是就王映霞来讲,都是具有纪念意义的,也可以说是他们"恋爱"路程上的一个重要"里程碑"。这之后,他们的恋爱进程明显地加快了。

过去极力反对他们恋爱的孙氏夫妇,见他们二人主意已定,生米即将做成熟饭,也由过去的"反对"变为支持了。1927年2月26日,郁达夫的日记是:"心绪不宁,就又跑上尚贤坊去,见了孙夫人,她把映霞的心迹,完全对我说出。我也觉得很为难,但是无论如何,这一回的事情,总要使它成功。和她们打牌喝酒,说闲话,一直说到天明,午前三点钟,才在那一张王女士曾经睡过的床上睡着。"

所谓"映霞的心迹",就是指郁达夫如何处理与孙荃的婚姻问题。

王映霞已明确表示,她和郁达夫的恋爱关系已经确立,并信誓旦旦,海枯石烂,永不变。如果再继续发展下去的话,那就势必得先解决他和孙荃的婚姻问题。

虽然,郁达夫和孙荃的婚姻是"父母之命,媒妁之言"造成的,并没有什么爱情和幸福可言,但毕竟一同生活了许多年,而且有了儿女,一旦将她们母子抛弃,于情于理于义都是站不住脚的,就是自己的良心也会很不安的。想到这里,他又左右为难了。1927年2月27日,他在日记中所流露的情感应该是很真实的。"想来想去,终觉得我这一回的爱情是不纯洁的。被映霞一逼,我的抛离妻子,抛离社会的心思,便动摇起来了……"晚上在家中读日本作家的小说《恋火》,又引起了他许多感慨。

《恋火》系日本著名作家谷崎精二的代表作。主要表现的是一个名叫"木暮"的中年男性梅开二度的婚姻生活和情感世界。笔触细腻,语言生动,情节逼真,很能打动读者的心。尤其是描写"木暮"与结发妻无爱的婚姻,和浪漫女子"荣子"的婚外恋情,及他夹在新旧两个女性中间幸福和痛苦相互交织的等章节,更是能催人泪下。现实中的郁达夫和《恋火》中的

"木暮"的景况，是何其的相似。所以便引起了他的共鸣。1927年2月2日他在日记中写到：

> 我时时刻刻忘不了映霞，也时时刻刻忘不了北京的儿女。一想起荃君的那种孤独怀远的悲哀，我就要流眼泪，但映霞的丰肥的体质和澄美的瞳神，又一步不离的在追迫我。向晚的时候，坐电车回来，过天后宫桥的一刹那，我竟忍不住哭起来了。啊啊，这可咒诅的命运，这不可解的人生，我只愿意早一天死。

与王映霞的"恋爱"关系没有确立之前，郁达夫痛苦的是她的态度不明了，不知道她究竟想的是什么，今天不知明天的事，走完这一程不知下一站的方向在哪里，就像行驶在茫茫大海上的航船，既没有路标指引，又无灯火可寻，一切全凭感觉。而有了她的明确答复，解除了后顾之忧，紧接而来的痛苦便是孙荃及其子女无法安置等问题。

如果与孙荃解除婚姻，那么，与王映霞的结合也就顺理成章，无大障碍了，但这对结婚六载的孙荃是太不公平了，对儿女们也太不负责任了。再之，年迈的母亲也不会同意，两位疼爱他的兄长也是会反对的。为了一己的幸福，伤及无辜的妻子儿女，及疼爱自己的老母亲和兄长，似乎是太残忍了。每想到这些，他都不寒而栗，寝食难安。1927年4月2日的《闲情日记》，就将他的痛苦和忏悔暴露无遗。

> 天气沉闷不快，又加以前夜来的不睡，早晨的放纵空想，头脑弄得很昏乱。

> 在阴沉沉的房里，独立着终觉得无聊。拿了更换的衣服等类，正想出去找映霞，却接到了一封北京来的快信。这信是旧历的二月十一发出，今天却是三月初一了，从北京到上海，快信都要费去廿多天，象这样的中国，教人哪里能够安心住下去？

> 荃君的信中，诉愁诉恨，更诉说无钱，弄得我良心发现，自家责备自家，后悔到了无地。气急起来，想马上跑上银行去电汇一二百块钱去，可是英帝国主义者，四面塞住了我的去路，在银行附近的地方跑了三四个钟头，终于无路可通。我这时候真气愤极了，若有武器在手中，当然要杀死那些英国的禽兽一二名，以泄我的愤怒。

> 不得已跑上二兄寄寓着的一家小旅馆去，把北京无钱度日的情形

说给他们听,在那里的同乡都说我们长兄的不是,不该坐视弟媳的处到这一个穷地。但是我自己呢,却一句话也说不出,因为归根结局,这都是我自己的罪愆,不能怪旁人的。荃君呀荃君,这又是我的大罪了,请您饶我!在那里坐了一会,愤气稍平,就又跑出去找映霞,我告诉她以北京儿女的苦况,她也为她们抱不平,说我不应该不负责任到如此地步,我真想放声高哭了。

是啊,这的确是让他太为难了。

如果不和孙荃解除婚姻关系,那么,与王映霞好不容易建立起来的恋爱关系就会告吹,自己也将再次跌入痛苦的海洋。

表面上,王映霞是个文文静静的弱女子,需要呵护,需要关怀,而在骨子里却充溢着男子汉大丈夫的豪迈气概,敢作敢为敢当。所遇之事"前景"不明了时,忸怩造作,瞻前顾后,小心翼翼,给人以没主见之感。而一旦认清事情真相,看好"前景"时,就会不顾一切,直至达到胜利的彼岸。她和郁达夫的"恋爱"行程就是遵循这一原则的。

春节期间,在故乡杭州小憩时,她百般阻挠郁达夫前去相会,尔后又以他和前妻的婚姻关系未解除相挟胁,使他终日不得安宁。上海二度相会后,她已认准了郁达夫,锁定了未来的夫婿就是他,不再顾虑什么了,大胆地义无返顾地向"爱"的前方迈出了新的一步。自 1927 年 2 月 28 日起,郁达夫在日记中和致王映霞的书信里已喜形于色了。

早晨在床上躺着,还在想前天和王映霞会见的余味。我真中了她的毒箭了,离开了她,我的精神一刻也不安闲。她要我振作,要我有为,然而我的苦楚,她一点儿也不了解,我只想早一天和她结合。

午前在家里,办了一点小事,就匆匆地走了,走上孙氏夫妇处,因为她约定教我今天上那里去会她……

好容易,等到十二点钟过后,她来了,就和她上江南大旅社去密谈了半天,我的将来的计划,对她的态度等,都和她说了。自午后二点多钟谈起,一直谈到五点钟左右。

室内温暖得很,窗外面浮云四蔽,时有淡淡的阳光,射进窗来。我和她靠坐在安乐椅上,静静地说话,我以我的全人格保障她,我想为她寻一个学校,我更想她和我一道上欧洲去。

五点钟后，和她上四马路酒馆去喝酒，同时也请孙氏夫妇来作陪。饭后上大马路快活林去吃西餐茶点，八点前后又逼她上旅馆去了一趟，我很想和她亲一个嘴，但终于不敢，九点钟后，送她上孙家去睡，临别的时候，在门口，只亲亲热热地握了握手。她的拿出手来的态度，实在是gehorsam。我和她别后，一个人在路上很觉得后悔，悔我在旅馆的时候，不大胆一点，否则我和她的 first kiss 已经可以封上她的嘴了。

在电灯照着的空空的霞飞路上走了一回，胸中感到无限的舒畅。这胜利者的快感，成功的时候的愉悦，总算是我生平第一次的经验。在马路上也看见了些粉绿的卖妇，但我对她们的好奇心，探险心，完全没有了，啊，映霞！你真是我的 Beatrice。我的丑恶耽溺的心思，完全被你净化了。

在街路上走了半点多钟，我觉得这一个幸福之感，一个人负不住了，觉得这一个重负，这样的负不了，很想找几个人说说话。

事情终于有了转机，这怎么能不令他欣喜若狂。在他的眼里，天比以往更白云悠悠，碧蓝如水，空气也比以前更清新芳香，沁人心脾，就连大马路上匆匆行走的市井俗人，也个个都面带春风，笑容可掬。总之，世上的万事万物都是那么美好友善，让人流连忘返，回味无穷。

这就是爱的力量，这就是情的作用。

人们常说，恋爱中的人最傻最痴，这句话用在郁达夫身上是再合适不过的了。就连他自己也不知道究竟是怎么了，按理说，已届中年，在社会上多少还有点名声和地位，也算得上是个风云人物，不知怎么就突然变得像个孩童似的，现在竟然一刻也离不开王映霞了，有她在身边时就欣喜，天高地阔，一会儿见不到她，马上就沮丧，痛苦欲绝，而且嫉妒心也异常的强烈，容不得任何男人和王映霞谈笑。1927 年 3 月 1 日的日记所反映的就是这种心态。

午前八点多钟就起了床，梳洗之后，赶上尚贤坊孙氏寓居，又去看王映霞，她刚从床上起来，穿了一身短薄的棉袄，头发还是蓬松未掠。我又发现了她的一种新的美点。谈了几句天，才晓得昨天晚上回来，孙氏的夫人，因月经期中过劳，病了，大家觉得不快。我今天还想约映霞出来再玩一天的，但她却碍于友谊，不得不在孙夫人的床前看她的病。坐到十点钟前，我知道她一定不能脱身，她也对我丢了个眼色，所以只好一个人无情无绪地离开了孙氏的寓居。

上周家去坐了一会,之音为我烧煮馄饨,吃了两碗。匆匆回出版部,看了许多来信。中间有我女人的一封盼望我回京很切的家书,我读了真想哭了。

午后更是坐立不安,只想再和映霞出来同玩,在四马路办了一点社内的公务,就又坐电车上尚贤坊去。孙夫人的病已经好了许多,映霞仍复在床前看病。有一位在天津的银行员,却坐在映霞的对面,和她在谈笑,我心里一霎时就感着了不快,大约是嫉妒罢?我也莫名其妙,不知这感情是从何处来的。

痴坐了一两个钟头,看看映霞终究没有出来和我同玩的希望了,就决意出来,走到马路上来,昨晚这样感到满足的心,今天不知怎么的,忽而变了过来,一种失望,愤怨悲痛的心思,突如其来地把我的身体压住,压得我气都吐不出来。又在霞飞路上跑了一圈,暗暗的天色,就向晚了,更上那家俄国书铺去走了一遭,买了两本哥尔基的剧本,心绪灰颓,一点儿感不出做人的兴致来……

吃了夜饭,在灯前吸烟坐着,心事更如潮涌。想再出去,再去看看映霞,但又怕为她所笑,不得已,只好定下心来,写了一封很长的信,约她于礼拜五那天(三月四日)午后,在大马路先施公司电车停留处候我,我好再和她谈半天的话。我和她这一次恋爱的成功与否,就可以在这一天的晚上决定了。若要失败我希望失败得早点,免得这样的不安,这样的天天做梦。啊啊,The agony of love,我今天才知道你的厉害。

已婚的和未婚的女子都有和男性交往的权利,更何况王映霞尚属自由之身,她追求别人,和别人追求她一样都无可厚非,亦是正当选择。但郁达夫却不这样认为,在他的心目中,王映霞从肉体到灵魂都早已归他所有,任何人都无权染指,也不应该有非分之想,甚至别的异性多看她几眼,她和别的异性多说上几句话,就会引起他的不快和不满。他也明知道,这是"嫉妒"心理在作怪,亦不是正人君子所为,然而,他却不能控制自己的情绪。

昨天还是晴朗的天空,风和日丽,万里无云,而转瞬到了今天,却只因王映霞和"一位在天津的银行员"面对面地说笑了一阵子,再加上因有其他事不能陪他出来玩,马上便变得乌云密布,电闪雷鸣,而且对"爱"的前景也从高耸千仞的巅峰一下子跌到了万丈深谷,由信心十足而变为烦躁不安,次日的日记,记录的仍是忐忑不安,无所适从的心态。

> 昨晚上因为想映霞的事情,终于一宵不睡,早晨起来,一早就去梅白克路坤范女中看她,因为她寄住在坤范的她的一位女同学那里。寻了半天,才寻着了那个比小学还小的女中学,由门房传达进去,去请她的女友陈锡贤女士出来,她告诉我"映霞上她姊姊那里去了",可怜我急得同失了母的小孩一样,想哭又哭不出来。不得已只好坐了电车回家,吃过午饭,便又同游魂病者似的跑出外面去。

一时见不到王映霞,就"同失了母的小孩一样",六神无主,不知所措,万般无奈,而一旦得到她"爱"的允诺,也同样像小孩一样,兴高采烈,手舞足蹈,豪情倍增。1927年3月3日的日记是:

> 旧历的正月,今天尽了,明天是二月初一,映霞若能允我所请,照我的计划做去,我想我的生活,从明天起,又要起一个重大的变化。真正的 La Vita Nuova,恐怕要自明天开始呢!

> 我打算从明天起,于两个月内,把但丁的《新生》译出来,好做我和映霞结合的纪念,也好做我的生涯的转机的路标。明天的日记,第一句应该是 Incipit Vita Nuova!

一想到和王映霞的秘密约会,马上就充满了激情和力量。而她一旦不能够按照约定的时间、地点赴会时,立刻就疑窦丛生,怨恨陡起,各种恶毒的语言也笔走龙蛇,力透纸背了。

1927年3月4日,他和王映霞约好是相会的,可在约定的地点空等了两个半小时后,感情便承受不住了,无名怨火一下子涨了起来。对她的态度也瞬间来了个一百八十度的大转弯,由爱生恨,把她及其所有女性骂了个狗血喷头,分文不值,甚至还写了与她的绝交书。其日记云:

> 今天是阴历的二月初一,我打算从今天起,再来努一番力,下一番工夫,使我这一次和映霞的事情能够圆满的解决,早一天解决,我就好多做一点事业。

> 早晨在家里办了许多事情,午饭后就出去到先施面前去候她。从一点半候起,候了她两个半钟头,终于不见她来,我气愤极了。在先施的东亚酒馆里开了一个房间,我就跑上坤范去找她,而她又不在。这一

个午后、晚上，真把我气极了，我就在旅馆里写了一封和她绝交的信，但心里还是放不下，所以晚上又在大马路跑来跑去跑了半天。

我想，女人的心思，何以会这样的狠，这样的毒，我想以后不再和女人交际了，我想我的北京的女人，或者也是这样不诚实的，我不得已就只好跑上酒店去喝酒。

因王映霞这次从杭州来上海，是专门为抚慰郁达夫的感情饥渴有备而来的，所以，对他发动的一次比一次激烈的"爱"的进攻，也都默然地接受了，而且还有点乐此不疲的意味了。1927年3月5日之后，二人的爱情旅程又发生了不可逆转的变化。在这一天的傍晚时分，王映霞信誓旦旦地向他表示，从今以后，只爱他一个人，至死不变。

王映霞的誓言，仿佛是空谷足音，平地春雷，一下子令郁达夫激动万分，以前对她的种种怨恨和不满全抛到九霄之外了，剩下的只是满足和安宁。从此以后，再也不会为得到她亲口允诺的爱而上下奔波，死去活来了。

王映霞终于下决心和郁达夫相爱了，而且"之死靡他"。尘埃落定，梦想成真，多日紧绷的神经一下子松开了，所以，1927年3月5日之夜是他两三年来"睡得很舒服"，也是"觉得最满足的一夜"。他这一天的日记是：

午前八点就起了床，心神不定，专候她来。等到九点多钟，她果然来了，我的喜悦，当然是异乎寻常，昨天晚上的决心，和她绝交的决心，不知消失到哪里去了。

问她昨天何以不来，她只说"昨天午后，我曾和同居的陈锡贤女士，上创造社去找你的。"我听了她的话，觉得她的确也在想见我，所以就把往事丢掉，一直和她谈将来的计划。

从早晨九点谈起，谈到晚上，将晚的时候，和她去屋顶乐园散了一会儿步。天上浮云四布，凉风习习，吹上她的衣襟，我怀抱着她，看了半天上海的夜景，并且有许多高大的建筑物指给她看，她也是十分满足，我更觉得愉快，大约我们两人的命运，就在今天决定了。她已誓说爱我，之死靡他，我也把我爱她的全意，向她表白了。吃过晚饭，我送她回去。十点前后，回到旅馆中来，洗澡入睡，睡得很舒服，是我两三年来，觉得最满足的一夜。

王映霞是个非常矜持、有教养的女性，尤其是在男女交往方面，更是将分寸把握得十分得体,既不越雷池半步,又让人感觉得很舒心、惬意。再之,她又是一位很有个性,很有主见,意志十分坚定的知识女性,眼界也是十分的高,一般的、庸庸无为的男性她是根本不在乎的,也无法与之沟通交流。正是因为她有着这么多与世俗女性不同的特点,所以,为人处世也就有着与众不同的一面。她一旦认准的事情,便会一往直前进行到底。对爱情更是如此。她没有认清对方的真面目之前,认你怎样地追逐,死也好活也罢她丝毫都不动心,半点声色也不会露出。可她将其脉搏摸准之后,自认可以托付终身时,她的热情也同时会随着发生燃烧,其大胆热烈的程度也不亚于任何男子。

1927 年 3 月 5 日,明确表示与郁达夫生死相爱后,仅隔了一天,便允许他亲吻拥抱了,变化之快真是令人难以置信。郁达夫这天的日记便记下了这庄严神圣的一幕。

　　……午后又接到了一封映霞的来信,心里实在想和她见面,到了午后,捱压不住了,就跑上坤范看她。又约她一道出来,上世界旅馆去住了半天,窗外雨很大,窗内兴很浓,我和她抱着谈心,亲了许多的嘴,今天是她允许我 Kiss 的第一日。

　　到了晚上八点钟,她要回去,我送她上车。她一定不要我送她回去,不得已只好上雨中的马路上去跑了一趟。

　　她激励我,要我做一番事业。她劝我把逃往外国去的心思丢了。她更劝我去革命,我真感激她到了万分。答应她一定照她嘱咐我的样子做去,和她亲了几个很长很长的嘴。今天的一天,总算把我们两人的灵魂融化在一处了。

1927 年 3 月 10 日结伴到郊外踏青,又将他们浪漫的爱情推向了一个新的高峰。郁达夫认为,这一天是他和王映霞恋爱以来,过得最有意义的一天,也将是他们恋爱史上"最美满的一页"。在这一天的日记里,他热情洋溢地写到:

　　午后阳光晒得很和暖,四肢疏懒,不愿意做事情。跑上上海银行去存了些款,就走到尚贤坊看孙氏夫人。因为她不在,正想走出外去,却冲见了映霞,听她说,她已经上出版部去找过了我。真是喜出望外,就和她一路上郊外去走。

阳光则虽和暖，但天上浮云很多，坐公共汽车到了徐家汇，走上南洋大学去转了一个圈，上小咖啡馆喝了半个多钟头的茶，天上却刮起风来了。从法界一直走到大西路口，到静安寺叫了汽车，上坤范去约陈女士出来吃晚饭。又去约蒋光赤，周勤豪夫妇，光赤不来，周氏却来了。饭后想去开房间，但先施的东亚，永安的大东，和新新，都已客满了，就只好上周家去坐到更深。

映霞和陈女士要回去，我送她们到梅白克路学校的门前。天上寒云飞满，星月都看不见，似乎要下雪了。从梅白克路回来，又在周家宿了一晚。

映霞告诉我，她不愿意进美专了，因为她也定不下心来。

今天的一天，总算过得很有意义，也是我和映霞的恋爱史上最美满的一页。但因为太满足了，我倒反而忧虑将来，怕没有好结果，啊啊，我这不幸的人，连安乐的一天幸福，也不敢和平地享受，你说天下世上还有比我更可怜的动物吗？

得到了王映霞爱的允诺，赢得了她的芳心，抱得佳人归，对郁达夫来说，一切都新生了。他决心从今天开始，就戒酒戒烟，努力工作，先是计划于两个月内把但丁的《新生》译出来，好作结婚的纪念，自编的《达夫全集》也正进一步抓紧落实。

正当他们在爱的河流里畅游，幸福无比的时候，险些因一件意外的小事而葬送了这大好的姻缘。

事情的起因是这样的。

郁达夫有写日记的习惯，自在广州起，便将每天的行程及嬉笑怒骂的情感，都用行云流水似的散文笔触给真实地记录了下来。即使像到妓院里寻欢作乐的隐私，也从不掩饰、不忌讳。无疑，在和王映霞恋爱期间的一些是是非非，恩恩怨怨，以及咒骂她的歹毒语言，也都能在其日记中看得到。他写日记，是留给自己看的，也可以说是情感发泄的一种方式，本没有示人和发表的意图，更没有考虑过日记被别人看后，别人会如何想，及别人如何看待自己等问题。

1927年3月11日上午，孙百刚的夫人杨掌华，因急需一笔款子，便和王映霞一道去创造社出版部找他转借。午饭后，王映霞在他寝室里休息时，偶翻他的日记，见其中有许多咒骂自己的语言，心中很是委屈和不满，"开始感到和一个作家交往，有些胆寒。"禁不住红颜震怒，雷霆大发，尔后，又写了一封信将其痛责了一通。这突如其来的变故，令郁达夫猝不及防，同时也痛苦到了万分，他真怕功亏一篑。其悲哀和无奈之状，在当天的日记里有详细记载。

  十点前后，孙夫人和映霞来。

  中午请她们在新有天吃饭。饭后又和她们回创造社，天下起雨来了。映霞在我的寝室里翻看了我这日记，大发脾气，写了一封信痛责我，我真苦极了。

  二点多钟送她们出门去后，只好写了一封长信，哀求她不要生气。写完后，帽子也不戴，冒雨去寄。

  夜饭后，又觉得心里难过，拿起笔来，再写了一封信给她，信写好后，心里更是难受，就冒大雨出去，寻到坤范女学去，想和她对面说明白来。身上淋得同水鬼一样，好容易到了坤范，她又不在，我真懊恼之极，便又上尚贤坊去找她。当然是找她不着的，心里愈感到痛苦，周围的事情也愈糟。

  天上在下大雨，时间已经晚了，一怕闸北戒严，不能回去，二怕旅馆人满，无处安身，周家我怎么也不愿再去，一个人在风雨交迫的大路上走着，我真想痛哭起来，若恋爱的滋味，是这样痛苦的，那我只愿意死，不愿再和她往来。

  啊啊，天何妒我，天何弄我到这一个地步！

  我恨极了，我真恨极了。

  回来之后，又写了一封信给她，万一她再这样地苦我，我也只有一死，我决不愿意受这一种苦了。

为"爱"为"情"——已经吃尽了苦头，受够了折磨，精神也几乎到了崩溃的边缘，他是再也经受不住任何感情上的挫折和打击了。

前几天，刚刚得到王映霞爱的允诺，疲惫的身心也总算有了点复原，以为新的人生从此开始了，苦尽甘来，再也不会有大的风波和曲折了，谁知这好时光刚刚过了几天，便半路上杀出个程咬金，将其计划全盘打乱，他真是不知该如何地应对这复杂的人间事了，懊恼至极、痛苦至极、悲愤至极，同时,也悔恨至极,悔不该写那些无用的日记,更恨孙夫人不该找他来借钱,她不来借钱,也就不会出现这种麻烦事了。

想当面为"日记"之事,向王映霞说个明白,求其原谅,可四处寻找又不见人影,大雨中,风寒里,孑身独影,蹒跚街头,自叹不知人生的痛苦何时才是个尽头。

凡是她能落脚的地方,都已寻了个遍,可始终不见人影,也得不到任何确切的消息,无可奈何之际,只好以书信的方式来向她告白真情了。

……日记上有几处是在骂你怨你,那是的确的,我当时因为(一)我对你这样的热诚,你却对我毫无表示,(二)你既说爱我,而又不愿意和我时常见面,(三)我是一个既婚的人,我要离婚,谈非容易,而你竟不谅我的苦衷,时时以不可能的事情来和我说,因而藉口于此,想和我生疏。所以我一个人在无事的时候,前后想将起来,就不得不怨你骂你了,尤其是那一天我约你到先施来,你非但不来,连回信也不给我一封,所以晚上我对你真气得了不得,想写一封信给你,和你绝交。我之所以要写这一封信,所以要和你绝交者,正因为我爱你之切,不忍一刻不见你,不忍一刻抛离你的原因,你竟以为我有别意,而出此疑惧之举,我真不懂你的心思。我的日记,是丝毫不假地把我的心事写在那里的,你若有工夫,仔细一看,就可以看出我待你的真意如何。你看我的日记,要从头至尾看了才可以说话,断不可看了一节两节(这时候,我心里怨你,也许去找另外的女人,但这并不是我的真心),我在骂你怨你的时候的气话,就断定我待你的心思。并且我平常写东西,是不打算发表的,尤其是我的这一两年来的日记。映霞,我和你的关系,是已经进了无可再进的地步了,你以为可以淡淡地分开来么?我的一死本来也不足惜,我不过怨我自己的运命太差,千年逢闰月,却又遇着了象你这样的一个多心的女子。我觉得你对我太没有信用了,你这没有信用对我,就是你对我的爱情还不十分热烈地表白,映霞,你能够这样的狠心,把这一回的事情,当作一场噩梦,想丢了我而远去吗?我想你是不至于的,你竟能够毫不动心地看一个男子死在你的面前么?我想你是决不能够的。映霞,我此刻对你的心思,若有半点不诚,请你把我写给你的信全部公开出来,使社会上的人大家来攻击我,可是映霞,我爱你到了如此,而你对我,仍旧是和对平常一般的男子一样,这教我如何能够安心下去呢?

你所嘱咐我的事情,我事事都遵守着。我万不会把你我的事情,于不完全解决之先,公表出去。我对你也没有什么卑鄙的奢望,你若错解了我的意思,那我就不能不向天叫屈了。我那一封和你绝交的信,系在气愤的时候写的,你看了当不至于怨我吧,因为我爱你太深,所以我不见你的时候气愤亦自然猛烈,因而有那一封信的写出。现在事情已经过去了好久,而你又要拿了那封信来生是非,映霞,我看你是还在疑我。

我现在是怎么也不能再说了,觉得要说的话都对你说了。再说些好听的话来骗你,是我所万不能做到的事情。

我的日记上也记着些关于我的女人和旁的女人的话。可是映霞,你总不会因此而疑我的吧!你若还不能信任我,请你再来一趟,我把我的日记从头至尾的让你看,使你的疑心能够解去。否则我们两人中间的爱情,竟因这一点小事而发生风波,未免太不浓厚,太容易摧折了。映霞,我这几天来精神也不好,你不要再来这样地苦我,我实在再不能尝这一种阻难的苦味了,映霞,我只希望和你两人得有早见面的机会,得早一日把你这一种无缘无故的疑心病除掉。

从信中所言可以看出这样一个问题,王映霞看了他的日记之所以怒不可遏,并以示绝情,其中除了日记中咒骂她、怨恨她的因素之外,一个重要的因素就是郁达夫在这期间,一方面拼命地追逐她,另一方面则又眷恋他的妻子孙荃和别的女人。

眷恋北京的妻子,王映霞觉得这是人性和道义使然,情有可原,于理可通,尚能忍受,而他和别的女人来往,心有所系,情有所偏,则是不能容忍的,并认为他这是“花心”的表现,是风流成性本质的自我暴露,对她是用情不专、不诚、不真,是欺骗,也是很不道德的行为,与这样的人“恋爱”是靠不住的,下决心回到杭州后,“要和他疏远,免得日后闹出许多笑话来。”

与王映霞拉锯式的恋爱期间,能让郁达夫牵动心弦的女性,只有已故画家陈晓江的夫人徐之音。

徐之音与周勤豪的夫人是知心朋友,来往十分密切,特别是丈夫陈晓江故去后,更是成了周家的常客。

郁达夫与王映霞恋爱期间的喜怒哀乐,周夫人都一清二楚。他与王映霞情感融洽时,她跟着高兴,二人感情发生危机时,她也跟着悲伤哀叹,一筹莫展。

1927年1月25日,王映霞不辞而别后,他感觉"幻想"破灭了,欲哭无泪,而周夫人也同样替他很"伤心",并想替他介绍一个好朋友,使其"可以得点安慰"。

周夫人所说的"好朋友"即是徐之音。

郁达夫与徐之音早就认识的,并且有好感,评价甚高。这在他1927年1月28日的日记可以看得出来。

> ……陈太太实在可爱之至,比较起来,当然比王女士强得多,但是,但是一边究竟是寡妇,一边究竟是未婚的青年女子。和陈太太谈了半夜,请她和周勤豪夫妇上四马路三山会馆对面的一家酒家去吃了排骨和鸡骨酱,仍复四人走回周家去。又谈到两点多钟,就在那里睡了。上床之后,想了许多空想。

恐怕王映霞看了他的日记,最反感最记恨的就是这一则了。两人相会时,海誓山盟,把她看成是天仙,美貌绝伦,而转眼之际,却又去赞美别的女性"可爱之至",比自己"强得多"。看了这则日记,别说王映霞会生气,恼羞成怒,就是换成别的女性亦然。除这则日记之外,1927年1月30日日记中的内容,也是令她很不愉快的。

> 夜饭后,又上周家去,周太太不在家,之音却在灯下绣花,因为有一位生人在那里,她头也不抬起来,然而看看她这一种温柔的态度,更使我佩服得了不得。

> 坐了两三刻钟,没有和她通一句话的机会……临走的时候,我对她重申了后天之约,她才对我笑了一笑,点了一点头。

除这两则具有明显情感倾向的日记外,还有数则曾提到她和徐之音之间的来往。

无可非议,郁达夫与王映霞恋爱出现危机时,徐之音的出现,使他得到了一时的慰藉,而且彼此间也似乎生出了爱的萌芽。只是因为王映霞的感情回归及时,才使这萌芽没有得到发展的机会。

"爱情"是自私的,男女皆然。

郁达夫见到王映霞与别的男人谈笑风生,顿时醋意大发,而王映霞在郁达夫的日记中,看到他与别的女性谈情说爱,又怎能不恼火呢? 也许郁达夫已经意识到了,"日记"中所言对王映霞的刺激和伤害是太大了,绝非三言两语就能解决问题的,所以,下午写信时自认已将许多问题说明白了,但晚上回到家中冷静一思考,又感到言已尽而意未绝,于是又写了封信,再度信誓旦旦进行表白。

　　我吃完晚饭之后,又写了一封信给你,冒雨去投邮寄出,回家来想想,信终是不好,不如当面对你说明。好容易到了坤范,陈女士出来说你一早出去之后,还没有回来过。我在大雨淋着的街上,又只好一步一步地走回家来。走到闸北,已经是十点了,心里气闷,口头就也不客气,险些儿和戒严的兵士闹了起来。映霞,我今天吃的苦,总也算不少了。你以后如何对待我,我不知道,但你若要使我吃这样的苦,我觉得还是死了倒好过些。

　　映霞,我恨极了孙某,以后不想再和她见面了,后天我是不去的。你若还有一点爱我的心,请你以后也不要再去孙氏那里,以后请你绝对的不要再上尚贤坊去。

　　映霞,我不晓得你今天何以会发这样大的脾气。我们的事情,像这样的下去,我想终究是不能解决的,我第一就要疑到你的爱。你若真在爱我,你就不该这样的苦我。

　　总而言之,今天的事情,统是由孙某弄出来的。我恨死了她,我不愿意再说旁的活了。

信中的"孙某"即指的是孙百刚的夫人杨掌华。

因孙百刚夫妇从一开始就反对王映霞与郁达夫恋爱,对此,郁达夫一直耿耿于怀,二人的关系也一度很紧张。

随着王映霞与郁达夫的关系明朗化,孙百刚夫妇与郁达夫之间的紧张关系也得到了缓和。这来之不易的局面又因"日记风波"的出现而导致破裂。

郁达夫在致王映霞的信中痛责孙夫人,大有恨和尚连及袈裟之嫌。

大概为日记之事,一夜未曾合眼,夜间十一点半将致王映霞的第二封信发出去之后,还是觉得有许多话没有说清楚,过了一会儿,又写信一封给她,再度向其坦露对她万分真诚热爱的心迹。

今天晚上大约又要累我一夜的不睡了,你何以会这样的多心,这样的疑我?你拿一把刀来把我杀了倒安易些,我实在再也受不起这种苦了。

晚饭之前,冒雨去发了那一封信;现在吃完晚饭,坐在灯下吸烟,想起你那封奇怪的信来,我心里真是难过。映霞,怪不得我当时要你kiss,你不肯了。映霞,我的日记,你要从头至尾的看了才对,你只看了一页两页,就断定我没有真心,那你太冒失了。

映霞,我本想冒雨来看你,向你解释的,但又怕你骂我,骂我不听你的话,所以终于不敢来,可是我的心里啊,真正难受得很!

我们中间,若有缘分,我只希望早些成功,再这样的过去,我怕不能支持了……大约我想你恨我的有两种原因,一,因为日记上记有一段我没有抛离妻子的决心。二,因为我恨你的时候,说了你许多坏话。或者因为我恨你的时候,去找了一位名之音的朋友。她和我丝毫没有关系,不过在无聊的时候,去找她谈谈话罢了。至于我的决心,现在一时实在是下不了,一时实在是行不出去,因为她将要做产了。可是将来我一定可以做到的,并且在未做到之先,你也尽可以不睬我,这又何必这样的生气呢?这也值得这样的生气么?映霞,我对你真没有法子,没有法子,可以使你相信,但我想根本还是因为你还不十分爱我的缘故。你若爱我,那我的做错的事情,或者少有一点不对的事情,就不会使你说出这样的话来了。

映霞,我在等你的回信。

前两封信全是激情的发泄,标语口号式的,并没有多少实质性的内容,而写这封信时,他可能有所觉察了,遂对王映霞所最关心的几个问题,做了明白无误的解答。

王映霞最关心的问题之一,就是他如何处理和孙荃夫人的关系,以及子女的抚养。

在以往的交谈和通信里,他总是说孙荃如何如何的不好,俩人又是如何如何的没有感情等等,自己滞留海外不归的原因就是为逃避与孙荃的婚姻,而回国后一个人长年在外漂泊,也同样是对这不幸婚姻的无声抗争。但王映霞看了他的日记却发现,事实上并不是像他所表白的那样。孙荃及其子女还是时常被他所挂念的。1927年1月13日,他的日记是:

> 昨晚上接到邮局的通知书,告我皮袍子已由北京寄到,我心里真十分的感激荃君。除发信告以衷心感谢外,还想做一篇小说,卖几个钱寄回家去,为她做过年的开销。

> 中午云散天晴,和暖得很,我一个人从邮局的包裹处出来,夹了那件旧皮袍子,心里只在想法子,如何报答我这位可怜的女奴隶。想来想去,终究想不出好法子来。我想顶好还是早日赶回北京去,去和她抱头痛哭一场。

这则日记写于他们相识的前一天,王映霞并没有去计较,而在他们恋爱之后,再出现与孙荃情意暧昧的日记内容,自然是要引起她的不快乐。1927年2月7日的一则日记就是涉及这方面的内容。

> 我也该觉悟了,是 resignation 确定的时候了,可怜我的荃君,可怜我的龙儿熊儿,这一个月来,竟没有上过我的心,啊啊,到头来,终究只好回到自家的破烂老巢里去。这时候荃君在上海,我想跑过去寻她出来,紧紧地抱着了痛哭一阵。我要向她 confess,我要求她饶赦,我要她能够接受我这一刻时候的我的纯洁的真情。

这则日记所言,明显带有忏悔的意思。

王映霞在答应和郁达夫建立恋爱关系时,就曾委托孙百刚的夫人掌华向他提出过如何安置孙荃母子的问题,因当时的条件不成熟,此事也仅仅是说说而已,大家都没有拿出什么明确的意见,现在看了他的日记,这事不能不引起她的重新思考和忧虑。

为打消王映霞的忧虑,在这封信中明确表示了他抛妻别子的意向,不过不是现在,而是等孙荃分娩之后,并且发誓道:"将来我一定可以做到的,并且在未做到之先,你也尽可以不睬我……"

如何安置孙荃母子的问题表过态之后,对王映霞所关心的第二个问题也作了说明和解释。

王映霞关心的第二个问题,就是他和徐之音的关系。因在日记中十数次提到他和徐之音的来往,以及对她的好感,这不能不引起王映霞的怀疑。

对这个问题,郁达夫的回答是,他和徐之音"丝毫没有关系",只不过在苦闷的时候,曾和她闲聊过而已。

写完第三封信,该说的话已全部说完了,该表的态也表了,该发的誓也发了,下一步的事情该如何发展,那只有听天意了,他本人已是无能为力了。

他对王映霞的爱是太执著,太热烈了,容不得她有一丝一毫的不高兴,否则,就痛苦不堪,并极力去弥补去挽回。

因日记一事,郁达夫已经连写了3封信表白心迹,说明问题,而没有得到王映霞的明确答复之前,仍是一副诚惶诚恐,战战兢兢的样子。1927年3月12日,他在日记中写到:

> 午前心里不安,便冒雨跑上街去。想去坤范女学,又怕受映霞的责备,只好往各处书店去看书,糊里糊涂,竟买了一大堆无用的英德各作家的杂著。回到出版部来,又接了映霞的一封骂我的信。

> 中饭后,又是坐立难安,跑上坤范的门口,徘徊了好久,终于没有勇气进去。啊,映霞,我真被你弄得半死了。你若晓得我今天的心境,你就该来安慰安慰我,你何以竟不来我这里和我相见? 你不来倒也罢了,何以又要说那些断头话,使我的心如刀割呢?

> 晚上写了一封信,冒雨去投邮,路上想想,平信终是太慢,走到邮局,想寄快信,已经是来不及了。就硬了头皮,跑上坤范去找她。总算是万幸,她出来见了我,说了两三句话,约她明天到创造社来,我就同遇赦的死刑囚一样,很轻快地跑回了家。这时候,天上的急风骤雨,我都不管,我只希望天早一点亮,天亮后,好见她的面,向她解释她对我的误会。

见到了王映霞,当面向她就日记中的误会作了解释和说明,郁达夫真的是如释重负,心里畅快了许多,而王映霞也认为,其态度诚恳,言之有理,遂动了恻隐之心,原谅了过去的一切,并表示愿意继续和他来往,这令他很感动,又写一信,再道心迹。

> 今天的一天,总算把你的误解,消除了一部分,但我怕你离开我之后,又要想起心事来,又要疑我的人格,疑我的心地,所以总想把你多留一刻,多对你说几句话。两天来没有睡觉,今天又走了一天,身体疲倦得很。到了出版部里,就想往床上躺下,可是你的信还没有写,仿佛心里还有什么牵挂的样子。现在草草写了这封信,希望你能够将我今天

对你讲的话,牢牢记着。并且请你用全副精神的爱我谅我,勿使旁人的离间,得有虚隙可乘。你应该多看一点书,少想一点心事,身体第一要保重,我以后也要保养身体了。万一下星期有好天气,我愿意和你们一道上吴淞去看海。

一连写了五六封信,王映霞被其真诚再次感动,声称不再计较他的过去,一切向前看,并就其烦恼苦闷的原因向他道了个明白。

为安慰王映霞,也为这来之不易的爱情成果,他仍不懈地一次一次地发动进攻。1927 年 3 月 13 日,彼此谈了半天,而到晚上仍感还有许多话要说,于是又提笔写信。

……我想对你说的话,也已经说尽了,别的话可以不说,你但须以后看我的为人好了。那事情若不解决,我于三年之后,一定死给你看,我在那事情不解决之前,对你总没有比现在更卑劣的要求,你说怎么样?

旁人中伤我的话,是幸灾乐祸的人类恶劣性的表现。大约这个对你讲那些话的人,在不久之前,也对我讲过。她说离婚可以不必,这样的做,我的牺牲太大了,她又说,你是不值得我这样热爱,这样牺牲的人。映霞,这些话并非是我捏造出来,是她和她的男人对我讲的。另外更有那些同住的男人,对我说的话更加厉害,说出来怕更要使你生气,但我对她及他们的话,始终还没有理过。映霞,我在现在,你要我证明永久不变的话,我想没有别的法子,只能和你一道死。因为我说的话,你始终总以为是空话,始终总以为是捉摸不定,马上可以变更的。

昨天晚上,我并不到周家去,马上就回到出版部来了。因为得到了你半日的宽怀,我比得到什么宝器都还欢喜,所以回到了家里,写了那封信后,又做了许多文章,写了许多关于出版部的信,办事一直办到午前二点多钟。我那时候很快乐,很喜欢,喜欢我的活动的能力还没有消失尽。一边喜欢,一边更在感谢你,因为有了你的圣洁的爱,才把我的活动力唤醒了。映霞,我对你的这一种感激,难道是一时的爱吗? 难道是在想一时蹂躏你的肉体的爱吗?

总之,你对我所说的话,都存在我的肺腑里,以后的一行一动,我都愿意照你所乐意的方向做去。若旁人硬要来中伤我,我另无别法,就只有一死以证我对你的情热。我想你若真在爱我,那旁人的中伤是毫不足虑的,而我现在也相信你,决不至于因旁人而就抛弃了我。映霞,我希望你能够将昨天的话记着,切不可因忧伤而损了你的身体。我是很健,身体上并无病症,请你放心。

这封信里所说的"那事情",即是指他和孙荃的婚姻问题。因孙荃分娩在即,不可能对她透露他和王映霞的关系,以免影响腹中的胎儿,但他已有言在先,三年内不解决这个问题,便以死相许。

信中所说的另一个问题,就是"旁人"的中伤。

与王映霞恋爱,圈子中的朋友,很多人是不赞成的,极力反对的也大有人在,如孙百刚夫妇就曾多次劝阻过。

孙百刚就曾对他说,如果抛妻别子去和王映霞结合,那对他来说牺牲是太大了,而且王映霞也不值得他作出这么大的牺牲去追求。同样,孙氏夫妇也曾对王映霞说,郁达夫已 30 有余,又有妻子儿女,没必要去充当第三者,论才华,论家庭,论相貌,完全可以找一个比他更合适的人。

郁达夫因顾及朋友的关系,一直没有将孙氏夫妇跟他说的话透露给王映霞,而王映霞直到"日记"风波发生时才将孙氏夫妇说的话讲出来。

将上述因素综合以后,他认为,王映霞看日记只是导火索,根子还在孙氏夫妇那里,所以,在这封信里特就孙氏夫妇曾给他说过的话告诉王映霞,让她提高警惕,不要听信别人的谗言,影响自己的幸福。

日记风波,大约到了 1927 年的 3 月 14 日,误会才算基本消除,相互间又重新恢复了信任感。1927 年 3 月 14 日,郁达夫致王映霞的信云:

> 我觉得很满足,因为你能够爱我,了解我,我以后的生活,一定要受你的感化,因而大变了。今天在家里,也做了一天的事情,光阴一点儿也没有虚度过去,我想此后,总要一天比一天进步。映霞,我的主意已经定了,请你以后不要再伤心,再疑我,还是好好儿地帮我工作吧。我想这样的工作过去,一年之后,必有效果,创造社若能够弄得好,我若有几万块钱在手头,那我们的事情是一定很容易解决的,现在请你不要失望,不要多愁。

有了王映霞的理解和爱情,郁达夫又开始充满自信,踌躇满志,创造社出版部的前景及他个人的未来又是一片光明。

到了 1927 年的 3 月 20 日,因日记而起的风波,已彻底解决,云开日出,风消雾散,二人重归于好,而且较前又有了新的发展,除接吻拥抱之外,还同室睡了一夜,只是没有突破最后的防线。郁达夫的日记记载是:

午前在家里候映霞来……

等到三点多钟,她果然来了,真是喜欢得了不得。和她亲了几次亲密的长嘴,硬求她和我出去。

在阳光淡淡晒着的街上,我们俩坐车上永安的大东旅馆去,我定了一个房间住下。

五点前后,她入浴室去洗澡,我自家上外面去剃了一个头,买了些酒食茶点回来。和她一边喝酒,一边谈我们以后进行的方法步骤,悲哀和狂喜,失望与野心,在几个钟头的中间,心境从极端到极端,不知变灭了多少次。

七点钟前,上外边去吃饭,吃了些四川的蔬菜,饭后又和她上振华旅馆去看了周太太。回来经过路上的鞋子铺,就为她买了一双我所喜欢的黑缎的鞋子。

十点钟后,和她在沙发上躺着,两人又谈了些我们今后的运命和努力,哭泣欢笑,仍复是连续不断的变迁消长。一直到眼泪哭尽,人也疲倦了的天明,两人才抱着睡了三五十分钟。

和她谈了一夜,睡了一夜,亲了无次数的嘴,但两人终没有突破最后的防线,不至于乱。

从接吻拥抱,到同床共枕而眠,虽没有突破最后的防线,但爱的旅程总算告了一个段落。

阳 光 灿 烂

“日记”风波之后,郁达夫与王映霞的感情又进一步加深加强了,彼此间已没有任何的隔阂和障碍了,谈婚论嫁,势在必然。

在那个时代,男婚女嫁,势必要先征得男女双方各自家庭的认可和同意,“父母之命,媒妁之言”即是也,否则,会被认为不合法度,是媾和,是私奔,于家庭于社会于道德都是不能容忍的。

一说到"家庭"这个问题,二人都有点不寒而栗,愕然万分,同时也是一筹莫展,实在是想不出有什么好的解决办法。他们认为,王映霞的外祖父和老母亲将是他们婚姻道路上的主要障碍,根据二位老人的禀性和传统的伦理观念及封建意识,是不会同意王映霞嫁给已有妻室的郁达夫的。这道门坎虽然难越,但必须要越,如果飞越不过去,先前的努力都将化为泡影,思之再三,决定先由王映霞回杭州去做工作,视情况的发展再决定下一步的计划。

王映霞是 1927 年的 4 月 3 日离沪回杭的。因前途未卜,这次分别,二人都很伤感。郁达夫这天的日记记录下了他们依依惜别的深情。

　　一宵未睡,到早晨五点多钟,我就从小旅馆里走出街来,驱车上映霞那里去……

　　赶到映霞那里,已经是六点多了,和她们一道坐车到南站,在乱杂喧叫声和寒风里立了两三个钟头,到了九点多钟,车快发了,我几回别去,几回又走回来,和映霞抱着亲了几个伤心的嘴,我的心快碎了,我的神志也不清了。到了九点十几分前,我因为不忍见火车,堂堂地将她搬走,堂堂地将她从我的怀抱扯开,就硬了心肠,和她们别去,然坐在车上,一看到她留给我的信,眼泪终于掉下来了。

王映霞这次返杭,是肩负着重要使命的,所以,她和郁达夫离别时,各自的心情都是很沉重的,外祖父和母亲的态度究竟如何,工作能否做得通,连她心中也是一点底都没有,这怎能不令郁达夫忧虑,伤感呢!果然不出所料,王映霞回到杭州后,将她与郁达夫谈恋爱的事一讲出口,老母亲死活就是不同意,并要求她立刻断绝和郁达夫的来往。对母亲当时的态度,王映霞在她的自传中有过表述:"一九二七年四月三日我从上海回杭州后,就对母亲和盘托出。母亲听后竭力反对,怪我不该那么随便地和一个已有家室的男人密切来往,我们家不管怎样,在杭州也算是体面的人家,况且他又没有固定的经济来源,还说我将来肯定要吃苦的。"

王映霞的母亲出生时,虽然王氏大家族衰败了,但凭着父亲王二南先生的学识、才华和名士身份,锦衣美食还是不愁的,而年长嫁到富甲一邑的大盐商金家之后,更是拥金戴银,享不完的荣华富贵。

存在决定意识,环境造就性格。在这样一种氛围里成长和生活的王氏老太太,使她在骨子里就看不起文人。

郁达夫不但是文人,而且已有家室,拖儿带女,年龄也比自己的女儿大许多,这一切的一切,都是为王氏老太太所不能容忍和接受的。

郁达夫绝对不是她理想中的乘龙快婿,而且条件相差太远太远,没有一点可商量的余地。

面对母亲的激烈反对,王映霞沉默寡言了。她是个孝顺懂事的女子,特别是在父亲去世之后,母亲含辛茹苦地把她抚养大,送她去学校读书,让她接受良好的文化教育,这些都深深地镂刻在她的记忆里,对母亲的话她是不敢违拗的,况且她老人家也是为自己的前途着想呢?

为难了,她真的是太为难了。那边——郁达夫热烈地追求,电闪雷鸣,天崩地裂,任何一个姑娘都不会无动于衷;而这边——老母亲的殷殷教诲,语重心长,作为儿女的不能不为之动容。无计可施了,真的是一点办法也想不出来了,呼天天不应,喊地地不灵。不得已,她只好向远在上海的郁达夫求助了。

未接到王映霞杭州来信之前,郁达夫已有 4 封信给她了。其中的一封就是希望她"能够利用这个机会",将老母亲说服,以便使他们的事情"得早一日成功"。

尽管郁达夫对王映霞家长的态度是早有所料,也有足够的心理准备,但接到她的报告,矛盾凸现在面前时,仍旧是手忙脚乱,焦虑不安,这时,他一方面准备亲自去杭州向王的家长做说服工作,另一方面则急忙回信王映霞将其母所关心的问题一一作了解答。

> ……你母亲的见解,也不能说她错,因为她没有见过我,不了解我家庭的情形,所以她的怪你太大意,也是应该的。不过映霞,只教你的心坚,我的意决,我们俩人的事情,决不会不成功,我也一定想于今年年内,把这大事解决。我对于你,是死生不变的,要我放弃你,除非叫我先把生命丢掉才可以,映霞,你若也有这样的决心,那么我们还怕什么呢?
>
> ……
>
> 我的北京的女人,要她不加你我的干涉,承认我们的结婚,是一定可以办得到的,所怕的就是你母亲要我正式地离婚,那就事实上有点麻

烦，要多费一番手续。映霞，我想你母亲若能真正爱你，总不至于这样的顽固罢！

映霞，我们两人精神上早已经是结合了，我想形式上可以不去管它的，我只希望能够早一日和你同居，我就早一日能得到安定。

我现在正在动手翻译书，只教时势一平，我的这本书译得成功，那我们两人组织小家庭的经费就有了。以后的事情，可以交给我们的朋友来代替我们解决……

郁达夫与王映霞恋爱的事，在上海的朋友圈子里早已闹得沸沸扬扬，满城风雨，而他的家人，尤其是千里之外的夫人孙荃还是一点也不知晓的。但根据她性格和为人的准则，就是知道了，也一定会默认的，只要不离婚，使她们母子的生活有保障，她会委曲求全，含泪咽下这杯苦酒的。再之，像这种情形在当时中国的上层知识社会里并不鲜见。

深爱着郁达夫的孙荃女士，为了丈夫的事业和声望，为了他的幸福和自由，再大的牺牲，这个女人都会作出的，甚至是性命。为了儿女们有一个完整的家，即使丈夫永远不回归，只要夫妻名分在，她都不会去计较的。这就是真实的、活生生的孙荃，郁达夫的结发妻。

基于对孙荃的深刻认识和了解，郁达夫很自信年内能将家中的事情解决好。

有了郁达夫铮铮誓言的保证，王映霞做通母亲工作的信心也就更足了。

王映霞聪明机智，能言善辩，对母亲晓之以理，动之以情，几个回合下来，母亲心软了，表面上虽没有同意什么，但在言语和行动上却不再是那么固执己见了。

至于外祖父王二南先生，他老人家惜才怜才爱才是远近闻名的。有郁达夫这样的大作家当外孙女婿，和他谈诗说文，论古道今，他高兴还来不及的，那里还会去反对。郁达夫 1927 年 4 月 14 日的日记，就毫无遗漏地再现了他去杭州路上的恐惧心态，以及和王母相见时的情景。

在西湖饭店里住下，洗了一洗手脸，就赶到金刚寺巷映霞的家里去。心里只在恐怖，怕她的母亲，她的祖父要对我辱骂，然而会见后，却十分使我惊喜。

一到她家，知道映霞不在，一位和蔼的中年妇人教我进去坐候，她就是映霞的母亲，谈了几句话后，使我感到了一种不可名状的愉快，因为我已经可以知道她不是我们的恋爱的阻难者。坐等了十来分钟，电灯亮了，映霞还是不来，心里倒有点焦急，起立坐下者数次，想出来回到旅馆里去，因为被她母亲劝止了，就也只好忍耐着等待下去。吃晚饭的时候，她终于来了，当然喜欢得了不得，就和她出去吃晚饭。晚饭毕，又和她上旅馆去坐到十一点钟，吻了半天的嘴脸，才放她回去，并约定明天一早就去看她。

郁达夫未到杭州之前，王映霞已凭着三寸不烂之舌，将其吹嘘得天花乱坠了，其绝世才华，赫赫大名，早已如雷贯耳，深入家人心中，所以他一到王府，便有了回家的感觉。

受到王映霞母亲的盛情款待，郁达夫已感到"恋爱"的道路上最大的障碍已经清除，心情格外的激动，以后在杭州的几天里，天天陪王氏亲人游山玩水，请客吃饭，似神仙一般洒脱自在。1927年4月15日的日记是：

……今早又一早就醒了，看见天气的晴朗，心里真喜欢得了不得。午前八点钟前，就去映霞家里，和她的兄弟保童、双庆，也相熟了。

在她的房里坐了一会，等她梳完了头，就请她们上西湖去玩去。等了一忽，她的外祖父，就是她的现在承继过去的祖父王二南先生，也来了。他是一个旧日的名士，年纪很大——七十五——然而童颜鹤发，蔼然可亲。和我谈了半日，就邀我去西湖午膳。和映霞的全家，在三义楼饭后，祖父因有事他去，她们上我的旅馆里去休息了一忽。

因为天气太好，就照预定的计划同她们出去游了半日湖。在漪园的白云庵里求了两张签，与映霞的婚姻大约是可以成的。其后过三潭印月，上刘庄，去西泠印社，照了一张相，又上孤山，回至杏花村吃了一点点心，到湖滨公园的时候，已经是六点多了……

王二南先生出面邀请郁达夫陪其家人到西湖午膳，这说明他与王映霞在"爱"的道路上已没有任何阻力，全线畅通。特别饭后在漪园的白云庵里求了两张好签，更加坚定了和王映霞婚姻将成的信心，在日记里的字里行间除充满欢乐之外，还洋溢着无限的自豪，就连见到一度曾让他"迷乱"的昔日情人"文娟"也不屑一顾了。

1927年4月16日，与王映霞的一日单独游玩，更把他们的爱推向了巅峰,两人都仿佛成了不食人间烟火的神仙,置身云端,俯瞰大地,一切都是那么渺小,一切都是那么虚无,唯有他们二人才是真实的,幸福的,他这一天的日记是:

> 和她出来,先到湖滨坐公共汽车到灵隐,在一家素饭馆里吃了面,又转坐了黄包车上九溪十八涧去。

> 路过于坟,石屋洞,烟霞洞等旧迹,都一一下车去看了一趟。

> 这一天天气又好,人又只有我们两个,走的地方,又是西湖最清净的一块,我们两人真把世事都忘尽了。两人坐在理安寺前的涧桥上,上头看着晴天的碧绿,下面听着滴沥的泉声,拥抱着,狂吻着,觉得世界上最快乐,最尊贵的经验,就在这一刻中间得到了,我对她说:

> "我好象在这里做专制皇帝。我好象在这里做天上的玉皇。我觉得世界上比我更快乐,更如意的生物是没有了,你觉得怎么样?"

> 她也说:

> "我就是皇后,我就是玉皇前殿的掌书仙,我只觉得身体意识,都融化在快乐的中间,我连一句话也说不出来。"

在游山玩水间,无意中碰见了孙百刚的夫人,郁达夫和王映霞又惊又喜。惊的是,在他们最快乐最得意的时候,在这美丽的西子湖畔,却碰上了"月下红娘",这不是天意又是什么。他们的婚姻正可谓天地作合,情满人间。喜的是,故乡遇故人,别有一番情趣。另一点,通过孙夫人耳闻目睹的现身说法,也可将他们恋爱成真的喜讯传播开去,让关心、爱护他们的亲朋好友一同分享幸福,也让反对、阻挠过他们"恋爱"的朋友缄默其口,不再说三道四。

孙百刚夫人杨掌华在西子湖畔的突然出现,为郁达夫、王映霞千古绝唱的恋爱乐章,又增添了几多美丽音符。

幸福啊,幸福,从来没有过的幸福。这幸福全都洋溢在郁达夫和王映霞的脸上。

1927年的4月17日,是一个很值得纪念和难以忘怀的日子。是在这一天,郁达夫和王映霞第一次合影留念,是在这一天,郁达夫与王映霞的全家合拍了个全家福,也是在这一天,郁达夫与王映霞的外祖父饮酒论诗,相得甚欢。郁达夫这天的日记是:

　　早晨起来，因为天气太好，又和她的全家上灵隐去。在灵隐前面的雅园里吃中饭，午后在老虎洞口照了两张照相，一张是我和映霞两人的合照，一张是我和她的全家照的，照片上只少了那位老祖父。

　　晚上回来还早，又去玉泉，灵峰等处，坐到将晚，才回城里来。今天的一天春游，饱尝了些家庭团栾的乐味，和昨天的滋味又不同，总算也是我平生的赏心乐事之一。

　　晚饭时和老祖父喝了许多酒，月亮很好，和映霞出去，上城站附近去看月亮。走到十二点钟，才回来睡觉。

与王映霞的"合影"，说明了俩人已心心相印，永不可分。与王氏全家的"合影"，说明了他已融入王氏大家庭里，成了他们之中的一员。与王二南先生饮酒论诗，说明了王老先生很欣赏他的才华，引为同道，并为王映霞找了个风流倜傥的大作家而自豪。到这时，这次来杭的目的已经全部达到。

郁达夫这次由沪来杭，本打算看看王映霞的家人后，很快就要走的。因为创造社出版部里有许多事情都等着他去处理，王氏一家的热情挽留，却让他在这里一再耽搁。1927年4月18日的日记是：

　　午前和映霞坐着谈天，本来想于今天回上海，因为她和她母亲弟弟等坚决留我，所以又留了一天。

　　中午喝酒，吃肥鸭，又和她母亲谈了些关于映霞和我的将来的话。中饭后，和保童、映霞又上灵隐去取照相，一直到将晚前的五点多钟，才回到岳坟来赶船。

　　在湖船里遇了雨，又看了些西湖的雨景，因为和映霞捱坐在一块，所以不觉得船摇得慢。

　　晚上早睡了，因为几天来游倦的原因。临睡之前，映霞换了睡衣上床前来和我谈心，抱了她吻了半天，是我和她相识后最亲爱的一个长嘴。

对郁达夫这次杭州之行所取得的丰硕成果，王映霞在她的自传里也有记载："四月十三日郁达夫坐车急急地到杭州来了，他想直接跟我外祖父、母亲谈谈。母亲是个极其善良的人，心中再怎么不愿意，但看到郁达夫来了，还是把他当成客人，以礼相待。而外祖父自己是读书人，与郁达夫谈诗论文，边喝酒边聊天，大有酒逢知己千杯少的气势。"

就连郁达夫自己,对这次杭州之行也是很满意的。这从他返沪后致王映霞的信中可以看得出。

> ……此番来杭州,我们的事情,总算已经定夺了一半,以后是我这一方面的问题了,请你放心,我总至死不变,照初定的计划做去。
>
> 你们的一家人,自老祖父起,一直到双庆为止,对我都十分地要好,我心里真感激到了万分,此信到后,先请你递给他们看一看,好表明我的谢意。

人逢喜事精神爽,有精神,自然就有活力,有激情,有干劲。自从杭州回来后,他就像换了个人似的,一改过去懒惰散漫的生活习性,起早贪黑,拼命地工作,力图将创造社出版部来个翻天覆地的变化,挣更多的钱,以此来报答王映霞及全家对他的厚爱。1927 年 4 月 22 日给王映霞写信的目的,就是想表达他的决心和意志。

> ……我此番来上海后,精神百倍,心里也安定得多了。以后,请你不要再为我担心思,我以后要拼命的去干,好早日完成我们的心愿……
>
> 以后想不天天写信了,因为我要翻译书,还想做一点文章……

从杭州回沪后,的确如他在信中所说,精神抖擞,意气风发,除料理创造社出版部的业务外,同时还兼任法科大学的德文课,周勤豪的艺术大学他也时常去光顾,著书译书更是勤奋,身上有用不完的力量,只嫌时光过得太快,无法将计划中的所有事情都按时完成。

也许这就是爱情的力量吧!

中国有个传统的风俗习惯,那就是男女结婚之前,必须先有个订婚仪式,以告知亲朋好友。郁达夫和王映霞生活在中国的现实社会里,尤其生活在颇注重礼仪的江南世家,这个礼节也自然是少不得的。

郁达夫和王映霞的订婚仪式,选在了他在杭州养病期间,时间是 1927 年的 6 月份。

为第二次婚姻辛勤奔波,披肝沥胆时,创造社出版部的工作并没有因此而松懈,著书译书编书也都在继续着,所以这几个月来他是很辛劳的,再加上饮食不周,睡眠不足,身体也就出了大毛病,医生诊断为"黄疸病"。为了使他的病医治得更好更快,早日恢复健康,王映霞及其外祖父一再敦促他离沪来杭,一边医病一边疗养,而杭州的环境气候也利于病人的康复。

郁达夫患"黄疸病"的原因,及其到杭州来医病的过程,在《王映霞自传》里有记载。

> 郁达夫在为自己第二次婚姻奔波时,还忙于创造社的事务,到法科大学教德文课,到上海艺术大学去帮周勤豪解围等社会活动,生活没有规律,疲劳过度,终于得了肝炎,当时叫黄疸病,这是五月的事情。其实在这之前已有预兆,但他不注意。我五月十三日到上海发现他的眼睛已发黄,要他去看病,郁才勉强到自己的留日同学钱潮那儿去,看后果然是黄疸病……

> 我看郁那副病态,不知怎么的,心里非常可怜他,临走前嘱咐他一定要去住院。五月十七日,郁在王独清和画家陈君陪同下,在法租界金神父路(今瑞金二路)上的广慈医院进了二等病房。这所医院是法国人开的,在上海挺有名气。

经王映霞的劝说,郁达夫勉强住进了医院,而病情稍有好转时,又接受她的建议,到杭州看中医吃中药。对自己这次病的治疗经过,郁达夫在《王二南先生传》里也有披露。

> 当时,我在经营创造社出版部,因政治关系而入了停滞的状态;对于前妻并子女的离异赡养等问题,又因现款无着,祖产未分,而处了两难之境;尤其是危急的一个生死关头,是因为有几位朋友的政见之故,我也受了当局的嫌疑,弄得行动居处,都失掉了自由。

> 在这一种四面楚歌的处境之下,孑然一身,逃到杭州的时候,我的精神的委顿,当然可以不必说,就是身体,也旧疾复发,夜热睡汗等症状,色色俱全,痰里头更重见了点点的血丝。又因为在上海租界上乱避乱躲的结果,饥饱不匀,饮酒过度,胆里起了异状,胆汁溢满全身,遍体只是金黄的一层皮和棱棱的一身骨,饭也吃不进,走路也提不起脚跟来了。

到杭州后,王映霞的外祖父亲自到集庆寺请了精通医术的老和尚,为他把脉开药方,王映霞的母亲则为其抓药煎药,而王映霞更是关心备至,伺候殷勤,用甲鱼炖肥鸭来给他增加营养。在王映霞一家人的精心护理下,很快恢复了健康。

闲来无暇,一个重要的议题,便又重新提到了他们面前——那就是订婚仪式。

郁达夫是已经结过婚的人了,对这一点无所谓,而王映霞则不然,她对这个"仪式"特别地看得重。

订婚仪式,少不了要请男女双方的亲朋好友欢聚一堂,热闹一番,以示庆贺和祝福。

王映霞的亲朋好友大多都在杭州,一请就到,而郁达夫则不同了,他的长兄曼陀先生在北京,对他和王映霞的恋爱本身就持反对态度,根本不会来出席他们的订婚仪式,二兄养吾先生虽然和他的关系十分亲密,但碍于弟媳孙荃的脸面,也是不乐意在这尴尬的场合出现的,老母亲虽近在咫尺,但她老人家脾气倔强,也不赞同郁达夫离婚再娶的,自然也不会来。

既然是订婚仪式,那就必须要有男女双方的家长出面,如果有一方缺席,大煞风景不说,也是很不吉利,不体面的。

这一点可难住了郁达夫。

他们的订婚仪式定在 1927 年的 6 月 6 日。

郁达夫在这之前曾去信富阳,邀请二兄养吾作为男方的家长前来主持,可到了 6 月 3 日的晚上,养吾突然来信说,初六那天来不来杭州还不能确定,这一下可急坏了他们二人,两人禁不住相对而泣,不得已,郁达夫只好回富阳亲自去请,"无论如何,总要催他来"。

1927 年 6 月 4 日,郁达夫真的回富阳去请二兄养吾了。

> 昨晚因为得了二兄的信,说明天我与映霞宴客之夕,也许不能来,所以早晨就坐汽车到富阳去。
>
> 杭富路一带,依山傍水,风景实在灵奇之至,可惜我事拥心头,不能赏玩,坐在车里大有浪子还乡之感。
>
> 十点钟到了富阳,腰也坐痛了。走到松筠别墅,见了老母,欲哭无声,欲诉无语,将近两年不见,她又老了许多。我和她性情不合,已经恨她怨她到了如今,这一次忽然归来,只想跪下去求她的饶恕。
>
> 吃了午饭,上故园的旧地去走了一遭,在傍午的太阳中,辞别母亲,仍复坐汽车回到杭州来……

——《客杭日记》

二兄长养吾答应作为男方唯一的代表出席订婚宴会后,郁达夫似乎松了一口气,但紧接着有谁来担纲"介绍人"的问题又出现了。

他们是自由恋爱，无人为之介绍，然而作为订婚仪式，则必须有"介绍人"出席，否则，也会被视为不体面，而且于男女双方的道德操守也是有损的。

让孙百刚夫人担任这个角色是比较合适的，但由于他们夫妇在郁王恋爱问题上一直持反对和阻挠态度，郁达夫一度对他们恨之入骨，言语也很不敬，这个时候再请她出来，主要担心她不肯赏光出席。无奈之下，这事只好让王映霞出面来解决了。而恰好孙百刚的夫人杨掌华正好在杭州。

因王映霞的出面邀请，杨掌华尽管不乐意，但还是答应作为"介绍人"来出席宴会了。孙百刚在《郁达夫外传》中记载说："那天到的人，主要都是王家的亲朋。达夫方面的人非常少，仅来了二哥养吾。这位二哥还是达夫花大力去硬邀来的，因为他是作为男方的主婚人身份出现的。这样男女两家各有主婚人，掌华姑且算作男女两家的共同介绍人，所以这顿订婚酒虽则没有什么正式形式，也吃得热热闹闹……"

这次形式上的"订婚酒"，虽然没有铺张，但其意义和结果却都是显而易见的。郁达夫在当天的日记里不无得意地写到：

> 六点钟上聚丰园去，七点前后，客齐集了，只有蒋某不来，男女共到了四十余人。陪大家痛饮了一场，周天初——映霞的图画先生——和孙太太——我俩的介绍人——都喝得大醉，到十二点前才安排调妥。
>
> 和映霞的事情，今夜定了，以后就是如何处置荃君的问题了。晚上因为人倦，一上床就睡着。

请亲朋好友喝了"订婚酒"，名义上"恋爱"已是合法化了，这之后他们的交往完全可以光明正大，不受干扰了。

琴瑟和谐神仙侣

郁达夫与王映霞从 1927 年 1 月 14 日相识，到 1928 年的阴历二月举行结婚仪式，历时一年有余。在这一年多的时间里，除了惊天动地的恋爱之外，在文学创作和社会活动等方面，也是成绩斐然，昭彪史册的。

惊 涛 骇 浪

先就社会活动而言。

在"左联"时期，郁达夫虽曾声称过他不是冲锋陷阵的战士，而是舞文弄墨的作家，但就实际情况而言，他这里是自谦，纵观其一生，他无时无刻不在战斗。

1926 年随郭沫若等人南下广州，那是为北伐贡献智慧和力量，1927 年初回上海整顿创造社出版部，同样是为新生的革命政权作舆论上的准备。

辞去广东大学的教职，回上海主持创造社出版工作，并非所愿，而开除曾经为创造社出版部的成立和发展洒下辛勤汗水的周全平等"小伙计"，也不是他的本意。是朋友们的重托，是历史的责任，是良心的驱使，才使他放弃了收入颇丰的大学教职，选择了这条毫无生计保障的不归之路。尽管是一百个不情愿，但他还是毅然地回来了，可谁知，无情的现实就真的给了他当头一棒，险些将其击晕、击倒。

整顿伊始，就遭到周全平等"小伙计"的强烈抵触和拆台，几乎无法正常工作,继而,就连一向支持他的郭沫若、成仿吾等人也因误信谗言,开始怀疑他的整顿措施是否妥当和有效。闲言碎语,飞短流长,不时飘进他的耳朵里,给刚刚开始的整顿工作造成了极为被动的局面。

内忧外患,搅得心烦意乱,情绪低迷,他一度真想扔下这个烂摊子,去和北京的妻儿团聚,也享受享受天伦之乐,疗治一下心灵的创伤。

是王映霞的出现和爱情的伟大力量,才将沉陷在痛苦泥沼中的郁达夫拯救了出来,使他焕发了青春,励精图治,革故鼎新,很快便将几近瘫痪的创造社出版部起死回生,再创辉煌。

首先是在他的领导和主持下,《创造月刊》、《洪水》、《新消息》等刊物得以正常出版发行,其二是在他的大力斡旋下,使创造社一次次免遭灭顶之灾。

《创造月刊》、《洪水》、《新消息》等刊物正常发行,大家是有目共睹的,而对创造社屡遭的磨难,外人却知之甚少。

1927年1月14日,他在日记中所记之事就是很让人心惊胆寒的。"午后三四点钟,上出版部去看信。听到了一个消息,说上海的当局,要来封创造社出版部,因而就去徐志摩那里,托他为我写了一封致丁文江的信。"

这时的上海,还是在北洋军阀的统治下。

创造社的诸刊物宣传新思想、新道德、新理论,倡导革命学说,抨击腐朽与黑暗,矛头直指北洋军阀政府,自然要引起他们的恐慌,再加上创造社的领袖们,大都在国民新政府中担任要职,他们要查封创造社是意料之中的事。

得悉反动当局要查封创造社出版部的消息后,经过一番调查研究,郁达夫认为,要保全创造社出版部不被查封,就必须得找主管上海的大员们出来说话才行。于是乎,他想起了丁文江、徐志摩来。

丁文江系徐志摩业师梁启超的好朋友,徐志摩和他乃是忘年交,在京期间过往甚密,也可谓是知己。郁达夫托徐志摩去信相求,这无疑是使创造社出版部所赖以继续生存的一种良策妙计。

创造社出版部虽因有徐志摩在丁文江面前说情,暂时免除了被查封的危险,但多灾多难的厄运并没有因此消失。以蒋介石为首的国民革命军占领上海后,同样不容创造社的存在,"四一二"前夜,盘踞上海的反动势力,早已虎视眈眈,意在将革命的进步的力量一网打尽。而《洪水》等刊物因接连发表了一系列攻击蒋介石新军阀政府的文章,理所当然地被列入了他们要"剿灭"者的黑名单。创造社再次面临被查封的危险,甚至还威胁到郁达夫的生命安全。这期间,又是他仰仗着和杨杏佛、王世杰等国民党大员的深厚交情,才化险为夷,使创造社得以生存。

在主持创造社出版部工作期间,是郁达夫的革命思想和战斗热情得以正常发展的黄金时期。是在这期间,他以大义凛然的英雄气概,一针见血地揭露了蒋介石之流叛变革命、篡夺新生政权的阴谋,以及对人民实行法西斯统治的暴行,同时也披肝沥胆地表现出了对人民、对无产阶级革命事业的忠诚,并公开地打出了不与新生的军阀官僚、独裁政府合作的大旗。

在国共两党领导的北伐革命军迅速推进到长江流域,南北统一已成定局的时候,以蒋介石为首的国民党右翼分子和民族败类在帝国主义、官僚买办资产阶级的支持下,紧锣密鼓地加快了"反共灭共"的准备工作,并不间断地在全国各地制造反革命流血事件。

对蒋介石之流磨刀霍霍,伺机剿灭共产党人和革命群众,独占北伐胜利果实的阴谋诡计,郁达夫在广州时就已开始有明显察觉,回到上海后又耳闻目睹了他们的一些胡作非为,更加确信了自己的看法,于是,他不顾被绑架和遭暗杀的危险,千方百计地要把他们叛变革命的阴谋昭然于天下,号召人民大众联合起来作好第二次大革命的准备,围绕这个中心议题,他在"四一二"反革命政变前后写下了一系列的政论和杂感,甚至在致友人的书信里也不乏这方面的议论。在1927年1月6日写的《广州事情》一文中,他更是旗帜鲜明地揭露了国民革命政府逐步向右转化的劣迹和丑闻,并戏谑地称"广东是一个牛奶海,许多左派,到了广东,颜色都变了。"他告诫同胞们,这次革命"仍复是去我们的理想很远",为争得民众的真正利益,大伙儿仍须团结起来继续奋斗。

《广州事情》在创造社主办的《洪水》杂志上发表后,不但使国民革命政府中的右翼分子们心惊肉跳,惶恐不安,就连作者的老朋友郭沫若、成仿吾等人也有点感到出乎意外和大惑不解,认为是言语太激烈了,所表露的事实也太直观,太尖锐了,其立场之鲜明,态度之坚决,也是很惊人的。郭沫若认为"那时上海还在孙传芳的管制下,广东情形尽管不满人意,总还是革命的大后方,不好在敌人的管制区域去加以揭露,何况创造社的朋友们都集中在广州……步调这样不一致,会弄得大家难处。"(《再谈郁达夫》)鉴于这种因素,他就分别去信郁达夫和成仿吾,愤慨地责备《广州事情》的倾向和影响太坏。

同郭沫若一样,成仿吾对《广州事情》也是大为不满的,特撰文对其进行严厉批评。接到成仿吾的谴责信和《读〈广州事情〉》,郁达夫心情是很不平静的。1927年3月8日,他在《新生日记》中的一段话,就是这种复杂矛盾心理的自然流露:"接仿吾来信,说沫若亦有信去给他,骂我做的《洪水》二十五期上的那篇《广州事情》。沫若为地位关系,所以不得不附和蒋介石等,我很晓得他的苦处。我看了此信,并仿吾所作一篇短文名《读〈广州事情〉》,心里很不快活。我觉得这时候,是应该代民众说话的时候,不是附和军阀官僚,或新军阀新官僚争权夺势的时候。"郭沫若的书信指责也好,成仿吾的公开撰文批评也罢,都未能改变或动摇郁达夫继续揭露蒋介石之流叛变革命的阴谋,以及代民众说话的立场和决心。

从广州回到上海后,虽接二连三地撰文攻击广州的国民政府,淋漓尽致地暴露其黑暗龌龊的一面,然而在内心深处他对国共两党领导的北伐战争却是寄予很大希望的,也始终是持积极拥护态度的,他所反对,所鞭挞的只是一群阴谋篡党夺权的反革命两面派,而不是整个北伐大革命。因此,当他得悉国民革命军已经打到杭州时,就"喜欢得了不得"。又如1927年3月21日,上海工人阶级为配合北伐军攻占上海的行动,再一次掀起了声势浩大的总罢工运动,他和王映霞目睹了这个历史性的场面后,大为无产阶级专政的力量日益壮大而欢欣鼓舞,当晚便在日记中记下了这庄严伟大的时刻:"自正午十二点钟起,上海七十万工人,下总同盟罢工的命令,我们在街上目睹了这第二次工人的总罢工,秩序井然,一种严肃悲壮的气氛,感染了我们两人……"从这次工人大罢工取得的胜利里,他看到了无产阶级团结起来的伟大力量,所以六天后又一次出现工人罢工高潮时,他便主动地"跟了许多工人上街去游行"示威。

郁达夫和上海广大的市民一样,兴高采烈地庆祝摆脱了封建军阀的反动统治,迎来了这颗东方明珠的"新生",但谁能料到,北伐军进驻上海后,还没有为民众做点什么有益的事情,就开始走向它的反面。种种迹象表明,革命胜利果实大有被一伙野心家吞噬的危险。具有诗人气质和艺术家敏感的郁达夫，为革命的责任心和历史的使命感所驱使，又一次毫无顾忌地将隐伏在上海国民革命政府中的复辟倒退阴谋揭露了出来，号召民众赶快"转换"革命的大方向，与企图吞并革命胜利果实的新军阀和官僚政客们作坚决的斗争，争取取得民族革命斗争的最后胜利。1927 年 4 月 8 日写的《在方向转换的途中》和 1927 年 4 月 11 日写的《公开状答日本山口君》两篇政论，是他对当时革命形势总的估计和分析。

从广州辞职回到上海后，除以一个无产阶级文艺"斗士"的身份接连写出了许多具有重大社会影响的政论、杂感而外，在整顿创造社出版部方面也取得了显著成绩。像延期已久的《洪水》半月刊，和近似于停滞状态的《创造月刊》在他的努力下都相继恢复正常。另外，为了纪念创造社出版部成立一周年，他又于 1927 年的 3 月创办了一种小型周报《新消息》，专门向读者介绍进步的文学艺术和报道创造社和作家们的有关活动。

果然不出郁达夫等革命先驱者的预料，蓄谋已久的蒋介石新军阀集团，在羽翼丰满之后便于 1927 年的 4 月 12 日，发动了充满血腥和恐怖的反革命政变。首当其冲的上海，3 天之内就有 300 多人被屠杀，500 多人遭逮捕，还有 5000 多人失去踪影。鲜血遍地，死尸横陈，哀号盈天，杀声不绝，这就是"四一二"反革命政变时上海所出现的惨绝人寰的景象。

经过"四一二"血与火的洗礼，在他的脑海里似乎已经产生了这样一种感觉，蒋介石发动的"四一二"反革命政变，又一次把中华民族推向了灾难的深渊，打破囚牢的革命壮举瞬间化为一场噩梦，而令人毛骨悚然的白色恐怖则使自己感到力竭垂老，几乎不能再继续拨动诗的琴弦了。这是多么巨大的苦闷，多么深沉的失望啊！

除大量杂感、政论、文艺批评之外，1927 年，郁达夫在小说创作上也出现了一个新的高峰。像《过去》、《清冷的午后》、《微雪的早晨》、《迷羊》等小说就是在这期间完成的。

也是在这一年，他开始编辑出版《达夫全集》，曾轰动一时的《日记九种》也是在这一年出版的。

1927 年，他虽只写了 4 篇小说，但其意义却是很大的，因为在这些小说里，他一改过去忧郁哀伤的情调，笔触已伸向社会大革命转型期间人的心灵世界,所感所思,所触所摸,都与社会现实紧密相关,同时在艺术技巧上也有了新的突破。如《过去》就是很典型的例子。

确切地说,《过去》是一篇爱与欲的忏悔录。小资产阶级知识分子出身的主人公李白时,在上海一家报馆当编辑时,曾和一家四姊妹对门而居,日久生情,演绎出一场悲欢离合的人生戏剧,用主人公的话说,她们姊妹四个,个个都生得很美,尤其是活泼可爱的老二,"她的身材虽不高,然而也够得上我们一般男子的肩头,若穿着高底鞋的时候,走路简直比西洋女子要快一倍。说话不顾什么忌讳,比我们男子同学中间的日常言语还要直率。若有可笑的事情,被她看见,或在谈话的时候,听到一句笑话,不管在她面前的是生人不是生人,她总要是露出她的两列可爱的白细牙齿,弯腰捧肚,笑个不了,有时候竟会把身体侧倒,扑倚上你的身来。"

在她们姊妹 4 人中,李白时最倾心热爱的是老二。然而他的爱却是盲目的,不自觉的,无意思的,有时面对放浪不羁的老二的种种虐待,他竟像一个自虐性极深的人那样,百般地乐意接受。当他向老二求爱失败陷入昏乱之际,是平时被称之为"阴私鬼"的老三的体贴、安慰,才使他从困境中得以解脱。数年后,当他离开报馆流落异乡,与老三不期相遇,重新审视时,一种难以抑制的情感油然而生,几乎要冲破男女之大防的最后的防线,而在最后的关键时刻却被老三无情地拒绝了。

故事很简单,情节也不复杂,但却因立意的新颖,场面描写的细腻,人物心灵刻画的独到,而赢得了世人的好评。据说,周作人看过后,曾给予了大加赞赏,认为《过去》在女性命运和性格刻画上,可与陀思妥耶夫斯基和迦尔洵相媲美。

继《过去》之后而写的《清冷的午后》、《微雪的早晨》、《迷羊》等小说,仍延续的是这种"忏悔"和追叹往昔"爱"和"欲"的情调。

《微雪的早晨》中的主人公朱雅儒,原是北京近郊的农家子弟。贫寒的家境促使他刻苦上进,顺利地从小学升入北京师范,再至师范大学。在大学读书期间,他不仅勤俭力学,而且也关注社会现实,喜欢阅读那些提倡社会改革的书籍,对政府当局以及社会上的陈规陋习往往能提出很中肯的批评意见,颇受师生们的尊重。不幸的是,他最终还是做了这个社会的牺牲品。究其原因,则是为有所爱而得不到爱,不愿爱又不能不爱的婚姻所惨伤。

朱雅儒在少年时代父母就为他收了个童养媳,刚过 20 岁,便给他们合了婚。但他真正爱的是小时的同学陈惠英。而陈惠英 19 岁那年,她的父母出于和朱雅儒父母一样的心情,将她许配给了一个军官。眼看婚期将近,二人是又急又恨又无奈,未几许,他便急火攻心,以致忧愤成疾,精神错乱,一病不起,不过三天便离开了人世间,更可悲的是,他死亡的那天,也正是他心爱的惠英被迫出嫁的日子。

显而易见,这是一个"爱而不得其所爱"的爱情悲剧,而造成这出爱情悲剧的原因则是当时不合理的社会制度和落后的社会习俗。

同样是"忏悔"之作,《迷羊》则更多了一层"荒诞不经"的色彩。男主人公"我"本是个无所事事的人,大学毕业后,并没有就业,抱着许多不切实际的幻想,靠着父亲的几位朋友的慷慨资助,游逛于市井戏院之间,当他与一个女戏子尽情地享受了两性之间的风花雪月,人财两空之后,则幡然醒悟,用他的一位朋友对他说的一番话来形容就是:"我们的愁思,可以全部说出来,交给一个比我们更伟大的牧人的,因为我们都是迷了路的羊,在迷路上有危险,有恐惧,是免不了的。只有赤裸裸地把我们所负担不了的危险恐惧告诉给这一牧人,使他为我们负担了去,我们才能够安身立命。教会里的祈祷和忏悔,意义就在这里。"

除小说之外,《日记九种》的出版,也是郁达夫创作史上的一件大事。

他写日记本没有发表的意图,而只是为了记录自己生活和心灵的轨迹。不料,在这一年里对他的误解特别的多,以致许多老朋友都对他产生了强烈的不满,甚至反目为仇。为了向世人彰显自己真实的内心世界,和自己对中国革命、中国前途和无产阶级文艺的真实认识和态度,他不得不将这期间的日记公睹于世,让大众去自由评说。《日记九种·后叙》里的一段话,就清楚地表明了他出版《日记九种》的真实意图。

> 半年来的生活记录,全部揭开在大家的眼前了,知我罪我,请读者自由判断,我也不必在此地强词掩饰,不过中年以后,如何的遇到情感上的变迁,左驰右旋,如何的作了大家攻击的中心,牺牲了一切还不算,末了又如何的受人暗箭,致十数年来的老友,都不得按剑相向,这些事情,或者这部日记,可以为我申剖一二。

> 文人卖到日记和书函,是走到末路时的行为,我的所以到此地步,

也是由于我自己的生性愚鲁，致一误于部下的暗箭，再误于故友的违离，读到歌德晚年叙 Fanst 的卷首之诗，不自觉地黯然泪落了。

唉，总之做官的有他们的福分，发财的有他们的才能，而借虎威风，放射暗箭的，也有他们的小狐狸的聪明。到头来弄得不得不卖自己的个人私记，以糊口养生的，也由他自己的愚笨无智。

我不怨天，不尤人，更不想发牢骚，不过想自己说说自己的倒霉行径，请大家不要再去踏我的覆辙。

编完了半年来的日记，茫茫然，混混然，写这几笔字好作个后叙。

《日记九种》的公开出版，将作者一颗赤诚火热的心昭然于天下，澄清了有关其私生活、社会交往、团体活动等方面的是非，恩怨，讨了一个公道，得了一个清白。

无可讳言，《日记九种》的公开出版，也一度伤害了王映霞的感情，使其很长时间闷闷不乐。几十年后在《王映霞自传》论及这件事时还充满怨言。

他的日记的出版，事前我一点也不知道。他之所以不让我知道，主要是希望我和他在感情上从此不再发生旁的枝节。他觉得光用公开的仪式似嫌重力不够，这样地将生活细节公布于众，我就不能再化作漏网之鱼。这是他个人想法。我读了《日记九种》以后，却感到他处处在为自己打算。至于当时的社会，是以男性为中心，发现了这样一件大胆而新奇的事情时，人们将以何种目光来看待我？他未想过，也没有关心过。因此，我则为此而不快了好多天。而且，还有过一段消沉的时期，不大愿意和他同进出，少说话，并有近于后退的打算。但是我究竟年轻，社会上的事情所懂得的还是太少，一时想过恨过，也就算了。郁闷在心头的恶劣情绪，过了不久，就被他的热情所融化。

1927 年，在爱情的推动下，郁达夫还做了一件很有意义的大事，那就是将过去零星出版的作品和发表的单篇作品集中起来，编成了《达夫全集》交由创造社出版部出版。

从 1921 年 10 月在泰东书局出版第一部小说集《沉沦》起，到 1927 年 6 月编辑出版《达夫全集》止。这五六年间，是他创作的第一个黄金时期，小说、散文、政论、文艺随笔等都数量空前。他在中国新文坛的地位就是由这个时期的作品来奠定的。然而，由于性情散漫，和不善理财等原因，发表在报章杂志上的新作,除少数结集成册之外,大多都弃之如履,也没有将它们归拢整理结集出版的意思。

王映霞进入他的生活圈子后,首先便认识到了这个问题的重要性,自觉地担当起了这方面的任务。

帮助郁达夫将散见在全国报章杂志上的作品,和其他小册子编辑整理,冠名为《达夫全集》,交给创造社出版部出版发行,她是从这样几个方面考虑的。

一是名望和社会地位。在她的眼里,大凡名人都有传世之作惊现人们案头,像胡适有《胡适文存》,陈独秀有《独秀文存》等。她以为,郁达夫要想和他们并肩媲美,也必须有类似的东西炫耀文坛。于是,便有了将郁达夫的旧作编辑成《达夫全集》的想法。

按照她的逻辑推理,一个人有了名望,其社会地位也会随之而来,有了社会地位,自然不愁荣华富贵和钟鸣鼎食。

二是经济利益。王映霞生长在江浙一带颇有名气的大盐商家庭里,纸醉金迷,司空见惯,花红柳绿,习以为常,而这一切都是有"经济"作基础的。她深谙金钱在生活中的重要性。夫君不事生产,又没有固定的经济收入。全家的衣食住行,全靠他一支笔来换取。勤奋时,小日子就会好过些,稍微一懒惰,马上就会显现生活的窘态。对这一点,她比谁看的都明白。

为了以后的生活保障,她必须要建立自己的"经济"基地。她想,如果能将郁达夫所有的旧作都汇集成册,以"全集"的形式出版,不仅现实能得到一笔很可观的收入,就是以后的岁月里还能按时支取一定数额的版税,细水长流,年年不断。这不是天大的好事又是什么呢!

《达夫全集》就是王映霞理想中的"经济"基地。

《达夫全集》之所以能顺利出版,全靠王映霞的精心谋划和大力催促,所以,在《达夫全集》第一卷《寒灰集》的扉页上,郁达夫特意以"题词"的形式,将她为"全集"的编辑出版所出的大力给张扬了出来。

> 全集的第一卷,名之曰寒灰。
>
> 寒灰的复燃,要借吹嘘的大力。
>
> 这大力的出处,大约是在我的朋友王映霞的身上,
>
> 假使这样无聊的一本小集,也可以传之久远,

那么让我的朋友映霞之名,也和她一道的传下去吧!

《达夫全集》的出版既彰显了爱情的大力和王映霞"驭夫"的能力,同时也说明郁达夫的生活已纳入正常轨道。

珠 连 璧 合

1927 年 6 月 5 日,郁达夫与王映霞在杭州西子湖畔举行订婚仪式后,直到次年的阴历二月,始发喜柬邀请中外亲朋好友参加他们的婚礼。

在这半年多的时间,郁达夫在上海著书立说继续做他的"创造"梦;王映霞在嘉兴教书育人,追求自我价值的实现。因两人各自忙各自的工作,其关系一直平淡如水,无风无浪。

他们订婚后的平淡生活,从郁达夫的《客杭日记》、《厌炎日记》里可窥知一二。1927 年 6 月 25 日的日记是:

晨五时即起床,因为昨夜睡得很早。梳洗毕,正在吃早饭的时候,天忽而下起雨来了。今天一早就要乘车去嘉兴,所以郁郁不乐,觉得天时在和我作对。

七点钟冒雨去城站,来送者有王母及祖父王。映霞的二弟保童和我同行,十点钟到嘉兴。映霞在站上候我,车到站后,雨却停了。在城外走了一阵,就上城内庆丰楼去定座请客,请的都是映霞的同事,吃到午后两点,大家方才散去,那时候天又下起雨来了。

在一家小旅馆听雨候车,望烟水里的南湖,终究不曾去得。

四点五十分,杭州开来的车到了,就和映霞、保童一道上车,晚上七点半钟到上海北站,天已经黑了,雨仍旧在丝丝落着。

坐汽车到四马路的振华旅馆,住九十一号,我和映霞一夜不睡,谈到天明。

这则日记向人们透露了两个信息。一是订婚之后的郁达夫,已自觉地进入了王家乘龙快婿的角色,并开始为王家分忧解难了。他这次带王映霞的二弟保童到上海的主要目的,就是想帮助他投考中央银行的练习生。

因有他的鼎力举荐和四处疏通关系,保童顺利通过考试,成为中央银行的一名正式员工。

因 1927 年 7 月 15 日接到中央银行的录用通知,保童欢喜异常,他也同样情不自禁,当晚便向王映霞及家人报告了这一好消息。他这一天的日记是:"今天接到王映霞自杭州来信,写了一封复信给她,保童的事情,已经决定了。"

携带保童去上海投考中央银行的练习生,是郁达夫此行的第一个任务;其二则是宴请王映霞在嘉兴的同事,公开他们已订婚的消息。这一点很重要,用心也很良苦。一是告诉人们,王映霞已是名花有主,追求者,痴情者,赶快退避三舍,另寻佳偶;二是提醒王映霞,亦是有"主"之花,要自尊自爱,行为检点,切不可招蜂引蝶,生出风流韵事来。这真可谓是一石两鸟,一箭双雕。

订婚之后,他们虽然是一个在上海,另一个在嘉兴,但两地的距离却是很短的,坐火车不足 3 小时,所以,彼此相聚的机会是很多的。如《厌炎日记》云:"住在旅馆内,无聊之至。八日映霞自嘉兴来,和她玩了三五天,曾到半淞园、法国公园等处看月亮。"

这次上海别后十余天,他们又在杭州相见了。郁达夫 1927 年 7 月 24 日的日记是:"游到晚上十点钟,才回到王映霞家里,她病了,睡在床上。又是十几天不见,使我在灯光下看了她的清瘦的面容,不知不觉的又感伤了起来。谈到十二点钟,才上东床去睡,觉得牙齿有点痛。"

郁达夫对王映霞的爱是真诚的,是发自肺腑的,虽然经常相会,但偶有小别,也总是牵挂不已,诉诸文字,则是情意缠绵。1927 年 7 月 4 日,他的日记所记是:

晚上很想念映霞,写了一封信给她,中间附词一首:

扬州慢

客里光阴,黄梅天气,孤灯照断深宵。

记春游当日,尽湖上逍遥。

自车向离亭别后,冷吟闲醉,多少无聊!

况此际,征帆待发,大海船招。

相思已苦,更愁予,身世萧条。

> 恨司马家贫，江郎才尽，李广难朝。
>
> 却喜君心坚洁，情深处，够我魂销。
>
> 叫真真画里，商量供幅生绡。

"扬州慢"，词调名，为南宋风流名士姜白石所创制，很适合抒发诗人相思离别的情怀。

该词所描绘的意境是很幽美的。在阴霾重重，细雨绵绵，俗称黄梅季节的夜上海，伴随着青灯的孤寂，和黄卷的清冷，多愁善感的词人，更是心潮翻滚，浮想联翩，阳春四月，天高气爽，群芳争艳，西子湖畔，一对纯情至真的男女，时而相拥相抱，时而追逐嬉闹，忘掉了人世间的一切，幸福是他们唯一的需要。目睹此景，静静的湖水为之动容，千姿百态的小鸟为之歌唱，这一景这一幕，终生都难以忘怀。

幸福在云端，稍纵即逝，苦闷在眼前，挥之不去，不招自来，这是他多年的切身体验。

自游西湖回来，一下子从幸福的云端，跌入孤冷的深谷，"冷吟闲醉"，不知有"多少无聊！"

词的前半阕，是对幸福时光的回忆，而词的下半阕则是对飘零身世的诉说。词中所用典故就是明证。

"司马家贫"源自《汉书·司马相如传》，其言曰："文君夜亡奔相如，相如与驰归成都，家徒四壁立。"

卓文君夜奔司马相如，是中国历史上千古美谈的爱情故事，也是墨人骚客苦苦追求的理想。

词人以卓文君暗喻王映霞，自比司马相如，意在向世人昭示，他们之间的一曲"凤求凰"，也和古代司马相如、卓文君的"凤求凰"一样，精美绝伦，百代流芳。

"江郎才尽"源自《南史·江淹传》，其言曰："尝宿于冶亭，梦一丈夫自称郭璞，谓淹曰：'吾有笔在卿处多年，可以见还。'淹乃探怀中，得五色笔一以授之。尔后为诗绝无美句，时人谓之才尽。"

词人引用"江郎才尽"的成语，自责近期没有创作出好的作品，愧对爱人的期盼。

"李广难朝"句为王勃《滕王阁序》"冯唐易老，李广难封"的变异。

李广乃西汉著名将领，一生与匈奴作战七十余次，军功卓著，其部下以军功封侯者达数十人，而他却始终未能得到这一殊荣。

词人借李广的不幸以自叹。

是啊，词人昔日的朋友、同事多在政府中任要职了，权倾朝野，成为新贵，而他却还在为生计奔波，深夜静思，怎能不扼腕长叹，愁绪满怀！好在，相爱之人王映霞冰清玉洁，能理解他，相信他，支持他，这是对他莫大的安慰。

千般苦恼，万种不幸，只要有王映霞在身边，一切都会烟消云散。"情深处，够我魂销"，即是也。

"叫真真画里"出自杜荀鹤的《松窗杂记》。据说，唐朝进士赵颜从画工处得到一软幛，爱不释手，便在上面画了一妇人像，妩媚娇艳，风情万种，被誉之为神女。画工说，此女的名字叫真真，如果呼叫其名一百天，她一定会答应，然后再以百家彩灰酒灌之，她则会呈现血肉之躯，活灵活现。赵颜按画工所言去实践，百日之后，"真真"真的像画工说的那样从软幛上走了下来。

词人借"真真"的神话，来隐喻王映霞乃神女下凡，专降祥瑞给他这样的无助者。

《扬州慢》既是郁达夫对王映霞爱的写真，又是情感的大奉献。

将热恋中的情人王映霞隆重介绍给鲁迅、许广平夫妇，也是郁达夫在婚前所做的一件很值得一说的事。

郁达夫和鲁迅虽然很熟，但在这之前，王映霞对鲁迅却只能是高山仰止，可望而不可即，是郁达夫帮她实现了梦想。王映霞与鲁迅夫妇的首次相见是1927年的10月5日，这也即是鲁迅携许广平从广州到上海后的第三天，请客者是北新书局的老板李小峰夫妇。这一天的鲁迅日记是："夜小峰邀饭于全家福，同座郁达夫、王映霞、潘梓年、钦文、伏园、春台、小峰夫人，三弟及广平。"

北新书局为鲁迅夫妇接风洗尘，邀请郁达夫前去作陪时，正好王映霞也在上海，于是便一同欣然前往。

据王映霞后来在《忆郁达夫与鲁迅的交往》一文回忆，李小峰请吃饭的时间确像鲁迅在日记中所言是在晚上，而她和郁达夫前去拜访应是在当天的下午,晚上的宴会是下午畅谈的继续和发展。

鲁迅日记中写的是晚上见面情况,其实那天下午,郁达夫一得到鲁迅已来上海的消息,就接着我到大世界附近的共和旅馆(即现在延安东路云南路口的公安局招待所旧址)去看他了。鲁迅和许广平住在二楼,还有两扇落地窗直通阳台,屋内陈设简单。我们进去时,鲁迅和许广平正在说话,见我们来了,立即起身迎接。只见鲁迅身材不高,和蔼可亲,穿着一件灰白夹袍,说话时带着浓重的绍兴口音,热情地和郁达夫打招呼。当郁达夫向他介绍:"这是密斯王"时,鲁迅马上和我亲切握手,并把许广平拉过来,说:"这位是密斯许"。接着我们就坐下来,天南地北地谈了一二个小时,内容很多,我只记得鲁迅谈到了他离开广州时,广州的形势很不好,还谈到了上海文坛的一些情况。天近黄昏时,我们四个人就一起坐车去四马路(即现在的福州路)全家福饭店……

郁达夫携带王映霞拜访鲁迅的目的有二:一是为满足她的虚荣心,她渴望与名人打交道,鲁迅是新文坛领袖,能与他同桌共饮,亲耳聆听教诲,是多少人梦寐以求的机缘,帮她圆了梦,她怎能不高兴呢? 二是希望从鲁迅那里寻求些精神安慰。

他们的恋爱,曾遭到很多亲朋好友的反对和阻挠,一度陷入了四面楚歌的境地。如果能得到鲁迅的默认,无疑是对他最大的精神支持和心灵安慰。

深谙无爱婚姻痛苦的鲁迅,对他们的恋爱早有所闻,见了王映霞,他更相信郁达夫的选择是正确的,于是便表示了最真挚的同情和赞许。这从他和王映霞首次相见时的"热情"里就可略知一二。

郁达夫的目的达到了,所以,下午彼此谈得很畅快,晚上酒喝的也很尽兴。

在《王映霞自传》中就曾真实记录下了郁、鲁两家相互走动的实景。如1927 年 11 月 2 日,她和郁达夫访问鲁迅的情景,几十年后还能记忆犹新:

这次看到鲁迅,我不像第一次见到他时那么拘谨了。鲁迅除示意许广平倒茶之外,他还希望许广平能坐下来陪我说说话。鲁迅这天穿的是一件深灰色的厚呢长袍,头发有些长,到上海后大约还没时间去理发,而且鲁迅的鬓角又低,耳前耳后都遮盖在他白色的面孔和颈子上,这样一来,教人看了似乎愈显苍老。其实,这时候他还未到五十岁。

鲁迅叫许广平为密司许,称我为密司王,若有三个以上的人在座,他从不讲日语或其他国家的语言。他虽然中式打扮,却极懂西方礼貌。例如在一同走路或进出汽车时,总要让我和许广平先,而且,他也极尊重密司们谈话的主题,从没有在我和许广平闲聊时他突然走过来插进别的话题。反正,他是极尊重女性的人。

我和郁达夫住在嘉禾里一四四二号,我曾代郁达夫写信给鲁迅,约他来玩,那天他来后,就与郁达夫天南海北地聊天,我则到厨房里去做菜。

综上所述,郁达夫和王映霞定婚后,虽没有行"合卺"之大礼,却已开始有夫妻之实,各自都自觉地履行着自己的责任和义务。

1927年的秋初之际,王二南先生应上海群治大学之聘,担任古典文学教授。为生活方便,映霞之母和她的弟弟们也随老人家一同前来,租屋而居。因在这之前,郁达夫与王二南先生在杭州挑灯夜谈,说书论画,甚是投缘,这次上海相会,彼此都是欢喜之致,巴不得朝夕相晤,指点江山,激扬文字。又因王二南先生租屋而居的民厚南里,距创造社出版部不是很远,未几日,他也一同搬过来住了。

对王二南先生应聘上海群治大学和郁达夫一同来住之事,王映霞在她的自传中记述得很清楚。

在我很小的时候,大约是朋友介绍,外祖父就与哈同认识了,有时哈同请他去写些东西,一九二七年的秋季,我祖父答应了上海哈同花园姬觉弥的邀请和群治大学之聘,来上海教书,便把我们一家也搬到上海来住。为了进出方便,我们就住在靠近哈同花园的民厚南里(现称慈厚里)八八〇号的全部二楼。

这八八〇号是弄堂的最后一幢石库门房子,是两楼两底,并连有过街楼。我们将统厢房隔成了三间,另外还有一间前楼,倒是方方正正。大约有二十多平方米。

这时郁达夫和创造社的关系并未全断,每天还是在闸北宝山路办公,我在嘉兴二中附小教书,来往于嘉兴上海之间。祖父看他每天来来往往,实在辛苦,就答应了他的请求,让他暂时搬来和祖父同住。他就住在我们的前楼。

正是有了这层因素,郁达夫在王家已是名副其实的"东床快婿"了。

热血沸腾,激情奔放的一对青年男女,长期相居一个房檐下,如果不生出一点爱的花样来,那就不符合人之常情了,更何况,郁达夫和王映霞是早已定过婚的人了。

有了夫妻之实,下一步自然是谈婚论嫁。

郁达夫已是结过婚的人,对婚礼有没有,在什么地方举办,以什么样的方式进行,规模多大,排场不排场,他是持无所谓态度的,而王映霞则不然。她虽然受的是现代教育,思想也比较解放,但也未能完全脱俗,尤其是对传统的礼仪、为人的名分和名誉方面是看得很重的。

婚姻既然是女人一生中的一件大事,那么对其过程中的每一个细节都是马虎不得的,更不能忽略。

"订婚"的仪式既然很隆重热烈,那么,婚礼的场面则更要铺张、气派、豪华、风光。

为了满足王映霞的虚荣心,郁达夫决定将他们的婚礼定在日本东京的"精养轩",并对中外朋友广发了喜柬。

喜柬的内容和格式是这样的。

谨吉夏正二月二十一日洁筵候

郁达夫
　　　　　　谨订
王映霞

席设日本东京上野精养轩

请柬发出去之后,正欲东渡时,却因不可预测的因素,使他们计划中的豪华婚礼成了泡影。据《王映霞自传》中所讲,导致他们这次"婚礼"成为泡影的主要原因是为经济出现危机所困。

一九二八年的春天,郁达夫和我准备结婚。地点问题,倒着实经过考虑,最后才决定去日本东京。既然已决定下来了,我们就印发请帖,请帖上是二月二十一日在日本东京精养轩结婚,通知了中外亲友。后来临时由于经济问题解决不了,郁达夫说不去东京了,但又怕我祖父和母亲不同意,然后和我商量决定。在二月初,我们就到北火车站附近的小旅馆里去租住了一个多月,到了三月中旬,才又搬回民厚南里居住。

不久就在南京路的东亚饭店(原址在现南京东路浙江路口的服装公司)请了两桌客,请的是几个比较接近的朋友,这一次的请客,就算作是我们的喜筵。

  这件事的始末,大约只有我杭州的同学顾鹤寿夫妇知道。当时他们正住在东京,接到请帖后,到了二月二十一日这天,到精养轩扑了个空,再写信问我们,才知道我们没有去。除了他们夫妇,大约是没有其他人知道这次结婚的秘密。

对王映霞所说的因经济原因而取消了在日本东京举办婚礼的计划,究其实质,恐怕是不能成立的。

1927 年的时节,郁达夫虽没有固定的经济来源,但其稿费和版税收入却也是相当可观的。在这一年的时间里,连小说、散文、评论、翻译,共计发表了 40 余篇,同时,出版全集 3 卷,日记一种,评论一部,仅此一项收入也是不菲的,更何况这期间,他还一直负责着创造社出版部的事务呢!

仅凭上述收入,别说去一水之隔的日本,就是到欧洲旅行结婚,其费用也是绰绰有余的。之所以临时取消东京婚礼的计划,主要是为政府当局的迫害所致。

郁达夫自"四一二"前夕公开打出反蒋,不与国民新政府合作的旗帜后,他就一直为军阀政府所嫉恨。

创造社第二次罹难时,他曾到杭州暂避一时,躲过了一场劫难。这之后,虽然锐气不减,锋芒更加显露,但对其自身的行踪和安全却是注意得多了。就在他和王映霞将结婚的喜柬发出去之后,突然接到一个朋友的警告,说南京方面有人在计算他,其生命安全将受到严重威胁,必须到外地躲躲风头,以防不测。接到朋友的秘密通知后,王映霞出于少年女子的面子和虚荣心,仍执意不顾危险,按计划前往日本如期举行婚礼,而深谙蒋介石新军阀政府卑鄙之性的郁达夫,斟酌再三,还是决定不冒这个险,便悄无声息地将此计划搁置了。

 1928 年 3 月 9 日,他在致日本友人佐藤春夫的信中,就很明白地说出了不能如期到日本举行婚礼的缘由。

  佐藤先生:

  行色匆匆,即将出发前来日本。不料登轮前,因见疑于当局,恐一到长崎，不能上陆，旅行只得延期。兹有恳者：我曾有函件寄关口町府上，请费神在收到后加封转寄"上海赫德路嘉禾里一四四三号王宅"为感！智慧子和尊夫人等想必一定在等候我，真对不住。我想还不如请你们来吧。

最近二、三个月来，中国的情况十分混乱。我什么事也不干，一直闲游着。

对他们这次东京"婚礼"未能成行的原因，王映霞在《半生自述》中所讲应该是真实和可信的。

一九二八年三月，在我们将于日本东京上野精养轩举行婚礼的喜帖发出之后不久，达夫就间接得到了一个秘密的通知，说南京方面有人在计算他，要他马上避一避。去日本的轮船票早就买定了。我原想不顾一切，冒险东行，但达夫是胆怯的，他不但将船票立即退去，而且马上搬出了民厚南里，秘密租了一间郊区旅馆的房间，暂作他的避难所。连祖父也没晓得他住往何处去了。他自己，也只在深夜里，才偶尔出去散一回步……

说"胆怯"，有点小看郁达夫了，他这样做绝不能以"胆怯"二字来概括，确切地说他开始讲究斗争策略了，尽量不作无谓的牺牲和冒险。

婚礼虽然没有如期热烈而隆重地举行，但同居已成铁定事实，在以后的岁月里彼此谁都没有再提起过。一个新的小家庭就这样静悄悄地诞生了。对他们新组成的小家庭，王映霞在其自传中有过很详尽地描述。

嘉禾里是一条较小的弄堂，内有并列着的两排弄堂，我和郁达夫住的是前弄堂，是东洋房子（就是没有天井的）一四七六号，房租每月八元。

祖父他们住的是后弄堂，有天井的石库门，单幢，房租每月十二元，门牌是一四四二号。一九二九年祖父又迁回杭州，我们就租了一四四二号。

从此，我和郁达夫总算正式组成了家庭，既然是家，就得像家的样子。房屋里空荡荡的，由于当时经济拮据，无力购置新家具，只得去租，有床、写字台、方桌和几个凳子等几件少得不能再少的家具。

放弃繁华热闹的地段，选择偏僻里巷嘉禾里作为新家。他们主要是从以下几个方面考虑的。

一是这里离王二南先生住处很近，彼此能相互照应，来往走动也方便；二是这里房租低廉，物价也相应地便宜；三是在这里是真正的和劳动人民杂居一处，在只认衣裳不认人的上海滩上，比较容易隐蔽。对新婚后的"家"，《王映霞自传》中是这样描绘的：

> 住房并不大，只有楼上一间正房的光线较为充足。可惜是朝北，冬寒而夏热。从亭子间的南窗望出去，正好是静安寺公墓（今名静安公园）的所在，那墓地里每座坟的水泥盖上，竖立着的大理石安琪儿，也都历历可数。
>
> 因为政治关系，我们初搬入时，没有把这个地方向朋友们公开过。亲友信件，也全由北新书局转。所以亲友们也就无法知道我们究竟住在何处。真所谓"和地狱底里的幽灵一样"，来迎送那四季的变幻。从斜阴影里，我才知道一天将过；再从后门外面几阵秋风里飞过来的落叶，知道寒冬已即将到来了。生活费用，当然是少得不可再少，因为不是这样，我们又怎么能够把欠债偿清？精神与经济，是小家庭里最重要的两个组成部分，但主要的还是前者。在精力充沛的我俩心灵里，只有爱，只有欢乐，只有对未来的美好的憧憬。
>
> 既无亲友的来扰，我们又很少出外去看亲友。在屋子里坐得气闷时，也就踱到附近的几条人行道上闲步，谈着过去，谈到未来，再谈及这尚未出世的小生命。饱尝了欢乐的两颗心，觉得已经再也说不出什么别的愿望了。在散步散得有点疲倦的时候，我们便又很自然地回到了小楼上。太阳成了我们的时钟，气候算作我们的寒暑表。在这十里洋场的一角，是很少能够有人体会得出我们当时的满足的。

对婚后新屋周围的环境，郁达夫在散文《灯蛾埋葬之夜》里也有过很形象、很艺术的描绘。

> 小屋的前后左右，除一条斜穿东西的大道之外，全是些斑驳的空地。一垄一垄的褐色土垄上，种着些秋茄豇豆之类，现在是一棵一棵的棉花也在半吐白蕊的时节了。而最好看的，要推向上包紧，颜色是白里带青，外面有一层毛茸似的白雾，菜茎柄上，也时时呈着紫色的一种外国人叫作Lettuce的大叶卷心菜；大约是因为地近上海的缘故吧，纯粹

的中国田园,也被外国人的嗜好所侵入了。这一种菜,我来的时候,原是很多的,现在却逐渐逐渐的少了下去。在这些空地中间,如突然想起似的,卑卑立着,散点在那里的,是一间两间的农夫的小屋,形状奇古的几株老柳榆槐,和看了令人不快的许多不落葬的棺材。此外同沟渠似的小河也有,以棺材旧板做成的桥梁也有;忽然一块小方地的中间,种着些颜色鲜艳的草花之类的卖花者的园地也有;简说一句,这里附近的地面,大约可以以江浙平地区中的田园百科大辞典来命名;而在这百科大辞典中,异乎寻常,以一张厚纸,来用淡墨铜版画印成的,要算在我们屋后矗立着的那块本来是由外国人经营的庞大的墓地。

爱情的力量是伟大的,而由此所产生出的催人奋发向上,努力进取的动力是令人不可思议的。

新婚时居住的环境,简陋诚然是简陋了些,贫穷也固然是贫穷了些,但由于二人的心心相印,情真意切,其生活却是很温馨的,彼此也都感到幸福美满。出入时,成双成对,离别时,相互牵挂,惦念不已。

温 馨 港 湾

幸福是一种感觉,尤其是在婚姻问题方面,则完全是由夫妻双方的自我感受和体验来确定的。

郁达夫和王映霞就是这样。

婚姻之初,王映霞的感觉是幸福的。这从她学做茶饭,操持家务等琐碎小事中,就可窥见出她当时对生活的热爱,和对美好未来的憧憬。《王映霞自传》中的《掌勺、喝酒、散步》一章,就是对他们婚姻之初幸福生活的总概括。

妈只生我一个女孩子,在家的时候,是从来舍不得我去做粗重的家务的。所以当我开始独立支撑一个家庭时,最感到苦闷的就是家务。煮饭时我不懂得该淘多少米,放多少水。记得最早时候我们曾买过一座台灶,上面可以放一只菜锅和一只饭锅。应用的时候,常使我手忙脚乱,往往顾到了饭就顾不到菜,不是把饭煮焦,就是将菜烧烂。光是两个人的一天三餐，已经使我忙不过来，又何况郁达夫每当写出一段好文章或者得意的诗句时，他就会到灶下来把我拉上楼去，让我先看一遍，读一读，问我顺口不顺口，往往弄得我两头顾不到。为了学做厨下的一切琐务，我真着急了好几个月。

郁达夫还常常用"孺子可教"这四个字来鼓励我学做家务，其实我最担心的，是每日清早提着菜篮上菜场去买副食品，既要抛头露面，又须讨价还价。妈在背地里可怜我，说我爱去搞这些粗工作。祖父则叮嘱我说："学会了是自己的本领。"我只想硬争这一口气，好好地来撑住我们这个小家庭。

烧菜是一件难事，两个人都没有经验，而两个人却都爱吃。郁达夫爱谈烹饪理论，也不知是从哪一本书上看来的，他喜欢在我面前充能手、充内行。教我某一种菜应该烧几分钟，哪一种肉要煮多少时间，这样一来，把我这个初学手弄得更糊涂了。不是炒得太生，吃不动，就是煮得太烂。他看看不对头，再来大家研究。时常把一顿饭搞了两三个小时。后来他又想出了一个主意，说："要学会烧好吃的菜，就得先出学费。我和你先到大小各式菜馆里去吃它几天，我们边吃边讨论，这样一定容易学会。"于是，我们前前后后也就去吃了几十次，把一个月来的稿费全吃光了。很显然的，开销已经超过了我们的预算。于是在每一次上好馆走回家的路上，我总爱埋怨他："乱花钱，有些弄得得不偿失。"他道："你真不懂，如果想烧好吃的菜，则非要吃过好菜不可，不然的话，便成了瞎子摸象。现在我们暂时花些小钱，将来学会了烧菜时，我们就可以一直不到外面去吃，自己来烧，不是又省钱又有滋味？"他还说："人的身体最要紧，身体是别人抢不去的财产。"因此在我的家里，从不讲究穿着，只在饮食上多花些钱。不这样，他的黄疸病和肺病，又怎么会好得起来？

他早时所讲的学烧菜的途径，我觉得也颇有道理，从此以后，我就认真地学烹饪，学会烧许多菜，尤其是他所爱吃的几样。连日本的酱汤，我也曾学着做。其余是缝纫、洗衣之类，我也学会并熟练了。

由于会烧的菜很多，所以根据季节的变化，各类蔬菜的上市情况，我就变着花样烧。

从王映霞的自述里可以看出,新婚之后,虽然经济上并不那么富裕,居住的环境也不那么幽雅闲适,但她一样的是很满足,很欢欣的。

出入里巷,购物买菜,烹调缝纫,这在以前,她是不屑一顾的,现在却完全出于自觉自愿,而且还很乐意,引以为豪。应该说,这时的王映霞是很爱郁达夫的。作为大文豪的妻子,她感到脸上很荣光,也感觉为王氏和金氏两个家族争得了面子。重要的是她认为,有郁达夫这样的海内外闻名的大作家当靠山,不但自己后半生会有享不尽的荣华富贵,和风光无限的前程,就是祖父、母亲的养老送终,以及两个幼小弟弟的读书上进和成家立业等问题,也都有了保证。有了郁达夫,她再也不会为一家人的生计问题发愁了,就说是一劳永逸也不过分。

正因如此,她对郁达夫的身体健康和人身安全特别关注,格外小心。

郁达夫有嗜酒如命的毛病,常常为了喝个痛快,连自家的身子也不顾。据楼适夷在《回忆郁达夫》中讲,有一次杨端六等《现代评论》派的人请他吃饭,"朋友很多,被人轰着,他喝醉了,也没别人送他,自己一个人在夜马路上悠悠晃晃。巡夜的巡捕,夜里遇到醉汉就带到捕房关起来,等天亮酒醒,训一顿,就放了。达夫醒来见自己被关在看守所,搞不清是怎么一回事。这时,他已经参加一些左翼的活动,他想,糟了,不知在什么地方被捕来了。等巡捕叫他出来,挨了一顿训,才知道原来是那么回事,轻轻松松跑出来了。"

因喝醉而闹出荒唐的笑话,这在郁达夫身上并非一次两次。出于对他的关切爱护,王映霞经常为这事和他发生争执,特别是有一次他酒后醉卧雪地的事发生后,更是采取了严厉的保护措施。《王映霞自传》中对这件事说得很明白。

祖父爱喝酒,我因之亦能喝上一些,不过我并不喜欢。结婚以后,为了想使他少喝酒,当然我应该首先不喝。表面上他答应得好好的,总说"就这一次",或者是"从下月一日开始",但他一看见酒,总还是十分贪杯。我很懂得酒能伤神,亦能乱性。酒后会说出许多不应该说的话,做出许多不可以做的事情。好几次是为了吃酒的问题,我们中间发生过小争执。不过这一种小争执,并不伤脾胃,不至于有切肤之痛,过了一会,也就恢复了原状。

寒冬十二月的一天,外面大雪纷飞,一个友人跑来邀请他去浴室洗澡。他走后,我一直提心吊胆,从下午等到傍晚,再等到午夜,不见他回来。心里虽焦急,但亦无可奈何,怕他发生了什么问题,但干着急又有什么用呢?次日黎明,只听见我们住屋的门敲得很急、很响,把我从睡梦中惊醒了,马上起来开门出去一看,只见一个陌生人扶着满身冰雪的郁达夫,踉踉跄跄地踏进了客堂间,那个陌生人喘着气,向我诉说:

"清早我因事路过赫德路,见嘉禾里口的马路上倒着一个人。慌忙扶他起来一看,才知道是醉酒。于是我马上叫醒了他,问明了地址,才把他扶起来了。"

我谢了这一位好心的过路人之后,马上把他扶到楼上,他半睡半醒,我才知道郁达夫昨夜醉卧在马路上的冰雪里。马上煮姜汤,拆洗棉衣,足足忙了我一整天。从这一次给我们的经验教训之后,凡是有朋友邀他出去吃饭或喝酒,我一定要这一位朋友负责送他回来,否则,就下"禁令",不许他出去。

这个"故事"是完全真实的,其中"友人"当为楼适夷。

王映霞的"禁令",一方面对郁达夫是个限制约束,使其减少了许多无谓的应酬,有的酒宴能不去的就不去了,即使去了,他也努力克制自己,免得饮量过度给朋友添麻烦;另一方面,在朋友方面,也都自觉地关心起他的身体和安全来,尽量不再劝他"豪饮"。

"禁令"刚颁布时,郁达夫及其朋友们都还是严格遵守的,相当长一段时间内,都没有醉烂如泥过。可随着时间的推移,人们也就渐渐地淡忘了这所谓的"禁令"。为此事,王映霞没少得罪朋友,同时也引起了郁达夫的不满,并多有怨言,再到后来,就连王映霞本人也不再坚持"禁令"了。

郁达夫与王映霞婚后,虽然经常有点不愉快的小摩擦,但总体上来说还是很让人羡慕的,不经意间的小浪漫也是层出不穷的。王映霞在她的自传中回忆那时的情景道:

每当轻寒薄暖的季节,我和郁达夫时常出去闲步。在当年的极司斐尔路(今名万航渡路)和愚园路上,时常会碰上回到曹家渡去的独轮车在兜揽生意,郁达夫老爱和我乘这一种"第四阶级"的小车子。开始坐上去的时候,我有些怕难为情,又怕摔跤,等上车坐定后,我们就分坐两旁,我的左手拉住他的右手,一路上和在后面推车的人天高皇帝远地

— 111 —

聊上几句，的确是别有风味；有时在路上碰见我们的坐小汽车的朋友，当他们从车窗里伸出手来向我们打招呼时，我们亦就略微点一下头，颇有我行我素的自得其乐。愚园路尽头，便是兆丰公园（今名中山公园）。我们从车上下来，一直缓步到公园后门（曹家渡）出来。沿路的一花一草，一事一物，我总爱向郁达夫问个明白，他就像大人对孩子似的，不厌其烦地讲得很详细。

逛马路成了我们寂寞生活中的一种课程。郁达夫喜欢溜达，老是反背着双手，低着头，不作一声地向前走去。我们常在霞飞路（今名淮海中路）的洋槐或洋梧桐下的人行道上散步，向西走去，行不多时，徐家汇天主教堂的双尖顶就可以望得见了，倘若我们的脚力还可以胜任的话，那么就会折向龙华。龙华寺的龙华塔，是我们经常去的，这样的一段相当长的路程，是当年我和郁达夫经常去闲步的地方。

来回一次之后，我们并不感觉到怎样疲劳，可是这一晚的睡眠，必然很甜很香。

一位是服装华丽，风姿绰约，媚态百生的青春女性，一位是蓝布衣衫，高颧骨细眼睛，一副病态病貌的中年男子，俩人时而携手并肩，喃喃私语；时而相拥闲步，欢歌笑语。真是让人既羡慕，又感叹。他们的浪漫情调，不但在上海的林荫道上，就是在中国新文坛上都是一道靓丽的风景线。想想看，太阳落下山，红霞隐去，月亮升起来了，繁星闪烁，大地万物有节奏地沉沉入了梦乡。在黄浦滩头的一角，一个风流才子，一个多情佳人；一位文坛名士，一位西湖美女，蹒跚在月光里，不是千古绝唱，又是什么呢！对他们婚后的幸福生活，女作家谢冰莹在《追念郁达夫先生》一文中也有过生动记载。

谢冰莹认识郁达大后，就对他产生了强烈的兴趣，并且也有了创作的冲动。"为了想多知道一些作家写作的经验，了解他们的家庭生活以及写作环境"，她终于下定决心，"一个人鼓着勇气去拜访郁达夫先生。"

对谢冰莹的突然来访，郁达夫很高兴，表现出了极大的欢迎热情。

这是一间多么特别的房子呵！四周围都是酒瓶子，书报、杂志，堆得满满的，桌子上也是乱七八糟，烟盒、烟盘、稿子、墨水、书……

"谢小姐，达夫是浪漫惯了的，他的书桌，我一天不知要替他收拾多少回，可是不到十分钟，又恢复原状了，你说气人不气人！"

"要这样,郁先生才有灵感写小说呢。"

"对! 对! 这是经验之谈,我看你老兄,恐怕也是我的同志吧!"

我们都哈哈大笑起来,我尤其笑得特别厉害,并不是笑他的口头禅"老兄",而是一下被他猜中了,我的桌子上从来没有好好收拾过的。

"看了这些酒瓶,就知道郁先生的海量,李白斗酒诗百篇,你的小说,是不是也在大醉之后完成的?"

我开始提出问题。

"不! 酒后能写诗,却不能写小说。"

"你写的小说人物,都是真实的吗?"

"真的!"

……

他的回答是这么出乎我的意料之外,我觉得他一点也不骄傲,没有丝毫架子,拿"平易近人"四个字来形容他,是非常恰当的。

这天我真在他那里喝酒了,下酒的东西是花生米和小小豆腐干。

"你喜欢什么酒? 贵州的茅台? 四川的大曲? 山西的汾酒? 绍酒? 威士忌? 白干……"

他像背书似的说了一大堆酒名。

"我喝点葡萄酒吧! 别的不敢尝。"

"葡萄酒等于红糖水,太没有酒味,我们来喝绍酒吧。"

郁太太的酒量和我差不多,我们一面喝,一面随便聊天,没有范围,没有系统,虽然这是我们第二次见面,他好像把我当作多年的老朋友,居然叫起我的名字来了。

"谢小姐,你不要见怪,达夫是个放荡惯了的人,他喜欢叫朋友的名字,你不在乎吧?"

映霞连忙向我表示歉意。

"那里! 那里! 我最喜欢人家叫我名字,郁太太请你不要再叫我小姐好吗?"

"好! 也请你别叫我太太好吗?"

"对! 冰莹是花木兰,怎么好叫她小姐! 映霞,你也是个新女性,不要叫你太太,大家都叫名字,多么痛快! 哈哈哈! 我们三个人同时干一杯！"

郁先生首先端起杯子来，一饮而尽。

"达夫不喝酒时，沉默寡言，喝了酒，话就没有完的时候，他认为一生最高兴的事，就是有朋友和他来对饮。"

听了映霞的话，知道我是没有资格常来这里的。因为初次拜访，所以我不敢多打扰就告辞了。

以后，见面的机会比较多了，使我了解达夫先生是个热情，旷达，博学多才，不修边幅，喜欢热闹，爱交朋友的人。他爱映霞，真是一往情深，体贴入微。

谢冰莹所写乃是她亲眼所见，亲身经历的，应该说是真实可信的。

有一点应该肯定的是，这期间的王映霞已完全融入到了郁达夫的生活、情感和创作里去了。

没有她的细心照料，郁达夫也就不可能有个健康的身体和安逸舒适的创作环境。这期间他的创作，注入了王映霞很多的心血和汗水。

他们夫唱妇随的美满生活，在当时的文艺界和朋友圈子里是广为人知的。孙百刚在《郁达夫外传》中专门列了一章《美满家庭》来谈他的所见所闻及其感受。

……吃饭时，谈到达夫那一场大病，映霞说：

"他是已经再世为人了。没有我，他的性命也丢了。"

"到底是什么病？"我问。

"伤寒以后，再变黄疸，连眼白也黄了。"映霞回答说。

"听说病后调护，你着实费心，每天请他吃补品。"

"是啊，你怎么知道的？我托母亲从杭州带来七、八斤重的旱地鸭子，一连给他吃了十多只，另外还炖鸡汁给他吃。"映霞说。

"难怪他象填鸭似的吃胖了。"我看着达夫笑了。

"吃得来害我小说也写不出了。"达夫笑着说。

"你的小说原是以郁抑穷愁为基调的。现在有了这样一位太太，精神得有寄托，经济渐趋稳定，试问你还能再写从前那样的哀怨愤激的小说吗？"我认为那几年达夫写不出新作品的原因，完全和他的生活有关。

"生活或许有些关系,但年龄也有关系。"达夫自己再加一层理由。

"我觉得你将来可传的,不是你全部的小说,而是你的诗。"我率直地对达夫说。

"除你之外,也有好多人如此说。不过当滋乱世,生前也管不了许多,还管什么文章的传不传呢?"达夫三杯落肚,又发牢骚了。

因达夫的牢骚,话题转到当时上海文化界的情形。当时国民党对上海文化人的镇压已逐渐越过警察局和法院,而进入军事法庭或特务机关的范畴。以至达夫有时不得不隐蔽起来,以免意外。映霞告诉我她种种苦心设计:如何使达夫躲在一个自己很方便招呼,而他人不容易发现的所在;如何一日三餐,送茶送饭;如何提心吊胆,伺候门户等等。

孙百刚的这番描述,至少说明了两个问题,一是郁达夫和王映霞婚后,的确是琴瑟和谐,幸福美满;二是王映霞对郁达夫的爱也同郁达夫对她的爱一样——是真挚纯洁的,没有王映霞的精心呵护,体弱多病的郁达夫,恐怕早已承受不住来自各方面的压力了。

好朋友楼适夷也认为,梅开二度的郁达夫,在新婚之初确实是很幸福的。他在《回忆郁达夫》中有言曰:"他那时确实过了一段幸福的家庭生活,新婚夫妇到处双双出现。人家常常在街头看到,一位服装华丽,风姿绰约的少妇,身边跟着蓝布长衫,弱不禁风的瘦男子。朋友们笑话他,是哪个公馆里的太太,带着听差上街来了。达夫听了只是幸福地笑笑。"

不言而喻,朋友们的戏谑,是对他们婚后幸福生活的羡慕和良好的祝愿。

新文坛上的朋友,对他们的祝福是真诚的,发自肺腑的,而教育界、学术界的一些朋友,也同样认为他们的结合是幸福的,并赞美有加。如左舜生在《郁达夫与徐志摩》一文中就曾这样写道:"一直到他和王映霞结合以后,在某次'鱼龙会'上,我还看见他们俩联袂偕来。其时正是王映霞的盛时,皓齿明眸,愈朴素而愈显其美。当时我心里想,郁达夫这样一个个性的文人,居然有这样一段姻缘的成就,足见冥冥中的主宰者还是很公道的,不禁为他们暗暗祝福。"

王映霞脑子灵光,善于协调各种人际关系,处理各种复杂的生活琐事。因这一层,她没少为郁达夫排忧解难。

郁达夫的长兄曼陀先生,当初是极力反对他和王映霞结合的,说他这是犯重婚罪,是要坐牢的。但婚后,经王映霞的斡旋,曼陀先生很快便理解和原谅了他们。彼此相敬如宾,传为佳话。

郁风在《三叔达夫——一个真正的"文人"》中,论及他们婚后与长兄的关系时,有一段描写得就很好。

不久,他和王映霞到我们家来了,仍然穿着长衫,很随便、很快活的样子,爽朗的大笑,一点也没有不好意思。而父亲呢,竟然也对他们很和蔼,很亲切,一点也不板面孔。王映霞给我的印象不像我想象那么年轻,说一口杭州话,很会应酬,口齿灵利,开起玩笑来也绝不会吃亏。衣着打扮在我这一个女学生看来完全是少奶奶型,穿一双绣花鞋,紧身的旗袍,略施脂粉。当时就使我联想到王熙凤。这最初的印象与我后来的了解还是相符的。达夫生过一场大病,她尽心护侍,病后她每天炖野鸭、甲鱼给他吃,她的确很会烧菜,也很会管家,三叔的收入全靠零星稿费,很不稳定。过去他向来是钱一到手,不是买书就是请朋友喝酒,很快就花光了。如今全由王映霞管起来,酒也不许喝过量。也是她的主意,重新把出过的书编全集由北新书局重排出版,每月抽一定的版税,保证了固定收入。父亲到上海时,他们已经有了两个孩子,过着比较安定的生活。而母亲和北京的家还没有搬去,父亲一个人暂时住在办公室里,下班以后经常就到嘉禾里,谈天吃饭,有时打四圈小麻将,谁输了拿出钱来买菜请客,就在那儿父亲认识了田汉和阳翰笙同志。

有一个问题,郁风多少年就没有搞明白,父亲当初是那样激烈地反对他们结合,一封接一封信地进行劝阻,甚至是谩骂加威胁,怎么到了上海,"又跟他们和好了呢?"而且关系又是那样的密切,仿佛一切什么事都没有发生过一样。后来抗战期间在桂林,是田汉一语揭开了谜底。他告诉郁风道:"你不知道哇,在法律上重婚罪是要有当事人告状才成立的,没人控告就不论啦!哈哈!何况王映霞给大伯伯烧的一手好小菜,你爸爸就爱吃她烧的甲鱼呢。"

一语道破了玄机。王映霞处理家务,协调人际关系的高超本领在这里也见一斑了。

花 好 月 圆

王映霞毕竟是杭州城里数得着的名门之秀,文化高,涵养深,而且又经受过新文化和新生活运动的洗礼,识大体顾大局,十分人性化,能应付各种复杂的局面,善于处理一般家庭妇女望尘莫及的棘手事情。这一点,郁达夫看得非常清楚明白,所以婚后他的社会活动、朋友之间的交往应酬,大多都有王映霞的影子相随,人谓是"富春江上神仙侣"。

《王映霞自传》里曾清晰地记录下了她随郁达夫常去内山书店的情景。

一九二七年初,我和郁达夫认识不久,他便把我带到内山书店去,并为我介绍了内山夫妇,内山完造是一位忠诚厚道的中年人,有一张方圆形的脸,人不高也不矮,见人总是九十度鞠躬,非常讲究礼节,如果见有女客的话,他会马上到里面把夫人请出来招待。我们定居上海以后,每隔上两三天,我们很自然地就会去一次。谦恭而好客的内山夫妇,一见我们进门,也经常是茶啊,烟啊,点心啊地继续不断地招待着。郁达夫把我带到这家书店去,第一,当然是因为我们的同进出已经习惯了;第二,他在暗示我,到这里来买书暂时不必付款。因为我们当时经济并不十分宽裕,而郁达夫是有无限制的买书欲的。一到内山书店之后,他总要我安心坐等,他自己则去找刚从日本寄到中国的新书和杂志。挑选了一大堆之后,便笑逐颜开地告诉我说,这些都是不易买到的书。而内山先生呢,有时也知道我们不一定能马上付清书款,但他总以极真诚,极信任的态度要郁达夫将书刊先拿回去,把书账记下来。不仅如此,在郁达夫经济上有转不过来之时,比进当铺更容易得到钱的地方,也便是这里。而且,可以让我们分期付还。

内山完造只是郁达夫的好朋友之一,诸如鲁迅、徐志摩、白薇、刘开渠、林语堂等人,也都对王映霞保持着美好的印象,交往频频。

外出携带夫人,并非是为了展示王映霞的美貌风采,其用意则是让她更多地去接触社会,增长见识,以便今后更好地应付风云变幻的大千世界,承担更重的责任,同时在这里也尽情地展现了他对王映霞执着的爱。

天资聪颖，又勤奋能干的王映霞也的确没有辜负郁达夫的厚望，婚后很快便承担起了"贤内助"的责任，对内将小家庭调理得非常温馨安逸，对外则帮助夫君协调方方面面的事务，有条不紊，脉络清晰，深得各方面朋友的赞赏。

收版税、做护士，在家中招待热心向郁达夫求教和要求关怀的文学青年是王映霞婚后的主要工作。

先从收版税说起。

郁达夫没有工作，自然也就没有固定的经济来源，一切生活所需和开销全靠版税收入和稿费所得，因此日常生活中便不免会出现困顿局面。

未和王映霞恋爱之前，郁达夫的著作主要是靠泰东书局和创造社出版部出版发行，后来接受王映霞的建议，将原来的著作和散见在报章杂志上的零星文章编辑成册，冠之为《达夫全集》，全权委托给北新书局出版，每月按时抽取版税，年终结算。

北新书局1925年3月成立于北京，主要出版发行新文艺方面的书籍，在当时颇有影响，老板李小峰是鲁迅在北京大学任教时的学生，师生情谊甚笃。

1927年郁达夫脱离创造社，与鲁迅联袂新文坛后，也开始与北新书局发生友好关系。

鲁迅的主要著作都是交给北新书局出版的，郁达夫也来了个萧规曹随，将已出版的旧作和未出的新作一并全权委托给了他们。

与出版商打交道是一种很麻烦的事情，可谓是既琐碎又具体，书出来之后要送印花税，再后便是算版税，索账等等，这些都非散漫拖沓的郁达夫所能企及的，这副重担也就落在了王映霞的肩上。她在《王映霞自传》中说：

> 郁达夫的全集及日记，从一九二七年开始，就全部归并到北新书局出版。如果真能按当时的销路来收取税的话，数目还相当可观。若以这些版税来维持我们的生活，不说富有，总还可以过得去。但"北新"当时的情况是，有时明明双方讲妥，书局一个月应发付多少钱版税，年终再另外结清，你若不用电话或写信去催讨，则他们也就会忘记送来，或者迟些时候送来。这是"北新"的作风，也是"北新"的方法。

为了能及时地得到版税，维持全家的生计，她每月总是不厌其烦地向北新书局索讨，逢年过节时则更须催得急，否则，他们是能拖则拖，能少付则少付。

郁达夫有买书的嗜好，稿费或版税拿到手后，总爱先抽出一部分来买旧书，若在旧书店看得高兴的时候，就会倾囊买书，真是让王映霞哭笑不得。鉴于此，每逢收到数目较大的版税时她就暗中储蓄一些，以备日后之需。

正因为王映霞理财有方，治家有道，在他们共同生活的十几年里，彼此从没有为经济问题发生过争吵。

婚后的最初几年间，王映霞对郁达夫的爱是纯洁的、是全心全意的奉献。也可以说她是郁达夫生命的守护神。

1930 年初春时节，郁达夫因患结核性痔漏，不但苦不堪言，而且几乎危及到生命，是在王映霞的精心护理下才得以转危为安。患病和治疗经过，他在日记中也多有记载。1930 年 3 月 13 日记云："午前陶晶孙来，看肛门口肿毒，在疑似之间。盖痔漏与平常肿毒，都可以在这地位发生，现在还不能决定究竟是哪一种也。若系结核痔漏，则病颇不轻，医治很费时，或许致命，也很可能。"

陶晶孙系郁达夫的留日同学，郭沫若的连襟，专攻医学，他的判断大致是准确的。

病患给郁达夫带来了无限痛苦，生命堪忧，而各种不利于他的政治谣言也是纷沓而至，同样在危及着他的生命和安全。

出于安全方面的考虑，决定不住院治疗，而是请医生到家来诊治，这样护理病人的重任也就全落在了王映霞一人身上。

对郁达夫这次患病不能光明正大地到医院去治疗的原因及过程，在《王映霞自传》中有明确记载。

一九三〇年二月中国自由大同盟成立，在发起人的宣言里，郁达夫第一个签名。在这以后，他和鲁迅等一起署名发表过不少主持正义的宣言。正在这时，郁达夫患了很严重的痔漏。据老北门一个由胡适之介绍给他的医生诊断，说非住院施手术不可。但从我们那时的经济条件来看，住医院是很困难的；并且又有朋友跑来通知，说租界上风声不稳，黑名单内有郁达夫的名字。于是我们立即设法对付，赶快把家中的有些书籍和重要文件，全部包好藏好，有的则转移到别处去。又在住所的附近，租下了一个小亭子间，让郁达夫独自一个移居到那里去，暂时隐蔽起来。至于租住亭子间的理由，只说是为了乡间来了许多亲友，家中一时住不下。对家中的奶妈则说："先生有病要开刀，去医院住比较方便。"这样的两面一布置，大家都非常相信。郁达夫搬到"新居"后，每顿给他送饭送菜的是我，每天陪他去老西门一位中医那里看病的也是我，有时候我还得学做护士，为他敷药换药换绷带。家务和孩子，也不得不挂在心上。当时我虽然终日忙得无片刻余暇，但是我的心情是愉快的。

爱情是美好的，爱情的魅力是无边的。有了爱，个人间的一切恩怨都会化为乌有，存在于天地间的只是欣慰和动力。这一点在郁达夫和王映霞的身上表现得更是充分。

婚后的王映霞，对郁达夫的关怀是无微不至的，同时也包容接纳了他的喜怒哀乐，甚至一些不良的习惯。

郁达夫关心爱护栽培文学青年是文坛共识的，未与王映霞结婚之前，他常常领着一班文学青年山吃海喝，谈天说地，不亦乐乎。陈翔鹤的《郁达夫回忆琐记》云：

> ……北平的青年人到达夫兄处来谈天的也真多……我们有时一大群的，谈晚了就横卧在达夫兄的床上过夜。谈话的范围，大都不离文艺，文艺家的生活或遗事，有时也谈日本，谈日本的女人。骂金钱，骂社会，骂军阀，骂虚伪的学者。达夫兄的意见真多，伤感之处也真不少。

> 到发了薪时，他更时常请我们进小饭馆。菜不求其多，而酒则一定要喝够。喝醉了便大家各谈各的悲哀，好像宇宙就要从此终结……

> 公园，闹子馆，平剧院，旧书摊，我们都常去。电影院则从不曾有过一次，因为那时我们都名电影为"浅薄"。关于同达夫兄一起出去玩的时候，钱十之八九是由他抢着去付的。"我有钱，我有钱。你们都是穷学生，那得有许多钱来请客！"好像他真正比我们富足许多似的。

陈翔鹤所言，仅是郁达夫北京教书时生活的一瞥，而在上海再度漂泊时，同样是"旧习"未改。

在外边吃饭痛快倒是很痛快，但是经济上却给他增加了许多负担，囊中羞涩是常有的事。与王映霞婚后，这种局面算是彻底改观了。一是王映霞能烧一手好菜,有能力在家中招待客人;二是王映霞支持他与文学青年交往,家庭环境宽松和谐。像当时的白薇、谢冰莹、沈从文、丁玲等是他家的常客。在《王映霞自传》中对当时在家中款待文学青年一事曾有约略描述:

> 以一九二八年到一九三三年春的几年中,我们家几乎天天有客人来,大部分是当时活跃于文坛的青年作家。

> 一九二八、二九年,那时姚蓬子没有职业,很穷,经常到我家来玩,吃饭时便留下一起吃。他也写文章,托郁达夫介绍给刊物发表,得点微薄的稿费。有一天,他带来了一位女士来,说:"这是丁玲。"当时丁玲在文坛上已有点名气,所以一听名字,大家似乎就成了熟人。丁玲给我的第一个印象是爽直,大方,没有一点旧式女子的扭捏。她的头发剪得很短,而且是往后梳的,像个男青年,我一看这发式,就知道她的思想一定左倾。她人长得比我胖,比我矮,长得很结实,头几次来说话比较少,只是坐下来专心地搓麻将,后来来的次数多了,我发现她非常健谈,有时大家在一起聊天,几乎是听她一人说话。她当时大约在编《红黑》杂志,所以常和郁达夫谈稿子、杂志等事,有时也谈谈吃什么菜之类生活杂事。她是湖南人,但和我们说话时,说普通话;姚蓬子讲的诸暨话,我们讲的上海话,她都能听懂。丁玲吃菜不挑剔,能喝酒,但量不大,姚蓬子一喝酒脸就红。

用王映霞的话说就是,虽然他们家里人不多,但每天总要备五、六个人的饭菜,一大早就得到附近的菜场去购买东西。一般情况下,朋友早上九、十点钟来,聊一会儿就拉开桌子开始搓麻将,吃午饭时喝酒,不吃晚饭。

因郁达夫忙于应酬客人,家务也就全由王映霞包揽。那时她"留着普通的短发,身穿布旗袍,脚蹬平底鞋,完全是个地地道道的家庭妇女。"

郁达夫和王映霞婚后,最引为自豪的是和鲁迅一家关系得到进一步加强,以至亲密无间。

他们二人喜结良缘后第一个设宴表示庆贺的就是鲁迅夫妇。1928年4月5日《鲁迅日记》是:"晚在中有天设宴招客饮,计达夫及其夫人、玉堂及其夫人、小峰及其夫人、司徒乔、许钦文、陶元庆、三弟及广平。"

鲁迅夫妇设宴招待他们的目的有两个:一是为他们从杭州回上海接风洗尘;二是庆贺他们花好月圆,白头到老。尤其是后者一点,这在当时是很有"现实"意义的,其中的奥妙就在于,他们的婚姻是既不合法理,又违背了中国人的传统道德观念,颇受社会舆论界的谴责,朋友、熟人和双方的家长们也都持反对态度。深谙郁达夫性情和生活及思想基础的鲁迅则不然,早在他们"热恋"时,在日记中就记下了他们的数次携手相访。他们新婚后首次从杭来沪,闻讯即设宴款待,明显是含有庆贺之意的。

更让郁达夫、王映霞感到欣慰的是,他们第二个孩子静子出生后,鲁迅夫妇亲自送礼品表示祝贺。

1929 年的 11 月,第二个孩子静子出生后,不知道是因为她爱哭的原因,还是因为郁达夫从安徽大学仓皇逃回的情绪不佳,总嫌这个孩子会闹,一点也不爱她,所以在静子满月后就把她送到杭州去抚养了。由于以上诸原因,郁氏夫妇在静子出生后并没有声张,鲁迅夫妇一个月后,不知从哪里知道了消息,特购买礼物表示晚到的祝贺。

达夫
映霞先生:

　　我们消息实在太不灵通,待到知道了令郎的诞生,已经在四十多天之后了。然而祝意是还想表表的,奉上粗品两种,算是补足弥月的菲敬,务乞

哂收为幸

鲁迅
许广平启上 一月八日

信中所写的"粗品两种"是一件绒线衫和一条围巾。鲁迅在 1930 年 1 月 9 日的日记中记有此事:"与广平以绒衫及围领各一物送赠达夫、映霞,贺其得子。"

当收到鲁迅夫妇的贺信及赠品时,郁达夫夫妇内心的喜悦真是难以用言语诉说。

另外,像鲁迅《自嘲》诗和郁达夫《赠鲁迅》诗的产生过程,也是郁达夫夫妇和鲁迅夫妇友谊发展史上的一段佳话。

由于王映霞和许广平相见后的投缘,郁达夫和鲁迅俩人的走动更加频繁,相互请吃饭,或一同出席朋友间的宴会,很习以为常。

因鲁迅来沪之前,长期生活在故都北京,所以在南方推心置腹的朋友并

不多,而南方文坛上、学术界、出版界的一些重量级的人物仰慕他的大名,想与他沟通,都苦于无路可寻。

是郁达夫夫妇的出现,才给他们解了这个"结"。如柳亚子和鲁迅的相识就是走的这条路。

柳亚子是清末民初重要文人团体"南社"的发起人和领袖,其旧体诗词和书法都名扬大江南北,而抗清反帝制义举也多为士子们所称道。他和鲁迅之间,都是相互了解和敬重的,可就是没有机会相聚。

郁达夫的长兄郁曼陀是南社的成员,与柳亚子素有来往,私交很好,随着长兄的南来,他也慢慢地和柳亚子有了来往。

柳亚子和郁达夫相熟后,便有了想通过他认识鲁迅的意思。于是,便引发了后来为人们所津津乐道的诗词佳话。

1932 年 10 月 5 日,鲁迅的日记云:"晚达夫、映霞招饮于聚丰园,同席为柳亚子夫妇,达夫之兄嫂、林徽因。"

据《王映霞自传》中回忆:

> 这天鲁迅和往常一样,与大家谈笑风生,他称呼我"密司王",我则称他"大先生"。因为看到许广平在旁边,郁达夫就打趣地说:"大先生,你的华盖远可以脱了吧!"这时大伙的目光都集向许广平。鲁迅听了哈哈大笑,连拿纸烟的手也因畅怀的笑而颤抖起来了。

鲁迅的畅怀大笑,将宴会的气氛调和得更加浓烈和热情奔放,新朋旧友,无拘无束,完全没有陌生和隔膜之感。

乘此良辰美景,柳亚子当面向鲁迅索求墨宝和自写诗。

兴致正浓的鲁迅,对柳亚子的请求毫不犹豫地应诺了下来。1933 年 1 月 10 日,鲁迅致郁达夫的信是:

> 字已写就,拙劣不堪,今呈上。并附奉笺纸两幅,希为写自作诗一篇,其一幅则乞于便中代请亚子先生为写一篇诗,置先生处,他日当领走也。此上,即请
> 著安。
>
> 迅启上一月一日

鲁迅信中所言已写就的"字"共有 3 幅,都是其自作诗。送给郁达夫两幅,柳亚子一幅。

送给柳亚子的诗为《自嘲》。

> 运交华盖欲何求，未敢翻身已碰头。
>
> 破帽遮颜过闹市，漏船载酒泛中流。
>
> 横眉冷对千夫指，俯首甘为孺子牛。
>
> 躲进小楼成一统，管它冬夏与春秋。

在诗的正文之前，还有一段跋语。曰："达夫赏饭，闲人打油，偷得半联，凑成一律，以请亚子先生教正。"

王映霞在其自传中对"跋"的解释是："赏饭"两个字说明了郁达夫和鲁迅之间互相比较尊重熟悉，友谊也较深厚。郁达夫一生中最尊崇、最可信赖的朋友，可以说就是鲁迅，鲁迅也最了解郁达夫。

> 至于"闲人打油，偷得半联"两句，我认为那天鲁迅和大家吃饭时，说说笑笑，并不是商量什么正事，因为大家一起吃饭闲聊，鲁迅先生有感而作，故谐称之为"闲人打油"。而诗中的句子在吃饭时提到的，我记得只有与郁达夫开玩笑有关的"运交华盖"这一句，其他都未曾提过。我想也许鲁迅以此起韵，"凑成一律"，那也可算作"偷得半联"吧！因此，鲁迅这首脍炙人口的述怀之作可以说是郁达夫无意中促使鲁迅吟出的。

鲁迅在为柳亚子题诗的同时，也为郁达夫夫妇书写了两幅自写诗。一是《答客诮》。

> 无情未必真豪杰，怜子如何不丈夫。
>
> 知否风骨狂啸者，回眸时看小於菟。

这首诗生动地表达了鲁迅的爱子情怀。

另一首《无题》是：

> 洞庭落木楚天高，眉黛猩红浣战袍。
>
> 泽畔有人吟不得，秋波渺渺失离骚。

全诗深沉含蓄，愤慨之情毫不外露，却储满字里行间。第一句写环境气氛；第二句写敌人的残暴；第三句写反动派压迫之深，思想统治之严；第四句写在国民党反动派的统治下，失去了自由，进步的作家、诗人横遭迫害，就连《离骚》那样的感慨也不准发表了，真是可悲可叹啊！

因郁达夫夫妇的一次宴请，鲁迅有三首诗作公诸世人，实属罕见，而郁达夫和柳亚子有感而发的《赠鲁迅》,同样是千古名唱。

鲁迅在为郁达夫、柳亚子书写诗作的同时,也要求他们留下墨宝和佳句。

郁达夫的《赠鲁迅》是:

> 醉眼朦胧上酒楼,《彷徨》《呐喊》两悠悠。
>
> 群盲竭尽蚍蜉力,不废江河万古流。

站在时代和历史的高度,来赞美鲁迅的光辉人格和伟大创作,郁达夫是开风气之先的。

柳亚子的《赠鲁迅》是:

> 附炎趋势苦未休,能标饭帜即千秋。
>
> 稽山一老终堪念,牛酪何人为汝谋。

一个旧时代的文人,能用如此理念去认识评价鲁迅也是鲜闻寡见的。

携手并肩立潮头

古人所谓的"诗穷而后工"说,大意是讲,诗人只有经历过炼狱般的苦难,尝尽人间的酸甜苦辣,方能写出意境深远,情感丰富,为时代而歌,为劳苦大众而呼的"诗"来。像杜甫的"三吏"、"三别"就是他饱受"安史之乱"痛苦之后的传世之作。

甜美的爱情,温馨的家园,往往能使诗人陶醉,随着岁月的侵蚀,渐渐精神麻木,激情消失,与笔墨日见疏远。古今中外,大多如此。匈牙利诗人裴多菲在题 B. Sz 夫人照相的诗中就有这样的议论。

听说你使你的男人很幸福,我希望不至于此,因为他是苦恼的夜莺,而今沉默在幸福里了。苛待他罢,使他因此常常唱出甜美的歌来。

鲁迅在《中国新文学大系·小说二集·序》中,论及冯沅君《卷葹》、《春痕》之后不再进行小说创作的原因时,特借用了裴多菲的这段话回答了世人的疑问。他以为,是安逸舒适的生活环境,断送了冯沅君的创作前程,令中国新文坛失去了一位才华横溢,能"唱出甜美"歌来的女性作家。

为了能使冯沅君及其有着相同经历的作家再燃激情,重返文坛,"唱出甜美"的歌,鲁迅委婉地向他们进言道:

我并不是说:苦恼是艺术的渊源,为了艺术,应该使作家们永久陷在苦恼里。不过在彼兑菲的时候,这话是有些真实的;在十年前的中国,这话也有些真实的。

值得庆幸的是,郁达夫和王映霞婚后,并没有沉浸在温柔乡里,自我陶醉,自得其乐,而是时刻以国家的前途,民族的命运,和劳苦大众的利益为重,用笔作刀枪,奋力杀向反帝反封建的新战场,将文学创作和人生都推向了新的高峰。尤其是在上海的最初几年间,是他人生的第二个春天。

与鲁迅一道迎接新时代的挑战,是郁达夫与王映霞婚后所做的第一件光辉灿烂的大事业。

《民 众》新 生

经过 1927 年大革命时代暴风骤雨的洗礼,郁达夫和鲁迅在政治上更加趋于成熟,同时也使他们进一步加深了对中国社会现状和无产阶级革命前途的认识与了解。这一点很重要,是构成他们在左翼十年能够亲密合作,共同开拓无产阶级文学新局面的主要思想基础。

合作结成一条战线的设想最初萌生于 1924 年前后,进一步发展于国共两党领导的北伐战争风起云涌之时,由空想变为现实,却是在 1927 年郁达夫宣布脱离创作社,和同年 10 月鲁迅从广州来上海定居之后才得以完成的。

郁达夫与郭沫若、成仿吾等人从矛盾到分歧,再至公开宣布脱离创造社的原因,他本人 1928 年 8 月在《对于社会的态度》一文里,阐述得甚是分明:

> 我的要和创造社脱离关系,就是因为对那些军阀官僚太看不过了,在《洪水》上发表了几篇《广州事情》及《在方向转换的途中》等文字的原因。当时的几位老友,都还在政府下任职,以为我在诽谤朝廷,不该做如此的文章。后来又有几位日本文艺战线社的记者来上海,我又为他们写了一篇更为明显的《诉诸日本无产阶级》的文章。这些文字,本来是尽人欲说的照例的话,而几位老友,都以为我说得太过火了……我看了左右前后的这些情形,深恐以后再将以文字而招祸,致累及于创造社出版部的事业经营,所以就在去年八月十五日《申报》《民国日报》上登了一个完全与创造社脱离关系的启事。

登报声明脱离亲自参加筹建和苦心经营起来的创造社,实在是一种无可奈何的悲剧行为,心中的苦痛和创伤不言而喻。然而,这一回他却没有因挫折而自暴自弃,或从此沉沦下去,而是更加执著的以坚毅的斗志奔向社会。他觉得革命文艺家在当前的首要任务是必须进一步揭露"鬼蜮的原形",唤醒广大民众联合起来,一同投入反迫害、反饥饿斗争的行列。1927年9月他和几个青年朋友创办的《民众》旬刊,就是他这种指导思想的集中体现和实践。

正当郁达夫在黄浦滩头孤军奋战,力求在农村这块文艺的沙漠上开辟出一片希望的绿洲来的时候,鲁迅在这一年的10月初从广州飘然来到了上海。他的突然到来,使正处在孤军奋战境地的郁达夫得到了无限的欣慰,同时也使他对未来增添了一层自信。

郁达夫和鲁迅在上海的第一次相见,是鲁迅偕许广平从广州抵达上海后的第三天晚上,这在郁达夫的日记中有约略记载:

> 午后睡了一觉午觉。午觉醒来,有北新书局的请客单到来,请我去吃夜饭。
>
> 六时余到四马路去赴约,席上遇见了鲁迅及景宋女士诸人,谈了半宵,总算还觉得快活。

这则日记的后一句话很值得注意,其言外之意似乎在表明,过去相当长的一个时期内,他一直是处于一种被误解、受压抑,遭迫害,知音难寻的困境,而与鲁迅的一席畅谈,才使他从苦闷得令人窒息的氛围里解脱了出来,所以感到无比的"快活"。

从以后发展的来看,他和鲁迅的这次相见是卓有成效的,最起码来说,他们是就文艺界的现状和中国革命的具体实践等问题交换了意见,并且彼此间还取得了和谐一致的统一;另外还不妨这样说,在这次漫谈中,郁达夫很有可能正式请鲁迅为他主编的《民众》旬刊写稿,而且鲁迅也爽快地答应了下来,因此,五天后的《鲁迅日记》就出现了"达夫介绍周志初、胡醒灵来访"的字样。

周志初、胡醒灵二位均系《民众》旬刊的编辑,郁达夫介绍他们去访问鲁迅的主要目的就是索稿,要求他对《民众》给予实际的支持。

鲁迅果然言而有信,就在周志初、胡醒灵来访的第十天,《民众》第5期上便刊登出了他的《革命文学》。

《革命文学》的主要功绩是澄清了当时有关"革命文学"论中的一些大是大非问题。它告诫人们,革命文学与非革命文学的根本分界线是看作者可否是一个真正的革命人，"倘是的，则无论写的是什么事件，用的是什么材料，即都是'革命文学'。从喷泉里出来的都是水，从血管里出来的都是血。'赋得革命，五言八韵'，是只能骗骗盲试官的。"

为《民众》旬刊撰文写稿，从理论上响应和补充郁达夫有关革命文学的主张，是鲁迅与郁达夫合作的一个良好开端，之后凡遇有重大的革命活动，他们都是一同进退，相互配合，荣辱与共的。如鲁迅抵达上海后的第一个月，就和郁达夫一同应邀参加了中国济难会举办的宴会，并且还都表示了支持他们创办刊物的意见。

参加中国济难会举行的宴会是郁达夫、鲁迅与"中国济难会"发生关系的开始，这之后他们不但欣然参加了该组织，而且还为它做了大量的有益工作。鲁迅多次为"中国济难会"捐款，郁达夫则亲自参加了该会《白华》杂志的编辑工作，并为它撰写了情文并茂，寓意深长的发刊词。

继1927年10月19日一同参加了"中国济难会"的宴会之后，他们的来往也就日见多了起来；如鲁迅接编《语丝》后的第1期上就有郁达夫的译文《哈提翁之意见零拾》，这是郁达夫为《语丝》撰文的首篇，时值1927年的12月17日。接着是《哈提翁为什么不写戏剧》。同月的31日晚，他们又一同出席北新书局老板李小峰举行的除旧迎新宴会，并且赌酒，皆大醉而归。鲁迅的日记是："晚李小峰及其夫人招饮于中有天，同席郁达夫、王映霞、林和清、林语堂及其夫人、章衣萍、吴曙天、董秋芳、三弟及广平，饮后大醉，回寓呕吐。"郁达夫次日的日记也记载了这次宴会醉酒的情形："昨晚上北新请客，和鲁迅等赌酒，喝了微醉回来，今晨还觉得有点头痛。"

1927年的最后两个月，在郁达夫和鲁迅的友谊史上是很具有纪念意义的两个月。因为是在这两个月里，郁达夫脱离创造社，实现了与鲁迅握手合作的愿望；也是在这两个月里，彼此才正式开始为对方主编的刊物撰文写稿，相互间给予实际的支持。

紧张而又热烈的1927年，在郁达夫和鲁迅的赌酒声中及大醉后的酣梦里，消失去了它那最后的一瞬间，满载着希望的1928年也同时在这一瞬间给迎来了。

挑 战 "新 月"

进入 1928 年以后,郁达夫与鲁迅合作的第一个攻关项目,就是痛击新月派的主将、大地主、大资产阶级的"帮闲"文人梁实秋。

郁达夫与鲁迅迎头痛击梁实秋的战斗,首先是由梁实秋的《文学批评辩》和《卢梭论女子教育》引起来的。

梁实秋写于 1927 年下半年的《文学批评辩》和《卢梭论女子教育》两篇论文,其主要目的是在诋毁新兴的无产阶级革命文学,企图用资产阶级的所谓"人性论"来否认阶级矛盾和阶级冲突。

《卢梭论女子教育》,仅从字面上分析判断,仿佛是仅就卢梭的女子教育观说长道短,评高论低,实际上梁实秋的矛头所向仍是左翼文艺批评家以及由他们所倡导的人人平等、自由、民主等革命学说。

卢梭是 18 世纪法国大革命的思想先驱。他的有关自由、平等和回归自然等革命理论,在封建和宗教势力还十分猖獗的法国提出,立时便把人们从昏沉迷茫的旷野中,带到了一个五彩缤纷的自由王国。从此法兰西民众就如同瞎子睁开了眼睛,对于君主贵族和僧侣的不平愤懑就一齐迸发了出来。

由于是先驱和预言家的缘故,卢梭从此成了同时代文人嫉妒的中心,和宗教家、野心家、政治家及僧侣们攻击的目标;同籍贯的无神论者服尔德也由文人卑鄙的嫉妒心所驱使,与一伙宗教家、野心家、政治家等结合在一处,逼迫他、虐待他、冷嘲热讽他,使他一直到死终究弄得无地容身。

在生前,卢梭遭到了种种的诽难和不幸,而在死后,他也同样受到了无端的诬蔑和中伤。如美国哈佛大学的白璧德教授就是其中最卖力的一个,他的中国弟子梁实秋也紧步"洋师爷"的后尘,大加挞伐已死了一百多年的卢梭,恶语中伤他的人格,极力贬低他的学术思想和创作。在《卢梭论女子教育》一文里,他开宗明义地写道:"卢梭论教育,无一是处,唯其论女子教育,的确精当。"这就一笔抹杀了卢梭所极力倡导的自由、平等、民主等人权学说,而将其教育论中为世人所唾弃的论女子教育部分却奉为经典。

卢梭的女子教育观是,女人应该像女人的样子,一家的家什、缝纫、计算、待客、装饰等,是女子所应做的事情。她须给男子以安慰、内助,装饰不必流于奢侈,习媚尤应不失去贞洁,在公共的舞蹈场所或大众的客厅里,要能够牵引众人,使人人都能够得到快感为止。说到底,他理想中的女人,只要在英国式的主妇身上再加上一层法国妇女的媚术就对了。女人不必多才,亦不必过于能干。他虽不赞成把女人锁在深闺里,但却绝口地讴歌贞操和德性。他希望在婚姻之中,有恋爱幸福的延长,对于家庭乡党的和睦亲近,对子女教育的用心周到。这种陈腐论调,在当时就遭到了很多人的反对,一百年后梁实秋把它重新捡起,大肆赞赏,是别有一番用意的,即反对男女平等学说,主张人与人之间应该有富贵贫贱之分。

针对梁实秋向无产阶级革命文学运动发动的猖狂进攻,及其对卢梭的诬蔑,首先给予迎头痛击的是鲁迅。这即是发表在《北新半月刊》上的《卢梭和胃口》。

为了配合鲁迅对梁实秋的痛击,1928 年 1 月 16 日,郁达夫在《北新半月刊》上发表了新作《卢骚传》,以公正、客观、严肃的态度评述了卢骚(梭)一生的功过是非,借此机会来洗刷一些"正人君子"泼洒在他身上的污泥浊水,使其真正的面目还原给中国的读者。

鲁迅的《卢梭和胃口》,着重批判的是梁实秋的"卢梭论教育,无一是处,唯其论女子教育,的确精当"的反动观点,而稍后写作的《文学和出汗》,其重心则放在了批驳梁实秋的资产阶级"人性论"上面。

作为鲁迅盟军出现的郁达夫,他的中心任务是向中国的广大民众来展示卢梭的宽阔胸襟和博大精深的哲学思想,让人民知道英美流的"正人君子"和小人国的矮批评家,之所以肆无忌惮地攻击诽谤卢梭,其渊源则在卢梭的自由、平等、民主等革命思想和先进理论,触犯了他们所在阶级的利益,因而他们便不惜借用侮辱人格的语言来咒骂生前和死后的卢梭,意在消除其先进思想在人民群众中的广泛流传和影响。郁达夫在《卢骚传》中以惊世骇俗的胆略,热烈赞颂了卢梭的铮铮傲骨和光辉的哲学思想,怒斥了一些卑鄙无耻的小人对他的污蔑。

为了将卢梭的光辉思想和傲岸不屈的人格进一步昭然于国人面前,郁达夫在写作《卢骚传》的同时,又完成了《卢骚的思想和他的创作》。如果说前者只给了人们描摹了卢梭一生的大致轮廓或骨骼结构的话,那么后者则是血肉的补充。两篇文章结合起来读,一个真实的、充满美好理想和火热情感的卢梭便会跃然活现在读者的面前。

郁达夫的《卢骚的思想和他的创作》的发表,标志着他和鲁迅与梁实秋论战的第一个回合已接近尾声。这第一个回合的论战,是以鲁迅和郁达夫的胜利及梁实秋的败北而宣告结束。第二个回合的论战,同样是由梁实秋首先挑起来的。

梁实秋煞费苦心炮制的"人性论"和卢梭论教育无一是处说,经鲁迅和郁达夫的迎头一击,很快为人们所不齿,然而自恃有国民党军阀政府做后台,他并不甘心自己的失败,发表在《时事新报》书报春秋栏里的《读郁达夫先生的〈卢骚传〉》便是明证。

梁实秋此文写得很乖巧,名义上批驳、诘难的是郁达夫,而暗地里影射的却是鲁迅。因鲁迅在《卢梭和胃口》中曾借用辛克莱嘲讽白璧德的一段话来引证梁实秋的卢梭论和他老师白璧德的观点一样是荒谬绝伦而不可信的,所以,他便借这个缘由,在《读郁达夫先生的〈卢骚传〉》中,很替白璧德的学者根基和他在欧美的盛名吹嘘了一番,以此来否定鲁迅的《卢梭和胃口》等文。

对梁实秋咄咄逼人的进攻气势,鲁迅没有直接写文章进行反击,而是由郁达夫独自出面来扫除其嚣张气焰的。在《翻译说明就算答辩》一文中,郁达夫对梁实秋驳难文章中提出的前两个无关紧要的枝节问题只是付之一笑,并没做正面的回答,而把重心放在了第三点——即白璧德、辛克莱两位美国现代大学者对卢梭的评价上。

白璧德在《卢梭和浪漫主义》一书中,不遗余力地攻击提倡自由、平等思想的卢梭,诬蔑他的人格,贬低他的革命理论和创作,而与白璧德同时代,且又生活在同一个国度里的辛克莱,在对卢梭的评价上恰好与白璧德形成了一个鲜明的对照。为消除白璧德在卢梭研究中所制造的混乱及其恶劣影响,辛克莱特意写了《拜金艺术》一书,对卢梭的思想和创作给予了极高的评价。

梁实秋为了贬低卢梭,有意抬出白璧德的《卢梭和浪漫主义》一书来压鲁迅和郁达夫,而聪明绝顶的郁达夫,在所写《翻译说明就算答辩》中也以其治人之道,巧妙地用于其人之身。

　　从表面上的情况来看,对梁实秋第二个回合的进攻,鲁迅没有直接出面写文章给予反驳,而是由郁达夫独自一人来完成的,但在实际的战斗中,鲁迅始终是和郁达夫携手并肩的,这在他们二人当时的日记中可以看得出来。如郁达夫 1928 年 2 月 5 日的日记是:"午饭毕后……坐电车上北四川路,先到春野书店去一看,有人以今天《时事新报》上攻击我的文章送来给我,改日当作一篇答辩。傍晚过北四川路底,在内山书店见了鲁迅,谈了一个多钟头,他想译 Knut Hamsun 的 Hunger,问我借德文本作底本,答应以明天送去。晚上神经兴奋,一宵睡不着。"

　　为了更进一步深入探讨无产阶级革命文学理论,也是为了更有力地打击梁实秋之流,郁达夫在写作《翻译说明就算答辩》的同时,还开始着手翻译辛克莱的《拜金艺术》,并陆续在《北新半月刊》上发表。辛克莱的《拜金艺术》翻译成中文,对梁实秋的打击是很沉重的,几十年后在论及郁达夫翻译这本书时,他还不胜感慨地叹息道:"郁达夫原是属于浪漫颓废一类型,但是很奇的他在《北新半月刊》里连载翻译辛克莱的《拜金艺术》,为左派推波助澜。"

　　《翻译说明就算答辩》和《拜金艺术》发表后,梁实秋的嚣张气焰一下子便减弱了许多,到 1928 年 3 月 15 日发表《关于卢骚——答郁达夫先生》时,已由过去咄咄逼人的进攻气势而转化为了消极被动的守势。对梁实秋在《关于卢骚》中提出的荒谬观点,首先给予反击的是鲁迅。1928 年 4 月 10 日,他在《头》一文中指出,梁实秋对卢梭的所作所为的攻击,"虽然并非'借刀杀人',却成了'借头示众'了。假使他没有成为'一般浪漫文人行为之标类的代表',就不至于路远迢迢,将他的头挂给中国人看。一般浪漫文人,总算害了遥拜的祖师,给了他一个死后也不安静。他现在所受的罚,是因为影响罪,不是本罪了,可叹也夫!"鲁迅在这里借影响罪说,一方面赞美了卢梭的崇高和伟大,另一方面则反衬出了反对者的渺小和卑鄙。

　　继鲁迅的《头》之后,在当月的 14 日,郁达夫也写了一篇杂感《关于卢骚》反驳梁实秋的谬论;同一日他又写了《文人手淫——戏效某郎体》,再度给梁实秋以嘲讽和戏弄。

论争"创造"

通过对梁实秋的论战,郁达夫和鲁迅的友谊又较前进了一程,在此基础上,他们又拉开了 1928 年第二个大战役的帷幕——迎接创造社的论争。

郁达夫与创造社的矛盾,主要表现在"四一二"前后和郭沫若、成仿吾等人在政治观点上及如何发展创造社出版部诸方面发生了分歧;而鲁迅与创造社的矛盾则远可追溯到"五四"新文学运动发轫时期。据郁达夫的《回忆鲁迅》所记:"创造社和鲁迅的纠葛,系开始在成仿吾的一篇批评,后来一直地继续到了创造社的被封时为止。"然而,他对于创造社,"虽则也时常有讥讽的言语,散发在各杂文里,但根底却并没有恶感。"到广州后,还曾有意识地想和创造社结成一条战线,来和反动势力拮抗。

广州期间,鲁迅和创造社结成一条战线,"来和反动势力拮抗"的计划,在双方的共同努力下一度进展得很顺利。如郑伯奇、蒋光慈等人代表创造社两次访问鲁迅,商谈合作的具体事宜,当他们提出要共同创办一个新刊物时,鲁迅立即欣然表示同意,并主张不必另办刊物,可以恢复《创造周报》作为共同的园地,到时他将积极写稿,此话说过不久,《时事新报》上便披露了鲁迅与创造社合作的消息。

令人遗憾的是,正当创造社诸人借这次鲁迅领衔发表的"创造周报复活预告"的东风,着手恢复《创造周报》时,成仿吾偕李初梨、冯乃超、朱镜我等人风尘仆仆地从日本到了上海,并以"新进气锐的姿态加入阵线"。他们俯瞰了中国社会和文艺界的现状后认为,《创造周报》的历史使命已经完成,没有再恢复的必要了,而主张另起炉灶,完全站在新的立场上来"发刊一个纯粹理论批判的杂志。"其结果使鲁迅与创造社联合的计划变成了泡影。

据郑伯奇后来在《创造社后期的革命文学活动》等文章中回忆说,李初梨、冯乃超、朱镜我等人从日本回来后,处于危机四伏之中的创造社立时便出现了新生的气象。为了应付国民党反动派随时强加给的迫害,他们采取了两道防线:一方面让新发刊的理论杂志《文化批判》担负起宣传马列主义学说的任务,战斗在第一线;而另一方面则利用历史关系,仍保持《创造月刊》的文学特色,将重点转移到文艺理论和批评方面,提倡无产阶级文学,逐渐改变面貌。具体分工是:以新近从日本回来的同志为主办好《文化批判》,创造社的老同志加上蒋光慈、段可情等继续发表文艺创作,充实《创造月刊》。这样的阵容,再加上新的指导思想和革命理论,后期创造社很快便完成了"方向转变"的过程。1928 年《文化批判》的创刊,是创造社完成方向转换的一个重要标志。成仿吾在为该刊写的《祝词》中指出:"百余年来的世界上,我们'中华大国'只是被榨取与被笑骂的对象;一叶一叶的历史上堆着的,尽是我们全民族说不出的耻辱与痛苦。"现在是该睁眼醒来的时候了,也该是算清历史总账的时候了。大凡"现社会的构成,现世界的趋向,自己的历史,自己的形势"等,我们都必须一一的明了。

在这样一种指导思想的支配下,成仿吾、李初梨、冯乃超诸人粗略地回视了一下"五四"新文学所走过的路程,进而便武断地判定鲁迅、叶圣陶、郁达夫等一批进步作家的创作,大多都离时代和革命的要求甚远,而且他们在新的形势下也都表现出了不同程度的落伍趋势。因此,只有对他们采取批判的态度,才能够将他们从"闲暇"的境界和落伍的边缘上拯救出来,促使他们的转向和新生。冯乃超发表在《文化批判》创刊号上的《艺术与社会生活》,就可称得上是他们对"五四"以来的新文化进行总的批判和重新审视的宣言书。

在《艺术与社会生活》里,冯乃超不但公开点了胡适、鲁迅、叶圣陶、郁达夫等人的名字,而且还不自觉地曲解了他们的创作思想,而更重要的是否定了他们对中国革命和"五四"新文化运动的贡献。

首先被拉出来公开示众的是胡适。冯乃超认为,"对着窒息的封建社会的拘束,发生如荼如火的改革的热忱",胡适是起了很大作用的,"然而,白话运动的元勋——新文化运动的健将,我们的胡适之博士不久却又引导它没落到泥泞的湖沼里去了。考古!疑古!!动地般敲着退军的鼙鼓,博士革命的责任就此告终了,博士的历史的使命就此完结了……"继胡适之后遭批判的是文学研究会的代表叶圣陶。

叶圣陶是文学研究会的发起人和主要作家,他的创作是该研究会所提倡的为人生而写实艺术的具体体现,是有着鲜明倾向性和代表性的作家。

冯乃超对他的批判和否定,实际用意是在"证明文学研究会标榜着自然主义的口号的误谬,这是非革命的倾向!"

与文学研究会的文学主张和创作倾向相近似的是以鲁迅为首的"语丝"派,在清算了文学研究会的历史旧账之后,紧接着冯乃超又开始了对"语丝"派的批判。鲁迅是"语丝"派的主要创始人和领袖,自然被解剖的对象首先应该是他。

因冯乃超等人对"五四"新文化运动采取的是全面批判的态度,所以,对前期创造社诸人的创作也和对文学研究会、语丝社的态度一样——是批判的。

郁达夫是前期创造社的主要作家及代表,他的创作倾向在一定的程度上是代表着前期创造社的,所以,冯乃超要审视前期创造社,就不可能不将目光投注到郁达夫的身上。

后期创造社的主要作家批判、否定"五四"新文化运动时期的几个主要社团及有影响有代表性作家的目的,并不是为了要打倒谁,而是为了"在转换期的中国的艺术的分解上",建设起指导革命文学的理论。

什么是指导革命文学的理论,怎样才能够把它建设起来,冯乃超在他的《艺术与社会生活》中没有作出答复,而明确代他答复这个问题的是李初梨发表在《文化批判》第2号上的《怎样地建设革命文学》。"革命文学,不要谁的主张,更不是谁的独断,由历史的内在的发展——联络,它应当而且必然地是无产阶级文学。"对什么叫无产阶级文学,它的内涵和实质是什么,李初梨的《怎样地建设革命文学》给予了明确答复:"无产阶级文学是:为完成他主体阶级的历史的使命,不是以观照的——表现的态度,而以无产阶级的阶级意识,产生出来的一种斗争的文学。"用这样的 种理论去评判鲁迅、郁达夫等人"五四"时期的创作,自然是要生出许多议论和不满的,甚至还会误认为他们是时代的落伍者。

冯乃超的《文艺与社会生活》和李初梨的《怎样地建设革命文学》的发表,标志着创造社已公然地扯出了与鲁迅、郁达夫等"五四"文学巨匠相论战的大旗。

对创造社的挑战,鲁迅和郁达夫迅速做出了反应,1928年2月14日,郁达夫写了《翻译说明就算答辩》,1928年2月23日,鲁迅作了《"醉眼"中的朦胧》，以此来响应创造社关于革命文学的论战。

郁达夫曾是创造社的发起人之一，与其脱离关系，是因与郭沫若等人在政治观和艺术见解上发生了分歧，所以冯乃超、李初梨诸位对他的攻击多是感情用事，其中夹杂着不少个人间的恩怨得失。如郭沫若在《英雄树》中就指桑骂槐地说他是哗众取宠，毫无实际价值的"英雄树"。起初，郁达夫觉得冯乃超等人的攻击是对自己脱离创造社不满情绪的发泄，没有答复的必要，但到后来，"因为文学的革命不革命，而攻击到金屋的藏娇，老七老八的名字应用"，觉得他们"未免走得太远了"，这才引起了答复的欲念。

写作《翻译说明就算答辩》时，郁达夫配合鲁迅与梁实秋关于卢梭的论战正酣，无暇顾及创造社诸位同仁对自己的攻击，笔墨之余只轻轻地点了一点，或者说是埋下了一根伏线，以俟"恢复勇气"之时，再来执笔回答他们的挑战。

鲁迅没有采取郁达夫的那种姑息、宽容态度，而是一开始就对创造社诸人的错误观点和党同伐异的宗派主义作风给予了严厉批评。这即是1928年3月12日发表在《语丝》周刊上的《"醉眼"中的朦胧》。

《"醉眼"中的朦胧》不仅批判了冯乃超《艺术与社会生活》中偏激和错误的观点，而且对成仿吾的《完成我们的文学革命》和李初梨的《怎样地建设革命文学》等文章中的不切实际的空谈，也一起进行了清算。

不幸的是，正处在方向转换途中的创造社诸君并没有接受鲁迅正确的批评和忠告，甚至有的同志还没有来得及看明白《"醉眼"中的朦胧》的主题思想是什么，就盲目地，也是心急火燎地撰文来反驳。李初梨写了《答鲁迅"醉眼中的朦胧"》，成仿吾写了《毕竟是"醉眼陶然"罢了》，彭康写了《"除掉"鲁迅的"除掉"》，郭沫若化名杜荃写了《文艺战线上的封建余孽》，梁自强写了《文艺界的反动势力》，潘梓年写了《谈现在中国的文学界》等等，矛头都是直指鲁迅的，并且还有意识地将他划入了敌对阶级的一边。

创造社在否定鲁迅，围攻鲁迅的同时，对曾经是他们战友的郁达夫也没有放过，不时地或明或暗，或直接或影射地进行批判。实事求是地说，自1927年8月15日郁达夫在《申报》上登出脱离创造社的启事之后，郭沫若、成仿吾、王独清及一班新进的青年作家就对他产生了绝大的不满，一遇适当的机会总想将这不满的情绪发泄发泄。如郭沫若1928年1月写的《英雄树》就主要是针对郁达夫而言的。在这篇文章里,他不但骂郁达夫是一个外表美丽,于实际毫无用处的"英雄树",而且还指责他是时代的落伍者,和文学上的反革命及"最丑猥的个人主义者"。

骂郁达夫是个人主义者,颓废派,并不是始于郭沫若,而是早在他的《沉沦》小说集出版之初,就曾有人给他冠上过这样的"美名"。但这话一旦出自曾经是相濡以沫十几年的同学、战友郭沫若之口,却令他心中很不是滋味。

对郁达夫在《无产阶级专政和无产阶级的文学》及《〈鸭绿江上〉读后感》等文章中所表现出的无产阶级文艺观,郭沫若在他的《英雄树》中也给予了嘲讽和鞭挞。

郭沫若《英雄树》的发表,是创造社对郁达夫发起大规模批判前的一个信号,冯乃超的《艺术与社会生活》是总批判的开端,然而这时批判归批判,但他们对郁达夫仍以中间力量来对待,而到了郭沫若的《桌子的跳舞》出现时,性质就发生了根本性的转变,即由过去可争取的中间力量变成了敌对阶级的一员和反动分子。

重情谊,心胸宽宏的郁达夫,对创造社的咒语和谩骂在开始时是忍耐的,企图让历史去检验每一个人的功过是非,但到后来看到他们得寸进尺的围攻鲁迅,和肆无忌惮地诅咒自己时,就再也忍不下去了,遂与鲁迅一道奋起迎接创造社的挑战,更加深入地去探讨革命文学理论和无产阶级文学的实质等重大问题。1928 年 8 月 16 日发表在《北新半月刊》上的《对于社会的态度》,就是他与创造社公开论战文字的代表。

《对于社会的态度》的发表,在当时所产生的意义是十分重大的。因为是它首先肯定了创造社与鲁迅、郁达夫之间的这场论战的性质是革命内部矛盾冲突,大方向都是一致的;其二是它站在公正的立场上维护了鲁迅的人格和尊严,痛斥了一些别有用心的人对他的污蔑和攻击;其三是它第一次确立了鲁迅在中国新文学史上的地位——即以"作品的深刻老练而论,他总是中国作家中的第一人者。"说来也是这样,自郁达夫的《对于社会的态度》发表之后,创造社再也没有组织过对鲁迅的围攻。

郁达夫除《对于社会的态度》之外,在批评创造社围攻鲁迅方面有影响的文字,还有《革命广告》和《讨钱称臣考》两篇。尤其是前一篇《革命广告》更是历来为人们所津津乐道,该文在《语丝》上发表时,鲁迅还特意加了一段"附记",以引起人们的注意。

产生《革命广告》的起因,最初是由慎之发表在 1928 年 8 月 8 日《申报》上的《上海咖啡》而引起来的。据郑伯奇等人回忆,上海咖啡店是创造社为掩护从事革命工作的同志开设的,也是我党的一个秘密联络点。与鲁迅、郁达夫没有任何关系,但不知慎之是出于何种目的和用意,竟公开造谣说在这里曾经遇见过鲁迅和郁达夫,还煞有介事地说在那里曾"领会到不少教益……"慎之的这种无耻的造谣行径,激起了郁达夫的无比愤慨,遂撰《革命广告》进行抨击。

郁达夫的《革命广告》及鲁迅的"附记",名义上是在辟慎之所造的谣,而实际上的用意仍是在反击创造社对他们二人的围攻,也由此来进一步显示了他们之间亲密合作的友好关系。这之后,创造社与他们二人之间的论战渐趋缓和,再至后来便化干戈为玉帛,重结秦晋之好。

"奔 流"崛 起

郁达夫、鲁迅与创造社之间真枪真刀地论战了半年多,彼此既伤了和气,又丢了友情,但若用历史发展的眼光来看,这场论战却是不可避免的,而且由此产生的利也的确大于弊。首先论战的展开引起了文学艺术界的广泛注目和重视,特别是在文学青年中间引起了强烈反响,促进了革命文学运动的蓬勃发展;其次经过这场论战,郁达夫、鲁迅等都开始自觉地研究、介绍马列主义文艺理论,翻译苏俄文学作品,并集合一些文学青年和志同道合者发刊鼓吹革命文学的杂志,加强了革命文学队伍的力量。这二者结合起来,也就给革命文学阵营的壮大和团结创造了有利条件。如他们合编的《奔流》杂志,就是在这股论战东风的激荡下应运而生的。

创造社后期的主要成员,如冯乃超、李初梨、彭康、朱镜我、李铁声等人,他们在日本留学时就已经接受了马克思列宁主义,热心于无产阶级文艺运动,并时常关注着中国革命的动向,讨论中国文学运动的发展前途,强烈希望国内备受进步青年喜爱的创造社能够断然转换方向,改变立场,提倡无产阶级文学。由于他们所学和所接受的大多都是国外新兴的无产阶级文艺理论及马克思主义学说，在论战中运用的一些观点、名词、术语等有许多都是为郁达夫、鲁迅等人所不知晓的。为了弄懂他们提倡的"革命文学"理论的实质和内容，也就促使郁达夫、鲁迅等人去阅读，去研究马列主义的理论著作和苏俄的无产阶级文学书籍。

经过与马列主义和苏俄无产阶级文学艺术的接触，郁达夫、鲁迅等人发现，创造社口口声声所高喊的"革命文学"，实际是去马列主义很远的一种带有迷人色彩的表面东西，与苏俄的无产阶级文学艺术也有一定的差距。鉴于此，他们便计划将自己所认为的"革命文学"理论及真正的无产阶级文学艺术介绍给中国的读者，纠正创造社在理论上的错误和实际创作中的偏颇。

计划往往都是很美好、动人的，但要将它付诸实践时，一连串的问题便会接踵而至，其中一个最主要的问题是要有可供发表新思想、新观点的"阵地"。创造社之所以敢漫天价地高喊"革命文学"，气势汹汹地来围剿郁达夫、鲁迅等持不同观点者，关键是因为他们有着可以任意驰骋的阵地——《创造月刊》和《文化批判》、《洪水》等杂志，而那时的郁达夫、鲁迅则不然。前者是两手空空如焉，后者虽名义上握有《语丝》的编辑大权，但在实际上，他却是无能为力地去自由安排具有马列主义和无产阶级文学思想的作品。在这样一种情势逼迫下，也就很自然地促使鲁迅萌生了自己创办刊物，专门翻译马列主义文艺理论和苏俄无产阶级文学作品的意念。当他将这个想法告诉给郁达夫时，立即便得到了知音者的共鸣，也可以说是一拍即合。

合作创办《奔流》杂志的起因和时代背景，郁达夫在《回忆鲁迅》中有过说明：

> 在当时，一批幼稚病的创造社同志，都受了王独清等的煽动，与太阳社联合起来攻击鲁迅，但我却始终以为他们的行动是越出了常轨，所以才和他计划出了《奔流》这一个杂志。
>
> 《奔流》的出版，并不是想和他们对抗，用意是在想介绍些真正的革命文艺的理论和作品，把那些犯幼稚病的左倾青年，稍稍纠正一点过来。

鲁迅是一个办事极为认真，工作态度非常严谨的人，郁达夫的生活作风虽然有点散漫拖沓,但对朋友却是言必行,行必果的。他们自1928年3月6日初步商议了创办杂志的事之后,都在积极努力的工作,同时也加强了相互间的联系。如郁达夫1928年3月24日从杭州回到上海后的最初半个月里,几乎平均两天就要访问鲁迅一次,所谈大多都没离开合作主编《奔流》杂志的事。1928年4月4日郁达夫的日记是:"鲁迅和我合出之杂志第一期,打算译一篇 Turgenieff 的 Hamlet and DonQuichotte。"这则日记表明,1928年4月4日之前,有关《奔流》的筹备事宜已大体就绪,现在已开始着手安排稿件了。1928年5月9日,郁达夫便完成了《哈姆雷特和堂吉诃德》的翻译,并于当天的晚上将译稿送交给了鲁迅。其日记是:"晚上送稿子,和鲁迅谈到九点钟才回来。"

继屠格涅夫《哈姆雷特和堂吉诃德》的翻译,郁达夫又于1928年6月9日译完了德国林道的小说《幸福的摆》,计划用于《奔流》第3期。他这一天的日记是:"送稿子去鲁迅那里,坐谈了一个多钟头。下期的稿子打算两星期后送去,明日即想动手翻译。"次日,即1928年6月10日,他们合作创办的《奔流》杂志正式出版。

《奔流》出版发行后,他们之间的接触更加频繁,仅8月份一个月的时间里,《鲁迅日记》中就出现了8次郁达夫相访的字样,而这期间郁达夫的日记中也较多地留下了有关他与鲁迅商谈《奔流》编辑事宜的记载。如1928年7月6日的日记是:"午后为《奔流》三期事去看鲁迅,谈到傍晚。"1928年7月22日的日记又云:"访鲁迅,决定第四期《奔流》的稿子之类。"

从郁达夫的《回忆鲁迅》和许广平的《为革命文化事业而奋斗》等文章来看,为《奔流》的编辑出版事宜出力最多的是鲁迅,郁达夫对《奔流》的贡献则主要表现在译作方面。对于前一点,郁达夫在《回忆鲁迅》中说得很明白:"我们合编的那一个杂志《奔流》——名义上,虽则是我和他合编的刊物,但关于校对,集稿,算发稿费等琐碎的事务,完全是鲁迅一个人效的劳。"

郁达夫虽没有为《奔流》的出版去做那些琐碎的事务性工作,但他那卓越的译作却为《奔流》增添了不少光辉,同时也在配合鲁迅反对创造社及太阳社的"围攻"中起了重要作用。

郁达夫为《奔流》翻译的作品,自始至终都没有离开过当初和鲁迅为

《奔流》定下的宗旨,而且也自始至终是与鲁迅的译作前后呼应,紧密配合。

因无产阶级文学"所从出的母亲"是在列宁、斯大林领导下的苏维埃共和国,所以《奔流》揭载的文艺论著及创作大多都是从苏俄翻译过来的。创刊号上的首篇就是郁达夫翻译的屠格涅夫的《哈姆雷特和堂吉诃德》,压轴之卷是鲁迅翻译的《苏俄文艺政策》。郁达夫之所以要选择屠格涅夫的《哈姆雷特和堂吉诃德》作为《奔流》创刊号的首篇,是别有一番深刻用意在里面的。其一正如鲁迅所说,这是一篇"极有名"的论文,从中可以使读者看见作者是"怎样地观察人生"的;其二是译者企图借屠格涅夫对堂吉诃德的赞美来抨击创造社、太阳社对鲁迅的污蔑。

和郁达夫一样,鲁迅也为《奔流》的创刊号选译了一部有关苏俄文艺政策的论著——《苏俄的文艺政策》。

《苏俄的文艺政策》,是 1924 年至 1925 年间俄共(布)中央《关于对文艺的党的政策》、《关于文艺领域上的党的政策》两个文件和全俄无产阶级作家协会第一次大会的决议《观念形态战线和文学》等文件的总概括。从这里可以看到当时苏俄关于无产阶级文学激烈论战的内幕。以瓦浪斯基和托洛茨基为代表的一派作家认为,独立的无产阶级文学,和无产阶级的文化在当时的苏维埃并没有出现。而以瓦进为首的一派,及以布哈林、卢那卡尔斯基等为首的另一派则与瓦浪斯基等人的看法正好相反。后两派的人认为,"无产阶级的独裁期,是涉及颇长的时期的,所以在这期间中,能有站在这阶级斗争的地盘上的无产阶级的阶级文学——文化的成立。"

在党如何领导文艺诸问题上,这三派之间也有着严重的分歧。瓦进及其"那巴斯图"派认为,在文艺领域内,"是必须有党的直接的指导和干涉的";而布哈林、卢那卡尔斯基等派别则主张,"由党这一方面的人工的干涉,首先就于无产阶级文学有害。"

中国新文坛上关于无产阶级文学的论争,实际上是苏俄党内文艺政策论争的翻版,或者说是延续。因此鲁迅说:"从这记录中,可以看见在劳动阶级文学大本营的俄国的文学理论和实际,于现在的中国,恐怕是不为无益的。"

从郁达夫的译作《哈姆雷特和堂吉诃德》及鲁迅的译作《苏俄的文艺政策》里,已鲜明地显露出了《奔流》的战斗特色和政治倾向性——即旨在用苏俄切实的无产阶级文学创作和革命文学理论,来纠正创造社和太阳社似是而非的革命文学理论,进一步促进中国新兴的无产阶级文学健康向前发展。

《奔流》时期,郁达夫、鲁迅的重点都放在了译作方面。因大目标是一致的,所以这期间彼此在译作方面配合得甚是默契。如第1卷第3期的“易卜生专号”,郁达夫翻译了英国伊尔斯的《易卜生论》,鲁迅则翻译了日本有岛武郎的《易卜生的工作态度》,一唱一和,相辅相成。从前者的译文里可详知易卜生的生平和著作,而后者的译文则是“将他的后期重要著作,当作一大篇戏曲”来看的,曲折生动,令人回味无穷。两篇文章结合起来读,便能在脑海里显现出一个真实的、活生生的易卜生来。又如第1卷第7期所发的“托尔斯泰专号”,也是郁达夫和鲁迅精心编制而成的。

通过创办《奔流》,鲁迅进一步了解了郁达夫渊博的学识,和巧夺天工的翻译技巧,因此对他的每篇译作都给予了高度评价。如在第1卷第1期的“编校后记”里,他唯有对郁达夫译的《哈姆雷特和堂吉诃德》发议论最多。在这里他一方面告诉人们,屠格涅夫的《哈姆雷特和堂吉诃德》是一篇“极有名”的论文,从中可以看见作者是怎样地观察人生的;而另一方面他则着重介绍了郁达夫所翻译的这篇论文将对中国文坛现实产生的指导意义和深远影响:

对郁达夫为《奔流》第1卷第2期翻译的德国作家林道的小说《幸福的摆》,鲁迅也是极感兴趣的,特在“编校后记”里向读者作了介绍。

可以这样说,对郁达夫刊登在《奔流》上的所有翻译之作,鲁迅一向都是持赞赏推崇态度的。不溢美不贬损,中肯地指出其译作的社会功能和艺术价值,引导读者去领悟其中的奥妙,吸取对中国文化有营养的成分,仿佛是他对郁达夫译作所应承担的责任,或者说是责无旁贷的义务。

历时两年有余,共计出了15期的《奔流》月刊,终因经费来源的危机和出版方面的因素,到了1929年的年底,不得不停刊。

《奔流》停刊了,郁达夫和鲁迅“为了把新鲜的血液灌输到旧中国去,希望从翻译里补充新鲜力量”所作的努力,却永远铭刻在中国新文学的历史册页上及人民的记忆中;再之,通过编辑《奔流》,无论是郁达夫,抑或是鲁迅,其革命理论修养及政治素质都得到了明显提高和加强。这一点对他们以后的创作和人生道路的选择都起着不可忽略的影响。

提倡"大众"

在与鲁迅合编《奔流》的同时,郁达夫又于1928年的9月创办了《大众文艺》。

《大众文艺》和《奔流》一样,是"革命文学"激烈论战时的产物。二者所不同的是,《奔流》注重的是外国文学理论的翻译和无产阶级文学艺术的输入,而《大众文艺》则是引进输入外国文学艺术和注重国内作家的创作两者兼有之,也可以说是齐头并进。

有关文学大众化的论争,是"革命文学"论争的一个重要组成部分。最早提出大众文学这个口号的应算是郭沫若。1926年4月,他在《革命文学》中就曾要求作家到兵间去、民间去、工厂间去和革命的漩涡中去,并努力去创作"同情于无产阶级的社会主义的写实主义的文学。"这之后,成仿吾、李初梨及太阳社的蒋光慈等人也曾撰文论及过这个问题,并有形成一股"大众文学"热的趋势。如成仿吾在《从文学革命到革命文学》中甚至认为,从文学革命到革命文学的最终目的就是为工农服务的大众文学的实现。

虽然创造社关于大众化文学的口号喊得震天轰响,但没有一部实实在在的属于大众者的文学作品出现。对此,郁达夫和鲁迅都曾表示过不满和鄙视,这不满和鄙视进一步发展的结果便是由自己独立创办一份专门登载大众文艺的刊物,纠正创造社诸君在理论上的偏颇,弥补他们在实际创作中的不足。郁达夫主编的《大众文艺》月刊就是在这样一种特殊时代下产生出来的。

《大众文艺》共计出版了12期,前6期为郁达夫和他的好友夏莱蒂主编,后6期改为"大众文艺社"编辑。总的来说,这前后出版的12期,基本上都奉行了发刊词中所拟定的宗旨。无论是发表的创作,或是刊载的译文,大都取材于下层社会劳动人民的生活。风格明快,语言简洁,易读易记,很少有高深莫测的理论和成章成段的"圣经"式的说教,字里行间都给人以亲切、朴实之感。

《大众文艺》的一个显著特点,评介了一批苏联和西欧表现劳动人民生活和情感的力作。

前 6 期刊物上发表译作最多和最有影响的是鲁迅。第 1 期是俄国淑雪兼珂的《贵家妇女》,第 2 期是法国腓立普的《食人人种的话》,第 3 期是俄国雅各武来夫的《农夫》,第 4 期是俄国康士但丁的《果树园》,第 5 期和第 6 期连载的是雅各武来夫的《十月》。

一目了然,鲁迅翻译的这些作品,完全是为生活在社会下层劳动人民服务的。《贵家妇女》若单从题目上来看,似乎是在写上流社会女性的,而实际上作者着意表现的却是一个付不起 4 个肉馒头钱的穷小子的风流韵事。《食人人种的话》暴露的是奴隶时代部落与部落之间的残酷战争。作者通过胜利部落的酋长之口,告诫那些杀人如割草芥的战争祸首们:"永远不要忘记,人肉的筵宴是悲哀的",今天你吃人,明天说不定就要被人吃,战争一天不消灭,大家都存在着被人吃掉的危险。此篇小说翻译、发表于军阀混战,民不聊生的 20 世纪 20 年代末,鲁迅和编者郁达夫的意图是显而易见的。紧接《食人人种的话》是雅各武来夫的《农夫》,这是一篇歌颂农民善良、纯洁、忠厚、热情等美德的力作。读了此篇小说,人们立即就会产生出这样的感觉,只有农民才是人类正义和良心的纯真保持者,也惟有农民才是世界各族人民友好及和平的象征与希望。

继《农夫》之后而发的《果树园》,也是一篇真实反映俄国农民生活的好作品。用鲁迅在译者附记中的一段话来评价它就是,该小说"描写那古老的美的传统渐就灭亡,代以粗野的新事物这一种人生永远的悲剧的,题目虽然是绝望底,而充满着像水彩画一般的美丽明朗的色彩和绰约的抒情味(lyricism)。加以并不令人感到矛盾缺陷,却酿出特种的调和,有力量将读者拉进那世界里面去,只这一点,就证明着作者的才能的非凡。"

连载于第 5 期和第 6 期上的《十月》,用译者鲁迅自己的话说就是,"既非恐怕自己没落,也非鼓吹别人革命,不过给读者看看那时那地的情形,算是一种一时的稗史,这是可以请有产无产文学家们大家放心的"。

郁达夫主编《大众文艺》时,鲁迅每期都赐予符合编者旨意的译作,一方面说明了他对郁达夫所提倡的文艺大众化理论的积极响应和支持,另一方面他的这些赋有大众化和新时代特色的译作,也为《大众文艺》增添了许多光亮的声色。

当时在《大众文艺》上经常发表译作的除鲁迅而外,还有夏莱蒂、乐芝、秋莲等人。夏莱蒂是《大众文艺》的编辑,乐芝和秋莲等人是郁达夫的朋友,他们的译作自然也都能体现出文艺"大众化"的宗旨和特点。但他们的着眼点却与鲁迅不尽相同,鲁迅是从"农民"这个角度来反映大众生活的,夏莱蒂侧重表现的是城市中的无产者,而乐芝、秋莲等人则意欲表现的是那些失业落魄的小资产阶级知识分子。这样也就使刊物从不同的侧面组成了一幅完整的下层社会的风俗图画。

郁达夫在编辑工作之余,也不时地为《大众文艺》翻译一些通俗之作。如他翻译的德国法尔该的《祷告》一诗,就具有"大众化"的特色。用译者自己的评语说就是,《祷告》一诗是既醇美而又健全,既幽婉而又多致。

除《祷告》外,郁达夫在《大众文艺》上发表的译诗还有《我俩的黄昏时候》等。初看起来,这些好像是编者的闲暇之笔或补白之作,但其用意却是高致、深远的。在当时的文坛上,真正表现下层劳动人民生活及思想情感的新诗还不曾出现。郁达夫熟悉德文,便选择一些德国小诗刊出以飨读者,也是为了促使中国表现劳动人民生活的诗作早日涌现。鉴于《大众文艺》的读者层都是些文化素养不太高的劳动者,所以为了使他们能准确地理解这些小诗,郁达夫还特地于每首译诗后面加上一段附记,介绍作者的生平及其文学成就,或对该诗的特色评点一二。

以真诚的态度,清新冷峻的现实主义笔触反映我国劳动人民牛马不如的生活境遇,及其被侮辱、被损坏,受压抑的变态心理,是郁达夫主编的《大众文艺》的另一个重要内容。

在前6期《大众文艺》上发表创作最勤的是叶鼎洛。据统计,他共计发表6篇,约14万字,几乎占了所发创作的四分之一。这6篇作品中,除《阿巧》一篇外,其余全是反映挣扎在乡村、小城镇中的知识分子的生活。从题材上看,这类作品在20世纪20年代的新文坛上屡见不鲜,然而在这同类的题材中,叶鼎洛的创作还是有着自己的特色的。他在哀怜这些人物不幸的同时寄寓着深切的希望,在讴歌他们纯朴、善良的背后寓意着友好的嘲讽。

郁达夫因当时有编辑事物缠绕,为《大众文艺》写稿并不多,除零星的译作和编辑余谈之外,较长的创作要算是中篇小说《在寒风里》了。

《在寒风里》和叶鼎洛、许杰、夏莱蒂等人同时期发表在《大众文艺》上的诸作一样,主要是反映下层社会劳动人民生活的,但他们作品的格调却是显然不同的。叶鼎洛、夏莱蒂是在同情、哀怜中寄寓着殷切的希望,许杰、柔石是在暴露黑暗的同时带有强烈的控诉,而郁达夫则是怀着一腔热血来描写劳苦大众的。《在寒风里》的主人公长生是一位历经沧桑的老仆人。他生性笨拙,连几句简单的话都说不清。从表面上看,长生是个相貌平庸而又愚昧无知的"怪物",而实际上他却是一位情感十分丰富的人。对弱小和善良者,同情怜悯,鼎力相助,而对那些黑了心肝的伪君子,卑鄙无耻的小人,则是深恶痛绝,必欲铲除而后快。

1929 年 4 月,郁达夫与夏莱蒂把《大众文艺》的第 6 期稿件编排完毕,于一声长叹之后,便把剩余的稿件拱手交给了新任主编陶晶荪。

郁达夫离开《大众文艺》的原因是多方面的。其一是国民党反动派的压迫和摧残。早在 1927 年他发表了《广州事情》、《在方向转换的途中》等攻击蒋介石之流的文章后,就被列入了黑名单,有几次险遭毒手。这次创办《大众文艺》,自然又是对国民党军阀政府的大冒犯。当编至第 4 期时就听到了一些风言风语,第 5 期出版后便发现常常有些形迹可疑的人在暗中跟踪盯梢。为了防止意外,第 6 期的稿件编排完毕,他便飘然离开了污浊的上海,到西子湖畔闭门著书去了。

迫使郁达夫离开《大众文艺》的第二个因素,是来自朋友间的误解和诽谤。1927 年的 8 月,他登报宣布脱离创造社后,曾一度与创造社的新进作家——如李初梨、冯乃超、彭康等人的关系弄得很紧张,也时常有相互攻讦的言辞见于报章杂志。他创办《大众文艺》的宗旨及其有关方针,与李初梨、冯乃超等人有关"大众文艺"理论相左的程度很大,出于门户之见和误解,他们便公开撰文进行攻击甚至还将其划到了敌对阶级的一边。如彭康发表在《创造月刊》第 2 卷第 4 期上的《革命文艺与大众文艺》就是专门批判郁达夫的。

依据彭康等人的理论,郁达夫提倡"大众文艺"的目的,就是反对"普罗列塔利亚文艺",反对"普罗列塔利亚文艺"者,自然是反革命了。所以,他给郁达夫作的政治结论也就带上了很浓重的主观和宗派主义的色彩了。"本来郁达夫是一个极端的个人主义者,堕落的享乐主义者,他那种如 decadent 式的萎靡的生活使得他完全为小资产阶级的劣根性所支配,反映到文艺上成为一个专描自家的生活,及社会底畸形的部分现象的作家。他也主张过农民文学来了,现在又是什么大众文艺,然而始终不肯也不能认识及努力于普罗列塔利亚文艺。"这就完全把郁达夫从左翼文艺战线推了出去。

对来自内部同志的攻击,郁达夫更觉伤感和难以忍受,因此,在内外夹攻下,他终于退出了苦心经营的《大众文艺》,另谋生路。

怒 吼 "自 由"

在左翼作家阵营里,与黎烈文主编的《申报·自由谈》发生关系最早,渊源最长,贡献最大者,除鲁迅、茅盾之外,恐怕要公推郁达夫了。

郁达夫与《申报》发生关系很早,他从名古屋第八高等学校考入东京帝国大学经济学部的当年就被聘为"经济栏"的特约记者,时值 1919 年的夏末秋初之交。但由于那时正沉浸在新文学创作的热潮中,虽然应允了《申报》老板的请求,却没有为它写过一则有关经济的新闻,更谈不上有什么专访和报道之类的东西了。久而久之,与其关系也就渐渐地疏远淡薄了。1932 年黎烈文接编《自由谈》后才将"郁达夫"与《申报》紧密地联系在了一起。

《自由谈》是《申报》为调剂读者口味,扩大发行数量所创设的文艺副刊。数十年来一直为鸳鸯蝴蝶派盘踞着。九一八事变后,迫于全国抗日救亡舆论的压力,它也曾发表了一些反日的文字,但这只不过是"什么'日本应称为贼邦','日本古名倭奴','闻之友人,日本乃施行征兵之制'一流的低能的谈论"。骨子里仍还是卿卿我我,风花雪月那一套。三角恋爱文学家张资平的庸俗低级的《时代与爱的歧路》照常充塞于它的版面之上。

在国家和民族面临生死存亡的关键时刻,《申报》不能站在时代的前头,及时准确地反映全国人民抗日救亡的要求和愿望,理所当然地要受到人民的唾弃。特别是上海"一·二八"大劫难之后,越来越多的读者开始对《申报》从不信任、怀疑,进而产生反感。为挽救衰亡、颓败的局面,1932 年的 11 月,总经理史量才先生毅然决定进行大胆改革。《自由谈》是《申报》

的一个重要组成部分,自然也在改革之列。

为使《自由谈》的改革达到预期的目的。史先生对其人事安排也作了相应的调整,即换下了鸳鸯蝴蝶派巨子周瘦鹃,聘请文坛新进黎烈文为主编。

黎烈文,1904 年生,湖南湘潭人,留学法国,获文学硕士学位。思想倾向进步,颇具才华和锐气。他的编辑方针,既不同于鸳鸯蝴蝶派的趣味主义,又区别于"论语派"的幽默和"闲适"的情调,而是要"认定生活的要素",牢牢地站定"进步和近代化的立足点"。

黎烈文对《自由谈》的大胆改革,很快招来了许多有正义感的小资产阶级知识分子的青睐和支持。郁达夫就是这其中最得力者之一。

郁达夫和黎烈文在这之前并不相识,是黎烈文锐意改革《自由谈》的宏伟气魄显示出来以后,彼此才相识的。

未相识之前,他对黎烈文改革《自由谈》的勇气就极表赞赏。相识之后,遂由赞赏转为大力支持。1932 年的 12 月 24 日、25 日两天连载的《说死以及自杀情死之类》就是他对黎编《自由谈》由赞赏转为支持的一个具体表现。该文发表的第三天便引出来了茅盾的《"自杀"与"被杀"》。

茅盾的《"自杀"与"被杀"》也同郁达夫的《说死以及自杀情死之类》一样是一篇出手不凡的杰作。他借对诚实自杀者的赞美,有力地鞭挞了那些苟且偷安,行尸走肉般的党国要人,号召同胞们要为"堂堂地过合理的人的生活"而奋斗,否则,醉生梦死般地苟活着,即使不"自杀";也终究有一天还是要被他人杀掉的,东北三省的沦亡就是有力的证明。

郁达夫、茅盾二人的出现,为执意改革而又苦于没有"名流"、大手笔支持的《自由谈》增添了无限光彩,同时也为它进一步趋向民主化、大众化起了积极的推动作用。但有一点应该看到,由于郁达夫和茅盾都不是左翼文坛的执牛耳者,所以他们二人的出现,并未彻底改变左翼作家们对《自由谈》冷眼旁观的态度,投稿者仍是寥寥无几,编者黎烈文也大有人地生疏,颇为寂寞之感,作为黎烈文的好朋友和《自由谈》主要台柱子的郁达夫,对改革后的《自由谈》所出现的冷场局面也同样是忧心忡忡。

经过一番认真思索,他意识到,尽管自己是每每将新作都送于《自由谈》发表,但由于自身不是那种振臂一呼,云集万千的英雄之辈,所以虽和编者努力奋斗了一两个月,却未能使它独树一帜,在全国文艺界享有像五四时期北京的《晨报副刊》,上海的《时事新报·学灯》那样的声誉。他认为,若要使《自由谈》办得有声有色,在全国产生广泛影响,就势必得请左翼文坛领袖鲁迅出马,否则将很难使它跃入第一流文艺副刊的行列,他试探着问黎烈文:"鲁迅先生的稿子你们要不要,如果要的话,我可以去拉拉。"对于在新文坛"素负盛名的鲁迅先生的稿子",黎烈文正是求之不得的,焉有不要的道理,当即便作了肯定的回答"要"。

鲁迅是"五四"时期北京《晨报副刊》的主要撰稿人,他那流芳千古的中篇小说《阿Q正传》就曾连载于此。但他自京华辗转流落到上海后,因环境的恶劣,人事的生疏,已不再向报刊杂志投稿了。大约是1932年的最后一天,郁达夫亲自登门告诉他说,《自由谈》的编辑新换了黎烈文,他刚从法国留学归来,人地两疏,怕一时集不来好稿子,想请您写几篇给振振声威。对郁达夫的"说项",鲁迅向来的回答都是:"那是可以的。"这次当然也不会例外。

应诺了为《自由谈》写稿的请求,鲁迅并没有马上动笔,后经不住郁达夫的再三相求,终于挥戈跃马了。次年的1月25日,一次就寄给了郁达夫两篇杂感《"逃"的合理化》和《观斗》,请他转交给黎烈文主编的《自由谈》。

《"逃"的合理化》和《观斗》在《自由谈》上发表,标志着这个历史悠长、良莠相间的文艺副刊已跨入了一个崭新的时代。这之后,鲁迅为它的写作是一发而不可收。

正像郁达夫事前所预料到的那样,鲁迅的出马,对《自由谈》来说,可真的算是起到了登高呼号,搴旗前引的带头作用。

拉鲁迅为《自由谈》写稿一事,郁达夫常常是引以自豪的。如1937年元旦在厦门他就对郑子瑜等人谈起过这件事:"黎烈文编《申报·自由谈》,托我代向鲁迅拉稿,后来鲁迅化了数十个笔名,在《自由谈》上发表了挺多的'花边'短文,都是我一拉的结果。"

因郁达夫的"说项",鲁迅开始为《自由谈》写稿,从此使具有数十年历史的《自由谈》成了"左翼作家联盟"的一统天下,这段历史是应该把郁达夫的名字和鲁迅二字紧紧排在一起来写的,否则,那将是太不公平了。

郁达夫为《自由谈》先后写的46篇文字,若依内容而定,大致可以分成这样几类。

抨击时政,呼吁民主,争取自由是其一。这类文字大多写于 1932 年末及 1933 年初,而这期间正是国民党反动派对左翼革命文艺运动摧残压迫最厉害的时候。他本人也曾多次受到警告和盯梢,有时还不得不挈妇将雏四处逃难。黑暗的政治,恐怖的社会,冷酷的现实,颠沛流离的生活使得他对国民党政权完全失去了希望,进而由失望转化为仇恨。将这种情感凝聚笔端,诉诸文字便成了那些燃烧着炽热火焰的政论性杂文。《炉边独语》、《非法与非非法》、《政权和民权》、《说木铎少年》等文就是其中最富有典型意义的代表。

反对日本帝国主义的军事入侵,批判蒋介石"攘外必先安内"的论调,号召全国人民团结一心,共同抵御侵略,是郁达夫为《自由谈》所写文字的第二个重要内容。

郁达夫在日本留学长达十年之久,深谙日本军国主义的侵略扩张野心和惨无人道的法西斯暴行,因而,上海"一·二八"战争之后,他为《自由谈》所写杂文的重心也随之转向了"抗日救国"的主题,像《从法治转向武治的日本》、《一文一武的教训》、《说宣传文字》、《声东击西》等文就生动地表达出了全国各族人民要求抗日,收复华北半壁河山的愿望,同时也批判了国民党右派势力所散布的形形色色的亡国论调,戳穿了他们亲手炮制的一起起、一桩桩真投降假抗日的鬼把戏,以唤起同胞们的觉悟。

郁达夫为《自由谈》所写文字的第三部分内容多是山水游记和文艺随笔。这类文字大约写于黎烈文宣布《自由谈》改变编辑方针以后。

1933 年 5 月 25 日,黎烈文迫于报馆内外的压力,违心地吁请海内投稿者诸公,从此之后要多谈风月,少说政治。目睹黎烈文改革《自由谈》以来所遭受的种种责难和诽谤,郁达夫很能体谅他当时的处境和苦衷,随即中断了针对性很强的杂感和政论,而将愤懑的情感,激烈的思想寄寓在山水游记和文艺随笔之中。像《方岩纪静》、《仙霞纪险》、《暗夜》、《在春秋公演座上的感想》、《清谈的由来》、《屠格涅夫的临终》、《杂谈七月》、《传记文学》、《睡病颂》、《错误的悲剧》等文就是在黎烈文宣布《自由谈》改刊方针以后发表的。单从字面上看,这类文字的着眼点大多都在"艺术"二字上面,但其用意却仍在政治时事这方面。如其中的《错误的悲剧》就是一个很明显的例子。你看他，一会儿是莎士比亚的《错误的悲剧》，一会儿是西方著名童话集《天方夜谭》，一会儿是乡间老头儿娶新娘，一会儿又是假用了女人的相片去颠倒编辑神志的无耻文人。如此一来，给人的印象似乎是专谈文艺了，与政治无涉，可当你通读完全篇后就会发现，作者的落脚点还是放在了揭露当前腐败的社会制度上面。

友 情 似 火

合作编辑《奔流》的成功，标志着郁达夫和鲁迅之间的友谊已进入了一个最放灿烂光华的黄金时代。这期间，他们不仅在文学事业上相互配合，共同探求革命文学的真谛，而且在私人间的交往上也达到了一种相互完全信赖的境界。

在乌云密布，魔怪横行的岁月里，像郁达夫、鲁迅这样进步的，海内外都享有盛誉的大文豪，随时随地都有遭暗害的危险。因此，常常注目、关心对方的生活环境和人身安全，并不时地赠送一些各自都很喜爱的小礼物，也就成了《奔流》时代他们交往中不可忽略的一个环节。

先拿"酒"来说罢！

对于"酒"，郁达夫和鲁迅都有着特殊的嗜好。前者是属于"菜不求其多，而酒则一定要喝够"之类的人物，后者虽没有他那样的海量和痛饮的习惯，但也是每餐必有酒，无酒饭不香。鲁迅给郁达夫留下的第一个印象就是也"喜欢喝点黄酒。"因彼此都有饮酒的爱好，借酒助谈也就很自然地成了他们友谊史上一个颇值得回味的小插曲，特别是在鲁迅定居上海之后，二人一同饮酒的次数也就日渐多了起来。

除常在一块饮酒之外，相互馈赠所得的美酒，在《奔流》时代郁达夫和鲁迅的交往中是屡见不鲜的。如1928年6月3日的郁达夫日记云："午后打了四圈牌，想睡睡不着，出去看鲁迅，还以 Maxstirner 的书一本，谈了一小时的天。临走他送我一瓶陈酒，据说是从绍兴带出来者，已有八、九年的陈色了，当是难得的美酒，想拣一个日子，弄几碟好菜来吃。"绍兴的陈年老酒天下闻名，鲁迅将友人从故乡带来的佳酿分赠给郁达夫一瓶，是充满着深厚的友谊之情的。再如 1929 年的 10 月 10 日，从安徽大学匆匆逃回的郁达夫来访时，他又特"赠以佳酿一小瓶"。

鲁迅这次赠酒和 1928 年 4 月 5 日的那次宴请郁达夫和王映霞一样，是别有一番深意在里面的。那就是为他侥幸脱离虎口，安全归来表示慰问，同时也起着为他"压惊"和接风洗尘的作用。

郁达夫到安徽大学任教授及受迫害一事发生在 1929 年的夏天。这一年入夏之后，编刊物屡受挫折，对文坛生涯实在感到太厌倦了，很想换换生活环境，调整调整工作的程序，适逢安徽大学聘请他去担任中文系教授。谁知到任不及半个月，就受到省教育厅程天放厅长的肆意攻击，而且还把他列入了"赤化分子"名单欲加以迫害，幸得友人邓仲纯暗中告知消息，始得匆匆逃回上海。

对郁达夫的不幸遭遇，鲁迅是极表同情的，特"赠以佳酿一小瓶"进行宽慰。1929 年的 11 月 8 日他在致章廷谦的信中谈起这件事时还在为郁达夫鸣不平："我和达夫则生活，实在并不行，我忙得几乎没有自己的功夫，达夫似乎也不宽裕，上月往安徽去教书，不到两星期，因为战事，又逃回来了。"

《奔流》时代，鲁迅第三次向郁达夫赠酒是 1930 年的 2 月 20 日，他这一天的日记是："晚达夫来，赠以越酒二瓶。"

对鲁迅每次所馈赠的佳酿，郁达夫除感到欣慰和自豪外，也以同样的方式不时地将自己所得的美酒赠送鲁迅一点，聊表敬意和爱戴之情。如 1928 年 8 月 2 日的《鲁迅日记》记载："上午达夫来并赠杨梅酒一瓶"。

杨梅酒，是用带核的圆圆的鲜杨梅浸泡十天或半月以后，而呈红色溶液的一种烧酒，亦称杨梅烧酒，在郁达夫故乡富阳，素有应时的家庭自制美酒之誉。1930 年，他在一篇名叫《杨梅烧酒》的小说里甚至戏称这种酒为"应时的杨梅烧酒。"

将自己所喜爱的，又颇为应时的杨梅烧酒赠送于鲁迅品尝，这除却友情之外，还有一层深深的敬意在里面。

无可讳言，"酒"在郁达夫和鲁迅的生活中及他们之间的友谊史上都曾起过积极的作用，然而酒精中毒对他们身体的危害和在他们生命征途上投下的阴影却也是不容忽略的。王映霞在《半生自述》中论及到饮酒给郁达夫造成的不幸时有几句话总结得颇耐人寻味："酒能伤神,亦能乱性,酒后会说出许多不应该说的话,做出许多不可以做的事。"酒对鲁迅身体的损伤,较之它对郁达夫身心的危害来,可以说是有过之而无不及。许广平在《鲁迅先生的日常生活》中讲过这样一件事。鲁迅在厦门大学教书时,因看不惯学校领导对资本家的无耻捧场,有一次在宴席上当场给予严厉抨击,"同时也豪饮起来,大约有些醉了,回到寝室,靠在躺椅上,抽着烟睡熟了,醒转来觉得热烘烘的,一看眼前一团火,身上腹部的棉袍被香烟头引着了,救熄之后,烧了七八寸直径的一大块。"

　　1927 年鲁迅和许广平同居后,出于对他身体健康的忧虑,许广平在他饮酒问题上也开始采取措施:一是限制数量,不让豪饮;二是禁止饮烈性的酒。像五加皮之类,平时就把酒塞拔开,好教冲散一点酒气,变得淡些。有时她还请教郁达夫该给"周先生……喝什么酒好?"每逢这时,郁达夫就耐心地给她讲解有关酒的质和量的知识。

　　出于政治影响和个人安全诸方面因素的考虑,鲁迅自 1927 年 10 月定居上海后,除偕许广平应友人之邀到杭州游玩了几天外,甚至连在上海市内也很少走动,特别是晚年遭国民党反动政府"通缉"以后,几乎是处于半隐居状态;而这时的郁达夫则不然,他是像风一样,天南地北飘忽而至,瞬间又飘忽而去,所到之处他又喜欢买些地方有名的"小吃"之类,每逢有这样的机会,他总要赠送给鲁迅一点。如 1928 年 8 月 21 日的《鲁迅日记》云:"达夫及映霞小姐自吴淞来,赠打粟干一把。"这是《奔流》时代,郁达夫向鲁迅赠送食物的开端,以后,在《鲁迅日记》中经常能看到类似的记载。1929 年1 月 31 日,"达夫来……赠粽子十枚。"1932 年 2 月 29 日,"下午达夫来并赠干鱼,风鸡,腊鸭。"这次赠送鲁迅如此多的食物,是别有一番讲究在里面的,即庆贺他全家在"一·二八"炮火中安然无恙的归来。

　　1932 年 1 月 28 日夜间,驻扎在上海的日本军队突然向我 19 路军发起进攻,而鲁迅全家寓居的四川北路一带,正在炮火的中间。许广平在《鲁迅回忆录·内山完造先生》中回忆当时的情景道:"未几就隐隐听到枪声,由疏而密,我们跑到晒台上,看见红色火线穿梭般在头顶掠过,才知道子弹无情,战事已经发生了。急退至楼下,就在临街的大厅里,平日鲁迅写作兼睡卧的所在,就是书桌旁边,一颗子弹已洞穿而入,这时危险达于极点。"

　　为了防止意外的事情发生,在战火陡然而起的第三天下午,鲁迅不得不携妇将雏去内山书店避难。

　　这场战争双方打得都很激烈,炮火所至之处,大小建筑俱毁,无辜市民死伤者更是不计其数,再加上交通阻塞,消息中断,各种各样的传闻令人毛骨悚然,甚至有人传说曾亲眼见鲁迅被日本浪人殴伤。郁达夫听到这个不祥的消息,深感不安,遂在上海《申报》临时专刊"脱险与失踪"栏里登出了寻找鲁迅的启事。

　　对郁达夫真诚的关心和火一样的热情,鲁迅是深表感激的,当敌我双方交战的炮火出现缓和局面时,他和三弟周建人于 1932 年 2 月 25 日亲自登门答谢。因鲁迅全家避难期间,几乎与外界没有什么来往,饮食是比较艰苦的,所以郁达夫在 1932 年 2 月 29 日的回访中便带去了"干鱼,风鸡,腊鸭"等食物。

　　在"一·二八"沪战中,郁达夫登报寻找鲁迅,和他们在战乱中相往来的记载,郁达夫的《沪战中的生活》及《回忆鲁迅》等文章多有描述。

　　郁达夫对于鲁迅的尊敬、关心之情和他们之间的友谊,仅从他的《寻找鲁迅启事》和赠送"干鱼,风鸡,腊鸭"等食物中也可看出几分来。

　　1929 年 5 月 13 日,鲁迅离沪北上省亲后,家中只剩下怀孕 5 个月的许广平。为了不使她感到独居的寂寞,郁达夫和夫人王映霞曾不止一次的登门拜望,有时还邀请她出来散步和吃饭。5 月 17 日,许广平致鲁迅的信云:"今日大清早老太婆在倒马桶的时候,郁夫子拿着两本第五期的《大众文艺》送来,人们只听得老太婆诺诺连声把他送走,也没见着他,真是善飞,可佩之至!"

　　这段话说明了两层意思。一是郁达夫对许广平的关心是真情的;二是从许广平对郁达夫的称呼里和没有见着他所表示的遗憾语气里,也约略地透露出了她对郁达夫渊博学识的钦佩之情,以及郁达夫与鲁迅家属之间的友好关系。

　　郁达夫这次访问许广平,因去的过早未能见到她本人,次日他带了夫人王映霞再次登门相访。许广平当天在致鲁迅的信里报告了这一消息。

　　达夫同王偕来,说你不在家,他们说看看我。先打听你何时走的,盖因挂念火车路上不便走也,随后他们问我有没有出去,并且是约我去

> 走走，盛意可感，时已四时多，我恐走些时光就是夜饭，累他在外面请客也不好，于是我答以上午曾出去婉谢之。

许广平的这段记载，其一表明了郁达夫对鲁迅安危的关心——"挂念火车路上不便走也"；其二显现了郁达夫对鲁迅眷属无微不至的关怀。身怀5个月之孕的许广平，在朝夕相处的爱人突然离去后，一定会感到凄然冷清，寂寞孤独，若在这时有一位于自己于丈夫都可称得上是知心的朋友前来相访，并主动地谈一些和丈夫有关的事情，那一定会使她在心灵方面得到某种程度的满足和安慰，而且还会驱走一些因亲人远去所形成的冷清气氛。郁达夫和王映霞的来临，使她在这两方面都得到了满足，更何况还邀请她出去散步和吃夜饭呢？所以觉得他们的"盛意可感"。

《奔流》时代的郁达夫，常常自觉地为鲁迅分忧解难，调和矛盾，左翼文艺团体内部有目共睹。

鲁迅十数年来一直生活在故都北京，对销金不夜城的上海并不太了解，加上初来乍到时人生地疏，因此，无论是与文艺界的交往，或是在日常社会生活中都需要有一位热心的朋友给以搭桥引线和帮助。这种人选，由对上海政社民情都非常熟悉的郁达夫来担当是最为合适的了。如鲁迅到上海不久就遇上了一件棘手难办的麻烦事，即为自称是其"义子"的廖立峨寻找工作。

廖立峨系鲁迅在厦门大学和中山大学任教时关系较为密切的学生之一。出于对鲁迅的著作和人格的崇拜之情，早在厦门时他就经常走动于鲁迅身边，随后跟先生一块来到广州。1928年1月，他又带妻子和妻兄从广州来上海，鲁迅和三弟周建人冒雨把他们从旅馆接至家中，并供给膳宿及津贴零用。

替廖立峨找工作的事情虽然很棘手，但鲁迅却又不愿冷落这青年的心，好为难了一阵子，万不得已的情形下，他便把替廖立峨找工作的事委托给了郁达夫，并说，若实在不行的话，就让廖立峨去书店做个练习生或去报馆当个校对，薪水由书店和鲁迅各付一半，这样对书店或报馆亦不至为难，同时也可以使廖立峨得到一个学习和工作的机会。

完成替廖立峨找工作的任务不久，紧接着郁达夫又用了二十多天的时间调解鲁迅和北新书局关于版税之争的矛盾，使已经激化，将要诉诸法律的版税纠纷,在他的大力斡旋下得以和平解决,双方都在不伤和气的情景下获得了较为满意的结果,于是,彼此握手言欢,齐声道谢调解人。

北新书局是 1925 年 3 月在鲁迅的热情支持和鼓励下,由北京大学哲学系毕业的李小峰独立创办经营的。其后,除极特殊的情况外,他的小说、散文创作大多都交给北新出版。但随着北新书局事业上的扩大,盈利的增多,老板李小峰在品质上也渐渐地发生了"质"的变化,特别是 1927 年 4 月书局的总部由北京迁到上海后,更是加快了往唯利是图道路上走的步伐,先是不择手段地克扣和拖欠作者的版税,继之是暗地里抽去资金另开纱厂,甚至连书局的台柱子——鲁迅也不轻易放过。一方面长期拖欠该付给鲁迅的巨额版税,另一方面则对他和郁达夫主编的《奔流》采取阳奉阴违,弄虚作假的态度。

《奔流》与北新书局的关系是,由鲁迅、郁达夫选稿并编辑,书局方面负责退稿和酌送稿费等。书局方面并没有按"协议"规定的职责去执行,以致使许多未得到退稿或未及时获得稿费的作者对编者怨声载道,而当鲁迅每次去信询问书局老板李小峰时,不是置之不理,就是借故推脱,不给予实际的解决。接连数次,使鲁迅非常反感。

这之后矛盾是愈演愈烈,终至发展到鲁迅请律师,要将这版税纠纷诉诸法律,以求公正解决的地步。将致李小峰停编《奔流》的信寄出去的当天下午,鲁迅即开始访问律师杨铿,拟"委以向北新书局索取版税之权。"

正筹办纱厂,企图赚大钱的李小峰,闻讯鲁迅请律师,要将北新书局所欠巨额版税诉诸法律解决时,心虚胆怯了。1929 年 8 月 16 日登门求情息事。同时也致信暂居杭州的郁达夫,恳请他来沪调解北新书局与鲁迅之间的版税纠纷,以免在法庭上兵戎相见。

鲁迅也认为,只有请郁达夫出面调解,方能得到双方都比较满意的结果,于是,在李小峰相访的第二天即致信郁达夫,向他报告上海方面将要发生的事情,请其速返沪酌情给予调停,不致使双方的裂痕继续扩大。

接到李小峰和鲁迅请求调解他们之间版税纠纷的书信,郁达夫颇踌躇了一个时辰。他这次之所以要离开喧闹繁华的上海和娇妻爱子,独自一人避居在幽雅娴静的西子湖畔,原打算排除干扰,集中精力去完成长篇小说《蜃楼》的创作,了却一桩心愿。

《蜃楼》是他 1926 年上半年就已动手写作的一部长篇小说，《创造月刊》刊登了前 4 章，后因谋生的艰难和心境的变迁，也就没有再继续下去，但在心中却老在想着将它完成。如 1927 年 1 月 10 日，他计划在近几个月内完成的小说，首先就是《蜃楼》，可此事一直拖延到两年之后——即 1929 年的 8 月中旬才又被重新提到创作的议事日程上来，8 月 12 日刚离沪到杭，16 日即收到李小峰的求援信，17 日又得鲁迅的信。如此一来，为朋友的利益关系，不得不放下手中待写的《蜃楼》，去极力斡旋于鲁迅和北新书局之间。他和鲁迅频繁的书信来往，可以从这一个月的《鲁迅日记》里查得到。17 日"午后……寄达夫信……晚得达夫信。"18 日"上午复达夫信。"20 日"得达夫信。"21 日"寄达夫信。"这穿梭般地往返信件，讨论的都是鲁迅和北新书局之间的版税纠纷问题。

经过郁达夫一番极力斡旋，鲁迅和北新书局之间达到了一定程度的谅解，所以 1929 年 8 月 23 日郁达夫返沪的当天晚上即访问了鲁迅，并向他提出在诉诸法律之前，双方再协商一次，而北新亦愿意接受鲁迅提出的要求。

20 世纪初叶的旧中国，从宏观——整个社会的角度上来看，是矛盾重叠，关系错综，若从微观——个人生活的角度上来看，那则是年年岁岁都可称得上是多事之秋。表现在一代文豪巨匠鲁迅和郁达夫的身上更是一波未平，另一波又起。就在鲁迅和北新书局的版税纠纷得以和平解决的当天晚上，却又发生了他和林语堂因误解而引起的矛盾冲突。

鲁迅和林语堂，也与他和郁达夫、李小峰等人一样，彼此间是早就有来往了，并存在着一定的友情。1929 年的 8 月 28 日，鲁迅与北新书局的版税纠纷得以和平解决的当天晚上，李小峰为答谢这次矛盾的调解人，缓和书局与鲁迅之间的关系，特在南云楼举行宴会。作为北新书局及鲁迅和郁达夫共同朋友的林语堂，应邀前往作陪。酒酣耳热之际，林语堂不知是有意地或是无意地竟突然对春野书店的创始人张友松大发了一通议论，言语中还多含批评和谴责的成分。

张友松与李小峰一样，系鲁迅在北京大学教书时的学生。他在筹办和经营春野书店的过程中曾得到鲁迅不少帮助。鲁迅这次为版税问题计划向北新书局提出法律诉讼，外间及北新书局方面的人多误认为是由他从中挑唆作梗而引起的。在这样的一种背景和场合下，林语堂突然对他进行评头

论足,很自然地要引起鲁迅的反感。刹那间,他的"脸色变青,从座位里站了起来",大声的说道:

"我要声明! 我要声明!"

他的声明,大约是声明并非由第三者的某君挑拨的。语堂当然也要声辩他所讲的话,并非是对鲁迅的讽刺;两人针锋相对,形势真弄得非常的险恶。

——郁达夫《回忆鲁迅》

在鲁迅与林语堂这场面对面的冲突中,郁达夫又一次起了和事佬的作用。一面"按住鲁迅坐下",一面就又"拉了语堂和他的夫人,走下了楼。"这一按一拉,便平息了这场"针锋相对,形势真弄得非常的险恶"的冲突。

因刚刚结束和北新书局的版税纠纷,紧接着就又遭到林语堂的当面讽刺,这对鲁迅来说是很伤感情的,所以当天晚上在日记中写下了如此义愤填膺的话:"席将终,林语堂语含讽刺,直斥之,彼亦争持,鄙相悉现。"

据郁达夫的观察,造成这次鲁迅与林语堂发生冲突的主要原因,是由鲁迅的疑心和误解所致。论据是:依林语堂与鲁迅多年的交情,及他对鲁迅的崇拜程度进行推猜,他是不会在众目睽睽的场合上讥讽鲁迅,替北新书局鸣不平的,这是其一;其二,憨厚正直有余的林语堂在宴会上说出了一些令鲁迅疑心和不快的话,那也只是偶尔的疏忽所致,根本不存在着什么对鲁迅不敬和讽刺的意思。

由于郁达夫认为,林语堂对鲁迅并没有怀什么恶意,彼此间是因误解而发生冲突的,所以在这之后,他就利用一切可以利用的机会来疏通他们之间因误解而形成的隔阂,使他们重新言和语好。后来林语堂在《无所不谈合集·林语堂自传附记》中谈起这件事时说到,当时鲁迅是"多心,我是无猜,两人对视像一对雄鸡一样,对了足足一两分钟。幸亏郁达夫作和事佬……这样一场小风波,也就安然渡过了。"

经郁达夫的斡旋,鲁迅与林语堂的关系很快又重新融洽起来。如1932年林语堂创刊《论语》,提倡"幽默""闲适"的小品文时,鲁迅虽不太赞成他这种做法,但还是给予了有力支持。《论语》创刊一周年时,他又写了《"论语一年"》表示祝贺。在这里既批评了《论语》"将屠户的凶残,使大家化为一笑"的错误,同时也赞扬了它"发表了别处不肯发表的文章,揭穿了别处故意颠倒的谈话"的革命精神。

沪 杭 鸿 雁

郁达夫和王映霞,从 1928 年初春时节沪上结婚,到 1934 年 4 月间迁居杭州,共计在灯红酒绿的大上海一同生活了六个年头。

在这春去秋来,风过雨至的两千多个日日夜夜里,无论是黄浦江上的波涛多么汹涌,还是十里洋场里的歌舞多么迷人,都始终未能化解去郁达夫对王映霞如痴如醉、浓烈醇厚的爱情。以《沧州日记》的记载为例。

《沧州日记》是郁达夫 1932 年 10 月在杭州"养疴",及创作《屦楼》、《迟桂花》等小说期间所写,前后七天。

七天的"日记"中,几乎每章都有"霞"字出现。

由"王映霞"改作"映霞",再至"霞",足见郁达夫对王映霞的"爱",是一步一个阶梯的在升华、纯洁。

1932 年 10 月 6 日的日记是:"作霞及百刚、小峰等信,告以安抵湖畔,此后只想静养沉疴,细写东西。"

这是郁达夫从上海到达杭州后的当天所记。

报平安的信发出后的次日,他就开始有点想念王映霞了,在杭州郊外漫游时偶遇一少女,觉得其相貌颇似"夫人",便禁不住情思飞越,想入非非了。这一天的日记就客观地记录下了当时的场景。"早餐后,就由清波门坐船至赤山埠,翻石屋岭,出满觉陇,在石屋洞大仁寺内,遇见了弘道小学学生的旅行团。中有一位十七八岁的女人,大约是教员之一,相貌有点像霞,对她看了几眼,她倒似乎有些害起羞来了。"触景生情,睹物思人,一整天都处在亢奋之中,并暗自下决心,"此后若不做文章,大约一天要写一封信去给她。"

这个"她",就是心中的女神王映霞。

以后数天的事实证明,他真的每天都有信给王映霞,或报告自己的行踪安排,或诉说以后的创作计划,或询问家中的景况,无不殷勤备至,周详细密。1932 年 10 月 11 日的日记云:

痰里的血点,同七八年前吐过的一样,今晨起来一验,已证实得明明白白,但我将不说出来,恐怕霞听到了要着急。

这病是容易养得好的,可是一生没有使我安逸过的那个鬼,就是穷鬼,贫,却是没有法子可以驱逐得了。我死也没有什么大不了的事,但是这"贫"这"穷"恐怕在我死后,还要纠缠着我,使我不能在九泉下瞑目,因为孤儿寡妇,没有钱也是养不活的。今天想了一天,乱走了一天,做出了许多似神经错乱的人所做的事情,写给霞的信写了两封,更写了一封给养吾,请他来为我办一办入病院的交涉。

接霞的信,知道要文章的人,还有很多在我们家里候着,而我却病倒了,什么也不能做出来。本来贫病两字,从古就系连接着的,我也不过是这古语的一个小证明而已。

向晚坐在码头边看看游客的归舟,看看天边的落日,看看东上的月华,我想哭,但结果只落得一声苦笑。

今天买了许多不必要的书,更买了许多不必要的文具和什器,仿佛我的头脑是已经失去了正确的思虑似的,唉!这悲哀颠倒的晚秋天!

看了这则日记,再读十年前作者写的《还乡后记》、《骸骨迷恋者的独语》、《零余者的自觉》等文章就不难发现,同样是面对贫穷和疾病,他的态度却有着天壤之别。

十年前,在疾病和贫穷的双重压力下,他感到万般无奈和无助,对生活对前途,都失去了信心,而现在却不然了,因为有了王映霞,他是多么珍惜生命,关注健康,真的想和她长久的享受这"生"的快乐,和夫妻相亲相爱的幸福。

为了实现对王映霞"爱"的承诺,他必须坚强地活下去,努力摆脱贫穷,开始一种新的生活。再之,十年前身处困境时,他是大喊大叫,怨天怨地,牢骚满腹,唯恐世人不知道他所遭受的不幸和委屈,而现在的他却是尽量隐瞒心灵的创伤,默默地承受疾病和贫穷所带来的痛苦,目的是为了不引起"霞"的着急和恐慌。又言之,十年前,厄运突然从天而降时,他心中茫然,甚至自轻自贱,不愿苟活人间,自认是一个于国家社会无益,于家庭亲人无补的"零余者"。

写完《零余者的自觉》等文,时光又随之流逝了十年。这期间,当他和王映霞须臾不能相离时,却完全改变了从前的思想意识,并且重新评估和考量了自身的价值,以及对社会对家庭所承担的责任和义务。

十年前,他以为,"死"可以摆脱贫穷、疾病和人世间的一切烦恼,十年后则以为,"死"只能消弭肉体的痛苦却不能让灵魂得到永久的安宁,"因为孤儿寡妇,没有钱也是养不活的。"所以,不能死,要活下去,坚强、勇敢地活下去。

什么叫"爱"这就是"爱"。大爱无言,大爱无疆。

他对王映霞的爱,是全方位的,多层次的,并体现在点点滴滴的生活细节和具体的行动里。

《沧州日记》之后的《水明楼日记》,重复的仍是他对王映霞,那种永远也化解不开的"爱"的情结。

> 晨起将几本旧书订了一订好,映霞忽来了一个电报,谓钱已寄出云云。这事原不能怪她,也不能怪我,总之是不识人家苦辣的自私的人在打了混的缘故。从此又可以得两个教训:一,我们不应当为自己的利益之故而牺牲他人的时间劳力与金钱;二,我们于今日此刻须做的事情,万不可挨到了明日再做。

> 午饭前,霞又有快信来,其中满述了一篇家庭纷闹之辞,不快之至,因即写了一封快信去安慰她。我后半生的行程志愿,于这一封短信中写尽了。因心终郁郁,所以就出去喝了半斤酒,数日来的清戒,于此破掉。酒后就搭汽车上四眼井,又上翁家山去视察了一回,下龙井风篁岭,过二老亭,出至洪春桥搭汽车而返。路过王老坟边,很想进去一哭,因时间来不及而中止。

仅仅因为王映霞将他所需的款项汇出后,怕他一时收不到而着急,特意又去了一封电报告知,感激涕零,并引发了诸多的人生思考。

郁达夫下意识里已将王映霞和自己融为一体了,你中有我,我中有你。她的欢乐,也就是自己最大的幸福,而她的烦恼,则是自身苦闷之源,不是吗?看到王映霞信中的"家庭纷闹之辞",他顿时"不快之至","心终郁郁。"

为了使王映霞能尽快地从"家庭纷闹"的氛围里解脱出来,除及时地去快信安慰之外,还将后半生宏伟的创作计划一一进行了表白,其用意则是让她能看到美好的未来,驱散"家庭纷闹"的阴影,心中永远是阳光灿烂,幸福的花儿开满田园。

"路过王老坟边,很想进去一哭"一语,表明了因对王映霞的爱,而延之了其家人和亲属。

"王老"系指王映霞的外祖父王二南。

郁达夫写这则日记时,王二南已仙逝一年有余,但因对王映霞的感情,爱屋及乌,路过其坟墓时,也禁不住悲情油然而生,想大哭一场,聊抒情怀。

1932年10月25日,"由石人坞上岭,越过两三峰,更遵九曲岭而下,出西木坞,历访风木庵,伴风居等别业"后,兴致未减,特别是看到"沿途灵官庙很多,有第一二三等殿名,因忆杭州有嘲王姓者诗"。便想起了在沪上的爱妻,遂作"一绝"相赠,也算是"和她开个玩笑。"

> 一带溪山曲又弯,秦亭回望更清闲,
>
> 沿途都是灵官殿,合共君来隐此间。

"一带溪山",系指杭州的西溪一带,这里是绝佳奇妙的风景名胜之地。据郁达夫的《超山的梅花》一文记载,在古时候,"至少至少,在清朝的乾嘉道光,去今百余年前,杭州人的好游的,总没有一个不留恋西溪,也没有一个不披蓑戴笠去看半山(即皋亭山)的桃花,超山的香雪的。"

"秦亭"乃蜻蜓山的别称,位于灵隐山的后侧,也是一处瀑布飞扬似白雪,林深草密如海洋的好地方。

"灵官殿",系指供奉道教玉枢火府天将王灵官的庙宇,西溪一带比比皆是,且分一二三等。

林木葱茏,溪水潺潺,蝶飞燕舞,百花争艳的自然美景,触发了诗人的灵感和情思,他以为,能携爱妻隐居此间,共享天伦,那将是人生最大的幸福。故以此诗相赠,逗其一乐。

身在杭州"养疴",但心却系在沪上操持家务,侍弄幼儿的王映霞,关注她的身心健康,甚至连她的情绪波动等细枝末节的小事也紧盯不放。1932年10月18日,郁达夫写给王映霞的信是:

> 接到十七日午后所发信,我颇为你担心事,这几天夜凉,怕你是受了寒。今天下雨,天气更冷了,请你千万注意,少吃蟹,多穿衣服。今天写了四千多字,已有一万字写好了,明日当可先完一篇短篇,后日寄出。

有一万五六千字,给《东方》太长,只好给《现代》了。我本想马上赶回来看你的胃病,但因这一回是下了绝大的决心来养病做事情的,所以不做完《虿楼》,决不回来。等做好之后,则马上当回来一趟。恩娘处对你并没有什么,昨日的明信片里,已经说起过了。你身子不好,万乞保养。

像天气变化,该吃什么样的饮食,不该吃什么样的东西,多穿和少穿衣服之类的微小事情,都是千叮咛万嘱咐,唯恐遗漏些什么,他对王映霞的万般呵护之情,由此可见一斑了。

王映霞患有胃病,偶尔也会呕吐一下,这让他心中很是不安,出门在外,也念念不忘,1932 年 10 月 18 日的日记是:"霞有信来,说胃病,即写回信一,冒雨至湖滨寄出……"

从饮食到穿衣,再至"养生"保健,郁达夫在致王映霞的信里都有交待。

王映霞陪朋友打牌,熬了一个通宵,他得悉后深感不安,特在信中就"养生"问题发了一大通精辟议论,言传身教,循循善诱。1932 年 11 月 8 日致王映霞的书信是:

> 六日午所发信,已收到,勿念。他们有钱的人,落得输几个,可是累你一宵不睡,实在有点不通,因为一个人睡眠是比有钱还好也,你记得我那首不伤风的歌么?一笑。我近来早起早眠,跑跑路,看看书,身体非常好了,生活清静有秩序,实在是养生的第一秘诀。

亲切的话语,真是令人不饮醇醪而自醉。

举家迁杭隐山林

1933年的4月间,郁达夫和王映霞突然决定结束上海的家,迁移杭州,落脚西子湖畔,去切身实地品尝"富春江上神仙侣"的美满婚姻和飘逸闲淡的新生活。

究其他们离沪迁杭的原因,几十年来众说纷纭,莫衷一是,更多的是指责王映霞,说是她误导了郁达夫离开革命斗争如火如荼的大上海,改弦易辙,趋奉官场,迎合世俗,以致家毁人亡,千古遗恨,悔之深深,否则,他的生命历程及中国的现代文学史都将会增添新的亮点,云云。此说并非全无道理,然而,历史是复杂多变的,成就和毁灭一个人或一件事的因素也是多方面的,决不能用"是"和"否"来简单视之。

旅　途　艰　难

郁达夫和上海有缘,一生都是如此。

18岁离国到日本求学,是在上海港起锚远航的,和郭沫若、成仿吾等人组织的新文学社团"创造社"是在黄浦滩头发展壮大的,生命升华的奇迹也同样是在十里洋场出现的。一句话,是上海成就了他那光辉灿烂的文学大业,是黄浦江水孕育了他生命的绿洲——爱情。

就他个人而言,上海是一块美丽的土地,神奇的象征,智慧的源泉。这里有他的梦,有他的理想,有他的青春,甚至还有着许多说不清、道不明的情结。特别是 1927 年从广州再度回到这里后,他的革命斗志和创作热情一直都处于亢奋状态。如"四一二"前后,揭露蒋介石新军阀政府叛变革命、倒行逆施、期压民众的罪行,痛击"新月派"对革命文学和人民大众的污蔑,与鲁迅一道探讨无产阶级文艺和革命理论,领衔"中国自由运动大同盟",参加左翼作家联盟等等,笔锋所至汪洋恣肆,锐不可当。

随着岁月的更迭,日月的轮换,重新审视所经历过的是是非非,他对祖国的未来和四万万骨肉同胞的命运恍惚模糊起来了,革命锐志也开始渐渐发生变化,尤其是经历了几次关乎个人生死存亡的大劫难后,一种消沉、颓唐的情愫便开始悄悄地在心中滋生蔓延。

郁达夫和王映霞结婚后,险遭牢狱之灾的大劫难共有这样几次。

首先是悲伤的"安徽大学"之行。

自 1927 年 8 月宣布脱离创造社,到 1929 年 9 月应聘安徽大学担任文学教授,这期间担当的是自由撰稿人的角色,一切社会活动费用和家庭开支,主要靠的是稿费和版税。

答应去安徽大学教书,是基于两个方面因素考虑的。其一是经济原因,月薪 340 元,对于一个不事生产的穷文人来说,并不是一个小数目字,而人口日渐增多的小家庭,也是需要这项固定收入的;其二是感情问题。对安徽大学所在地安庆,他是有着浓郁感情的,在日本留学期间就曾一度回国担任过安庆法政专门学校的英文教习,著名的小说《茫茫夜》就是在这里任教期间完成的。更何况这次去担纲的课程并不多,而收入却是颇丰的。

接到安徽大学的邀请,没有多加思考,便应允了下来。1929 年 9 月 17 日,他的日记所记是:

> 午后接安徽省立大学来电,聘为文学教授,月薪三百四十元。想了半天,终于答应去教半年试试,就复了他们一个电报。晚上因为想将来的计划,睡不着觉。

表面上"放浪形骸",而实际上郁达夫是个做事非常认真的人。自答应安徽大学的请求之后,就一直计划、筹备着前去安徽的具体事宜。如 9 月 18 日的日记云:

> 早起即出去到书铺去买书,是预备带往安庆去的。
>
> 午后接安庆来电并电汇薪水一月三百四十元。

大约这几天又须忙杀我也。

次日的日记重复的仍然是这个意思。

经过数天的精心准备，于 1929 年的 9 月 27 日束装启程。

这次前往安庆，他原计划是想做点事情，有所成就的。可出师却不利，脚跟刚落地便碰上了"政变"和"兵变"。如 1929 年 9 月 29 日的日记是："午前十一时到安庆，遇政变兵变，受了不少的惊慌，午后三时，才到百花亭安徽大学内住下，人倦极，作上海信一封。"

因受"政变兵变"事件的波及，安徽大学乱作了一团，一连几天，校方当局竟没一个人出面接待，心中十分的不快，直到四天以后，才有人通知他课程安排的事宜。1929 年 10 月 3 日他的日记是：

午前正欲多睡一下，忽被敲门者催醒，为编级试验，须出题目也。

题目出了之后，出外去走到了午后。

预科功课表已排定，我答应去为他们教两点钟文学概论。

至此，在安庆总算稳定下来了，接下来便是按部就班地教书育人了。1929 年 10 月 5 日，他在日记中写道："后天要开课了，生活的行程，怕又要变一变过。"

将要上课时，意外的事情发生了。同事、好朋友邓仲纯从消息灵通人士那里得知，安徽省教育厅长程天放获悉他任教安徽大学后，与国民党安徽省党部的反动分子暗中勾结，密谋将他列入赤色分子黑名单，拟就地逮捕，以向上方邀功请赏。

听到这个不幸的消息，他立刻离开逃往上海，躲避不幸。1929 年 10 月 6 日，他的日记所记是："从安庆坐下水船赴沪，行李衣箱皆不带，真是一次仓皇的出走。"

心地单纯善良的郁达夫，原以为这次从安徽大学"仓皇"出逃，是教育厅长程天放一人所为，后来从知悉内情的朋友屠孝实那里得知，迫害他的实际上是一伙。1930 年 1 月 18 日的日记就约略地透露了一些内幕。

早晨去内山书店，知去安庆的屠孝实已回来到了上海。午后去看他，晓得了安徽大学的一切情形，气愤之至，我又被杨亮工卖了。

晚上神州国光社请客，对许多安徽人发了一大篇牢骚。

初去安庆时是满怀希望的，没有想到竟是这样的遭遇，实在令他悲哀伤心不已。此后,再也没有涉足过教育界。

去安徽大学任教的前后经过及其遭遇,在其《王映霞自传》中的描述甚为详细。

一九二九年九月十七日,在我们第二个孩子诞生的前两个月,郁达夫接到安徽大学的电报,聘他为文学系教授,月薪三四〇元。他想了半天,答应去教半年试试,就复了他们一个电报。第二天郁达夫出去买书,准备带到安庆去,午后就收到安庆电报和电汇的一个月的薪水。

在他动身之前,我想到他的工作不一定有保障,在替他购买轮船票时,我为他买了来回票,以防万一(当时的所谓来回票可用半年)。在送他上船的时候,要他千万注意自己身体,观察环境,不要冒险行动。

船在九月二十七日"午前五时起锚",郁达夫二十六日晚上就上船了……

船行了两天,九月二十九日中午到达安庆,适"遇政变兵变,受了不少惊慌。"多天住在百花亭的安徽大学内。十月三日安徽大学的预科功课表排定,郁去教两个钟点文学概论,可是十月六日,郁就因安徽省教育厅长程天放的攻击,并被列入赤化分子名单,亏得友人邓仲纯事前通知,要他立即离开安庆,幸得船票是来回票,自安庆回上海,不必再买。郁达夫即乘上一条船回到了上海,行李等物,已经来不及取,全部留在安大……

遭逢安徽大学的不幸,使郁达夫清醒地认识到,国民党反动政府当局,从上至下是不会容忍他这样的"激进"分子的,这之后,一概谢绝所有教育机关的聘书,死心塌地地做他的"自由"撰稿人。

在安徽大学所遭受的羞辱以及心灵的创伤尚未平复,一场新的灾难又接踵而至。1930年的阳春时节,郁达夫积极参与了"中国自由运动大同盟"的筹备和发起工作。

"中国自由运动大同盟"成立时的宣言是:

自由是人类的第二生命,不自由,毋宁死!

我们处在现在的统治之下,竟无丝毫自由之可言!

查禁书报,思想不能自由。检查新闻,言语不能自由。封闭学校,教育读书不能自由。一切组织,未经委派整理,便遭封闭,集合结社不能自由，至于一切政治运动与劳苦群众争求改进自己生活的罢工抗租的行动，更遭绝对禁止。甚至任意拘捕，偶语弃市，身体生命，全无保障。不自由之痛苦，真达于极点！

我们组织自由运动大同盟，坚决为自由而斗争。感受不自由痛苦的人们团结起来，团结到自由运动大同盟旗帜之下共同奋斗！

仅从"宣言"里便可看出"大同盟"的进步性、革命性及所承担的时代重任。因此，它一宣告成立，反动派便惶惶然如临大敌，扑灭犹恐不及。首先出马的是国民党上海市党部执委、教育局长陈德征。他在1930年2月24日的讲演中说："著作家艺术家鲁迅、郁达夫、田汉等四十余人，以自由为人类第二生命，国民党党纲上人民亦有种种自由权，爱组中国自由运动大同盟，分发宣言，征求各界加入，闻已有二百余人，现设通讯处爱文义路一〇一号。"

此演讲开宗明义便杀气腾腾，火药味甚浓。既点了郁达夫等人的姓名，又公布了他们活动的场所。很显然，这是为反动当局公开镇压"大同盟"吹的前哨。

继陈德征之后，反动派的大小报纸，如《民国日报》、《针报》、《金刚钻》、《晶报》等等，像狂犬吠日般地攻击自由大同盟，什么"扰乱社会治安"呀，什么"破坏民族基础"呀，等等。1930年4月20日出版的《江苏党务周刊》第14期上发表的《什么"自由大同盟"？》一文，更明确主张"立即取缔"中国自由运动大同盟。对发起人鲁迅、郁达夫要予以严厉制裁。与江苏等省相比，浙江省党部的官员更是不甘落后，前者是撰文攻击，后者则采取了实际的行动，即呈文国民党中央党部，逮捕郁达夫、鲁迅等人，诬蔑他们为"堕落文人"。

黑云压城，风声鹤唳，为防意外发生，郁达夫又一次抛妇别子，到异地避难。《钓台的春昼》中所言就与此事相关联。

一九三一，岁在辛未，暮春三月，春服未成，而中央党帝，似乎又想玩一个秦始皇所玩过的把戏了，我接到了警告，就仓皇离去了寓居。

参加"中国自由运动大同盟"也好，撰文呼吁民主，抨击黑暗，讴歌光明也吧，这一切，无非是想让中华民族早日振兴，以跻身世界民族之林。

然而，他所努力的这一切，却都为国民党执政者所不容，并处处加以迫害。实在是令他痛心疾首，万般无奈。

对来自敌方阵营的攻击迫害，他尚能够承受，并且是毫无畏惧，越战越勇，而对来自同一阵营里战友们的误解和攻击，却感到悲哀、失望、愤怒，同时也有些力不从心了。

继"中国自由运动大同盟"，他又被鲁迅提名为"中国左翼作家联盟"的领衔发起人。

"中国左翼作家联盟"是党主管文艺工作后的产物。基本成员是创造社、太阳社的党员作家和骨干分子以及党组织分管文艺工作的干部。据阳翰生、夏衍等人回忆，"左联"筹备于 1929 年的年末，正式宣告成立是在 1930 年的 3 月之初，遵照党中央领导同志的指示精神，筹备期间即已确定鲁迅为盟主，而且还把每次筹备会开会的情况，通过冯雪峰、冯乃超和夏衍等人"经常向鲁迅报告"。1980 年 1 月，夏衍在一篇名叫《"左联"成立前后》的文章中回忆说，"左联"纲领和"左联"发起人名单两个文件起草后，就是由他和冯乃超拿去"征求鲁迅的意见，希望得到他的批准"。

> 鲁迅很仔细地同时也是很吃力地阅读了那份文字简直像从外文翻译过来的纲领，后来慢慢地说："我没意见，同意这个纲领。"又说："反正这种性质的文章我是不会做的。"接着他又看了发起人的名单。有些他不认识的人，我们一一作了介绍，他也没有表示不同意见。最后他提出为什么没有郁达夫参加发起？我们说，郁达夫最近情绪不好，也不经常和一些老朋友来往。鲁迅听了之后，很不以为然地说："那是一时的情况，我认为郁达夫应当参加，他是一个很好的作家。"我们表示同意。不过我们说还得征求他本人的意见，鲁迅也赞成。

在创造社、太阳社中的许多人众口一词地谴责郁达夫消沉、颓废，"情绪不好"的时候，鲁迅力排众议，称赞"他是一个很好的作家。"局外人看起来仿佛是有点感情用事，其实则不然，他知人论事是有着自己的理论标准的，"倘要论文，最好是顾及全篇，并且顾及作者的全人，以及他所处的社会状态，这才较为确凿。要不然，是很容易近乎说梦的……"（鲁迅《"题未定"草》）

纵观郁达夫从北伐到"左联"成立期间这一个阶段的言行，如果排除宗派情绪和主观偏见，就会明显地发现，他的确是像鲁迅所说的那样——"是一个很好的作家。"

"四一二"反革命政变之后,在承受反动统治阶级政治压迫的同时,还遭遇到了来自自己阵营的同伴们的误解和攻击。冯乃超在《艺术与社会生活》里指责他,既是叶圣陶式的"厌世家",又是鲁迅之流的时代"落伍者",从而完全否定了他的进步性;又如1928年9月他创办《大众文艺》月刊,提倡"大众文艺"时,也同样遭到了来自内部同伴们的蛮横批评,彭康在《革命文艺与大众文艺》中甚至骂他是"一个极端的个人主义者,堕落的享乐主义者。"

腹背受敌,是他从北伐到"左联"成立这一段生活环境的真实写照。鲁迅在《华盖集·杂感》中有一段话说得好:"死于敌手的锋刃,不足悲苦,死于不知何来的暗器,却是悲苦。但最悲苦的是死于慈母或爱人误进的毒药,战友乱飞的流弹……"对于郁达夫来说,自1927年初发表《广州事情》之后,他所处的环境一直是前有敌人锋刃的威胁,后有战友流弹的误伤,在这种腹背都遭受攻击的境遇里,他心中怎能不感到悲苦和寂寞呢?1928年10月他与友人的通信中谈起"近来的生活"时,说自己正同住在荒岛上的人一样,孤寂得可怜。

孤独、寂寞的情感,显然是小资产阶级知识分子,在革命处于困难时期所容易产生的犹豫、彷徨、动摇心理的一种自我流露。冯乃超、夏衍等人批评他的情绪不好,大概指的就是这个方面。

孤独、寂寞、彷徨只是这个时期他思想情感中的一个方面,甚至也可以说是个很次要的,微不足道的方面,主流和大方向还是坚持正义,拥护革命,反对国民党军阀政府推行的封建文化专制及惨无人道的法西斯政策,并与鲁迅一道为无产阶级的新文化运动做了大量的工作。

一、在反动派的多次"警告"和政治压迫下,以及同伴们的错误攻击下,他首先考虑的不是个人之间的恩怨得失,而是国家和民族的命运,对一些重大的政治事件,都能够站在进步的立场上,旗帜鲜明地表示自己的态度。

二、以辛辣的现实主义笔触深刻地描摹了新军阀政府的腐败统治给中国人民所带来的沉重灾难,揭露了蒋介石实行白色恐怖残害进步人士的罪行,喊出了人民群众争自由,要民主的正义呼声。这一点是他20世纪30年代前后创作内容的一个重要组成部分。像《感伤的行旅》这样抒情味很浓的散文,他也不失时机地加上了一段对新旧军阀腐败统治的嘲讽和鞭挞。

三、从大革命失败的经验教训中,看到了农民群众团结起来,组织起来的伟大力量,以及他们在中国未来大革命中所占的重要地位,呼吁各个阶层的有识之士都要重视农民阶级的启迪和教育工作,努力开拓出农民文艺的广阔天地,是郁达夫20世纪30年代前后创作的另一个重要内容。《谁是我们的同伴者》、《乡村里的阶级》、《农民文艺的提倡》、《农民文艺的实质》等是其代表作。

鲁迅知人论事总是入木三分。精辟透彻,既不溢美,也不藏拙,这是文艺界所公认的,因此,他对郁达夫的评价,左翼文艺家大多都还是能够接受的。大概是听了冯乃超、夏衍的转告,"左联"筹备组的同志立即都表示接受鲁迅的意见,确定郁达夫为发起人之一。

与鲁迅一道列名为"左联"的发起人,他还是比较乐意接受的。1985年8月29日,夏衍在《忆达夫》中回忆去征求郁达夫参加"左联"发起人的意见时说:

> 大概在二月下旬的一个雨天,我和陶晶孙一起去看他,他病卧在床上,我简单地把筹备成立"左联"的事告诉了他,并让他看了发起人名单。他就说:你们要我参加,就参加吧,不过正在"冬眠",什么事情也做不了。事实上,他不久前还当过"自由运动大同盟"的发起人,他没"冬眠"更没有"意气消沉"。

虽对夏衍、陶晶孙等人扬言他正处在"冬眠"时期,什么事情也做不了,而他对"左联"的工作还是很热心的。如1930年3月2日的"左联"成立大会他因事未能参加,第二天便冒雨到鲁迅家中询问大会召开的详细情况,尔后又经常与鲁迅一起到附近的高等学校进行演说。

夏衍在《"左联"成立前后》中回忆"左联"成立前后的历史背景和所开展的工作时说过这样一番话。

> "左联"成立后不到一年的时间,由于"左"倾路线的错误,经常举行无准备的飞行集会,以至组织罢工、罢市等不适当的工作,盟员受到很大损失,被捕的人不少,其他各盟也是一样……到了一九三一年一月,王明路线支配了党,实行了比李立三更"左"的"左"倾路线。在这一年中,"左联"、"社联"、"剧联"工作作风还是没有改变,继续有许多

党员和非党同志被捕。这些人中大多数都是坚强的革命者……

对"左联"领导不顾国内复杂的社会现实,盲目的去照搬苏俄"纳普"和日本"拉普"的经验,让文学艺术家们去放下手中娴熟的笔,去冒险搞什么飞行集会、刷标语、散传单之类的活动,郁达夫、鲁迅等人都是持有异议的。如当时的中共中央宣传部长李立三就曾希望鲁迅发个宣言,以表示"拥护他的'左'倾机会主义那一套政治主张。"鲁迅当面就给以拒绝。他认为,"中国革命是长期的,艰巨的,不同意赤膊上阵,要采取散兵战、壕堑战、持久战等战术。"(冯雪峰《有关鲁迅的一些事情》)

鲁迅是这样以不客气的态度抵制了"左"倾机会主义者的错误领导,郁达夫也同样以十分清醒的头脑,避免了许多无谓的"牺牲"。如当时的"左联"领导要派他去做所谓的"实际工作"时,他马上回绝道:"分传单这一类的事我是不能做的。"后来他还向史沫莱特、林语堂、徐志摩等人表示过这个意思,并说"我是一个文人,不是一个战士。"

拒绝去做分传单之类的事情,实际上是对当时"左联"领导方向路线错误的婉转批评。作家联盟的主要任务是应该搞创作,用文艺的形式去打击敌人,教育鼓舞群众,而不是去组织什么工人罢工,市民罢市之类的活动。但在整个党的领导机关都处在头脑膨胀的时候,他的正确意见,显然是不会被"左联"领导所接受的,甚至还由此对他产生了不满。为了"决不愿担负一个空名,而不去做实际的事务,"半年之后,他即致信"左联"领导,"公然的宣布了辞职。"(郁达夫《回忆鲁迅》)

对郁达夫不服从领导,不愿"去做实际工作",本来就有点不满的"左联"常务执委们,接到他的辞职书,很快作出了决定——"肃清一切投机和反动分子——并当场表决开除郁达夫。"时值 1930 年的 11 月 16 日。

郑伯奇在《"左联"回忆散记》中回忆开除郁达夫出"左联"的情景时道:"记得在北四川路横滨桥附近一所小学校里开过一次会,是临时召集的。会上有人提出这样的意见:郁达夫对新月社的徐志摩说:'我是作家,不是战士。'向'左联'的敌人公然这样表示,等于自己取消资格,应该请他退出。一时群情激动,纷纷表示赞成。我主持会议,未加深思,遂付表决。"

郁达夫脱离"左联"的消息,当时党内主办的《红旗日报》和光华书局编辑出版的《读书月刊》也都曾有过报道。又如许雪雪写的《郁达夫先生访问记》也谈到了这一点。

郁达夫在向许雪雪谈到自己脱离"左联"的原因时曾这样说道：

> 关于左翼作家联盟的这回事，到现在才有人渐渐的明白过来。在先，大家总以为左翼作家就是共产党员的化身，其实不然，如果有人要这样想，那就完全错了。我们得明白，左翼作家是左翼作家，共产党员是共产党员，不过左翼作家中的有一部分加入共产党是有的。

> 左翼作家大同盟，不错，我是发起人中的一个。可是，共产党方面对我很不满意，说我的作品是个人主义的。这话我是承认的，因为我是一个小资产阶级出身的人，当然免不了……

> 后来，共产党方面要派我去做实际工作，我对他们说，分传单这一类的事我是不能做的，于是他们就对我更不满意起来了。所以在左翼作家联盟中，最近我已经自动的把"郁达夫"这名字除掉了。

总括起来看，不满意于"左联""左"倾盲动主义的领导和不切实际，不讲效果的瞎指挥，是郁达夫要求脱离"左联"的最基本的因素之一，这一点也同时是"左联"领导机关将他除名的主要依据。

在革命力量还不十分壮大，斗争还十分艰苦的岁月里，硬把一个在国内外都具影响，而且对"左联"的建设和发展都提过很中肯意见的作家开除盟籍，这对"左联"来说是一个不可弥补的损失。鲁迅得悉此事后曾表示"不同意文总的决定，认为人手多一个，好一个。"言外之意，对郁达夫在"左联"时期的思想和行为是肯定的。毫无疑问，这意见是和他当初提名郁达夫为"左联"发起人一样是正确的。夏衍在《忆达夫》中论及郁达夫脱离"左联"时的一段话可作为参证："当时是'左'倾思想统治时期，既有教条主义，又有宗派情绪，也就是在这个时期，田汉因为不参加乃至少参加'飞行集会'而受到过不止一次的警告。蒋光慈则因为写了《丽莎的哀怨》而被开除党籍。那么，即使'左联'开除了郁达夫的盟籍，也只能说郁达夫没有随波逐流，没有执行'左'倾路线，而不能把这件事认为达夫就'颓废、消沉'"。

与"左翼作家联盟"宣布脱离关系后，在名义上，他是不再承担为该联盟尽义务的责任了，但在具体的社会活动中仍与它保持着千丝万缕的联系。用他自己在《回忆鲁迅》中的一段话说就是："暗中站在超然的地位，为左联及工作者的帮忙，也着实不少。除来不及营救，已被他们杀死的许多青年不计外,在龙华,在租界捕房被拘去的许多作家,或则减刑,或则拒绝引渡,或则当时释放等案件,我现在还记得起来的,当不只十件八件的少数。"

被"左联"开除后,郁达夫在表面上看似很超脱,毫不介意,但在心灵深处却是久久不能释怀的,而且对他以后的人生道路和创作也都产生了重大影响——即少了革命性、进取性,多了中庸和颓唐。小说《东梓关》、《迟桂花》,就是他这个阶段的人生体验。

《东梓关》着力刻画了一位隐居山林,笑吟江湖的名医形象。名医徐竹园,乃世代望族的后裔,在年轻的时候,也曾奋发上进,力图有所作为,并且还做过救世拯民的大梦,后来不幸染上吐血的宿疾,几乎葬送了性命。

大病初愈后,开始对人生有所省悟,渐渐地梦想破灭,意志灰颓,绝迹仕途,远遁红尘,隐居山林,求医采药,看看闲书,玩玩古董,悠闲自在。二十年过去了,不但吐血的宿疾没有了,而且本人也成了方圆几十里闻名的中医先生。其生活也渐入仙境,平时读读古书,抽抽鸦片,玩玩珍奇瑰宝,得闲时给乡亲们治治病,施施药。

对徐竹园的这种似人非人,似仙非仙的生活,作者在字里行间都流露出了无限向往的情愫。

> 世事看来,原是塞翁之马,徐竹园先生因染了疾病,才绝意于仕进,略有余闲,也替人家看看病,自己读读书,经管经管祖上的遗产;每年收入,薄有盈余,就在村里开了一家半施半卖的春和堂药铺。二十年来,大局尽变,徐家其他的各房,都因为宦途艰险,起落无常之故,现在已大半中落了,可是徐竹园先生的一房,男婚女嫁,还在保持着旧日的兴隆,他的长子,已生下了孙儿,三代见面了。

继《东梓关》之后的《迟桂花》,与前者表现的是同样的主题。

这里的翁家山也和徐竹园生活的环境一样是人间仙境。首先,风景优美,如诗如画,青葱的山,如云的树,茫茫的湖雾,唧唧的虫鸣,缓慢的晚钟声,撩人的桂花香,一景景一幕幕,都恍如仙景一般,置身其间,心旷神怡,能忘却人世间的一切烦恼和纷争。其次,人与人之间的关系特别融洽和睦。翁则生的一家只有三个人,即母亲、妹妹和他本人。翁则生恬淡,母亲善良,妹妹纯洁,彼此间各自安分自足,没有龃龉,没有风浪,处处互敬互让,整日里欢声笑语,乐乐融融,日复一日,年复一年,永无穷尽。再其次,山清水秀,鸟语花香,人事和睦,宁静安详,是尘世劳碌者洗涤和净化灵魂的理想场所。

总之,这两篇小说所着力刻画和描写的,都是世外桃源般的童话,在一定程度上表现了作者对风浪险恶的现实社会的不满和厌烦,和对宁静的田园生活的向往。它真实地反映了这个时期郁达夫在残酷的白色恐怖中内心的寂寞和疲倦。

有《东梓关》、《迟桂花》奠基,以后郁达夫举家迁杭也就不难理解了。

裂痕重重

举家迁杭,除郁达夫自身的因素之外,最大的动力则来自王映霞方面,可以说她是这次行动的设计师和决策者。

郁达夫和王映霞婚后的生活,总体上来说是和谐美满的,人称是"富春江上神仙侣"。

但无可否认的是,在这和谐美满的背后,小矛盾、小摩擦也从没有间断过。

1930 年的夏天,在他们的夫妻生活中就发生了这样一件彼此都不愉快的事情。

在上海嘉禾里居住时,郁达夫的二哥养吾从富阳来沪时,特地去家中看望他们夫妇及孩子。

郁达夫与二哥的年龄相近,在故乡一同玩耍的时间也长,感情很融洽,相互间的来往也较与长兄频繁,况且,他和王映霞订婚时,二哥是郁家唯一的代表。这一点,无论是对郁达夫来说,还是就王映霞而言,都是心存感激,没齿难忘的。

这次兄弟沪上相见,二人都很高兴,连王映霞也不例外。

郁达夫嗜酒,二哥养吾也有这方面的爱好。兄弟二人久别重逢,推杯换盏,畅快淋漓。

出于对兄弟二人身体健康的关心,在他们酒酣耳热之际,王映霞未征得他们同意就端出饭来,并劝他们不要再喝了,还是以吃饭为好。

一见王映霞端出饭来,并出言制止他们喝酒,郁达夫一下子便不高兴了,稍顷,一言未发,气呼呼地出门而去。起初,都以为他出去一下很快就会回来的,也就没有在意,遂转换话题,孩子长孩子短的聊开了家常……一夜无语,第二天仍不见他的踪影,养吾只好悻悻而去。

王映霞苦等郁达夫不回,心急如焚,却是无可奈何,一点办法也想不出来,只到次日的晚上才接到他从宁波发来的电报,言曰:人在宁波,钱和手表均被小偷窃去,速送一百元救急云云。

接到电报,王映霞又急又气又恼,匆匆忙忙地筹措了一百元钱,亲自前往宁波。

郁达夫的怨气早已消失,而且对夫人的前来"救驾"是又惊又喜又感激,遂抛弃前嫌,痛痛快快地陪她在宁波玩了几天。《游普陀作》一诗就是在这次旅游时有感而发的。

山谷幽深杖策寻,归来日色已西沉。

雪涛怒击玲珑石,洗尽人间丝竹音。

普陀,即普陀山的简称,是浙江省东北部舟山群岛中的一个小岛屿,风景优美,庵寺林立,为中国四大佛教名山之一,也是一处旅游避暑的胜地。

郁达夫不期然地到这里观光时,正适逢楼适夷、卢森堡、王鲁彦夫妇等一班老朋友也在这里避暑。彼此异地相逢,更增添了几多欢乐,再加上王映霞的携款而至,更使他忧愁皆抛,仿佛神仙一般逍遥自在。

曾经陪同郁达夫夫妇在宁波游玩的楼适夷在《回忆郁达夫》里,对这件事有过描述。

一九二九年夏天,我同任钧(那时叫卢森堡)两人跑到宁波普陀岛,住在一个小小的由和尚主持的叫天福庵的庙里,一下子来了好些作家。有王鲁彦夫妇等,后来郁达夫与王映霞也一先一后地到来了。达夫说他一个人在上海街头,喝醉了酒,给扒手掏走了钱包,不知怎样胡里糊涂在十六铺马头上了去普陀的轮船,就这么一个人来了,连忙写信去上海要王映霞寄钱,王就带着钱自己跑来,两人一起留下了。当时只有一个卢森堡不怕炎暑,埋着头写他的中篇小说《爱与仇》,别人只是三三两两游山玩海,过得极为散漫。达夫的特点是每天都得大喝一场。天气热,喝的是啤酒,他一下子可以灌下六瓶,可把别人吓坏了,即使是喝清水吧,也没那么大容量的肚子吧。达夫说:"没有关系,喝到半场,跑出去小便一次,又可以再喝了。"

因他的这次无端地负气离家出走,是婚后的第一次,所以在王映霞心灵上造成的伤害是极大的,记忆也深刻,几十年后在《王映霞自传》中回想时,还能娓娓道来。

一九二九年的夏天,我们这一个小家庭里,发生了这样的一件事:

郁达夫的二哥从富阳来,住在我们家。弟兄相见,分外亲热。他本来就同他的二哥感情非常好的,这次见了面,我备了酒菜招待他。看他俩喝酒喝得差不多的时候,我就劝说不能再喝了,并说,"我们还是吃饭吧。"郁达夫一下子就不高兴了,只穿了一身中式的单衫单裤就出了家门。我和他二哥起先还以为他一会儿就回来的,后来一等再等,依然不见他回家。于是,我安排他二哥宿在客堂间里,自己则回到楼上去休息。

第二天早晨,他二哥回富阳去了。家中显得空空荡荡的少了一个人。天快黑了,我收到了一份从宁波青年会发来的电报,我急忙看电文,才知道是郁达夫从宁波发来的。电报上说,他的钱和手表被窃,要我马上送一百元钱去宁波。

幼稚柔弱的我,一想到他的安危,怎么也要弄到钱给他送去。家中没有这么多现钱,又没值钱的东西,我想来想去,决定把我结婚时母亲赠我的一对金手镯去当了一百元,立即赶到十六铺轮船码头,买票上船。

第二天清晨,船到宁波,我在青年会里找到了郁达夫。

见了他,我第一句话就说:"给你送一百元来了。"他"哦"了一声,说:"我们一起到普陀去玩几天,再回上海好不好?"

我在青年会里住了一夜,第二天,在去普陀的船上,郁达夫告诉我,那一天傍晚他从家里出来,是因为我阻止他喝酒,使他很生气。等走到十六铺码头,天已黑,就和衣倒在码头的水泥地上睡了一夜,之后,便买了船票到宁波,手表等就是在码头上不见的。

用王映霞的话说就是:"郁达夫有过人的智慧,有绝世的才华,可是每当他脑筋一转,脾气一发,他就不会顾及前后,自己控制不住自己。"(《王映霞自传》)事实上也正是这样,他明明知道负气离家出走是错误的,而且也知道这样做会给妻子造成精神上的伤害,但是情绪冲动起来不能控制自己。事后也曾一再真诚地承认错误,信誓旦旦地表示今后永不再犯。可稍有不慎,便会故伎重演,一次比一次厉害。

郁达夫和王映霞婚后第二次突然出走,是1932年的岁初。《王映霞自传》记载是:

> 一九三二年三月十日,他却突然又不告而别,我打开抽屉,发现少了一张存有五百元的钱单,这些钱对我们当时的家庭来说是一笔不小的款子,我骤然震惊了一下,但马上又想开了,钱是身外之物,失去了并不稀罕,只是不知他又跑到哪儿,会不会出意外?心里有点着急。上海的亲戚、朋友家我不敢去打听,怕被人笑话,面子上下不来。母亲和外祖父早就搬回杭州去住,无人可以商量。我是一个已经出嫁的女儿,而且是自愿嫁给他的,死活我得一个人承当。

> 任你怎么心烦意乱,还得做家务,照顾孩子,有朋友来访时,我以谎言搪塞,只说达夫外出几天,不久就会回来了。时间一天天地过去,我仍没有郁的半点消息。不料有一天,我意外地收到我表姐张幼青(她后来嫁给周象贤)的来信,信中说,她前几天在杭州闸口的江边,看见郁达夫,他随身未带行李,手中只提了两包旱烟,走上了开往桐庐的轮船。

> 读了信,我心中马上猜到他出走的原因,是因为在上海住厌了,况且我又老劝他少喝酒,大约想走回头路,回到富阳去。……

《王映霞自传》中所讲大部分是事实,但她对郁达夫出走原因的指责,及其与孙荃的团聚等方面的批评却是有点不顾事实。

1931年,文艺战线上的白色恐怖进一步加剧,原创造社后期成员李初梨被捕后,他曾四处奔波,设法进行营救。

李初梨在狱中还未救出,郁达夫便接到警告,又加之此时的心情不好,便不辞而别,又一次上演了"离家出走"的闹剧。离开上海后,他并没有想到回富阳看望孙荃及其儿女,而是在江浙的乡村转悠时,看到一幕幕祭祖上坟的情景,才触动了乡愁,于是,又悄然去了故乡。

郁达夫和王映霞结婚后,并没有明言与孙荃离婚,二人只能算是分居。郁母见小儿子回来了,便动了让他们夫妻重归于好的念头,终因孙荃性情刚烈，未能原谅他抛妻别子，另寻新欢的错误，又一次失之交臂。蒋增福在《才女、贤妻、良母》一文中曾描述了这件事的始末。

　　一九三一年，郁达夫与王映霞的矛盾纠葛日趋白日化，他带着矛盾的心情返家。对此，孙荃却不以为然。后来郁母怕执拗的媳妇会给儿子过于难堪，曾去劝慰要她忍着点，既然回家来，至少要以客人相待。孙荃遵照婆婆的嘱咐，白天准备好酒饭以礼相待，到了晚上则把达夫的床铺安顿在楼下厢房里，顾自带着儿女上楼去睡了。郁母见状又来劝慰媳妇，并把跟着孙荃睡的孙女领走去跟她一道睡，又叫儿子上楼。一待达夫进房，刚烈的孙荃便移到原来是女佣（养女）睡的一张单人小床上，不去理她丈夫。最后终于吵开。孙荃责备他只顾王映霞而抛去家里妻儿老小。

　　"儿女总是你养出来的。"当达夫辩解后孙荃说。

　　"我知道是谁养的？"达夫说了气话。

　　"是我跟畜生养的。"孙荃决不相让。

　　争吵不休，郁母闻入房中，拉着孙荃和孙女儿，婆媳俩欲双双出走，理了一些衣服，卷起了被子，说当晚就要到庵堂里削发做尼姑。儿女们见状跪在娘和奶奶面前啼哭，达夫也只好跪在母亲面前求饶。

说 1931 年间的郁达夫和王映霞的矛盾纠葛日趋白热化，是有点言过其实了。但也并非是空穴来风。如 1931 年 7 月 6 日，郁达夫致周作人信中的一段话就是例证。

　　自广东回沪之后，迄今五年，因为一时的昏迷，就铸下了大错，遇人不淑，绝似法国 Verlaine 的晚年。（以此自比，原知僭越得很，然而事实却很相象，并不说个人的天才相象也。）欲谋解脱，原非不可能，但是责任之感，又不能使我断然下此决心，不得已只能归之前定的运命而已。五年来的无心创作，无心做事情，原因都在于此。妇女难养，古今中外似乎是一例的。

　　近来消沉更甚，苦痛更深，不知者还以为我恋爱成功，不想做事情也，真是千古未有的 Irony。

从这则书信里可以看出，郁达夫和王映霞在情感上的确出现了"裂痕"，但夫妻间时常发生点矛盾纠葛，每个家庭都一样，同时也是难免的。

他在这里夸大了,事实并非完全如此。

试想一下,在当时的环境里,以他的诗人性情,和做事不计后果的率真作风,在母亲的精心安排和诱导下,与前妻孙荃破镜重圆,再度鱼水之欢,并不是没有可能的。如果真的是这样,历史将是另一番景象。无奈,天意使然,他对孙荃的愧疚和负罪感,却因孙荃的拒绝同房,顷刻间烟消云散,留下的只是憎恶,二人永远失去了和好的机会。

与孙荃旧梦未圆,又惹怒了白发老母亲,他只好去乡间漫游。《钓台的春昼》记述的就是他离开富阳,在乡间寻古问幽的历程。

在江浙乡间转悠十几天后,一方面感到倦怠了,另一方面也认为危险大致已经过去,不由的又想起了娇妻王映霞及上海的家。回家后的情景及事情的解决经过,在《王映霞自传》中是这样记载的:

> 终于,郁达夫回来了,我仔细地观察他的神态,竟然看不出什么异样,再看他随身带的行李,是一只网篮,上边有"富阳郁氏"的字样。这时,我才开口:
>
> "你这么些日子到哪儿去了?"
>
> "富阳、桐庐,严子陵钓台。"
>
> "在富阳住了几天?"
>
> "一个星期。"
>
> "你在富阳的日子里,还想到上海的家和孩子们?你为什么不声不响地走掉,不告诉我你的去处?你欺骗了我,你对我说了谎话。你欺侮我过去没有男人,没有嫁过人,不像你这样当面讲好听话,私下又背着我行事。你把我当作什么人?!"
>
> 当时郁达夫写了《钓台题壁》诗:
>
> 不是尊前爱惜身,伴狂难免假成真。
>
> 曾因酒醉鞭名马,生怕情多累美人。
>
> 劫数东南天作孽,鸡鸣风雨海扬尘。
>
> 悲歌痛哭终何补?义士纷纷说帝秦。
>
> 他听了我的话,一言不发。我也不哭、不闹,只写了一封信给我的母亲,她老人家收到我的信,立即从杭州赶到上海。
>
> 郁达夫知道母亲是当年我们婚约中仅有的一个反对者,而今的事

实放在眼前叫我怎么办呢？母亲问他："达夫！你说应该怎么办？"郁达夫无言以对。二人从深夜谈到天明，郁达夫写了一张保证书交给母亲，母亲用信封封好，交给了我。于是，从表面上看这件事是似乎已经告一段落了，但在我的感情上，创伤却一日一日地加深下去，因为任何物质，是交换不到感情的。

没有几天，母亲要回杭州去，我在送她老人家上火车后的归途中，感到心酸。回到家中以后，很有一股悲痛的感觉：似乎这一个家已经不像是我的家了。猛然间，阳春走到我面前来喊了声"妈"，才使我恢复了原来的神智。想着已经出世的两个孩子，想着腹中那七个月的胎儿，又想到这几年来辛辛苦苦建立起来的这一个家，我真感到了来日之茫茫。

王映霞母女都是工于心计的人，且都在大盐商家庭里熏染过，所以，对金钱、物质利益都看的很重，有了郁达夫类似人格宣言方面的书面保证，还是没有忠实安稳的感觉。于是乎，她们又敦促郁达夫请了律师徐式昌和北新书局的经理李小峰，让他当着众人的面，亲笔写成了一式三份的"版权赠与书"。律师、书局和王映霞各执一份。

版权赠与书

著作者郁达夫愿将所著《寒灰集》、《鸡肋集》、《过去集》、《奇零集》、《敝帚集》、《薇蕨集》、《日记九种》、《迷羊》及译稿《小家之伍》等书版权及附属于各书之权益全部赠与王映霞氏，除与出版者重订新合同外，今将此书旨证明各书三纸，以一致出版者，一存律师处，一交王映霞氏收藏为据。

版权赠与人郁达夫

证人律师徐式昌

证人出版者上海北新书局

被赠与人王映霞

中华民国二十一年一月

有了郁达夫的"人格担保"和"经济担保"，王映霞母女脸上露出了一丝欣慰的笑容。一场剑拔弩张的感情危机就这样戏剧般的收了官。

从表面来看，这场家庭风波因郁达夫服软认输暂时告了一个段落，然而在彼此的心灵中都刻下了深深的烙印。

站在郁达夫的立场上看,觉得王映霞毕竟是一个未脱尽世俗的女子,把金钱、物质看的比什么都重要。若不然,怎么会向他索要著作的版权呢?因此,当他把"版权赠与书"交给王映霞的一霎那间,一种幻灭的悲哀也同时袭上了心头。

在他的心目中,王映霞已由圣洁高雅的九天神女,一下子跌落为凡间只认柴米油盐的市井小民,甚至对她的人格也开始有点怀疑了。

中篇小说《她是一个弱女子》所引发出的故事就是例证。

事情的起因和经过是这样的。

王映霞有一个好朋友叫刘怀瑜,河南人氏,其父在浙江安吉经商,早她一年考入浙江省立女子师范。

刘怀瑜为人潇洒,谈吐风趣,和王映霞在学校里一碰面,相互间便产生了好感,也可以说是一见如故。毕业后,虽各自一方,但消息还是相通的。

1932年1月28日,日本侵略军进攻上海,蔡廷锴等爱国将领领导的第十九路军,在上海人民爱国精神的鼓舞和影响下,奋起反抗,并取得了辉煌战果,史称"一·二八"事变。

刘怀瑜和一个女同事,特地从杭州到上海来参观十九路军上海大捷的战果,而下榻的三马路惠中旅馆,距王映霞的寓所并不远,于是便写信请她到惠中旅馆叙叙旧,明言,在沪停留的时间只有3天,希望接到信后马上即去。在《王映霞自传》中回忆当时的情景道:

> 我给郁达夫看了信,见他面有难色,就建议我们吃过晚饭,等孩子们睡觉后去吧。他听了不置可否,微微地点了头。我和郁达夫到了惠中旅馆后,看不出他有什么奇怪的心境。他看见这是一个双人房间有两张床,并带有浴室,还说:"今天我们可以在此地洗澡了。"我和怀瑜好久没见面,说话自然较多,郁达夫偶尔插几句,他见我们越谈越热烈,就说,他先回去,叫我住在旅馆陪刘多谈谈,而且还约好次日清晨他来陪我们去吃早餐。我听了真高兴,觉得他挺体谅我。

因这时郁达夫对王映霞怀有成见,心中的郁闷无法排泄,再加上神经质的毛病陡然复活等因素,一夜之间,便生出许多常人所难以理解的事端。据王映霞在她的自传中回忆:

第二天，郁达夫一早就到旅馆来，然后我们三人一起到大三元吃早点，中午又共进午餐，在三人谈话中，我一点也没有看出有什么异样。午后四时，他叫车与我一同回家。但汽车驶到嘉禾里弄堂口，他先下车，站在汽车旁，等我下车后，突然他又回到车里，对我招招手，说："再会了。"车子也就马上开走。我心里很纳闷，刚才的快乐一古脑地被扫荡了，我闷闷不乐地回到家中，走进房间，发现床上的棉被少了一条。我坐在床上，茫然地望着地上，不知该干什么。这时家中的女佣进来对我说："昨夜少爷一个人回到家中，不多一会儿，就手提被包对我们说，少奶奶已和别人住在旅馆里，不回来了，我也要住到别处去，你们看好两个孩子。"

我听了这些话，知道他又犯老毛病了，不像当初他第一次莫名其妙出走时那么惊慌，只静静地在家中待着。三天后，邮递员送来了一封信，封套上写着本市邮寄。打开来读了信，才晓得他是负气出走，并说文章写好就会回来。

"负气"，气打哪儿来！我想来想去想不出他"气从何来"。后来他告诉我，他是怀疑我与怀瑜同性恋爱，好一个爱幻想的大作家。他还告诉我，他在外面半个多月中，时常回来，躲在门外，看我和谁在一起，有谁来看望我。结果他经常看到的是邵洵美和姚蓬子，也就没闯进来与我怄气。

他信中说的文章，就是中篇小说《她是一个弱女子》。郁达夫就是在上述这种奇异的情绪下写了这一本小说……这本书大致写一个丑八怪的女性仗势强横虐待另一个女性的所谓"同性恋"的小说。

《她是一个弱女子》在郁达夫的心中已经酝酿很长时间了，早在"四一二"反革命政变前夕，他就有了以北伐战争为背景和内容的创作构想。如1927年1月10日的日记中所记"未成的小说，在这几个月内要做成的，"就有《她是一个弱女子》。

经过"四一二"血与火的洗礼，他更坚定了要写作《她是一个弱女子》的信念，"可是以后辗转流离，终于没有工夫把它写出。"（郁达夫《她是一个弱女子·后叙》）

没有功夫把《她是一个弱女子》写出来，并不等于说他将这件事给忘却了。

　　1926年摧枯拉朽的北伐大革命，和1927年血腥的"四一二"大屠杀，他都曾身临其境，耳闻目睹，所以，其印象深刻，终生都有记忆。这以后的岁月里，每当夜深人静，或独自漫步在崇山峻岭时，国共两党领导的人民军队横扫北洋军阀如卷席的壮阔场景，犹如电影一幕幕在眼前闪现，令他激动、兴奋，那时，对中华民族的前途和四万万同胞的命运，他是多么地充满希望和信心呀！然而，这兴奋和希望却是短暂的，稍顷，画面便凸显到了"四一二"前后的大上海，以蒋介石等新军阀为首的国民党右翼，挥舞着寒光闪闪的兵刃，大肆捕杀共产党人、革命群众和无辜的百姓，血流成河，街头横尸，白色恐怖像乌云一样笼罩在华夏上空，人人噤若寒蝉，个个谈虎色变。

　　这一幕永远都定格在他的脑海里，同时也立下了要将它付诸文字的宏愿。当初的构想是，以一群年轻的小资产阶级知识女性，在时代大风暴中的跌宕起伏，感情纠葛，来展现光明与黑暗，新生与腐朽的搏斗中，各自灵魂变迁的轨迹，演绎出"革命"对她们生活影响的深度和力度。

　　冯世芬是新生的、进步力量一族的代表。她原也是名门显赫的杭州世家之女。经过辛亥革命的洗礼，特别是为小官僚的父亲不幸病故后，家道开始中落，以至沦为生活"清苦"的境地。在国外留学的舅舅的教育和引导下，开始接受马克思主义学说、无产阶级革命理论和进步的思想，最终与封建家庭彻底决裂，投身革命，成了工人运动的积极参与者。

　　郑秀岳和冯世芬原生活在同一起跑线上，两人是形影不离的好姐妹。

　　在冯世芬的潜移默化下，郑秀岳一度向善，倾向进步，但终因小资产阶级的劣根性作祟，而未能经得金钱和腐朽思想的侵蚀，堕落成了一个荒淫无耻的可怜虫，死无葬身之地。

　　李文卿是封建残渣余孽，和邪恶势力的代表。她贪婪成性，为所欲为。在她的世界观里，只有金钱和淫欲，什么革命，什么理想，无产阶级的解放，劳苦大众的灾难，她都视为无稽之谈。可恨的是，就是她这样的一个冷血动物，却能在这个社会里纵横捭阖，无所不能，无所不为。

　　郁达夫痛恨死了这个社会，极力诅咒这个社会。

　　1932年5月，他在《沪战中的生活》一文中，谈到《她是一个弱女子》的创作意图时曾这样写道："我的意思，是在造出三个意识志趣不同的女性来,如实地描写出她们所走的路径和所有的结果,好叫读者自己去选择应该走哪一条路"。无疑问,作者否定了代表土豪劣绅和封建反动势力的女性李文卿所走之路,批判了代表小资产阶级摇摆不定的女性郑秀岳的生活和情感,而独对冯世芬的革命行径大加赞赏。

《她是一个弱女子》,虽然在脑海里酝酿了好几年,但始终没有找到"契入"点,所以迟迟没有动笔。

从王映霞和刘怀瑜的亲密接触中,他似乎受到了某些启发,灵感骤然而至,短短数天,便一挥而就。小说中的学校背景,显然是以王映霞就读的浙江省立女子师范为参照系数的。冯世芬和郑秀岳都有王映霞的影子在里面。冯世芬在教育郑秀岳应该如何做人时说的一番话,很明显有暗喻和警示王映霞的意味。

> 做人要自己做的,浊富不如清贫,军阀、资本家、土豪劣绅的钱都是背了天良剥削来的,衣饰服装的美不算是伟大的美,我们必须要造成人格的美和品性的美来才算伟大,清贫不算倒霉,积着许多造孽钱来夸示人家的人,才是无耻的东西,虚荣心是顶无聊的一种心理,女子的堕落阶级的第一段便是这虚荣心,有了虚荣心就会生嫉妒心了,这两种坏心思是由女子的看轻自己、不谋独立、专想依赖他人而生的卑劣心理,有了这种心思,一个人就永远没有满足快乐的日子,钱财是人所造的,人而不驾驭钱财反被钱财所驾驭那还算得是人么?

借小说主人公的口说这番话时,毫无疑问是由王映霞母女二人要他写"版权赠与书"而引发的思考,确切地说是有感而发。也许,刚动笔写作《她是一个弱女子》时,他还在怨恨王映霞,但随着故事的深入发展和情节结构的变化,其怨恨也就一点一点地淡化消失,最后则是无影无踪。

怨恨没有了,爱的因子也就渐渐地得到了复活。1932年4月,《她是一个弱女子》由上海湖风书局出版时,他特意在扉页上题辞道:"谨以此书,献给我最亲爱,最尊敬的王映霞。"

"题辞",应该是他对王映霞情感的真实和自然的流露。另外,也可以说是对自己"负气"离家出走的"忏悔"!

郁达夫的第二次离家出走,在王映霞心中的震撼也同样是很大的。

王映霞是个热情大方,性格开朗,喜交际,爱热闹的女性。可结婚后,除却和郁达夫一同访友赴宴之外,几乎把自己封闭起来了。经过这次家庭变故,在感情上发生了很大变化,即不再把自己圈定在小家这个范围里,而是走出去寻找属于自己的天地。"如去探望几个独身的同学",告诉她们自己心中的苦痛,郁达夫不在家时,就约她们到家里来闲聊,空闲时彼此也通通信。

对郁达夫动不动就离家出走的原因,王映霞在其自传中曾这样分析道:

郁达夫的个性自幼孤独,青少年时代就没有开朗的机会,尤其是在日本一住十年。正如他自己在《血泪》中所写的那样:"在异乡飘泊了十年,差不多我的性格都变了……"环境给他养成一种苦闷的颓废的性格,不习惯于有规律的家庭生活。到了某个时候,他想恢复一下他的幻想,便立刻会无声无息地出走一次。但走,也不会走得太远,不久自己也就会回来。

找到了郁达夫一次次离家出走的原因,王映霞也就一次次原谅了他,而且采取了更为理智温和的态度,使其"冲动"消灭在萌芽状态里。

我原谅他的病态,珍惜他的不健康的身体;另外,还感佩着他的才华。于是,只能言归于好。

许多事情是不能有一个开头的了。有了第一次,还会有第二次第三次,甚至于无数次的了。有时为了饮酒,有时为了别的鸡毛蒜皮之类的事情,我只需看他眉头一皱,头一摇,知道他马上会重犯老毛病了。有时我总觉得好奇,想探究一下他到底是往何处去的?去做些什么?为了感情,为了他的安危,我就在后面追踪他。

两个人距离二三十步,有时十几步,更有时像并行着。不过彼此老是默不作声,活像两陌生的行路者。有时向西行,从住处走到曹家渡,有时又走到霞飞路尽头,大家自管自地走着。这几条熟路,都是我们结婚前后携手同行过的地方。而曾几何时,心情便各有不同。一种伤感怀旧的情绪涌上心头,我的步子,便自然而然地缓慢了下来,原来在我前面行走的他,偶尔一回头,发觉我跟在他后面。时间已经到深夜,他自己也走得有些疲倦了,他就马上会喊了一辆人力车,叫车夫把车子拉到我身边,让我跨上坐定之后,他也就坐了上来,两个人无言无语地回到家中。这样地走了一场冤枉路,在他总算是已经发泄了闷气,而我却在受折磨。他倒若无其事地与往日一样,叫我、逗我、为我倒茶送水、示意我休息。于是我又只能在疲劳里,在悔恨中,度过残宵。

在上海的这四五年中间,像这样的情形的反复,是不计其数的。弄得久了,我亦习以为常,任他自去自来,任他愁烦欢笑。……

——《王映霞自传》

随着郁达夫离家出走次数的增多,王映霞新婚时的热情渐渐地冷却了,而且对大上海光怪陆离的生活也似乎不适应了,她迷惑了,苦苦思索在寻求人生的驿站。

美 哉 西 湖

思想感情发生了变化,对周围的一切物是人非,自然也都有了重新的认识。

这个认识首先带来的便是对所处环境的厌倦,希望寻找一个新的,能够带来刺激和安全感的居住地。

王映霞有了这种思想,郁达夫也亦然,二人一拍即合,立刻将迁移的事提到了议事日程。

王映霞的理想之地是杭州。她说,在当时"唯一符合我们生活上、经济上、愿望上的去处,是坐四小时火车即能到达的杭州。"又言:

在从来不关心政治我的胸怀里,认为杭州是我出生、入学、长大的家乡,有我母亲故旧、同学朋友、想象中的最好去处,可以作为我的终老之乡。

——《王映霞自传》

再一点,从经济和生活的角度考虑,杭州也是最理想的场所。她认为,"那时杭州的生活费用只需上海的一半,北新书局若能守信用,将每月两百元的版税按时寄来,那么我们日常生活就不成问题了。"

王映霞热爱故乡杭州,愿意叶落归根,而郁达夫对杭州也同样情有独钟。

郁达夫的出生地——富阳,与杭州一水相连,无论是陆路,或是水道,都不足百里。若乘航船顺风而行，不到一天便能赶到。

他首次与杭州发生关系是 1911 年的 2 月份。

1911 年的 2 月份，16 岁的郁达夫，怀揣着高小毕业文凭和增生执照以及今后那不可限量的远大前程，离开了生于斯，长于斯的故乡富阳，跟随家中请来的一位老秀才，乘船前往杭州考中学。

这次杭州之行，虽然没有达到进杭府中学的目的，但西子湖畔的灵山秀水却给他留下了极其深刻而又美好的印象，数年后在日本留学时，回忆初到杭州时的情景还觉历历在目，犹如昨日，其《自述诗》曰：

　　儿时曾作杭州梦，初到杭州似梦中。

　　笑把金樽邀落日，绿杨城廓正春风。

在《自述诗》中谈到因学膳费不足，不得不弃杭府中学而借道去嘉兴府中投考时，他感叹道：

　　欲把杭州作汴京，湖山清处遍题名。

　　谁知西子楼台窄，三宿匆匆出凤城。

由此可见，杭州——给初次来访的郁达夫留下的印象是多么的美好深刻，同时还可以认为，他与杭州的不解之缘也就是这个时候开始结下来的。

是杭州丰厚的文化底蕴，开拓了他的视野，启迪了他的人生之路。《孤独者》一文，就曾记录下了他在杭州旧书铺买书时的欢快情景。

　　那时候的杭州的旧书铺，都聚集在丰乐桥，梅花碑的两条直角形的街上。每当星期假日的早晨，我仰卧在床上，计算计算在这一礼拜里可以省下来的金钱，和能够买到的最经济最有用的册籍，就先可以得着一种快乐的预感。有时候在书店门前徘徊往覆，稽延得久了，赶不回宿舍来吃午饭，手里夹了书籍上大街羊汤饭店间壁的小面馆去吃一碗清面，心里可以同时感到十分的懊恨与无限的快慰。恨的是一碗清面的几个铜子的浪费，快慰的是一边吃面一边翻阅书本时的那一刹那的恍惚；这恍惚之情，大约是和哥伦布发现新大陆的时候所感到的一样。

像大浪淘沙，经过一代又一代筛选出来的古今中外的优秀文化典籍，陶冶了郁达夫的情操，使他读了这些书之后所产生的"那一种朦胧的回味，仿佛是当三春天气，喝醉了几十年陈的醇酒。"（郁达夫《远一程，再远一程》）

另外，这些凝聚着先辈们心血和智慧结晶的艺术珍品，也唤起了他的创作热情。"有时候兴奋得厉害,晚上还妨碍了睡觉。"长此以往,那些"歌不像歌诗不像诗的东西积得多了,第二步自然是向各报馆的匿名的投稿……"在报纸上公开发表了几次诗作以后,渐渐地感到有点异样了,并且以为在学问上是早以经超出了"同时代的同年辈者,觉得按部就班地和他们在一道读死书,是不上算也是不必要的事情。"(郁达夫《孤独者》)经过反复思量和再三权衡,最后毅然决定离开正规的学校教育,回故乡自学。尔后又东渡日本留学长达十年之久,再之是上海的"创造"岁月。在这十数年的时间里,他与过去曾一度朝夕相处的杭州,几乎没有发生什么的交往,但旅行的途中偶尔落脚在此,仍像过去一样,对这里的湖光山色流连忘返,有时还情不自禁地要引吭高歌,直抒胸臆。如1917年,他从日本首次回故乡省亲驻足此地时,就曾雅兴大发,又一次湖山清处遍题名。

谒岳坟

拂柳穿堤到岳坟,坟前犹绕阵头云。

半庭人静莺初懒,一雨荫成草正薰。

我亦违时成逐客,今来下马拜将军。

与君此恨俱千古,拟赋长沙吊屈文。

岳坟是我国妇孺皆知的民族爱国英雄岳飞被权奸秦桧杀害后的葬身地,位于杭州栖霞岭的南麓。郁达夫在杭州逗留期间,信步游到这里时,凭吊古人,联想国内腐败的现实和漂泊异国的自己,禁不住地感慨万端,遂作此诗以记之。

西湖杂咏

歌舞西湖旧有名,南朝天子最多情。

如今劫后河山改,来听何戡唱渭城。

细草红泥路狭斜,碧梧疏柳影交叉。

荷风昨夜凉初透,引得麻姑出蔡家。

绿波容与漾双鸥,莲叶莲花对客愁。

明月小桥人独立,商量今夜梦扬州。

这3首《西湖杂咏》,是诗人在月光皎洁,微风轻拂的夜晚,独自漫步在细草红泥的西子湖边,时而遥望远处青翠欲滴的山峦,时而近瞻脚下婀娜多姿,碧波荡漾的西子湖水,由景生情,由情而诗。就这样,一组语句清淡,意境优美,寄寓深长的咏西湖佳作便自然而然地产生了出来。

结束中学时代的生活后,虽也不时地写诗作赋,来抒发他对曾哺育过自己成长的第二故乡——杭州无限怀念的情感,真正与她再度发生亲密的关系,却是1927年以后的事情。

1927年大革命失败后,郁达夫在心灵上又经历了一次大的幻灭。这种"幻灭"一是来自国民党反动派对进步文艺和革命力量的压迫摧残,二是来自创造社内部战友们的误解、责难和疏远。

离开创造社后,心情是很寂寞孤独的。正像他自己在一篇文章中所说:"断绝交游,抛撇亲朋,和地狱底里的精灵一样,不敢现身露迹,只在一阵阴风里独来独往……"(郁达夫《灯蛾埋葬之夜》)在这样一种境遇里,是杭州的名姝佳丽王映霞给他带来了"春"的信息。

与王映霞恋爱的成功,使郁达夫与杭州的关系又进一步密切化了。这之后的岁月,每当白色恐怖加剧,在上海不能立身,或精神劳累需要休息时,他就径直来杭州避难或著书立说。如《客杭日记》、《沧州日记》、《水明楼日记》等就记载了他在杭州避难或著书立说时的行迹。

从《沧州日记》等文里可以看到这样一种事实,即杭州的一山一水,一草一木都能引起他无限的情趣和不尽的遐想,甚至乘车一踏入杭州的境地,就竟能"感到一种莫名其妙的快感。"1932年10月7日的日记云:"在南高峰的深山里,一个人徘徊于樵径石垒间时,忽而一阵香气吹来,有点使人兴奋,似乎要触发性欲的样子,桂花香气,亦何尝不暗而艳,顺口得诗一句,叫作'九月秋迟桂始花',秋迟或作山深,但没有上一句。'五更衾薄寒难耐',或可对对,这是今晨的事实,今晚上当去延益里取一条被来。"触景生情,由情发为诗,此则日记所云便是最好的证明,次日——即10月8日的日记也同样记述了诗人类似的经验和感受。

午后上葛岭去,登初阳台,台后一块巨石,我将在小说中赐它一个好名字,叫作"观音眺"。从葛岭回来,人也倦了,小睡了数分钟,晚上出去喝酒，并且又到延益里去了一趟。从明日起，当不再出去跑。

晚上读卢骚的漫步。

在杭州期间的游山玩水，查访风俗民情，既给体弱多病的郁达夫带来了身心愉快，又使他得到了许多创作素材，同时也诱发了他的创作欲望。1932年10月24日的日记云：

午前至旗下，买《湘湖志》、《唐诗鼓吹》各一部，上城站取霞自上海为我寄来之衣服。几日来因为闲游的结果，心又放散了，以后还得重新振作。但自来杭后，修身养性，坚持圣洁生活，迄今已将二十日，若再过一月，则习惯养成，可以永保无虞矣。文章做不出，倒还事小，身体养得好好，却是第一要著。

取衣服后，就上太平门（清泰北门）、大学路，艮山门等处，去走了一圈。艮山门附近，为东城区域，多机织业人，有东园巷者，为厉樊谢征君旧寓之所在，《东城杂记》明明系记此附近之书。……

上坝子桥，见附近多殷实居民，房子完整，全系巨厦，桥下有大悲庵，慈孝庵等尼僧名刹。

综以上所抄日记可知，三秋桂子，十里荷花的杭州山水陶冶了诗人的情操，而丰富多彩、气象万千的城市居民生活则勾起了他沉寂数年的小说创作之火。像在艺术上达到炉火纯青境界的《东梓关》、《迟桂花》、《碧浪湖的秋夜》等就是作者这次在杭州"静养沉疴，细写东西"期间完成的。

也许这次来杭对郁达夫来说，意外的收获太多了，情感上也得到了一定程度的安慰和满足，所以一度竟使他产生了携妻儿"隐此间"的欲望。

尘 埃 落 定

离开繁华的大上海和风雨同舟的战友，携妻儿来杭州隐居，虽系一时的戏言，然而却埋下了诗人以后终老杭州的种子，一年后他真的举家迁杭，过起了隐士生活。

对郁达夫举家离沪迁杭，鲁迅曾表示过不同意见。这在王映霞《半生杂忆》里有记载。

　　我们在去上海时，曾到和我们过从较密的鲁迅先生那里去。谈到搬家的事情，周先生一直表示和我们不大相同的看法。当时我们因移家心切，听后也没有十分注意。后来，一九三三年年底，鲁迅曾用虎皮笺写了四张字屏送给我们。裱好之后，挂在新居的会客室里。记得有一首便是：

　　　　钱王登假仍如在，伍相随波不可寻。

　　　　平楚日和憎健翩，小山吾满蔽高岑。

　　　　坟坛冷落将军岳，梅鹤凄凉处士林。

　　　　何似举家游旷远，风波浩荡足行吟。

　　周先生的话，似乎在暗示，有劝我们离开杭州的意思，表示出了他对于浙江的政治环境的高超见解。

　　对鲁迅真诚和善意的劝阻，他们夫妇却一点没有听进去，更没有放在心上。

　　从上海迁移到杭州的当天，郁达夫的心情是颇为激动和复杂的，一篇《移家琐记》便是他当时迁杭的情景和心情的真实记录。

　　流水不腐，这是中国人的俗话，Stagnant Pond，这是外国人形容固定的颓毁状态的一个名词。在一处羁住久了，精神上习惯上，自然会生出许多霉烂的斑点来。更何妨洋场米贵，狭巷人多，以我这一个穷汉，夹杂在三百六十万上海市民的中间，非但汽车，洋房，跳舞，美酒等文明的洪福享受不到，就连吸一口新鲜空气，也得走十几里路。移家的心愿，早就有了；这一回却因朋友之介，偶尔在杭城东隅租着了一所适当的闲房，筹谋计算，也张罗拢了二三百块洋钱，于是这很不容易成就的戋戋私愿，竟也猫猫虎虎地实现了。小人无大志，蜗角亦乾坤，触蛮鼎定，先让我来谢天谢地。

　　文章开宗明义便说出了"离沪迁杭"的原因，语调沧桑，怨情中充满无奈。

　　杭州新居的情景又是如何呢，《移家琐记》中也给了明确交代。

　　新居在浙江图书馆侧面的一堆土山旁边，虽只东倒西斜的三间旧屋，但比起上海的一楼一底的弄堂洋房来，究竟宽敞得多了，所以一到寓居，就开始做室内装饰的工作。沙发是没有的，镜屏是没有的，红木器具，壁画纱灯，一概没有。几张板桌，一架旧书，在上海时，塞来塞去，只觉得没地方塞的这些破铜烂铁，一到了杭州，向三间连通的矮厅上一摆，看起来竟空空洞洞，像煞是沧海中间的几颗粟米了。最后装上壁去的，却是上海八云装饰设计公司送我的一块石膏圆面。塑制者是江山徐葆蓝氏，面上刻出的是圣经里马利马格大伦的故事。看来看去，在我这间幽暗矮阔的大厅陈设之中，觉得有一点生气的，就只是这一块同深山白雪似的小小的石膏。

美丽的杭州城仿佛有情似的，在郁达夫举家迁杭的当天淅淅沥沥地下了一夜的春雨，为他这个游子光荣归来表示了欢迎之意。而郁达夫也为落居杭州，重归故里，激情萌动，一夜未眠，第二天一大早，便信步游览观赏周围的山水景色和人间的万象。

初到杭州时，环境新，气象新，郁达夫和王映霞的心情也发生了变化，彼此间的恩恩怨怨也为杭州的山水冲刷得干干净净，清清白白，和好如初，宛如新婚一般。

湖山清处遍题名

王映霞生在江南,长在江南,除江浙地区之外,从没涉足过其他的地方,像大漠的风沙,草原的牛羊,塞北的白雪,黄河的浊浪,长城的雄伟,故都的庄严等等,她只是耳闻而已,从没目染过,那里究竟是什么样子,人们是如何生活的,她是连一点感性认识都没有。举家迁杭后,生活安定,经济宽裕,便动了想外出观光旅游的心思,郁达夫也因闲暇无事,便投其所好,主动地要带她到祖国的北方诸省份实地领略一下那里的美丽风光和淳厚质朴的人情,享受享受人在旅途中的快乐,弥补一下她这方面的人生缺憾。夫妇二人的游历计划还未完全定稿时,却谣传杭州将有高温天气降临的消息,一时间人心惶惶,纷纷寻求清凉之地以避酷暑,适逢其时,郁达夫的好朋友汪静之、卢叔恒俩人来信邀请他们到青岛去度夏观光,无意间正中下怀。

碧 海 蓝 天

郁达夫和王映霞北国之行的首站选在青岛,其起因和经过,他在《避暑地日记》里有说明。

自前两星期起,杭州日在火炎酷热之中。水银柱升至百零五六度以上,路上柏油熔化,中暑而死者,日有七八人。河水井水干涸,晚上非至午夜过后,晨之二点,方能略睡,床椅桌席,尽如热水壶。热至今年,大约可算空前,或亦可谓绝后,不得已,偕家人等于上午八时乘早车去

— 195 —

上海，打算附便船到青岛小住一二月，因友人汪静之、卢叔桓等曾来信邀过。

青岛面山环海，山色苍翠，海水湛蓝，白云悠悠，清风徐徐，繁花似锦，游人如织，是著名的旅游避暑胜地。

一落脚青岛港湾，便为眼前的景象所吸引，心中的好感油然而生。郁达夫这一天的日记是：

午后一时入港，遥见绿阴红瓦，参差错落的青岛市区，天主堂塔，虽尚未落成，然远看过去，已很壮丽。在青岛西北大港外第二码头上岸，立海关外太阳下候行李，居然汗也不流，大约最高也不过只有九十度的温度，青岛果然是凉。

晚上尤冷，盖棉被睡，气候似新秋。

从1934年7月13日到港，到8月12日启程前往济南，在这里住了将近一个月的光景，游历了崂山、东海岸、炮台等名胜古迹，无不留下深刻印象；同时在这里还拜会了杨振声、邓仲纯、汪静之、卢叔恒、蜂巢等新朋故旧，其乐融融。

从《避暑地日记》里悉知，郁达夫对青岛的自然景致和气候是十分欣赏的。如1934年7月15日的日记云："天上有蛾眉月了，以后的海滨，当更加美丽。"又《青岛杂事诗十首》中的第二首云：

果树槐秧次第成，崂山一带色菁菁。

民风东鲁仍儇薄，到处瓜田有夜棚。

从柳树台入崂山，去靛缸湾，再至蔚竹庵等处，诗人为这里碧水蓝天，如诗如画的美景深深地吸引住了，禁不住感慨万千，诗兴大发。

柳台石屋接澄潭，云雾深藏蔚竹庵。

十里清溪千尺瀑，果然风景似江南。

青岛风景秀丽，空气湿润，凉爽如秋，处处给人以美的享受，但让郁达夫、王映霞更为感动的是这里的民风淳厚，人情味极浓。一踏上这块神奇、充满诱惑力的土地，犹如置身友谊的海洋，张张笑脸，朵朵鲜花，无时无刻都在给他们宾至如归，温暖似家的感觉。

来青岛的本意是避暑休闲的，除相识的老朋友外是不想声张宣扬的，然而不知是谁走漏了消息。落脚未稳，便有人在《正报》上发表了署名文章以示发迎,接踵便是来访的文学青年和各界知名人士。1934年7月18日郁达夫的日记云:"五时后回寓,有青年诗人李君来访,今天的青岛《正报》上,并且更有署名蜂巢者撰文一篇,述欢迎我来青岛及欲来相访意。"

自《正报》上披露了他们来青岛的事后,其消息是不胫而走,来访者,相邀吃饭者络绎不绝。7月18日晚上陪"自上海来访的林徽因氏,在海滨漫步。"7月20日"午后有青岛《正报》馆的赵怀宝(蜂巢),张紫城两氏来访,晚饭后在栈桥纳凉。"7月22日的"午后与房东骆氏夫妇上四方公园去玩了半天,归途且过芙蓉山上的全圣观去喝了一回茶,后遇雨,坐了汽车回来。"7月23日的日记是:"后有《北洋画报》记者陈绍文氏来访,同来者为陈之妹陈小姐及女国术家栾小姐等。栾小姐貌很美,身体亦强健,在青岛接见的女士之中,当以她为最娇艳温柔。"

年轻貌美,身体强健,性格开朗,举止大方的栾小姐突然出现在郁达夫的面前,的确使他眼前一亮,精神大振,暮气顿消,仿佛又回到了青年时代,心旌荡漾,浮想联翩,特赋诗一首相赠。

> 堂堂国士盈朝野,不及栾家一女郎。
> 舞到剑飞人隐处,月明满地滚青霜。

这次青岛之行还有一点令他们夫妇十分欣慰,那就是在这里遇到了许多相知有年的好朋友,承蒙热情款待,把酒话桑麻,真是快乐无比,一扫多年的阴晦之气。

相邀他们夫妇来青岛的汪静之、卢叔恒二人朝夕相陪,处处照应,关怀备至。这从郁达夫赠二人的小诗里可以看得出。

> 王后卢前意最亲,当年同醉大江滨。
> 武昌明月崂山海,各记东坡赋里人。

用郁达夫在《青岛杂事诗十首》原注中的一段话说就是:"汪静之、卢叔恒两氏招我来青岛,授餐设馆,款待殷勤,愧无以报耳。"

作为诗人,对朋友最真诚的感谢,最厚重的回报礼物就是赠诗,以其来明心志。

> 湛山一角夏如秋,汪酒卢茶各赠投。
> 他日倘修流寓志,应书某为二公留。

短短一个多月的时间,两次写诗向王、卢二人表示谢意,可见这期间他们的相处是融洽完美的。

与十数年前在北京大学教书时的邻居邓仲纯一家在青岛不期而遇,也让郁达夫惊喜不已。又蒙款待,更是喜不自胜。1934年7月28日的日记是:"老邓约明晚去伊家吃饭。"老邓即邓仲纯是也。次日的日记是:"午后汪静之、卢叔恒来,邓仲纯也来,便同去吃夜饭。邓小姐绎生,十年不见,长得很大了,吟诗作画,写字读书,都有绝顶天资,可惜身体不强,陷入了东方传统的妇女的格局。妹宛生,却和她姊姊完全相反,是一位近代的女人的代表。"这次青岛相逢,郁达夫既为邓仲纯写了赠诗,也为邓之二女写了一首。赠邓仲纯的诗是:

> 京尘回首十年余,尺五城南隔巷居。
>
> 记否皖公山下别,故人张禄入关初。

诗之后,还有一段小注:"遇邓君仲纯,十年前北京邻舍也。安庆之难,蒙君事前告知,得脱。"

赠邓之二女绎生、宛生的诗是:

> 邓家姊妹似神仙,一爱楼居一爱颠。
>
> 握手凄然伤老大,垂髫我尚记当年。

一个月的青岛之行,使郁达夫对这颗滨海明珠,有了更进一步的认识,同时也充分领略了她那内涵和外延的美。

在《青岛、济南、北平、北戴河的巡游》一文中,他不惜浓墨重彩、大肆渲染青岛的山水和风光。

> 带青带绿的颜色,对于视觉,大约是特别的健全;尤其是深蓝,海天的深蓝,看了使人会莫名其妙地感到一种愉快。可是单调的色彩,只是一色的色彩,广大无边地包在你的左右四周,若一点儿变化也没有,成日成夜地与你相对,日久了当然是也要生厌的;青岛的好处就在这里,第一,就在她的可以使你换一换口味,第二,到了她的怀里,去摸索起来,却也并不单调,所以在暑热的时候,去住一两个月,恰正合适。
>
> 无论你南边从上海去,或北边从天津去,若由海道而去青岛,总不过二三十个钟头,可以到了。你在船舱里,只和海和天相对,先当然是觉得愉快,觉得伟大,觉得是飘飘然遗世而独立,羽化登仙的样子;但一昼夜过后,未免要感到落寞,感到厌倦;正当你内心在感到这些,而嘴里

还没有叫出来的时候,而白的灯台,红的屋瓦,弯曲的海岸,点点的近岛遥山,就净现上你的视界里来了,这就是青岛。所以从海道去青岛的人对她所得的最初印象,比无论哪一个港市,都要清新些,美丽些。香港没有她的复杂,广州不及她的洁净,上海比她欠清静,烟台比她更渺小,刘公岛我虽则还没有到过,但推想起来,总也不能够和青岛的整齐华美相比并的。以女人来比青岛,她象是一个大家的闺秀;以人种来说青岛,她像是一个在情热之中隐藏着身份的南欧美妇人。

青岛的特色之一,是在她的市区的高低不平,与夫树林的青葱。都市的美观,若一味平直,只以颜色与摩天的高阁来调和,是不能够引人入胜的;而青岛的地面,却尽是一枝枝的小山,到处可以看得见海,到处都是很适宜的住宅区。就是那一条从前叫弗利特利希大街,现在叫中山路的商业通衢,两端走走,也不过两三里路,就到海边了;街的两面,一走上去,就是小山,就是眺望很好的高地。

从前路过青岛,只在船楼上看看她的绿树与红楼,虽觉她很美,但还没有和她亲过吻,抱过腰;今年带了儿女,去住了一个夏天,方才觉"东方第一良港"、"东方第一避暑区"的封号,果然不是徒有其表的虚称。

赞美之辞,真是无以复加。

游了山,玩了水,会见了老朋友,又结识了一批新朋友,同时还为《人间世》、《论语》等刊物写了稿子,还了文债,真是一举数得。

对这次青岛之行,不但郁达夫收获甚丰,就是王映霞也是十分满意的,在《王映霞自传》中谈到这段生活时,字里行间还充满着快乐和欣喜。

一九三四年的夏天,未到初伏,已经是热不可耐,当时气象预告,说今年将有六十年来未曾有过的热流降临到杭州。消息一传开,我们就有些担心起来,商量凑出几个钱,去找一个清凉的地方避暑。正巧这时汪静之、卢叔桓来信相邀,到青岛的海边去住一个夏天,费用不多而交通便利。于是我们决定去青岛,孩子打算只带一个大的,两个小的留在杭州托我妈妈照顾,说走就走。

一九三四年七月六日,我们离杭州经上海去青岛,轮船驶抵青岛港时,就可以望见在绿树浓荫里的一幢幢红瓦洋楼,把视线横扫过去,则是一条弧形的海岸线。青岛的温度,据说最热亦总保持在华氏八十度上下。虽然骄阳当空,但当你一望见青碧的海水与澄蓝的天空时,身心便自然而然地会清爽起来。我们在青岛海滨的三四十天的时间里,清晨或薄暮,我几乎是在沙滩上度过的。当游泳倦了的时候,我便仰卧在沙滩上,将两手枕着头,闭上双目,愁烦和俗情俗念被冲洗得一干二净。

是啊,第一次随夫君外出旅游,就到了青岛这个人间天堂,她怎么不激动,不流连忘返呢!

在朋友的陪伴下,在这里度过了一个温馨惬意的夏天。也可以说是二度蜜月。这个盛夏,无论是郁达夫,抑或是王映霞,在身心诸方面都感到很满足很愉快。

湖 光 山 色

在青岛游玩了一个月,王映霞尚未尽兴,于是,郁达夫便带着她继续旅行。

离开青岛,第一站到了济南。

济南是山东省的省会所在地,中外都享盛名的大名湖、千佛山、虎跑泉就在这里,著名女词人李清照,《老残游记》的作者刘鹗等都在这里留下不少风流韵事。

颇有文化功底和历史知识的王映霞,对济南当然不是一无所知的,郁达夫一提议,她便爽快地应允了。

郁达夫表面上给人的印象是粗犷豪放,不拘小节,实际上他的感情是很细腻的。为了让王映霞在济南能吃好玩好,在途中他就反复考虑让谁接待,让谁当向导的问题。最后选择了在此地任教的李俊民。

李俊民是郁达夫在武昌师大任教时最中意和辛勤栽培的学生,师生之情甚笃。这一点有李俊民的《落花如雨拌春泥——郁达夫先生殉国四十周年祭》为证。

　　……这一期间,郁先生看到学校内部的动乱,心情当然不好,他约我每晚陪他出去散步。由于出门数十步就是抱冰堂,所以当时从桃花初绽起到落花缤纷止这一阶段，几乎每晚都去跑一趟。抱冰堂的四周已无别的房屋，它孤零零地矗立在蛇山山腰上，门扇窗棂全无，只剩下空荡荡的一个大厅。我们沿着山径，徘徊在桃林之中，看到各种不同姿态的花色尽沐浴在落日的残照里，也另有一番滋味……

　　傍晚出去散步，除抱冰堂外，校舍南面还有一条狭长的长湖，通过沿湖边的一条小街走去，可到达拦在中间的一道短坝，叫长湖堤。每到夕阳西下，男女杂遝，在春风沉醉之中，有时吹来一些箫笛和风琴的声音，恍惚间有一点秦淮河的味道，加上郁先生的谈笑风生，因而情趣盎然，感到心境的舒适。

大学读书时，对李俊民是那样的关心提携，循循善诱，而在他踏上社会征途之后，郁达夫对他的关怀和帮助仍丝毫未减，彼此之间的来往也日益频繁。据李俊民在《落花如雨拌春泥——郁达夫先生殉国四十周年祭》中回忆，1927 年他到上海后，因生活工作均无着落，便直接找到郁达夫门下。

　　基于和李俊民这种亦师亦友的特殊关系，所以，郁达夫一到济南便直奔他的寓所。1934 年 8 月 12 日，他在《避暑日记》中写道：

　　　阴晴天气，济南亦遭大雨之后，道路坏极。晚宿平浦宾馆，臭虫蚊子极多。

　　　访李守章夫妇于济南寓居。

　　日记中的"李守章"即是李俊民。访问他的目的，就是和他商量第二天的游玩计划，并希望他能当向导，在一天的时间内将主要风景名胜都看看。

　　得到李俊民爽快地应诺，郁达夫次日的一大早便携妻儿到他的寓所相会。这一天的日记是"晨起即去李氏寓，与李氏夫妇历访趵突泉、金线泉、黑虎泉诸处，后上千佛山，遥望华鹊两峰，点扼黄河之上。午饭在院西大街一家南方馆吃的，饭后即绕历城学宫之东出大明湖。坐船访历下亭、张公祠、北极阁、铁公祠等处后，赶至津浦车站，坐五点零五分特快过黄河北行。"

　　如果不是有熟知济南风景名胜的李俊民作向导，并精心设计行程，想在短短的一天时间里看这么多的地方，那是绝对不可能的。

　　在异地他乡接待郁达夫、王映霞夫妇，并陪他们游玩，李俊民既激动又兴奋。数十年后，他在《落花如雨拌春泥——郁达夫先生殉国四十周年祭》

中曾记录下了当时的情景。

　　……一九三四年八月中旬，一个雨后微凉的晚上，我在济南的寓舍正闲暇无事，忽然来了远客，竟是郁达夫先生和王映霞女士。……郁先生还是老样子，清癯而不过于消瘦，体魄还是健康的。王映霞女士较在上海时肥胖了一些，并不减其秀丽，不过使人增添了一种少妇的感觉。郁先生说来自青岛，他是去青岛避暑的，还将去北平，只是路过济南，不会耽搁很久。当晚谈话不多，我们约定明天对济南几个著名的去处，总得游览一番。

在李俊民的引导下，郁达夫、王映霞首先游历了趵突泉。

趵突泉位于济南城西南，泉自地下岩溶洞的裂缝中涌出，水分三股，势若鼎沸。泉池略呈方形，面积亩许，围绕石栏。昼夜喷涌的三股清泉，状如三堆白雪。

民间传说，趵突泉原是龙宫一把白玉壶喷出的宝泉。相传很久以前，城里有一个以打柴为生的小伙子名叫鲍全，他的双亲得了重病，因为家里穷，请不起大夫，只好眼睁睁地看着父母相继去世。从此，他立志学医以解除天下穷人病痛，于是，一边打柴，一边向南山一位和尚师父请教医道。有一天，鲍全碰到一个生病的白胡子老头，就主动地为他免费治好了病。老头见鲍全一大到晚为穷哥们治病太辛苦，就告诉他泰山黑龙潭的水能治瘟疫，并送给他一根拐杖让他到那里取水。他挂着拐杖很快来到泰山黑龙潭，用拐杖钩桶下潭提水。谁知那拐杖见了潭水就往里钻，并把他也带到了水里。原来水底是龙宫，白胡子老头是龙王的哥哥，拐杖是老头的儿子所变。龙王感谢鲍全救了哥哥，要送给他一件礼物。鲍全看上龙宫里一把不住地向外"骨突"冒水的白玉壶很好玩，就要了它。州官知道了这个消息，就派公差找他借宝壶。他知道这一借必无还的希望，便赶紧在院子里挖了一个深坑把宝壶埋了起来。州官差人在院子里乱挖乱翻，最后，终于挖到那把玉壶，可是怎么也搬不动，差役们有的抱壶嘴，有的扳壶把，有的使劲推，突然"咕咚"一声，壶口"呼"地窜出一股大水，直冲向半空，把几个公差淹死了。溅起的水花洒满全城，水花落处，即出现水泉，从此济南变成有名的泉城。天长日久，这一股水一直在冒着，人们根据它骨突骨突向外冒的形貌，叫它"趵突泉"。

听了美丽传说,又实地观赏了趵突泉的景致,郁达夫、王映霞很是高兴,不顾辛劳,接着又爬上了千佛山。李俊民后来回忆说:

> 郁先生登上高岗,清风徐来,溽暑全消,他向北眺华、鹊二山,中间是洛口的黄河铁桥,我告诉他"黄河入海流",从此沿黄河东流到海,就再没有山了。华山即"华不注",传说是燕齐交战之处,燕师三绕"华不注"而终于败绩。遥望这山川胜处,郁先生的心情是爽朗而且愉快的。

从苍翠欲滴、峰峦叠嶂的千佛山下来,又兴致勃勃地游览了大名湖。

大明湖位于市中心偏北。珍珠泉、芙蓉泉、王府池等多处泉水汇入。一湖烟水,荷花映日,垂杨飘飘,景色绝佳。沿湖的亭台楼阁,水榭长廊,更添一番风韵。

大明湖的形成,民间也有一个很美丽的传说。很早以前,南山下一个村子里住着一对青年男女,男的叫杨柳,女的叫荷花。两人青梅竹马,一块玩耍。到十七八岁时,杨柳长成身高膀宽的小伙子,荷花长成如花似玉的大姑娘。两家父母一商量,就给他们订了终身。谁知城里的明员外看上了荷花,想把娶过来当小老婆,让一个绰号叫"画眉舌头"的赵媒婆去说亲,赵媒婆捧着彩礼来到荷花家,用甜言蜜语又哄又骗,企图说服荷花嫁给明员外,结果被荷花一顿痛骂给轰了出去。两家父母一看情况不好,第二天就让他俩成了亲。明员外一计不成,又生一计,串通官府把杨柳抓了壮丁。荷花与杨柳含泪挥别,信誓旦旦永不变心。杨柳被抓壮丁后,明员外再生诡计,派一群狗腿子把荷花抢进大明府抵债。荷花知道这次去便难以生还,就在袖筒里藏了一把剪子,乘明员外不备,杀了这个作恶多端的坏蛋,然后一头扎进养鱼池里。荷花扎进养鱼池的瞬间,"轰隆"一声巨响,大明府整个陷落到了地底下,接着冒出一湖清水。不久,杨柳立了战功回家,找荷花来到大明湖,只见湖面上渐渐冒出了几片绿叶,接着一朵花儿钻出水面,粉红的花儿就像荷花的容颜,杨柳连叫几声"荷妹",那花似乎微微点头作答。杨柳呆呆地站在那里一动也不动,慢慢地变成一棵柳树,手臂为一枝枝柳条,一直垂到湖面,仿佛要把荷花拉上来似的。

景色美,故事美,郁达夫一行的兴致也高。李俊民在《落花如雨拌春泥——郁达夫先生殉国四十周年祭》中是这样描述他们游大明湖的情景的。

雇船出大明湖，先访古历下亭，读到杜甫的诗联："历下亭子古，济南名士多。"大明湖沿湖为种植菱藕的私人所分割，中间畔界纵横，湖面不清。所以我找到一处能够看到千佛山倒影的地方，指给郁先生看。千佛山和大明湖之间，隔着一座济南城，但千家万户的济南城厢看不见，而千佛山的倒影却历历如绘，刘鹗在《老残游记》中对此描画得很清楚。而在"五四"之后，蔡元培先生父女和胡适游到这里，望不见千佛山有倒影，怀疑刘老残是想象之辞。前此我和我的姑丈同游至此，有王冶秋同志陪同，他就摄下了大明湖上分明看到千佛山倒影的一张照片，我的姑丈题了四句诗："影影南山倒入湖，天然写出不曾诬，蔡家父女空腾笑，崇实还虚博士胡。"我把这首诗背诵给郁先生听，以博取他一笑。

坐船沿大明湖迤西朝北，游历了张公祠、铁公祠、北极阁等处，尽情徜徉，欢快之至。

济南之行，对郁达夫和王映霞来说是有着永久回忆的，在这里不但饱览了湖光山色，而且还尽情地享受了美味佳肴。午饭是在院西大街一家较大的餐馆里吃的。济南城里三大名吃全吃到了。

一是洛口供应的黄河鲤鱼，餐馆里把它们弄来养在小池子里，活蹦蹦的，餐馆要顾客自己挑选出来，当场摔死，然后再去烹饪，上桌以后，除略有沙土气息外，是极其鲜嫩可口的。二是大明湖特产的蒲菜，形似菖蒲而中心细嫩，又似茭白而没有茭白肥大的蒲菜，煮为清汤，是从清新素雅中得味的。三是青稻米，是小清河两侧种出的粳米。小清河是山泉汇成的河流，灌溉出来的稻米青而发黑，清香无比。产量不多，号为贡米，过去大部分进贡，老百姓是无法得到的。这三种特产都具备了，所以这次聚餐是值得纪念的。

郁达夫在《青岛、济南、北平、北戴河的巡游》一文里，对济南之行也有一番说辞。

到济南城后，找着了李守章氏，第二日照例的去游千佛山、大明湖、趵突泉、金线泉、黑虎泉等名胜。自然是以家家流水、户户垂杨的黑虎泉（现在新设了游泳池了）一带，风景最为潇洒。大明湖的倒影千佛山，我倒也看见了，只教在历下亭的后面东北堤旁临水之处，向南一望，千佛山的影子便了了可见，可是湖景并不觉得什么美丽。只有蒲菜、莲蓬的味道,的确还鲜,也无怪乎居民的竞相侵占,要把大明湖改变作大明村了……

褒贬之意,清晰明了。褒的是大自然的美妙奇特,贬的是市井小民的贪图蝇利,践踏了秀丽的风景不说,同时也破坏了大自然的和谐。

秋 韵 醉 人

游历了青岛,赏玩了济南,王映霞兴致未减,而且是越来越浓。为了不扫她的兴,郁达夫又陪她驱车直达北平。

此时已是残暑消尽,凉意悄然而至的初秋时节。

故都的秋,自有其独特韵味和美丽的惊人之处。

"陶然亭的芦花,钓鱼台的柳影,西山的虫唱,玉泉的夜月,潭柘寺的钟声。"(郁达夫《故都的秋》)无不充满诗情画意。然而,不远千里而来,并不单单是来欣赏美景,饱尝故都秋之味的,重要的一点是来寻梦的。

郁达夫寻的是旧梦,王映霞圆的是新梦。

对故都北平,郁达夫并不陌生。1919 年的仲秋,曾奉长兄曼陀先生之命来这里参加高等文官和外交官考试。

对长兄的厚望,他自认是不会辜负的,凭着自己的满腹经纶,怎么也能绰绰有余地应付得了这场考试。但出乎意料的是,首场外交官考试他便名落孙山。究其原因,百思不得其解。论资格——他百分之百地符合条件;论所答试卷——他笔走龙蛇,所立所论,结构严谨,无可挑剔。后来,在一位朋友的指点下,他才明白这其中的奥秘。

原来在未考试之前,有权有势的考生早已在主考官大人那里疏通了"关节",该录取者是事前早已内定好的,所谓的"考试",只不过是走走过场,掩人耳目而已。隔了一天,这一"奥秘"便见于京城的报端。

尽管出国前,对中国官场的腐败龌龊早已有所闻,但他绝没有想到连一向标榜公平公正,择优取仕,被普通老百姓视为神圣的国家级考试,也竟然肮脏黑暗到如此令人不堪的地步。当晚,他漫步闲逛到某清王府的一座花园里时,心情郁闷恶劣到了极点,遂题诗墙壁,以泄心中之火。诗题为《已未秋,应外交官试被斥,仓卒东行,返国不知当在何日》。

　　　　　　江上芙蓉惨遇霜,有人兰佩祝东皇。

　　　　　　狱中钝剑光千丈,垓下雄歌泣数行。

　　　　　　燕雀岂知鸿鹄志,凤凰终惜羽毛伤!

　　　　　　明朝挂席扶桑去,回首中原事渺茫。

　　诗末署名为:江南一布衣题。未加冠取得功名,自然是布衣了。

　　到了这时,郁达夫才算真正体会到了古诗人柳永落榜后,"忍把浮名,换了浅斟低唱"的苦衷,然而他还不死心,大有当年楚霸王"此天亡我也,非战之罪"之感慨。数天后,他怀着背水一战的心情,又参加了高等文官的考试。

　　外交官考试的失败,给他造成的伤害是极大的,其失败的阴影一直笼罩在心头。

　　北京的十月,金风送爽,红林尽染,好一派美丽的风光,但在他的眼里却全变了样,天是灰蒙蒙的天,地是枯草黄叶的地,风是萧瑟的,就连月光也满带寒意。

　　与十几天前参加外交官考试时的心情一样,他对这次高等文官考试同样是充满自信和希望的。一大早便乘着忽明忽暗,闪闪烁烁的星月来到了东华门,静静地在太和殿外等候入场时的点名。夜残将曙,晓风寒露,秋意已深。触景生情,不免又伤感起来。他想自己千里迢迢从日本回到国内,又如此不辞辛劳地赶到这里,不就是为了要争取一个报效祖国的机会,争得一片施展才华的舞台吗?可他的这一片苦心,一番美意,又有谁能够理解呢!真是问天天不语,叫地地不应。

　　　　　　疏星淡月夜初残,钟鼓严城欲渡难。

　　　　　　耐得早朝辛苦否,东华门内晓风寒。

　　吟完此诗,应考的人们便陆陆续续地集聚到了东华门。当他与一群"摇头摆尾的先生",在"太和殿外的石砌明堂里"等候点名时,仰起头"看了一眼将明未明的青天,不知是什么缘故,心里好像受了千万委屈的样子,摇了一摇头,叹了一口气,忽然打了几个冷痉",真是"恨不得马上把手里的笔墨丢了,跑上外国去研究制造炸弹去。"

　　同样的原因,高等文官考试又一次名落孙山。他真是心灰意冷到了极点,刚进京时像春天的树叶那样蓬蓬勃勃的希望,现在却在肃杀的秋风中片片坠落了……

北平第二次给留下深刻记忆是他在北京大学任统计学讲师期间。"本来从他的声望、地位、资历、成就等等方面来看,他在北京是不应该只得到一个讲师职称的。由于当时都城文化教育界派系林立,壁垒森严,他和各派都并无恩怨,便在他们的相互排挤倾轧中成了三明治。"(孙席珍《怀念郁达夫》)一年有余的京城生涯,留给他更多的还是伤感——职称没变化,创作无收获,学问没长进,而心情却是郁闷恶劣到了无以复加的地步。

有了上两次的深刻记忆,再度来到京城,心情是十分复杂微妙的。既有携娇妻风光回旧地以炫耀之意,又有寻求往日不再的美梦之怀,而对这一切,王映霞都是茫然不知的。

在王映霞的脑海里,明清两代帝王居住的皇宫充满神秘神奇,颐和园里的亭台楼阁,翠山秀水,光彩夺目,西山漫天遍野的枫叶红似烈火,惹人陶醉,皇城根下的平民百姓满腹天下事,高深莫测,这一切的一切,都令她十分羡慕和向往,这一次随夫君前来观光,既有圆梦之情,同时也有向夫君的朋友展示自己美貌风采之意。

因都是踏梦而来,两人的心情自然都是十分愉快的,而且每天都过得很充实。首先他们拜会了陈伯通、凌叔华、沈从文、孙百刚、孙席珍等亲朋故旧,畅叙友情,回首往事,展望前景,兴奋异常。郁达夫《故都日记》的首章便是:"晚上在五道庙春华楼吃晚饭,主人为孙百刚氏。饭后去中央饭店水淇处,谈榆关近事及南都故实,坐到了十二点钟。有人约去北京饭店屋顶看跳舞,因夜已深,不去。"三天后的日记又云:

晨八时起床,往访白经天、陈悝农、孙席珍等。中午王余杞来,一同出去吃饭,更到丰泽园,遇邓叔存、陈伯通、叔华、沈从文、杨金甫等,谈到四时,去天坛。

晚上同乡周君请吃饭,孟君请听戏。为杨云友嫁董其昌故事,戏名《丹青引》,原本想系李笠翁所作,后经人改编者。

陈伯通、沈从文等人是他在北京大学任教时相识相知的朋友,十余年后再度聚首,把杯临风,促膝长谈,确是人间一大快事。

在京城期间的第二大快事就是在诸多老朋友和社会名流的盛情款待

下,品尝了正阳楼、丰泽园等著名饭馆的美味佳肴,大饱了口福。

漫步中南海、故宫、颐和园、西山、北戴河等风景名胜,细细体味这里一草一木、一砖一瓦所独具的神韵,为他们的北平之行增添了无限的乐趣。

对闻名遐迩的中南海,王映霞是心仪久之。这在孙百刚的《郁达夫外传》中有记载。

有一次,映霞想玩中南海,由我陪同他们设法借了车进去的。那时候没有正式机关设在里面,只驻有警卫部队。中南海里边荒芜不堪。映霞最感兴趣的是南海的瀛台。就是戊戌政变后慈禧幽禁光绪的所在。不过当时的太液池并没有现在这样青松翠柏,碧水澄流。一眼望去,既看不见涵元殿,更望不到翔鸾阁,只是几间颓楼败厦,拥水而居。这里没有板桥,没有渡舟,隔水遥望,徒兴铜驼荆棘之感而已。

因朝代的更迭,社会的变迁,中南海早已没有昔日的辉煌,但作为历史留给后人的宝贵遗产,仍能让人流连忘返,充满遐想。

看了中南海,再到西山摘几片枫叶也是件很惬意的事。

西山重峦叠嶂,清泉潺潺,花木满山,景色清幽,金、元、清历代帝王都在此地营建离宫别院,为各朝皇家游幸驻跸之所。纵览全山,名胜遍布,风光旖旎,秋来黄栌换装,漫山红遍,如火如荼,有"霜叶红于二月花"的胜景。

郁达夫喜欢秋天,尤其是北方的秋天。他认为:"秋天,无论在什么地方的秋天,总是好的;可是啊,北国的秋,却特别地来得清,来得静,来得悲凉。"(郁达夫《故都的秋》)

和夫人不远千里,从南方赶来北平的理由,也就是"想饱尝一尝这秋,这故都的'秋'味。"

漫山遍野的枫叶,的确让他们饱尝了故都的秋之味,同时也激发了郁达夫的创作灵感。千古绝唱《故都的秋》就是看了西山枫叶之后的所感所思。

涛 声 依 旧

将京城的主要景色看完后,郁达夫和王映霞又在友人的陪同下,马不停蹄地到北戴河转了一圈。

北戴河南临渤海,背依联峰山,西起戴河口,东到鹰角石,长约 10 公里,南北宽约 2 公里,海岸线漫长曲折,滩面平缓,沙软潮平,海水清澈,是一处天然海水浴场。更因有海陆风影响,春无风沙,冬无严寒,夏无酷暑,温和湿润,凉爽宜人,适于避暑。景区内松柏葱郁,奇石异峰,或高耸云际,或孤峰入海,自然景色千姿百态,楼房别墅或临海岸,门外波涛汹涌,或掩映于树丝,擅林壑泉石之胜。

对这次的北戴河之行,郁达夫的记忆是深刻的。《故都日记》云:

> 昨晚大热,今晨凉,六时顷,车过滦河,风景秀丽似江南。据说,有清帝避暑之宫,在这滦河附近,足见山川的形胜了。稍迟过昌黎,地出葡萄苹果及其他水果。与韩文公封号出处相同,至今城内尚有昌黎祠。午前七时零五分到北戴河站,又二十分至海滨。住铁路宾馆,早餐后即至老虎洞,西联峰山,南天门等处游,顺东山东经路,过刘庄回寓。计跑一日,将北戴河胜地跑遍了。地势以南天门为佳,东山区多西人住宅。鸽子窝未去,而立在南天门向秦皇岛、山海关等处的远眺,却也足能使人引起一种感慨。
>
> 晚上早睡,因北戴河无汽车声,山居颇清净故。

据陪同前往北戴河游玩的孙百刚回忆,他和郁达夫在游览北戴河之余,二人还实地到号称天下第一关的"山海关"观光了一番。

> 我同达夫两人站在这号称天下第一关的山海关上,徘徊欷歔了一阵。极目远眺,层峦叠翠,西边万里长城像一条巨蟒似地蜿蜒蟠踞着。关的东头就是这条巨蟒的尽头。本来这里建造得特别坚固,地面也特别广大,似有兼作海防长堤的作用。但后来年久失修,面目全非。当时华北情势岌岌可危。达夫谈到长城和这险要关隘的形势时,感慨系之地背诵了一首他改写的前人咏长城诗:
>
> 秦筑长城比铁牢,当时城此岂知劳。
>
> 可怜一月初三夜,白送他人作战壕。
>
> ——《郁达夫外传》

正当游兴正浓,欲继续漫步北戴河沙滩时,忽然从杭州传来了小儿耀春病重的消息,王映霞念儿心切,不得不提前中断了这次未完的故都之旅。

虽然未十分尽兴,但王映霞对这次故都之行还是十分满意的。在《王映霞自传》中有着浓重的彩笔。

在北平的日子并不多，但这时的季节，正好是已凉未寒的时候，在北京人说来，这是最好的季节。北海故宫的历代古迹，虽然是值得令人瞻仰浏览，但我对阵阵秋后所随之而来的风沙，多少是有些顾虑的。

孙百刚先生这时已在北平工作，老朋友异地相逢，当然是分外高兴。他就挤出了时间，陪我们一起去游玩了北戴河。

当时的北戴河海滨，都是达官贵人们的洋房别墅。据说是禁止使用汽车的，则其地之清静，可想而知。若缓步在静寂的海滨，除了潮汐的冲击声外，偶尔听到的，便只有林间的鸟语。北戴河可用以代步的，只有驴子。我把它当作一种新鲜的玩意儿看待，每每骑上背之后不肯下来。

郁达夫自 1925 年南下武昌，再至广州后，已有近十年没有来过北平了。这次偕新夫人旧地重游，颇有一番感慨。著名的散文《故都的秋》就是这次游北平的真实感受。

"风雨茅庐"多风雨

郁达夫半生流浪漂泊,备尝艰辛,和王映霞迁移杭州后,才算过上相对安稳的日子。

有了固定的住所,衣食无忧,夫妻间因摩擦而造成的少许裂痕,也随之得到平复,相亲相爱如新婚之初。用唐弢在《记郁达夫》中的一段话说就是,"这对夫妇正过着婚后最幸福的生活,你怜我爱,形影不离。"

大 风 圈 外

郁达夫性情疏懒,行踪飘忽不定,再加上长年遭受封建军阀势力和国民党反动派的迫害,为安全起见,无论是外出观光游览,或是拜会亲朋好友,大多都是独自而行。

对不能经常陪夫君外出,王映霞深感遗憾,也很有些不满和微词。用她自己的话说就是,自结婚以后,除与郁达夫同行或偶尔一块赴友人的宴会之外,一直是一个人深居在家,几乎与同学、亲友不往来,也久不通信。

一个年轻貌美,青春涌动的少妇长年孤独地困守家中,生出诸多怨言和不快是很正常的,更何况王映霞是个天生就不爱寂寞的人。在沪时,她是不得已而为之,到了杭州,这种局面算是彻底改变了过来,她和郁达夫俩人出去成对,回来成双,形影相随,寸步不离。1935年9月3日,郁达夫在《秋霖日记》中写道:"晨八时起床,即送霞至车站,伊去沪,须一两日后返杭也。"

从杭州到上海，只有三四个小时的路程，而王映霞常来常往已多年，如此小别，还要到车站去护送，真是的夫妻情深。次日，他在日记中又写道："午前硬将小说写下去，成千余字。因心中在盼望霞的回杭，所以不能坦然执笔。"

这真是俗语"一日不见，如隔三秋"的最好注脚。

王映霞离杭去沪，来回仅两天的时间，又是接又是送，又是寝食难安，这充分说明了，夫妻情感真已达到如胶似漆，须臾不能分离的境界。

夫唱妇随的佳话，不但在郁达夫的日记等文字里能看到，在友人的文字里也多有记载。黄萍荪在《风雨茅庐外纪》中有一段描述就很逼真生动。

郁达夫、王映霞夫妇刚移居杭州时，既是《东南日报》记者，又兼《中央日报》驻杭州特派记者的黄萍荪，奉命前去采访。采访结束，将要出门时，精彩的一幕出现了。

我是围绕南京指定的三个框框发问的，现在基本上都得了解决。看日将停午，屋后炊烟已袅袅而起，该到告辞的时候了，正想抓起礼帽时，忽然有声自身后来：

"老半天谈下来，连茶也不留客人吃一杯，就让他走吗，好意思，好意思！"

……

见郁太太端一闽制脱胎朱漆缕丝茶盘，上置青瓷盖碗一对，白铜为托。在玻璃杯已盛行之日，睹此，不无古色古香之感。当时王映霞不过二十六七，一望而知为一秀外慧中的贤主妇，见人落落大方，不失原来的本职——小学教师的风度。她将盖碗自盘中取出，先客后主，说：

"请尝尝，这是我家爹爹——洪春桥坟上的老坟亲，摘自灵隐北高峰顶上的'云雾'，比市上的'明前'可能略胜一筹。水，汲自隔壁般若庵中一口据传通西湖的古井，常年清冽甘芬，不下虎跑泉哩！"贤主妇如此盛情，我只好暂留以品尝云雾了。

吃盖碗茶，也有个款式，先掀起盖碗的一角，将浮在上面的几片叶子轻轻拨弄数次，使之下沉，方显出是个行家，而后左手持托，右指执盖，见碗中白毫翻滚，嫩绿的茶汁中又略呈数枝鹅黄，果然，入口清醇，回味甘余，便赞道：

"郁太太,眼下龙井旗枪牌价卖每斤二十元,我花两块钱买过一两试之,和你的相比,有小巫见大巫之别了。好茶,好茶!谢谢!"起身欲走。主妇说:

"慢!黄先生,我看你品茗还不够格!"

"郁太太,怎见得不够?"

主妇噗哧一笑,强调她的看法:"我说你不够格就不够格。既知好茶,须知好茶尽在二开,不品二开,等于暴殄天物!"

离开销金不夜城的大上海,举家迁移杭州的目的就是为了躲避俗尘的喧嚣,求得世外桃源的宁静。对《中央日报》记者的跟踪和寻幽探秘,心中本是十分反感的,也可以说是讨厌之极,退避三舍而犹恐不及。出乎意料的是,就在这"讨厌"之人将要离开时,王映霞却再三地执意挽留。猛然一看,让人百思不得其解,而细细分析起来,却是大有奥秘所在。

《中央日报》的记者以其惯有的伎俩,将要所提的问题一股脑地全抛给采访对象,使其措手不及,完全跟着他的思路回答问题。

黄萍荪紧步前辈们的后尘,首次采访郁达夫时,也用了同样的手段,即连珠炮似地提出问题,不给对方留出一点思考和反问的机会,一俟目的达到,马上便溜之大吉,急于回去向《中央日报》复命,好发头条新闻,以博得主子的欢欣,所以,等郁达夫将他最后一个所提问题回答完毕时,抓起礼帽,急匆匆地要走人。

对黄萍荪的突然采访,郁达夫毫无思想准备,对其所提出的问题,只有招架之功,而没有还手之势,等回过神来,想表白一二时,对方已作出了要走的架式,怏怏不乐。

王映霞是何等精明之人,对黄萍荪的举止是洞若观火,关键时刻以"品茗"为题挽留,意在反客为主,摸清对方的来龙去脉。黄萍荪在《风雨茅庐外纪》中回忆当时的情景道:

主妇的话刚落音,主人接道:"黄先生,映霞说得对,好茶尽在二开,勿辜负云雾的摘之不易也!再说,我还有几句话要转请教,可能我们要互易其位,让我也来过过记者的瘾啊!"

我连称:"如不耻下问的话,凡有所知,无不奉告。"这时映霞真端来水瓶,命品二开。

……

郁先生真要和我易位了,未免令人忐忑不安,将不知如何回答才是。

"这次来杭拟去访问两人:一是马一浮先生,闻此人无书不读,通英、德、法、日数国文字,对梵语尤精研;书法古拙,文追汉唐,诗宗少陵。然而淡泊自甘,不屑时誉。听说陈立夫给他触过一鼻子灰。陈托人拿了《唯生论》请其指教,马先生眨着眼睛,佯作不知,问:'哪个陈立夫?没听说过。'看了《唯生论》书名后,又直摇头说:'举国汹汹,唯杀是尚,唯生,怪哉!'把书推过一边,左顾而言他了。说客讨了个没趣,怏怏而出,黄先生,可有其事!"

这个问题提的太刁钻了。陈立夫是《东南日报》董事会的常务董事之一,陈果夫是董事长,作为小记者的黄萍荪怎敢就有关"领导"们不光彩的事情说长道短,但其事已甚嚣尘上,杭人大多知之。这种笑话,虽不见报,往往不胫而走,比见报的效果还强,他只能唯唯否否,借"绍兴师爷"不着边际的口吻来个:"哦哦,事情也许出之有因,实据尚等查明……"哪知主人听后大为不满。

"黄先生,当新闻记者要有你前辈金华邵飘萍的胆略,杀头坐牢,等闲置之;如今,这点小事,等于一片树叶,你已怕砸破脑袋似的。其实,我在上海已早知有此消息,问你一声,无非求得进一步的证实,焉有他意。一个书生,竟敢睥睨党阀,笑傲权贵,我真打心底里敬服马老!你能否为我找个和他相知的人先容……"我在败阵之余,心想这位郁先生倒也不好对付,只想早点溜走,便说:

"住在马所巷里的马先生,我曾得寿毅成先生介绍,访问过两次,同样是以记者身份,谈不上有什么交情。他日商之寿先生如何?寿先生好客,又能获马老之欢。"我又端起青瓷盖碗喝了几口云雾,正想起身,又被喊住,说:

"请慢!黄先生可知道杭州和弘一法师经常有书信往来的尚存几位?"

郁达夫急于要拜访的马一浮、弘一法师,都是著名的反清排满斗士,为推翻封建帝王专制,建立"五族共和"的中华民国立下了汗马功劳。

以汉族精英为领导"核心"的中华民国诞生后,二位先生不贪图高官厚禄,全身心投入文化教育事业,桃李满天下,学术声誉冠中华,再后,目睹新兴统治者的黑暗腐败,和军阀势力的横行无道,毅然脱离滚滚红尘。前者归隐山林,落脚西子湖畔,谈禅说道,淡泊明志,后者则遁入空门,云游四海,弘扬佛法,净化心灵。

对马一浮、弘一法师的革命业绩、伟大的学术成就,郁达夫十分的敬佩,常仰视为人生楷模,拜访求教之意早已有之,也在来杭后的计划之列。但要通过无名的记者小辈去引荐通融,则是他虚晃的一枪,放的"烟幕弹"而已。其真实用意是想通过记者的口和笔向国民党中央政府和杭州地方当局透露个信息——即已厌倦尔虞我诈,充满血与火的政治舞台,甘愿步马一浮、弘一法师们的后尘,置身大风圈外,躲进小楼成一统,管他春夏与秋冬。这是其一,其二则是借机敲打提醒黄萍荪之辈,明确告诫他们做记者就要像不怕杀头坐牢的前辈邵飘萍那样,敢于揭露时弊,抨击黑暗,坚持正义,维护公道,追求光明,热爱大众,万万不可屈服于权贵和邪恶势力,蝇营狗苟或为虎作伥。

郁达夫的这一招果然很奏效,马上有被动转变为主动,而且王映霞也则不失时机地察言观色,揭出了黄萍荪少年时代的"恶作剧",大有警示之意。黄萍荪在《风雨茅庐外纪》中描述此时此刻的情景道:

……郁太太复出,仔细端详了一下我的形神,问道:

"黄先生,你在哪里读的小学?"我愣了一愣,心想今天这个滥竽充数的小记者反被变作盘诘的对象,呜呼!此道之不可为也!便嗫嗫嚅嚅的答道:

"横河桥女师附小!"

映霞听后,拊掌大笑。这一笑,不但使我感到突兀,连她的外子也坠入五里雾中。接着,她以老气横秋之色说道:

"我深信自己的视力还是不错的:想当年女师附小有个十一二岁的顽童,结着一帮臭味相投的小鬼,专以沙砾、果皮向女生挑衅,为首一人,正像是今日你这位记者先生。当时女生中给你起的外号叫——野伢儿(按:杭人对顽童的别称)!"

这位逸趣横生、妙语连珠的郁太太,继敲云雾后端出一盆出我意料之外的我的童年"洋相",措手不及,怎样招架这一神来之笔呢? 完全陷入偃旗息鼓,弃甲丢盔之境,三十六着,走为上着。忙说:"郁太太,你好眼力,佩服、佩服!"

王映霞配合夫君智斗《中央日报》记者一幕,半个世纪之后,当事人的黄萍荪还记忆犹新。

黄萍荪原是国民党中央政府和杭州地方当局安插在郁达夫身边的"眼线",明的暗里都起着监视作用,没想到,上阵的第一个回合,经一番"智斗",竟使其来了个一百八十度的大转变,由敌人变成了他们夫妇的好朋友,同时,也通过他的笔,向外界传达郁达夫已脱离政治漩涡,只求平安,不问世事的信息。

杭州时期,郁达夫和王映霞携手并肩、寸步不离的倩影丽姿,在同时代友人的文章里也多有记载。据唐弢《记郁达夫》回忆,初睹郁达夫、王映霞夫妇风采,是 1934 年 1 月 6 日黎烈文请鲁迅的宴会上。

> 达夫先生喝得多了一点,王映霞频频以目止之,没有收效,她便直接阻拦主人,说达夫近来身体不好,听从医生嘱咐,不能过饮。主人自然从命,达夫先生面露不愉之色。陈子展从旁打趣说:"到底是医生的命令,还是太太的命令呢?"达夫苦笑了。

> 王映霞讲了一个故事,她说婚后不久,有一段时间他们住在静安寺附近嘉禾里,寒冬十二月的一天,有个朋友约达夫去浴室洗澡,洗完同去吃饭,直到午夜不见回来,映霞通宵没有合眼。天刚黎明,听到紧急的叩门声,一个陌生人扶着满身冰雪的达夫进入屋内,原来他醉倒在嘉禾里街口上,拥着冰雪睡了半夜,一件皮袍子冻成了毡块。王映霞从此立下"禁令":凡是约郁达夫出去吃饭或喝酒,必须负责将他伴送回家,如果没有人保证的话,就不许他出门。

> 这是真的。后来达夫先生多次由杭来沪,都由王映霞偕同……

对唐弢所言,从王映霞的回忆录里也可得到证实。其言曰:"我们是在一九三三年春末,全家搬到杭州去住。虽然搬到杭州去住,但我们每个月总要到上海办点事情,也常去看望鲁迅,有时在鲁迅寓所见面,有时在内山书店碰头。"

经过上海时代轰轰烈烈的大爱之后,郁达夫和王映霞都更趋于理智,其情更真,其意更浓,主要表现是心灵的默契,生活节奏的和谐。

王映霞喜欢读前辈乡贤们遗留的笔记及时文别集之类,他闻讯就刻意地去寻觅搜求,汇集成册后,冠以《娱霞杂载》之名,博其粲然一笑。

王映霞与三姑奶奶感情深,他就时常去三姑奶奶府上请安问候,生日时又撰文颂其美德。

"对于平时杭州人家的那一种做寿做亲的铺张耗费,一向是不赞成的,尤其是那一种只重仪式不重实际的恶习惯。"(郁达夫《祝赵母王太夫人的寿》)但对王映霞三姑奶奶的祝寿宴,他则是情有独钟,格外的垂青,在扬言"非去喝它一天酒不可"的同时,还献上了一篇辞藻华美的祝寿文。

《祝赵母王太夫人的寿》虽然列举的都是日常生活中的普通事情,但经郁达夫如椽之笔一渲染,却都成了表现"美德"的最好范例,同时一个救苦救难的观音菩萨,和多才多艺的女诗人形象也跃然而出。

为王映霞外祖父王二南先生写传记,也同样是为赢得夫人的欢心。

郁达夫与王二南先生相识于和王映霞恋爱之初。

当时,因男女双方的年龄悬殊较大,再加上郁达夫已有妻室之累,所以双方的亲属都是坚决反对的,形势相当危机,关键时刻,是王二南先生的鼎力相助,才使他们的恋爱有了光明的前景。郁达夫在《王二南先生传》中满怀深情地铭记下了老人家的大恩大德。

> 十五年丙寅的秋季,在上海和因避乱而寄寓在法界的映霞认识以后,十六年春,为了政治及个人的关系,我不得不逃到杭州来小住。那时候,先生正在梅花碑的育婴堂里任董事。初次与先生见面,是在育婴堂的那一间会客室里,记得是一天阴寒欲雨的早春天。
>
> ……
>
> 先生一见,就殷殷以保养身体为劝,对于我与映霞的结合,也不持异议,但问祖产分后,让给前妻,也够得她们母子的衣食否?说到后来,先生还微叹着气,笑念出了两句"恨杀南朝阮司马,累侬夫婿病愁多"的梅村的名句来。

王二南先生在王氏家族里是一言九鼎之人,有了他的支持,郁达夫和王映霞进入婚姻殿堂的大门也就算正式打开了。

迁居杭州后,因同居一城,他与王二南先生的来往更加频繁,关系也日趋密切。"和先生时时对酒谈诗书,一顿饭,总要吃尽三四个钟头;有时夜半起来,挑灯,喝酒,翻书,谈古今,往往会痴坐到天亮;先生不以尊长自居,我也不觉得先生是长两辈的亲属……也仿佛只是一个后学小子,在对一位可敬可爱的老前辈,直抒着胸臆间不能自已的仰慕与追思,亲属的观念,倒并不觉得十分浓厚似的。这,一半虽然也是由于我的不恭少敬的天性之所致,但是先生的道德文章,尤其是先生的伟大的人格风度的感化,想来还是更大的原因无疑。"(郁达夫《王二南先生传》)

郁达夫之所以敬重爱戴王二南先生,除其人格和博大精深的学问外,一个重要的因素就是他是王映霞的外祖父魅力也。

郁达夫在王氏家族中给足了王映霞面子,同样,王映霞在郁氏的亲朋故交中也尽展风采。1935 年 9 月 21 日,为郁达夫的母亲陆氏庆祝 70 大寿就是一例。

陆氏中年丧夫,含辛茹苦地将三个未成年的儿子一手拉扯大,长子曼陀是大法官、画家、诗人,次子养吾乃乡村著名医生,三子达夫是海内外享誉盛名的作家。

一门三英杰,各领风骚,这不但在富阳一隅,就是东南半壁也实属罕见。适逢陆氏老夫人 70 大寿,兄弟三人自然会百感交集,浮想联翩,又都不约而同地想乘老人寿诞之际,来个全家大团圆,让辛苦一生的老人也尽情地享受享受儿孙满堂的快乐。

对为陆氏老夫人庆祝寿诞一事,王映霞表现得相当积极,好几天前她就提议借市长的车一用,顺便邀请几位好友一同回去为老夫人祝寿,以示儿孙辈的孝敬之意。周黎庵在《忆郁达夫——〈怀人集〉之一》里曾记录下了王映霞提议借市长的车,回故乡为陆氏老夫人祝寿的事宜。

> 映霞女士在席间说些什么,我已记不清。只有一点,我觉得很不满,便是达夫的老太太不日做寿,他们要赶回去祝嘏,映霞女士要借杭州市长的汽车,而达夫却不以为然。从这一点上,很可看出她酷爱虚荣,因为那时的市长是周象贤,而他的汽车则是浙字第一号也。

周黎庵先生指责王映霞"酷爱虚荣",虽不无道理,但就借汽车这件事而言却是有不少值得商榷的空间。

杭州市长周象贤乃是王映霞的表妹夫,两家素有来往,相交甚欢,抛开郁达夫的名望和地位不论,王映霞携全家回故乡为婆母祝寿,借他的汽车一用亦属正当,无可厚非;再之,陆氏老夫人一直为小儿郁达夫在新文坛上的崇高声誉而自豪,借市长的车一用,既是为了方便,也是为了风光,同时也是为了博得老夫人的欢心,何乐而不为。

王映霞"酷爱虚荣",陆氏老夫人又何尝不是如此呢!儿子能做市长的汽车回家祝寿,这在乡邻乡亲眼里是很面子的,有哪位老人不希望自己的儿孙风光体面。在这一点上,王映霞是把握住了陆氏老夫人的脉搏。

对借杭州市长的汽车回故乡为母亲祝寿一事,郁达夫在《秋霖日记》中亦有记载。"晨六点钟起床,因昨日与企虞市长约定,今晨八点,将借了他的二号车去富阳拜寿也。大约住富阳两日,二十二日坐轮船回杭州。"

陆氏老夫人的 70 大寿,在郁氏三兄弟的精心组织下,搞得很是热闹排场。郁达夫和王映霞还邀请了文艺界的好朋友一同前往。当天的《东南日报》还发了消息:"郁达夫携夫人、公子于十九日(按:二十日之误)回富阳,为其太夫人做七秩大庆。雕刻师刘开渠、文艺家叶秋原、雷圭元、戴克一行七人,均于昨晨往富阳,为郁老太太祝寿。"

郁达夫的儿子郁云在《郁达夫传》中,对这次"聚会"曾作过概括性的描述,很有意义,特抄录如下。

> 这一次的聚会,是郁家前所未有的一次大团聚。当时郁达夫的二兄郁养吾正在富阳开业行医,长兄郁曼陀也于五天前全家到达,上下三代齐集一堂,盛况空前。但谁都不曾料到,这一次团聚竟是他们的最后一次。所以那次郁达夫和郁曼陀两家,还有叶秋原、雷圭元等共十七人,在鹳山春江第一楼前的集体摄影,成了他们弟兄俩最后的一次合影。

长 袖 善 舞

事业、学问、声誉如日中天的时候,郁达夫突然携妻儿离沪迁杭,自然会引起各方势力的密切关注。

黄萍荪在《风雨茅庐外纪》里,对他当时的处境有过客观描述。

郁达夫在杭州两年多一点的时间,可说是为三方面所争夺的一个人物:CC系的《东南日报》社长胡健中及其所主持的杭州市作者协会,要拉他"挑大梁",目的在抓他那支笔;作协有公开场面时抓他去参与其盛,讲话助兴,仿佛是纯文学艺术性的。"中统"与《东南日报》虽栖一枝,但头头互有猜疑,党同伐异,各想拆各的台;"军统"派出赵龙文直接做郁达夫的工作,得天时、地利、人和的优势,以期郁氏于不知不觉时透露有关"左联"的情况,并想知道郁达夫的政治面目究竟是红是白?他迁杭的真正目的以及抵杭后和"左联"中的哪些人保持联系?……凡此诸端,均想于酒酣耳热、游山玩水、或涉足歌台舞榭时于有意无意中获其一二底蕴作为向上汇报的第一手资料。

在这样乌云密布、豺狼环伺、危机四伏的恶劣环境里,为了生存和发展,郁达夫不得不韬光养晦,八面玲珑,左右逢源。而夫人王映霞则更是长袖善舞,助夫君一臂之力。

有着丰富斗争经验的郁达夫,面对错综复杂的生存环境,很快便调整了策略,即抹去"左翼"文化色彩,淡化政治斗争情结,以闲云野鹤的姿态出现在各种社交场合。

沉湎酒色,混迹江湖是郁达夫初到杭州时给世人留下的第一印象。

> 他的朋友有玉皇山的老道李紫东;钱塘江畔的元礼和尚;灵隐寺的却非方丈;荷花池头的瞀婆;龙翔桥边的姚瞎儿;德胜馆(本帮饭庄)的跑堂领班小麻子;西园、喜雨台茶楼的茶博士;城隍山上的张铁口;楼外楼专烹"西湖醋鱼"的名厨阿毛司务;天香楼老板孟永泰;湖滨二马头的老大阿兔;风水先生云中子;更有老农、老圃;甚至连大世界的头牌女校书莲舫也不例外,点了她的戏,还邀之吃宵夜。

——《风雨茅庐外纪》

从这里,一点也看不出当年驰骋文坛,声震华夏的影子。有的只是落魄文人,穷途末路时所惯有的失意、无聊和无奈。

对郁达夫迁居杭州后的所作所为,左翼文学工作者很是看不惯,误解和怨言不时见诸报刊杂志。他作品的忠实读者,也是好朋友的许杰就认为他"是同杭州的一些地方势力妥协了。他要过着他那醇酒美人,或是遗世独立,幽游山林的文士生活了。"(许杰《风雨茅庐外纪·序》)

进步文学青年孙用在致鲁迅先生的信中更是将心中对郁达夫的愤懑一泄无余。

郁达夫先生，我从来不曾见过，我只读过他的一小部分作品，对之原来没有什么好感。现在在杭州了，到处发表文字，我就多了看到的机会。这却加强了我的恶感。他的肉麻当有趣的言行，在《宇宙风》发表的日记中，可以知道一二……譬如，他所发表的日记中，有借坐市长的汽车，有某君的唱和，某长的宴会，有丝绸某同人的聚餐，有打牌，有喝酒，而略去了日常的吃茶吃烟吃饭性交，也略去了风流香艳的替明星披大衣，深更半夜访睡了的美人鱼等等，似乎是很经过一番选择的。

孙用的感觉和印象，应该说是真实和客观的，并没有虚妄之词，然而他正好从一个侧面说明，郁达夫的伪装是成功的，的确迷惑了不少人。

郁达夫醇酒美人、遗世独立的作派，不但让左派人士大跌眼镜，就连右翼分子也如坠云雾之中，然而国民党的上层却始终保持着清醒头脑，仍将其视为心中大患，千方百计地引诱拉拢，以为其所用。

"中统"和"军统"的头头脑脑，在表面上作文章，今天你宴请，明天他组织欢迎舞会，处处给人以"相逢一笑泯恩仇"，大家亲似兄弟的感觉。而在暗地里，"警、宪、特自不敢稍有怠忽，除邮电受检外，场官弄周围，早、中、晚均有不三不四的便衣分班逡巡，密切注视出入人等。"(黄萍荪《风雨茅庐外纪》)

面对如此险境，郁达夫是格外的小心和谨慎，和"中统"和"军统"的斗争也是很讲策略的，因"情"而定，因"人"而异。

以陈立夫、陈果夫兄弟为核心的"中统"，在杭州的舆论阵地是《东南日报》，并兼管杭州市作者协会，其活动是公开的，所以，郁达夫与他们的"交往"大多都"定格"在文化的层面上，有同有异。"同"表现在爱国家爱民族，一致御敌抗侮上；"异"则表现在"光明"与"黑暗"，"革命"与"反革命"的较量方面。

"封禅"与"反封禅"的斗争就是他和"中统"相互较"真"的最精彩的一幕。

一九三五年暮春三月，忠诚捍卫民族主权的东北抗联和义勇军正在冰天雪地中与日寇展开浴血拼搏，而南京当局的衮衮诸公如陈立夫、张道藩等人却发动宁、沪、杭三地的文学家、艺术家、戏剧家以及诗人、词客……聚于六桥三竺间。

——《风雨茅庐外纪》

当时的场面很壮观,于右任、经亨颐、梁寒操等国民党大佬;柳亚子、汪东、吴虞、王平陵、易君左等文人骚客,以及欧阳予倩、洪深、彦祥等戏剧界泰斗也都应邀其列。再加上当地的马一浮等社会名流,共约百人。三天会议,分别由党、政、学、机关排日设宴于各大酒店,尽地主之谊。最后一天,是由《东南日报》和杭州市作者协会联袂作东,执牛耳者是郁达夫。

与会者心中都很清楚,前两天的吃喝玩乐是务虚、清谈,第三天的宴会则是最"核心"的,"封禅"宣言的成功与否全在此一举。

"中统"的领导者误以为郁达夫,已完全蜕变成了一个纯粹的文人学者,可任其摆布。殊不知,他们估算错了,而且是大错特错。

政治嗅觉十分灵敏的郁达夫,从"联谊会"一开始便知他们所欲达到的目的,只不过装聋作哑不点破罢了。而一旦置身于风口浪尖上,就不能不以民族大义为重了,思之再三,便发挥了"长袖善舞"的技能,十分巧妙地搅了他们所精心布下的局。他以身后的"放鹤亭"为题由,从"以梅为妻,以鹤为子"的林和靖说起,联系到因写《封禅书》而遭后人诟病的司马相如,再到苏东坡的咏西湖诗等,借古喻今,指东打西,掌握了宴会的主动权。

他的祝酒词刚落音,于右任老先生首先击节赞赏,接着经亨颐老也以"快人快语"表示了肯定。柳亚子老虽然口吃,但是"匈奴未灭,还有何颜封禅!"十个字却是一气呵成,博得满堂掌声。虽有少数勉强者,也不得不随声附合。这时欧阳予倩瞟了邻座的洪深一眼,突然起立,并大声说道:

封禅要看给什么人封!如果以大会名义给正在东北敌后狠揍侵略者的抗日联军发一电文,鼓励他们再接再厉,直至驱寇于国门之外为止,同时把他们的英勇业绩写成各种体裁的文字,发表于国内外报章杂志,利用旧瓶注新酿,这不也是别一种形式的"封禅!""封禅"无非是歌功颂德的同义词。现在我们歌杀敌灭寇之功,颂抗日救国之德,有何不可?为此提请在坐公议。

欧阳予倩的提议自然无法实现,但陈立夫、张道藩之流的如意算盘,也因郁达夫的不配合而成黄粱一梦。

通过这次"封禅"与"反禅封"的斗争,"中统"的领导对郁达夫有了新的认识,明知为其所用的期望值越来越低,便松懈了"拉拢"的弦,绷紧了监视的条。

与"中统"相比,"军统"的活动则多是地下,郁达夫与他们的交往也大多限于"私交"。

"军统"在杭州的代表人物是警察局长赵龙文,和省商联会主任秘书朱惠清。

赵龙文虽是武将,但很喜欢文墨,尤工旧体诗词。他主动结交的目的有两个,一是奉命"监视",这是为公;二是高攀,即借郁达夫的声望抬高自己的身价,这是为私。

郁达夫在杭州时所写的日记中就不时有赵龙文、朱惠清的名字出现。1935年6月30日的日记是:"二时后,赵龙文氏夫妇来,与谈天喝酒玩到傍晚,出去同吃夜饭,直至十点方回……"同年12月1日的日记是:

> 午后有日本人增井经夫两夫妇自上海来访,即约在座之赵龙文夫妇,钱潮夫妇去天香楼吃晚饭,同时并约日本驻杭松村领事夫妇来同席,饮酒数斤,吃得大饱大醉。

郁达夫与赵龙文相交可圈可点的一章,就是40岁生日时的"唱和诗"。

1935年阴历十一月初三,是郁达夫的40岁生日。遥想10年前30岁生日时,成仿吾、郑伯奇、白薇等一班文坛好友为其祝寿,豪情勃发,雄心万丈,而如今老友们星流云散,杳如黄鹤,一般不相干的人则攀龙附凤,不胜反感。当天的日记就流露了孤独寂寞的情怀:"夜来雨,今晨仍继续在落,大约又须下几日矣。今天为我四十岁生日,回想起十年前此日在广州,十四五年前此日在北京,以之与今日一比,只觉得一年不如一年。人生四十无闻,是亦不足畏矣,孔子确是一位有经验的哲人。"

得悉郁达夫40岁生日,赵龙文着实想表现一番。在这之前,他曾有不少诗作呈请郁达夫"斧正",旨在得到"奉和",借机扩大知名度,而郁达夫却始终不肯留笔墨之痕,仅以泛泛的"恭维"应付。

这一次,他以50块大洋托人从马一浮先生处购得明代湘妃扇骨一柄,一面录于右任的七绝,一面录写自作诗。

于右任先生的诗作是:

> 风虎云龙也偶然，欺人青史话连篇。
>
> 中原代有英雄出，各苦民生数十年。

很显然，于右任先生的诗是愤世之作，他不满于动荡不安的社会现实，憎恨祸国殃民的历代的所谓"英雄"，自然也包括执政当局。

郁达夫是深知于先生诗中所蕴含的真意，但居于虎豹豺狼群中又能如何呢？只有长长的叹惜！

于右任先生的诗表达的是对社会现实的不满之情，而赵龙文的诗作与其正好相反，他是直接写郁达夫处境和心境的。

> 佳酿名姝不帝秦，信陵心事总酸辛。
>
> 闲情万种安排尽，不上蓬莱上富春。

面对赵龙文煞费苦心的"盛情"和美意，郁达夫不得不有所表示了，遂以二位的原诗进行了唱和。

> 卜筑东门事偶然，种瓜敢咏应龙篇？
>
> 但求饭饱牛衣暖，苟活人间再十年！
>
> 昨日东周今日秦，池鱼哪复辨庚辛？
>
> 门前几点冬青树，便算桃源洞里春。

"卜筑"，指营造风雨茅庐　事。1935 年的秋天，在王映霞的积极策划下，他们购得土地一亩有余，拟建造住宅。

"种瓜"，其用典出自《史记·萧相国世家》，言曰："邵平者，故秦东陵侯。秦破，为布衣。贫，混迹乡间，种瓜于长安城东。"诗人借用此典，是说自己早已退出历史舞台，与布衣贫民一般。

"应龙"，乃《楚辞·天问》中语，"河海应龙，何尽何历？"汉·王逸的注解是："有鳞曰蛟龙，有翼曰应龙。历，过也。言河海所出至远，应龙过历游之，而无所不穷也。"诗人借用此典，暗含讥讽赵文龙等政客之意。

"牛衣"，民间襄衣的别一种称谓。《汉书·王章传》曰："初，章为诸生学长安，独与妻居。章疾病，无被、卧牛衣中，与妻决，涕泣。……后章仕宦历位，及为京兆，欲上封事，妻又止之，曰：'人当知足，独不念牛衣中对泣时耶！'"

这首诗的大意是说，我乃一介布衣贫民，城东门外构筑茅屋，实属偶然之举,并非本意,平生只求饭饱衣暖,能活上十年则为万幸,与诸公唱和已是高攀,有点汗颜。

第二首诗中的首句"昨日"意谓时事变化无常。

"冬青树",暗用南宋遗民唐珏事,以言国将丧亡。

"桃源洞",为陶渊明《桃花源记》中所描写的一个与世隔绝的理想世界,洞中人为避秦时暴乱而遁居其间。

总体而言,郁达夫的"和诗"真实地道出了此时此地的心境——百无聊赖,没有进取气象,没有追求幸福的勇气,苟且偷生。只是遣词造句披上了一层伪装的色彩,多数人看不出来罢了!

在这遍地是荆棘,处处有陷阱的杭州城,擅长社交的王映霞在许多方面是为郁达夫遮挡了不少风雨,使其化险为夷。用黄萍荪的话说就是:

> 她和郁达夫密切配合,对准备用软刀子向着她丈夫的两个军统"大亨",以真真假假、假假真真的手法,巧妙地应付,使口没遮拦,笔鲜约束的郁达夫渐渐脱逸险象环生的网罟,变作逍遥自在"履痕处处"的闲云野鹤,若不下一番苦功,想要不作杨杏佛、史量才的殿军者几希!
>
> ——《风雨茅庐外纪》

郁达夫到杭州后,才与"军统"核心人物戴笠、赵龙文、朱惠清三人认识,后经王映霞与他们太太的相互走动,遂成"通家之好"。这之后,不论是多大的场面,赵太太、朱太太和王映霞都是三人出入相偕。

当时赵龙文有世界名牌轿车雪佛兰,更多的时候,此车也就成了三位太太的代步工具,"招摇过人,路人侧目。"

> 三人每到一地,未见其人,笑声先入,一路妙语连珠,旁若无人。其时那些老爷们反都噤如寒蝉,一时变得鸦雀无声了。
>
> ——《风雨茅庐外纪》

1935年7月24日,郁达夫在《国道飞车记》中就记录下了他们三对夫妇一同游山玩水的实况。

> 七月二十一日,亦即阴历六月下旬的头一天,正当几日酷暑后的一个伏里的星期假日,赵公夫妇,先期约去宜兴看善卷、庚桑两洞的创制规模;有此一对好游侣,自然落得去领略领落祝英台的故宅,张道陵的仙岩了。所以早晨四点钟的时候,就性急慌忙地立向了苍茫的晨色之

中，像一只鹤样，伸长了头，尽在等待着一九五号汽车的喇叭声来。

六点多钟到了旗下，和朱惠清夫妇，一共三对六人，挤入了一辆培克轿车的中间。出武林门，过小河寨，走上两旁有白杨林长着的国道的时候，大家只像是笼子里放出来的小鸟，嘻嘻哈哈。你说一声"这风景多么好啊！"我唱一句"青山绿水常在面前！"把所有的人生之累，都撒向汽车后面的灰尘里去了。

正是因为有了王映霞与"军统"要员夫人们的亲密接触，才于无形中为郁达夫化解了许多风险。

至于杭州市长周象贤，国民党浙江省党部主任许绍棣那里，王映霞走的是同样的路线——斡旋于"夫人"之间。

也许是长期周旋于达官贵人之间的缘故，王映霞也渐渐地，自觉不自觉间成了社交界的一颗明星。

在日本友人增井经夫的眼里，杭州时的王映霞"漂亮得简直是个电影明星"，印象极其深刻。他后来回忆说：

当时听说她在杭州的社交界是一颗明星，而她在席上以主人的身份频频向我敬酒，说"增井先生，干杯！"时，就把喝干了的酒杯转来给我看，确是惯于社交应酬的样子。又有她那深绿色的翡翠耳环和手镯，在灯光中摇曳闪烁的情景，至今还很清晰地如在眼前。想起来，那个时候大概是郁先生最幸福的时期吧。

——《郁达夫——他的青春和诗》

对王映霞在杭州社交界的活动，刘开渠在《忆郁达夫先生》一文中亦有描述。

王映霞却是一位喜欢热闹的女子。她喜欢参加酒宴，喜欢参加舞会。有时达夫先生因为写作关系不能陪她参加社交活动，于是她就自己一个人去。

屐痕处处

举家迁杭之后，郁达夫除偕夫人王映霞历时一月余游览青岛、济南、北平之外,大的游历活动共计还有三次。

其一是 1933 年 11 月的浙东之行。

杭州至江西的铁路开通,是举省欢庆的大事。

该线路的创设,意在开发浙东。起至杭州钱塘江右岸西兴,终至江西的玉山,途经萧山、诸暨、义乌、金华、汤溪、龙游、衢县、江山及江西的玉山,计长 233 公里,又由金华筑支线以达兰溪,长 22 公里。1929 年启土动工,历时 4 年,终于于 1933 年竣工。

杭江铁路系地方铁路,一切费用均由地方财政和当地富商们筹措,所以,它的通车典礼,在全省上下都是很轰动的。

颇有经济头脑和战略眼光的杭江铁路车务主任曾荫千,为宣传杭江铁路,扩大影响,带动一方经济的发展,特邀请郁达夫等知名人士游览观光,作义务宣传。

接到杭江铁路局的邀请,郁达夫很爽快地应允了下来。

应允浙东之行的原因出于两点考虑。

一是他有游历名山大川的喜好。在《二十二年的旅行》中谈起"旅行的快乐"时,他曾这样写道:

> 我想旅行的快乐,第一当然是在精神的解放;一个人生在世上,少不得总有种种纠纷和关系缠绕在身边的,富人有富人的忧虑,穷人有穷人的苦恼,一上征途,则同进了病院和监狱一样,什么事情都可以暂时搁起,不管他妈了……
>
> 第二,旅行的快乐,大约是在好奇心的满足;有非常美丽的太太随侍在侧的男子,会同臃肿粗大的寝室女仆去亲嘴抱腰的心理,想起来大约也同这旅行者之心一样的好奇思异。本来有高大的洋房和住宅的先生们,到了乡下,看见一所茅草盖顶,柳树当门的厕所,会得喜欢叫绝的,也就是这一个 Caprice 在那里作怪。
>
> 还有些人,觉得平时的生活太舒适了,只想去不会丧命的冒些小险,不会损身的吃些小苦,以打破打破那一条生命之流的单条平滑,旅行却也是最适当的一针吗啡。

基于这些理由他是很喜欢旅行的,而且他的旅行大多都是自费的。有了这次免费的浙东之行,自然是求之不得的,焉有不去之理。

其二,这次答应杭江铁路局的邀请,前往浙东诸地游览观光,也是与他当时的精神状态紧密相关的。

举家迁杭的目的,是厌倦了大上海纷繁复杂的政治斗争,想在这么山明水秀的地方,读点闲书,写些散文,静养几年,以观政局的发展再作来日的打算。殊不料,来杭之后,这里的情形之复杂,斗争之尖锐,环境之恶劣,丝毫不逊色于十里洋场的大上海。在《二十二年的旅行》中,论及浙东之行的起因和目的时,他写道:

> 我的这一次的旅行浙东,主要原因固然是因受了杭江路局之嘱托,但暗地里却也有一点去散散郁闷的下意识在的。上杭州来蛰居了半年,文章也不做,见客也少见,小心翼翼,默学金人,唯恐祸从口出,要惹是生非。但这半年的谨慎的结果,想不到竟引起了几位杭州的文学青年的怨恨,说我架子太大,说我思想落伍,在九月秋高的那一个月里,连接到了几篇痛骂的文章,一封匿名的私信。我虽则还没有自大狂到想比拟卢骚,但途穷日暮,到得前无去所,后无退路的时候,自家想想,却真有点儿和不得不发疯自杀的这位可怜的蒋·捷克相去无几了。当时我正在打算再上上海或北平去过放浪的生活,确好是杭江路局的这一回事情来了,心想不是落水遇救,天无绝人之路么?这一段却是不足为外人道的我侬的私语……

浙东之行,从 1933 年的 11 月 9 日开始,历时半个月,先后游览了诸暨、金华、兰溪、龙游、永康等地的名胜。最终以《杭江小历纪程》、《浙东景物纪略》等交卷。

江山还要靠文山捧。事实也正是这样,浙东的山川之美,景色之秀,堪称一绝,但因游人稀少,更没有大手笔为之挥毫渲染,所以是藏在深闺人未识。

郁达夫的大笔一挥,的确让世人耳目为之一新,惊叹浙东还有如此秀丽的江山。他说:

> 浙东一带,所给予我的混合印象,是在山的秀里带雄,水的清能见底,与沿途处处,柏树红叶的美似春花。百姓都很勤俭,所以乡下人家,家家都整洁堂皇,比起杭嘉湖的乡村的坍败衰落来,实在相差得很远。地势极高,山峰绵亘,斜坡上谷底里,竹树最多,间有几棵纤纤的枫树,

经霜之后,叶尽红了,微风一动,更能显出万绿丛中红一点的迷人的诗意。中国铁路的两大干线,平汉与津浦,我跑得次数最多,其他的支线若广九,若北宁,若京绥等,也曾去过几次,但以景色的变化多奇,山水的淡浓相称来说,我觉得没有一处,能比得这杭江铁路三百余里的一段风光……

——《二十二年的旅行》

受人之托的浙东之行,并非是单纯的游山玩水,凭吊古迹,缅怀先哲,发思古之幽情,而是肩负着为后来的旅行者介绍沿途风光、人文地理及指点迷津的重任,所以,他每到一处,除欣赏之外,还将这里最具特色的景观,绘声绘色地描画了出来。

浙东之行的首站是诸暨。

诸暨最引人注目,和具有价值的景点是"五泄"和"苎萝山"。

"五泄"即五条瀑布也,位于诸暨市区西向二十五公里处。瀑布从五泄山巅飞奔而下,景色各异,气象万千:或如蛟龙出谷,吼叫似雷;或沿壁滑下,默默无声;或以奇险著;或以幽俏称。

从五泄归来,第二天,又忙里偷闲,特地到不在此次旅行计划之列的"苎萝山"玩了一回。

苎萝山,出诸暨城一二华里即到。这个小山包,之所以为历代的文人骚客津津乐道,就是因为古代传奇大美女西施曾生长在这里。"幼时常在江边浣纱,至今苎萝山下,江边石上,还有晋王羲之写的'浣纱'两字。"

郁达夫提醒游客,若是到诸暨来,苎萝山不可不看,到了苎萝山,而西施庙则是必须去瞻仰的。

西施不但人长的美,闭花羞月,倾国倾城,而且心灵也美,为了复国之大业,民族之命运,不惜忍辱负重;同时,她还很神奇,几千年后一样能显灵人间,拨乱反正,澄清是非。

苎萝山真的是一个很好玩的地方。

游五泄,看苎萝,激起了郁达夫的诗兴。

五泄归来又看溪,浣纱旧迹我重题。

陈郎多事搜文献,施女何妨便姓西。

"陈郎",指当地的一位乡绅,姓陈,名蔚文,他曾收集文献,结合实物,

—— 229 ——

对流传的西施事迹加以驳辩，力求去伪存真，还原一个真实的西施形象。

诗意是说，西施的事迹，本出自野史和民间传闻，你这个陈郎，何必多事，借文献和实物来求证真伪，破坏这美丽的谎言呢！

金华与诸暨是近邻，又同在新开辟的铁道干线上，看了诸暨，下一站自然是它无疑了。

金华的山水风光，最奇特之处是北山的冰壶洞。郁达夫对它的描述是：

> 冰壶洞，口极小，俯首下视。只在黑暗中看得出一条下斜的绝壁和乱石泥沙。弓身从洞口爬入，以长绳系住腰际，滑跌着前行，则愈下愈难走，洞也愈来得高大……瀑布约高十丈左右，悬空从洞顶直下，瀑身下广，瀑布下也无深潭，也无积水，所以人可以在瀑布的四周围行走。走到瀑布的背后，旋转身来，透过瀑布，向上向外一望，则洞口的外光，正射着瀑布，像一条水晶的帘子，这实在是天下的奇观……

北山的洞穴，给他留下的印象太深刻了，半夜梦醒来，还仿佛"觉得是身睡在山洞的中间。"

除却北山，西边的兰溪横山一带，其景色也同样是美不胜收的。对兰溪的白云洞，他也是赞不绝口的。

> 白云洞洞口并不小，但因有一块大石横覆在口上，所以看去似乎小了，这石的面积，大约有二四丈长，一二丈宽，斜覆在洞口的正中，绝似一只还巢的飞燕……洞顶洞壁，都是白色的钟乳层，中间每嵌有一块一块的化石，钟乳层纹，一套一套象云也象烟……

龙游县的小南海，可观可赏的地方也不少，其景色也别具风韵。如"溪中岩石很多，突出在水底，了了可见，所以水上时有漱纹，两岸的白沙青树，倒影水中，和漱纹交互一织，又像是吴绫蜀锦上的纵横绣迹……小南海的气概并不大，竹林禅院的历史也并不古……但纤丽的地方，却有点像六朝人的小品文字。"

再之，像方岩的"静"，烂柯山麓的"梦"，仙霞岭上的"险"，玉山冰川的"秀"，也都是他这次旅游途中刻骨铭心的记忆。

郁达夫的第二次游历活动，是浙西、皖东之行。起因缘于1934年3月东南五省展览会之请，出钱和组织者是浙江省建设厅，同行者有全增嘏、林语堂、潘光旦、叶秋原等朋友，原计划"去临安，去于潜，宿东西两天目，出昱

岭关,止宿安徽休宁县,"再以黄山为终点站,"行尽六七百里路程,阅尽浙西皖东山水……"(郁达夫《游白岳齐云之记》)

这宏伟的计划,前半部分完成的比较顺利,后来的黄山之旅,却因其他原因未能成行,遗憾非常。

为这次旅行,他是作了充分准备的,未启程时,就已开始翻阅查找有关文献,了解当地的人文地理和风土人情。

除《黄山纪游》外,像《临安县志》、《休宁县志》、《安徽通志》等书籍,他也都翻了个遍。在游东天目山时,他晚上在昭明禅院的客堂里,还翻阅了半夜的《东山志》,并且抄录了东天目山八大景观的名目:"一,仙峰远眺,二,云海奇观,三,经台秋风,四,平溪夜月,五,莲花石座,六,玉剑飞桥,七,悬崖瀑布,八,古殿栖云。"(郁达夫《西游日录》)

因事前有精心准备,所以这次旅行的时间虽不太长,但产生的作品并不少,除《西游日录》外,像《临平登山记》、《出昱岭关记》、《游白岳齐云之记》、《屯溪夜泊记》、《黄山札要》等,就是这次旅游的结晶。

与以往相比,《西游日录》等作品的一显著特点,就是作者将有关的神话故事和民间传说,很巧妙地,也是有机地与山水风光掺和在了一起,浑然天成,一点痕迹也看不出来,同时也为其所描绘,咏唱的对象,涂抹上了一层神秘的色彩,从而丰富了内容,增添了诗意,使读者更加心驰神往。如《西游日录》写临安的玲珑山时,加入了苏东坡访名妓琴操的轶事,在"西游天目"一章里,描述了昭明太子的传说。

在《游白岳齐云之记》里,作者更是将明代清官海瑞与太素宫的故事叙述得有色有声,给读者以身临其境的感觉。

这次浙西、皖东之行的另一特点,那就是一路上都是激情澎湃,诗意盎然,几乎是每到一处,都有诗篇留下。

车到临安之前,"在一处山腰水畔,看见了几家竹篱茅舍的人家,山前山后,茶叶一段段的在太阳光里吐气。门前桃树一株,开得热闹如云……"(郁达夫《西游日录》)于是乎,乡村春日明媚的风光,给了他灵感和激情,遂赋诗留念。

> 泥壁茅蓬四五家,山茶初苗两三芽。
>
> 天晴男女忙农去,闲杀门前一树花。

郁达夫与王映霞

在玲珑山时,看到杭州名妓琴操的墓,遥想起当年她和苏东坡在西子湖畔谈禅说佛的一段佳话,又有诗云:

> 山既玲珑水亦清,东坡曾此访云英,
>
> 如何八卷《临安志》,不记琴操一段情。

夜宿西天目禅源寺时,他的脑海里不时闪现的都是昭明太子沤心沥血编《文选》的场景,言为心声,即是《东天目昭明太子分经台》的诗作。

> 武帝情深太子贤,分经台上望诸天,
>
> 自从兵马迎归后,寂寞人间几百年。

在东天目山的分经台上,面对高耸入云的山峰,和奇异怪诞的岩石,他按捺不住心中的热浪,再度引吭高歌。

> 仙峰绝顶望钱塘,凤舞龙飞两乳长,
>
> 好是夕阳金粉里,众山浓紫大江黄。

山昱岭关,过三阳坑后,沿途的风景更是别具一番情调,他又赋诗给予赞美。

> 盘旋曲径几多弯,历尽千山与万山。
>
> 外此更无三宿恋,西来又过一重关。
>
> 地传洙泗溪争出,俗近江淮语略蛮。
>
> 只恨征车留不得,让他桃李领春闲。

这次浙西、皖东之行,他之所以能一路行来一路歌,其中一个重要原因就是因为有林语堂、潘光旦等好友相伴。

有知识渊博,人生阅历丰富的好友结伴成行,既能免除旅途鞍马劳顿的辛苦,又能倾诉心扉,畅所欲言。

《西游日录》中,有好几处就记录下他们妙语连珠,诙谐幽默的谈话场面。

> 宿雨初晴,公路明洁,两旁人行道上,头戴着银花,手提着香篮的许多乡下的善男信女,一个个都笑嘻嘻的在尘灰里对我们呆看,于是乎就有了我们这一批游山老爷的议论。

"中国的老百姓真可爱呀!"是语堂的感叹。

"春秋二季是香市,是她们的唯一的娱乐。也可以借此去游山玩水,也可以借此去散发性欲,Pilgrimage之为用,真大矣哉!"是精神分析学者光旦的解释。

"她们一次烧香,实在也真不容易。恐怕现在在实行的这计划,说不定是去年年底下就定下了,私私地在积些钱下来。直到如今,几个月中间果然也没有什么特别事故发生,她们一面感谢着菩萨的灵佑,一面就这么的不远千里而步行着来烧香了。"这又是语堂的 Dicrtung。

这是面对"香客",他们有感而发的高谈阔论,而一旦置身青山绿水之间时,他们更是返老还童,一片天真。

以为挈妻儿来这一区桃花源里,住它几日,不看报,不与外界相往来,饥则食小山之薇蕨,与村里的牛羊,渴则饮清溪的淡水。日当中午,大家脱得精光,入溪中去游泳。晚上倦了,就可以在月亮底下露宿,门也不必关,电灯也可以不要,只教有一枝雪茄,一张行军床,一条薄被,和几册爱读的书就好了。

——《出昱岭关记》

这种乌托邦式的理想生活,虽是林语堂勾勒,但同行者都是齐声赞同的。

他们一行到达安徽省休宁县的屯溪镇时,已是深更半夜了,旅舍都已告满停业接客,无奈之际,是林语堂提议租船漂泊水上,聊度残夜。

浮家泛宅,大家联床接脚,在篾篷底下,洋油灯前,谈着笑着,悠悠入睡的那一种风情,倒的确是时代倒错的中世纪的诗人的行径。

——《屯溪夜泊记》

于是,大家又都赞扬林语堂,说他有南宋天随子陆龟蒙和清朝八旗名士宗室宝竹坡的遗风。

郁达夫的第三次有计划和行程较远的旅游是富春江、浙南之行。

前两次的出行是为"公",有政府机关出面邀请,迎来送往,管吃管住,这一次则属私人性质,主要是为陪同友人王文伯而特意设计安排的。

王文伯,是胡适留美时的同学,银行家,和郁达夫相识于北京,十余年来,交往频繁。

对这位老朋友,郁达夫是很赞赏的,说"他的交游满天下,欧美日本,历国四十余,身产在白山黑水间,中国本部,十八省经过十三四,五岳匡庐,或登或望,早收在胸臆之中……"(郁达夫《桐君山的再到》)

他这次来杭,就是希望郁达夫能专程陪同,一块欣赏东南半壁的秀山丽水,实地考察沿途的风土人情。

因这次旅游是自费,所以,临行前,王映霞为他们准备了许多日常用品。这在郁达夫的《南游日记》中有记载。

> 六时起床,刚洗沐中,文伯之车,已来门外。急会萃行李,带烟酒各两大包,衣服鞋袜一箱,罐头食品,书籍纸笔,絮被草枕各一捆,都是霞的周到文章,于前夜为我们两人备好的。

他们这次旅游的起点是富春江。

早在梁代,吴兴人氏吴均在《与宋元思书》中,就曾对富春江沿岸的美丽景色有过精彩描述。

> 风烟俱静,天山共色,从流飘荡,任意东西,自富阳至桐庐一百许里,奇山异水,天下独绝。水皆缥碧,千丈见底,游鱼细石,直视无碍,急湍甚箭,猛浪若奔,隔岸高山,皆生寒树,负势竟上,互相轩邈,争高直指,千百成群。泉水激石。冷冷作响,好鸟相鸣,嘤嘤成韵。蝉则千啭不穷,猿则百叫无绝,鸢飞戾天者,望峰息心,经纶世务者,窥谷忘反,横柯上蔽,在昼犹昏,疏条交映,有时见日。

对故乡山水的美,郁达夫是深有领悟,也常常是赞不绝口的。这一次陪友人来赏玩,为故乡作义务宣传,他是很乐意的,一篇《桐君山的再到》,就是他们为"富春江"之行作的宣传广告。

离开富阳,他们又驱车一路南下,先是饱览绍兴风光,继之又去方广寺看"石梁飞瀑",再至天台山赏"秋月"。

"闲 人"不 闲

1936 年 4 月,郁达夫在为新著《闲书》写的"自序"里,曾以"闲人"自居,并把自己居杭期间所写的作品冠名为《闲书》,就实际而言,他虽在"大风圈"外,但并没有真的闲着。为《论语》写稿及参与它的创刊和编辑工作就是如此。

《论语》创刊于 1932 年的 9 月。这前后正是蒋介石发动的反革命军事围剿和文化围剿最猖狂的时期。特别是后者,其手段之残忍,涉及面之广泛,已达到了令人发指的地步。1931 年 7 月,李伟森、胡也频、柔石、殷夫、冯铿 5 位革命作家被秘密处决,次年的春天,上海反帝大同盟被破坏,总干事杨杏佛遭枪杀,时隔不久,洪灵菲、应修人、潘漠华等中共党员作家也相继遇难。而左翼作家联盟所受到的"压迫和摧残"则更是"世界上古今少有的"。面对敌人所制造的白色恐怖和高压政策,以鲁迅为代表的左翼革命作家当然是无所畏惧,昂首向前的。但是,作为具有正义感和进步倾向的小资产阶级作家,他们就不可能不面对冷酷的社会现实,来考虑自己的生存和处世之道了。换句话说,他们既不敢公开地站出来和左翼革命作家一道,旗帜鲜明地反对荒淫残暴的蒋家王朝,为一个共和的、民主的、自由的新中国呐喊,又不满于反动派所制造的两种惨无人道的"围剿"。时时忧虑着祖国的前途和命运,希望国民党执政当局能够接受、采纳他们"贡献于社会国家"的良策妙计。《论语》就是在这样一种情势下应运而生的。也不妨说,《论语》是 20 世纪 30 年代初期,一群进步的小资产阶级作家在逆境中所产生出来的一个带有先天不足和恐惧症的婴儿。

创办《论语》的宗旨,第一任主编林语堂在代发刊词《缘起》里曾作了很简要的概括:"论语社同人,鉴于世道日微,人心日危,发了悲天悯人之念,办一刊物,聊抒愚见,以贡献于社会国家。"从《论语·缘起》这段话里可以看出林语堂等人创办《论语》半月刊并不是像某些现代文学史研究工作者所指责的那样,是单单地来抒写"性灵",表现幽默的,而在这层表皮下面隐藏着的却是注视社会、关心国家和与世相争的进取精神。在相当长的一个时期内,这种昂扬向上、积极进取的精神是维系着《论语》得以生存和发展的主要力量源泉。

《论语》杂志的宗旨,在相当大的程度上是与郁达夫当时的思想和情趣相吻合的,或者说是比较接近的,所以,收到林语堂等人要求他参与《论语》创刊的请求,他无条件地应诺了,这在他后来写的《继编〈论语〉的话》里有过记载:"《论语》出世的时候,第一次在洵美的那间客室里开会,我也是叨陪末座的一个"。据统计,在林语堂主编的前 26 期《论语》上,郁达夫共发表了 7 篇情文并茂的小品。它们是《钓台的春昼》、《天凉好个秋》、《论语诗抄》、《说翻译和创作之类》、《说冒骗》、《营救郑毓秀博士的提议》、《无题》。

这7篇文章中,除《说翻译和创作之类》是批评创作界某些人不学无术、投机钻营的恶劣作风之外,余下的6篇均表现的是他对国民党反动派憎恨,对社会邪恶势力蔑视的情感。他坚持真理,伸张正义,严厉地批判了蒋介石、戴季陶、吴佩孚等军阀政客荒诞不经的"救国"论调,其手法或含蓄,或浅露,或隐晦,或直白,其结果都能一针见血,打中要害。即使是那些纯山水性质的游记、小品之类,也都饱含着对统治阶级的愤懑之情。

《论语》出至第26期时,主编林语堂因有新的"编译计划",遂将编辑大权转交给了他的助手陶亢德。陶亢德主编《论语》大凡3年有余,基本上保持了《论语》初期幽默诙谐的风格,但却失去了初期的战斗光辉和昂扬向上的进取精神,因而,原来曾为它写过稿的鲁迅、茅盾等人也就无形中停止了与它的往来。郁达夫这个"长期撰稿人"也有一年多的时间没与它发生过文字关系。他在《继编〈论语〉的话》中论及这一点时有言曰:"根本就缺少幽默性的我,觉得勉强说几句笑话,来趁热闹,结果终像大脚姑娘坐里高低,对人对己,都是不舒服不雅观的事情,所以近一两年来,论语的文章,就绝对不再写了。"在《论语》出至第55期时,突然兴趣来潮,又继续为它撰文写稿了。在陶亢德主编《论语》期间,他在上面发表了5篇小品,即《青岛杂事诗之一》,《苍蝇脚上的毫毛》、《Mabie 幽默论抄》,《残年急景》和《毫毛三根》。这5篇文章的题目虽各异,但主题却只有一个——即暴露人世间的种种罪恶,迫切希望得到一柄"尚方宝剑",来斩尽人世间所有祸国殃民的坏蛋,使天下共享太平。

风 雨 茅 庐

郁达夫定居杭州后,既没有教书,又没有编杂志,是个地地道道的"自由人"。自由是自由了,但他却是一天也没有清闲过,不是今天这个团体请他游浙东,就是明天那个机关邀他考察浙西。

年轻时,脚力健劲,心高气盛,对旅游他还是蛮感兴趣的,随着年龄的增长,兴趣是越来越淡,特别是对这种带有任务性质的旅游更是索然无味,说是厌倦也不过分。在《住所的话》中的一段表白就是明证。

从前很喜欢旅行……到了地旷人稀的地方，你更可以高歌低唱，袒裼裸裎，把社会上的虚伪的礼节，谨严的态度，一齐洗去。人与自然，合而为一，大地高天，形成屋宇。蠕蠕蚁虱，不觉其微，五岳昆仑，也不见其大。偶或遇见些茅棚泥壁的人家，遇见些性情淳朴的农牧，听他们谈些极不相干的私事，更可以和他们一道的悲，一道的喜。半岁的鸡娘，新生一蛋，其乐也融融，与国王年老，诞生独子时的欢喜，并无什么分别。黄牛吃草，嚼断了麦穗数茎，今年的收获，怕要减去一勺，其悲也戚戚，与国破家亡的流离惨苦，相差也不十分远。

至于有山有水的地方呢，看看云熔岩影的变化，听听大浪啮矶的音乐，应临流垂钓，或松下息阴。行旅者的乐趣，更加可以多得如放翁的入蜀道，刘阮的上天台。

这一种好游旅，喜飘泊的情性，近年来渐渐地减了；连有必要的事情，非得上北平上海去一次不可的时候，都一天天地拖延下去，只想不改常态，在家吃点精致的菜，喝点芳醇的酒，睡睡午觉，看看闲书，不愿意将行动和平时有所移易，总之是懒得动。

倦怠旅游的心思产生后，特别是每次独自喝酒，或每次独坐的时候，心里所想和计划着的，却是一间洁净的小小的住宅，以及和这住宅周围相适应的点缀与铺陈。心目中的理想住宅，他在《住所的话》中亦有所流露。

地皮不必太大，只教有半亩之宫，一亩之隙，就可以满足。房子亦不必太讲究，只需有一处可以登高望远的高楼，三间平屋就对。但是图书室，浴室，猫狗小舍，儿童游嬉之处，灶房，却不得不备。房子的四周，一定要有阔一点的回廊；房子的内部，更需要亮一点的光线。此外是四周的树木和院子里的草地了，草地中间的走路，总要用白沙来铺才好。四面若有邻舍的高墙，当然要种些爬山虎以掩去墙头，若系旷地，只须植一道矮矮的木栅，用黑色一涂就可以将就。门窗当一例以厚玻璃来做，屋瓦应先钉上铅皮，然后再覆以茅草。

《住所的话》公开发表后，首先积极响应的是王映霞。

购地建造一处符合理想，产权完全属于自己的住宅，也是她多年梦寐以求的心愿，只是碍于囊中羞涩的经济困境，没有向郁达夫提出来就是了。

看到《住所的话》，她猛然一喜，夫妻二人的想法真是不谋而合，说心有灵犀一点通,也许更为确切,于是,没有和夫君商量,就积极展开了购地建房的筹备工作。

事也凑巧,他们租赁房屋的近旁有一块菜地,菜地的中间有一座五木落地的小亭子,此外便是一间年久失修,破烂不堪的房子。

自他们一家搬到这里来后,就从没有见到过有其他人员来菜地干活,偶尔进进出出的老人,则是这菜地的守园者。

王映霞一搬到这里,就注意到了这块菜地。她认为,别看这地方破败不堪,但"若用它来造一幢普通住宅,还是可以的。"

有一天,她在孙百刚家里遇见了一位过去的追求者。在聊天的中间,谈到了购地建房的设想,那位追求者沈先生说,他现在正在负责整理浙江省救济院的院产,顺便又说道:"在场官弄内,好像也有我们的院产,但不知是在哪一头。"王映霞后来在她的自传中回忆说:

> 我听了他的话就有些注意起来,以为场官弄并不太长,没有很多的房屋,这位沈先生所提到的,会不会就是我们住处隔壁的那一块闲地。沈又接上去说:"也许就在你们住屋的附近,有一块空地,里面只一间破屋。"
>
> "你们的空着的院产,不正可以拿来利用利用?像这样的让它荒芜下去,不太可惜么?"百刚先生插上了一句。
>
> "最近我正在作一个全部整理的计划。还这样打算,谁如果看中了院里空着的地产,则可以设法以山地来交换,不过,当然也要向省政府申请批准。"
>
> 沈氏的这一番话既符合公家要求,又遂了私人心愿。我很想再了解得深一点,但终因我与沈还是初见,不能操之过急而作罢。隔了半个多月,沈氏到我们的住处来。他提起了我们贴邻的那一块地皮说:"今天我是专程来拜访两位的,而顺便又可以测量一下你们的住屋旁边的那一块院产。这一块地,有一亩多,造一间住宅倒还合适。如果有人能用三十亩山地来和我们交换,那是符合院内的计划的。"
>
> "谁又有那么多的山地?除非农户人家,不过他们也不会需要城市中的空地。"我说。
>
> "这问题不难解决,如果是城市居民想交换,那么他可以托熟人为

他们代购山地。"沈氏进一步提醒我。

　　我们送他到大门口,当他跨上车子的时候,又补充了一句:"如果你们贤伉俪需要山地,我一定可以代劳。"

　　过了些时候,沈氏把玉皇山背后三十亩山地的地契送了来。价款一千七百元,当面付清,然后我们又正式办理了向浙江省政府申请转移产权的手续。这样,不到三个月,这块"风雨茅庐"的地基总算定局。……

地皮解决之后,接下来的便是资金筹措了。

有一个十分崇拜郁达夫的丁小姐闻讯后,志愿承担几千元的建房费用。

丁小姐是富阳城内一位富家的千金,自幼就喜欢郁达夫的作品,年届三十,漂亮可爱。但婚姻却很不幸,结婚不到一年就已离异,寡居杭州娘家时,重读先生的作品,倍感亲切,遂拜其为师,执弟子之礼。郁达夫在日记中多有记载。"午后学生丁女士来访,赠送八月半礼品衣料多件,我以《张黑女志》两拓本回赠了她。"

　　这是 1935 年 9 月 7 日所写,隔了一日,他在日记中又写道:"丁小姐须来,午后恐又不能写作。"次日的日记是:"丁小姐去上海,中午与共饮于天香楼,两点正送她上车,回来后小睡。"

　　从这几则日记里可以看出,他和丁小姐的"友情"是十分密切的。建房缺资金,由她拿出几千元捐助是在情理之中。

　　对丁女士捐助房款一事,在《王映霞自传》亦有记录。

　　在杭州,郁达夫有一个丁姓的女学生,这个女学生并非是在什么学校读书的。她不过是一位富有人家的小姐。年龄三十,结了婚,但因不如意而又离了婚,住在她娘家,慕郁达夫之名,昧昧然的甘拜他为老师。她的父母也经常和我们来往,他们在上海和杭州都有住宅,对于这几千元是不稀奇的。所以造"风雨茅庐"的不足之数,是这一位郁达夫名义上的女学生来替我们补足的。她的父亲是富阳人,叫丁梦星,是富阳的富商,现在杭州延龄路头上还有他们的住宅,丁姓的洋房。

地皮、资金都有人出来鼎力相助,图纸设计自然也不会例外,房子式样的蓝图送来了,东改西添,直到完全符合他们夫妇的要求——墙外三开间,墙内两间书房,儿童游戏室、浴室、佣人栖身地及猫狗小舍等也一应俱全。

懂风水的朋友又在原图纸上提议,在东南角的位置上建一小楼,这正吻合郁达夫的本意,谓之"夕阳楼"。

就这样,在王映霞的积极运作下,他们夫妇理想中的住宅——"风雨茅庐"于1935年底动工,熬过了一个冰雪的冬季,到1936年的春季终于矗立起来了,历时半年,合计花费一万五六千块大洋。

匾额"风雨茅庐"几个大字,是著名书法家马君武先生的杰作。

《王映霞自传》中是这样描述"风雨茅庐"的。

"风雨茅庐"占地一亩一分四厘,并不像有的人想象的那样富丽堂皇、花园洋房、亭台楼阁……大门口很一般,二扇毫无艺术性的黑铁门,朝西对着大学路。走进大门,两边有五六间小房,作为小孩的起居室和堆放杂物的。抬头往前看,可以见到一幢坐北朝南的正房。正房是相对大间两边的小房间而说。正房包括客厅、卧室等三间。正房的东面是一堵带有月洞门的砖墙,穿过月洞门,又可看到一幢与正房相仿,但面积较小些的三间房间,作为书房和藏书室……月洞门的北边,靠墙有三间小房子,是保姆的住房、厨房和卫生间。至于郁达夫文章中提到,有人向他建议,东南角上可造一小楼,郁自取楼名"夕阳楼",后来却没有建造。

构筑"风雨茅庐",王映霞是出了大力的,所以,在西面墙脚的角上安放的一块界石上,郁达夫特书写了"王旭界"3个字铭记其功。王旭乃王映霞的本名。

友人孙百刚在《郁达夫外传》,记下了他对"风雨茅庐"的观感和印象。"达夫他们的风雨茅庐在一九三六年初建成……到门口一看:气势相当豪华。两扇大铁门敞开着,一条水泥铺道一直通进去。如果坐汽车去,可以直到正屋前下车……南向的三间正屋。当中一间客厅,上首悬着一块马君武写的'风雨茅庐'横额……"这里描述的只是"风雨茅庐"外部表面现象,其内部设施则是另一番景象。

客厅旁边东西两间都是卧室,开间相当宽阔,每间各有后轩。这里陈设的家具一律是新的,壁上挂的字画、镜屏,都是别人送的。客厅一边挂的就是鲁迅写的那首《阻郁达夫移家杭州》的七律,写在四张虎皮笺上,配上四个乌木镜框。所有门窗板壁,桌椅架凳,都有一股新的油漆气味荡漾着,纱窗也都是新装的……在东北角的水泥铺道,有一条支路引我们来到三间小屋。这里摆的家具大多是从上海嘉禾里搬来的旧东西,看了倒有点亲切之感。由此折回出去,朝东沿铺道向前走,经过一重矮墙上开着的月洞门,出现一个小院子,点缀着一些假山石,摆着几盆养有金鱼的荷花缸。里面是朝南的两间,杭州人一般称为滴落轩的大花厅,外边一间比较大点的便是达夫的大书房。三面沿壁,排列着落地高大书架,密密层层地放着将近六、七千册的中、英、日、德、法各国文字的书籍。达夫的书,我们一向知道是多的。光是英国十八、九世纪的名家小说和诗集,他就大多收购齐了的。但从前住的都是弄堂小房子,没有一间正式的书房,所以未窥全豹。经现在这么一陈列,真是坐拥书城,洋洋大观了。大书房旁边一间又隔成前后两间,前间是达夫的小书室,后间是客房。另外在进来的门楼旁边还有一间专门为三个孩子游戏的房间。

看了这一切,孙百刚夫妇由衷地向王映霞赞叹道:"你着实经营一番,煞费苦心呢。"

王映霞听了也毫不谦虚地道:"怎么不是呢。达夫一概不管,全是我一个人费心思办成的。这里的一砖一瓦,一花一木,莫不有我的心血在内。"

事实上,也正像王映霞对孙百刚所言的那样,"风雨茅庐"能够建成,并有现在的规模和气派,其点点滴滴都凝结着她的心血和汗水。

如果按郁达夫当初的设想,"风雨茅庐"将是另一番模样。1936年1月写的《记风雨茅庐》一文,就曾清晰地勾勒了"风雨茅庐"从设想,到建造,再至竣工的全过程。

起初我只打算以茅草来代瓦,以涂泥来作壁,起它五间不大不小的平房,聊以过过自己有一所住宅的瘾的;但偶尔在亲戚家一谈,却谈出来了事情。他说:"你要造房屋,也得拣一个日,看一看方向;古代的《周易》,现代的天文地理,却实在是有至理存在那里的呢!"言下他还接连举出了好几个很有征验的实例出来给我听,而在座的其他三四位朋友,并且还同时做了填脚踏手印的见证人。更奇怪的,是他们所说的这一位具有通天入地眼的奇迹创造者,也是同我们一样,读过哀皮西提,演过代数几何,受过现代高等教育的学校毕业生。经这位亲戚的一介绍，经我的一相信，当初的计划，就变了卦，茅庐变作了瓦屋，五开间的一排营房似的平居，拆作了三开间两开间的两座小蜗庐。中间又起了一座墙，墙上更挖了一个洞，住房的两旁，也添了许多间的无名的小房间。这么的一来，房屋原多了不少，可同时债台也已经筑得比我的风火围墙还高了几尺。这一座高台基石的奠基者郭相经先生，并且还在劝我说："东南角的龙手太空，要好，还得造一间南向的门楼，楼上面再做上一层水泥的平台才行。"他的这一句话，又恰巧打中了我的下意识里的一个痛处；在这只空角上，我实在也在打算盖起一座塔样的楼来，楼名是十五六年前就想好的，叫作"夕阳楼"。现在这一座塔楼，虽则还没有盖起，可是只打算避避风雨的茅庐一所，却也涂上了朱漆，嵌上了水泥，有点像是外国乡镇里的五六等贫民住宅的样子了……

从字里行间中可以看出，他对落地而成的"风雨茅庐"是不太满意的。一是如此的规模，如此的气派，完全违背了当初建茅庐一所只为避避风雨的本意；二是巨额的债务，给他造成了很大精神压力，每每想起此事，心中便有无限的忧愁。他是靠卖文为生的，环境宽松，心情舒畅，笔力健劲时，作品的数量就多一些，维持全家的生计自然不成问题，偶有节余，也只能备"灾年"之需。

止值壮年的郁达夫，居杭期间，的确写了不少东西，收入颇丰，再加上王映霞的勤俭持家，囊中积攒了几多银两，盖几间遮风避雨的茅屋，尚能有余，但要建造豪华的，功能齐全，设施现代的住宅，则大大超越出了经济能力的范围，负债也就难免了。

"风雨茅庐"还未竣工时，郁达夫已是愁上心头了。1935 年 11 月 19 日的《冬余日记》是：

官场弄，大约要变成我的永住之地了，因为一所避风雨的茅庐，刚在盖屋栋；不出两月，油漆干后，是要搬进去定住的。住屋三间，书室两间，地则虽小，房屋虽则简陋到了万分，但一经自己所占有，就也觉得分外的可爱；实在东挪西借，在这一年之中，为买地买砖，买石买木，而费去的心血，真正可观。今年下半年的工作全无，一半也因为要造这屋的缘故。

现在好了，造也造得差不多了，应该付的钱，也付到了百分之七八十,大约明年三月,总可以如愿地迁入自己的屋里去居住。所最关心的,就是因造这屋而负在身上的那一笔大债。虽则利息可以不出,而偿还的期限,也可以随我,但要想还出这四千块钱的大债,却非得同巴扎克或司考得一样,日夜的来作苦工不可。人是不喜欢平稳度日的动物,我的要造此屋,弄得自己精疲力竭,原因大约也就在此。自寻烦恼,再从烦恼里取一点点慰安,人的一生便如此地过去了。

是啊,自打建造"风雨茅庐",他的心情再也没有平静过,为还债而奔波,直到投身南洋蛮荒之地止。

春云秋梦已如烟

说起来,郁达夫真是福浅命薄,万事皆不如意。

积多年之心血,梦寐以求的"风雨茅庐"刚刚建成,油漆未干,就不得不远赴他乡,谋食异地。

蛮 府 参 军

郁达夫决定应福建省政府主席陈公侠之召,任职闽南,时在 1936 年之初。

据王映霞回忆,大约是 1935 年的冬天,他们夫妇在一次应酬中遇到了老熟人葛效恩。

葛效恩与陈公侠既是浙江同乡,又是日本士官学校的同学,毕业后又一同在孙传芳部供过职,陈任师长,他任参谋长,两人私交很好,无话不谈。

大伙在一块闲聊时,葛说,陈公侠主政福建,革故鼎新,图谋东南半壁有个大的发展,现在正四处招揽人才,充实政府机关。像郁达夫这样博古达今,声名显赫的大文豪,正是求之不得,若是能前往,必会得到陈公的器重。

葛的一席话,说得王映霞与郁达夫有点心动了。

若论起来,郁达夫与陈公侠也真是有些渊源的。

陈公侠与曼陀先生同为浙江省公派日本的留学生,素有交往。郁达夫初到日本时长年穿的一件阴晴两用的夹衣就是陈公侠送的。这有《海上》

中的一段话为证。

　　幸亏有了几年前一位在日本曾入过陆军士官学校的同乡，送给了我一件陆军的制服，总算在晴日当作了外套，雨日当作了雨衣，御了一个冬天的寒。

这里所说的"同乡"，即是指陈公侠。

因这层渊源，葛效恩一扯起陈公侠，不由得想起了往事。同时也引起了对鲁迅的思念。他的挚友鲁迅先生也是陈公侠的留日同学，关系密切，也曾多次在面前提到他。

对葛效恩的提议，郁达夫着实有一番认真考虑。就是没有葛效恩的提议，他这时也动了离杭的念头。

举家离沪迁杭的一个重要原因，就是想摆脱白色恐怖，争取一个较为自由、安全的空间，随心所欲地做点事，不再东躲西藏，让妻儿和亲朋担忧。然而他想错了，杭州与上海一样，白色恐怖的阴影同样笼罩在每个进步人士的周围。

在上海时，他算不上是顶尖级的危险人物，所以国民党反动当局并没有把他放到重要位置上去看待，防范和迫害也相对轻松些，而杭州则不同了，鹤立鸡群，人们的视线一下子都集中到了他这里。

一到杭州，《中央日报》就电令派驻杭州的记者，要密切注意他的一举一动，随时跟踪报道。紧接着各色各样的特务机关也变着花样进行监视窥探，使其身心受到了极大伤害，常常借酒浇愁，寄情山水。《王映霞自传》中的一段话就客观地反映出了他们在杭时的真实处境。

　　初到杭州时，我只觉得换了一个新鲜环境，心境开朗，还没有体味出杭州的特殊境遇。二三个月后，警察局派来了几个人，说是来检查书籍的。这个时候，我才暗中感受到自己一贯疏忽政治的可怕。继之而来的，便是各式人等的接二连三的来访，有的自称是"学生"，又有的说是"同学"，还有的竟在当地的报刊上登出了访问特写。这就很自然地给我招来了不少慕名和好奇的来访者，增添了麻烦和嘈杂。从此，我们这个自以为还算安静的居处，不安又不静起来。比如，今天到了一个京剧名角，捧场有我们的份；明日为某人接风或饯行，也有给我们的请帖；什么人的儿女满月，父母双寿，乃至小姨结婚等等，非要来接去喝酒不可。累得我们竟无半日闲暇,更打破了多年来我们家庭中的书香气氛。我这个寒士之妻,为了应酬,也不得不旗袍革履,和先生太太们来往了起来,由疏而亲,由亲而密了。所谓"座上客常满,杯中酒不空",正是我们那一时期热闹的场面。同时因为有东道主的招待,我也就饱赏了游山玩水的滋味,游历了不少名胜。

曾是国民党浙江省党部的小喽啰,负责跟踪监视郁达夫的黄萍荪,对其所处环境的认识和了解更为全面。《风雨茅庐外纪》中有几段写的就很生动传情。如有一次去郁达夫寓所采访,刚到大门口,便有一"卖花"的少妇和一"卖柑桔"的男子,以兜售"花"和"柑桔"为名,低声盘诘"郁先生家有上海客人吗?"其意很明显,打探他们的来客是否带有"红"色印记。

当时在杭州的处境就是这样的恶劣险峻,他一方面整天吃酒、看书、游湖、作诗、酬酢,一方面又在时时警惕着来自各个方面的阴谋和暗算。

明的暗的,左的右的,实在令他招架不住,苦不堪言。连正常的生活和写作也被这无形的"魔影"给搅乱了。这期间的日记就多有烦言。1935 年 9 月 1 日的日记:

> 今天精神萎靡,只为《时事新报》写了一篇短杂文,不满千字,而人已疲倦,且看明日如何耳。

> 午后来客不断,共来八人之多;傍晚相约过湖滨,在天香楼吃夜饭。

1935 年 9 月 7 日的日记:

> 昨夜又睡不安稳,似患了神经衰弱,今日勉强执笔,午前成二千字。

尽管如此,左翼作家仍对他不满意,斥责他腐化堕落。说他蜕变成了一个附庸风雅的官僚们的食客。有人让他免费游览浙江的名山大川,有人帮他买地皮,造房子,似乎在那风风雨雨的时代,确实想让自己隐匿起来了。

恶劣的政治环境,是他亟欲离开杭州的第一个原因。

不满王映霞的张扬个性和虚荣心,也是他离杭赴闽不可忽略的因素。

到杭后,他是处处小心谨慎,左右逢源,唯恐暴露"个性",招来牢狱之灾。而王映霞正好相反。

在上海时,王映霞相夫教子,殷勤周到,几乎是足不出户,除和他偶尔赴宴外,顶多和亲朋好友聊聊天而已。回到杭州后,环境新,心情也舒畅,在这里如猛虎下山岗,蛟龙回大海,很快就脱颖成了大明星,周旋于达官贵人之间,毫无娇柔矜持之态。真可谓是游刃有余,令他相形见绌,大失光彩。对此,朋友圈子里是颇有微词的。

曾是他们婚姻介绍人的孙百刚,访问了新落成的"风雨茅庐"后,就颇为感慨地言道,王映霞变了,而且变化之大,连多年的老朋友也开始陌生了。

王映霞踏入社会之初,就和孙百刚夫妇成了莫逆之交,无论是在上海,抑或是异地相逢,都是亲密无间,但数年后再聚首杭州时,却少了这份热络和真诚。孙百刚在《郁达夫外传》中对此有所表白。

> 她的生活派头,显然和嘉禾里时代有所不同。似乎从前是蓬门碧玉,现在成为大家闺秀了。我想:他们历年积储,为数不大,经过此番营造,不致有余。决不是因为有钱,使她生活改变,实是由于环境使然。从前他们在上海所交游的无非是文人书匠,彼此生活,大同小异。但自从达夫到杭州后,当地官场人士,慕达夫的文名,多乐与过从。达夫对当地建设亦间有揄扬。正当万事重宣传的时代,官场和文人的交游,彼此有相得益彰之用。再加映霞的年华旖旎,人情练达,帮助达夫周旋其间,自然收锦上添花之妙用。再益以风雨茅庐的建成,自然而然使他们生活环境,顿改旧观。坚冰三尺,非由一日之寒;海堤万丈,溃自蚁穴之微。这时节达夫他们的家庭,表面上看来好像添花之锦,实际上已是裂痕初绽了。

王映霞是个很有心计的女人,权力欲极强,而且处处为自己考虑,想方设法控制郁达夫。使他不敢越雷池半步,稍有造次,便用经济制裁的手段向其施压。

郁达夫的主要财富就是著作版权,这是他安身立命的支柱。为了达到完全控制他的目的,王映霞首先从版权上下手,通过法律手段,使其乖乖地将所有著作权都拱手相赠。

没有了著作权,也真的成了无产阶级的一分子。身无分文,焉能不听命于夫人? 这一招,王映霞的确做得绝,做得高。更令他难以言齿的是,倾其所有、举债构筑的"风雨茅庐"的产权也同样归王映霞所有。对这一点,王映霞在其自传中的解释是:

> 我想买地造屋的动机,除了上面所述的以外,当年我还有另一种想法。钱,它可以任你化用,但亦足以成为夫妻反目的根源之一。而且物

价上涨，货币贬值，与其留在手头，倒不如把它安置住屋，适当地用掉为好。至于房屋的布局以及房契的姓名等，是通过我和郁达夫两人详细地协商后才作出决定的。在西面墙脚的角上，朝外安放了一块界石，这块界石上写着"王旭界"三个字，还是郁达夫的亲笔（王旭是我的本名）。

没有了著作权，房屋又归妻子所有，再加上一身债务。他的心中痛苦和无奈可想而知了。黄萍荪在《风雨茅庐外纪》中所记的一件事就很能说明这个问题。

有一次，他去"风雨茅庐"相访，未几，郁达夫便抓起酒壶发起了牢骚："哼！日子越来越不好过，酒也受到限制，一斤就是一斤，多一口也不行！"接着又自我嘲道："其实我的吃酒，半为消胸中之闷，非尽为作诗而饮也。杭州这个地方，以及我的周围，使人厌恶者日积月累，近来颇想换个去处，吸收些新鲜空气……"

综上可知，1936年郁达夫离杭赴闽，谋求新的生路势在必然。

郁达夫来闽的动机，以及来闽后的任职情况、过程和薪水，他当时的同僚、朋友陈觉民在回忆文章《郁达夫在福州》里，说得很是明白。

在这年头里，郁达夫正开始和王映霞闹矛盾，两人之间，合而分，分而合，已不止一二次……据她的诉说：为文人的妻子，也有说不尽的苦楚，郁先生为人坦白率真到任何事都会毫无遮拦地当着她的面对友人们一五一十地说，使她难堪。这是她的说法，诚如古语所说："清官难断家务事"，我们对这段公案，当然不一定要下断语，但少数妇女羡慕虚荣却是自古已然的事实，历史上诸如苏秦妻、买臣妇也不胜枚举。所以郁达夫天真的想法，只要他也做到像人家一样的教育厅厅长，一定可以和好如初，这是他来福州的动机。郁达夫的为人，颇有南朝文人刘孝标《自序》所说的"率性而行，文藻秀出"的风度，他想到就做，很少加以考虑，如果以为达夫到福建想做厅长过官瘾，那就太小觑郁先生了。

那时候福建省政府主席陈仪，也是日本留学生，可是比达夫略早。陈仪的弟弟和郁达夫是在日本时的同学，而且过去陈仪的幕僚长葛敬恩与郁达夫又是熟稔的，他们觉得当时郁达夫在杭州不论是社会环境或者是家庭环境，均不能再逗留了，还是迁地为良，因此两人都替达夫写了介绍信寄与陈仪,信里都直接了当地说希望呈简郁达夫为福建省教育厅厅长。

陈仪在福建用人是不拘一格的,他虽然是军人出身,但幕下也先后有很多新文学家,如沈仲九、董秋芳、黎烈文等。论资格、论声望,郁达夫担任一个教育厅长是绰绰有余的,初时陈仪也颇有借重之意,可是后来为了两种原因,以致这个"教育厅长"竟成了泡影。首先,陈仪和郁达夫交谈过两三次以后,感觉到郁的说话和行动,都随随便便,不受拘束,是一个放任不羁的文人,而不是一个稳重老练的行政官吏的适当人选。其次,当时福建教育厅长郑贞文,过去是上海商务印书馆的编辑,他为那时国民政府主席林森所推荐,林和郑都是福建闽候人,林森和陈仪两人之间,为了福建省政府推行"田赋征实","粮食统制"、"贸易统制"等一系列的行政措施,彼此间的关系不很融洽。林森当时虽没有实权,但名义总是"国家元首",表面上还得尊重他,如果罢免了郑贞文而推荐郁达夫,对于人事方面的安排是不妥当的,陈仪也不得不加以考虑,因这种种关系,"教育厅长"告吹了。但陈仪对郁达夫还是很器重的,延聘他为"福建省政府参议",一般参议的月薪以一百元起支,到三百元算是最高俸了,但郁达夫的月薪同于厅长一级,在福建省政府参议中是特殊的。

陈觉民文中所言,应该是真实可信的。

按照中国普通老百姓的浮浅理解和实际观感,"做官可以发财,可以摆官架子,可以打官话,可以使小官,敲剥百姓,可以放火杀人,可以……等等……"(郁达夫《高楼小说》)诸如此类的为官的好处,郁达夫虽然明知,但这些都是他不愿为和不耻的。

再言之,他到福州来的目地,并非是真的非要做个什么样的官不可,以他的性情和生活习惯,也不适合去干那些按部就班、顺时应卯、有板有眼的官,所以,对不能如前所愿就任教育厅长一职,也就无所谓了,仍坦然处之。

到达福州后,先是被任命为省政府参议员,继之又担任省政府公报室主任,这些都是可大可小,可虚可实,可有可无的差事,然而,他很乐于这样的安排,心甘情愿地去做"蛮府参军"。

闽 游 滴 沥

离开蛰居数年的"婿乡"和刚竣工不久的风雨茅庐,到濒临大海的福州出任"蛮府参军",长期紧绷的神经顿时得到了放松。

首先,摆脱了国民党反动派及其爪牙们的跟踪盯梢,和一班无聊政客的纠缠干扰,面对社会,面对人生,面对未来,可以重启心扉,讴歌呐喊,全凭良知,无需虚伪和造作;其次,再也不会受夫人王映霞诸多清规戒律的约束,返璞归真,顺应潮流,合乎自然。

解除了如影随形的白色恐怖的信号,又没有了那么多人为的禁忌和约束,到福州伊始,就雄心勃勃地计划他新的人生旅程。

新的人生旅程的第一章就是品味东南的山水风光和人文景观。关于这一点,他在《继编〈论语〉的话》里说的很是清楚:"这一回起了绝大的游兴,跑到了福建,想南下泉漳,去看一看倭寇的故垒及前明末世的遗踪,北上武夷,好品评品评三三六六的山水与水貌……"

依傍大海,受温带气候影响,福建与内陆各地的风光相比,有着截然不同的情调,真的是太美丽了。先以它的崇山峻岭而论,"北峙仙霞,西耸武夷,蜿蜒东南直下,便分成无数的山区。地气温暖,微雨时行,以致山间草木,一年中无枯萎的时候。最奇怪的,是梅花开日,桃李也同时怒放;相思树、荔枝树、榕树、松树之属,到处青葱欲滴,即在寒冬,亦像是首夏的样子。"(郁达夫《闽游滴沥之二》)

与高大威猛的山脉相比,它的"水",也是有着说不完的话题,尤其是那条"到处收纳清溪小水,曲折而达福州,更从南台折而向东向南,以于入海"的剑江,更是独具特色和风韵:"水色的清,水流的急,以及湾处江面的宽,总之江上的景色,一切都可以做一种江水的秀逸的代表;扬子江没有她的绿,富春江不及她的曲,珠江比不上她的静……"(郁达夫《闽游滴沥之二》)

为历代文人墨客每每赞不绝口的福建山水,很快便占据了郁达夫的视野,羁留住了他的脚步。《闽游日记》和《浓春日记》中的很多篇幅都记载了他到福州后的处处屐痕。

《闽游日记》起始于 1936 年的 2 月 2 日,终止于同年的 3 月 31 日,共计 59 天。

在这近两个月的时间里,除去公事和应酬,大部分时间都在游历中。

他是 1936 年的 2 月 4 日下榻福州的,次日就已开始了游历的准备工作,并观赏了眼前的景致。这一天的日记是:

> 买了些关于福州及福建的地图册籍,地势明白了一点;昨天所记的洛阳桥,实系万寿桥,俗称大桥者是;过此桥而南,为仓前山,系有产者及外人住宅区域,英领署在乐群楼山,美、日、法领署在大湖,都聚在这一块仓前山上,地方倒也清洁得很。

次日的日记是:"午膳后登石山绝顶,俯瞰福州全市,及洪塘近处的水流山势,觉得福建省会,山水也着实不恶,比杭州似更伟大一点。"

再次一天的日记是:"走过宫巷,见毗邻的大宅,都是钟鸣鼎食之家,象林文忠公的林氏,郑氏,刘氏,沈葆桢家的沈氏,都住在这里,两旁近士之匾额,多如市上招牌,大约也是风水好的缘故。"

又一日的日记是:"中午在西湖吃饭。福州西湖,规模虽小,但疏散之致,亦楚楚可怜,缺点在西北面各小山上的没有森林,改日当向建设厅去说说。"

再又一日的日记是:"与郑心南、陈世鸿、杨振声、刘参议等游鼓山,喝水洞一带风景的确不坏,以后有暇,当去山上住它几天。"1936 年 2 月 13 日的日记是:

> 中午去洪山桥,在义心楼午膳。饭后复坐小舟,去洪塘乡之金山塔下,此段闽江风景好极,大有富春江上游之概。又在途中过淮安乡,江边有三老祖庙,山头风景亦佳,淮安鸡犬,都是神仙,可以移赠给此处之畜类也。

1936 年 2 月 15 日的日记又写道:

> 昨晚乘山舆上鼓山,回视城中灯火历历,颇作遥思,因成俚语数句以记此游:"我住大桥头,窗对涌泉寺,日夕望遥峰,苦乏双飞翅,夜兴发游山,乃遂清栖志,暗雨湿衣襟,攀登足奇致,白云拂面寒,海风松下恣,灯火记来程,回头看再四,久矣厌尘嚣,良宵欣静闷,借宿赞公房,一洗劳生悴。"(《夜偕陈世鸿氏、松永氏宿鼓山》)

今晨三时即起床，洗涤尘怀，拈香拜拂，一种清空之气，荡旋肺腑。

从以上所抄日记中可以看出，他到福州伊始，即一步一步，有条不紊地在实践他的游历计划。

他是一个对社会、对国家、对民族都极负责任的新文学家。虽然扬言到福建来的主要目的是为了好好品味品味这里"三三六六的山水与水貌"，但实际用意却是想通过游历，用他那支如橡之笔将福建山水的美丽和壮观，文物古迹的深邃和伟大，以及乡亲们可亲可爱的笑容和纯朴的生活，都客观、真实、形象、艺术地展现给中外人士，志在引起他们的关注和兴趣，为宣传闽南人民吃苦耐劳的创造精神，为发展福建的旅游事业，同时也为开拓这块封闭沉寂的文化蛮荒之地尽一份微薄之力，上对待起天地良心，下不辜负器重礼遇自己的恩公陈仪主席。

受这种责任心的驱使，他每到一处，都看的仔细，问的认真，悟的透彻，论的精辟，写的全面，《闽游滴沥》、《记闽中的风雅》、《饮食男女在福州》、《福州的西湖》以及《闽游日记》、《浓春日记》等就是有力的佐证。

在这诸多篇章里，他将福建的山水，文物名胜，饮食文化，居住环境，风土人情等都一览无余地呈现给了读者，令人浮想联翩，激情冲动，大有不到福州一看，终生遗憾的感觉。

《闽游滴沥之一》写的是海港码头"南台"的繁华景象。

"南台"是出入福州的主要港口，也是福州的商业中枢，乐户连云，烟花遍地。落脚福州的第一个晚上就是下榻在这里，其美轮美奂的自然景色给他留下了难以泯灭的印象。用他在《闽游滴沥之一》中的一番话说就是："在南台的高楼上住下的第一晚，推窗一看，就看见了那一轮将次圆满的元宵前的皓月，流照在碎银子似的闽江细浪的高头。天气暖极，在夜空气里着实感到了一种春意，在这一个南国里的春宵，想该是虫声新透绿窗纱的时候了。"如此美的夜景，怎能不招来八方来客共欣赏呢！

写作此文的用意是想告诉人们，福建是美丽的，只要一踏入它的大门，就能感觉到温馨、浪漫的气息无时无处不在你的周围。

《闽游滴沥之二》写的是福州东门外一二十里远的鼓山。

鼓山的构造和成分，自然也和别的海边高山一样，不外乎是些岩石、泥纱、树木、泉水之类，但它的形貌、布局、结构却奇怪得很，仿佛是人工雕凿似的——是那样的合理,那样的匀称,那样的棱角分明,那样的层次清晰。

古往今来的得道高僧,慧眼识珠,都不辞辛劳,从四面八方地来到这块风水宝地上建寺修庙,弘扬佛法,普度众生。素有闽中第一名刹之誉的"涌泉寺",就坐落在其山腰之上。

涌泉寺从五代至民国,已延续数千年,而且香火鼎盛不衰,除其风景美丽之外,另一个很重要的原因,就是得力于那一尊能呼风唤雨、惩恶扬善的"韦驮菩萨"。

有关"韦驮菩萨"显灵的传说,一直是涌泉寺僧人代代相传的保留节目。

这是一则美丽的神话,传达的是惩恶扬善的信息,表彰的是忍辱负重,拯世救民的精神。

中国的老百姓历来是朴素善良的,尽管他们不一定都相信韦驮显灵的故事是真实的,但始终是香火供奉,顶礼膜拜,这是一种精神的寄托,是一种美好愿望的依附。

《闽游滴沥之三》并无新的创意,描述的侧重点与前者一样——山水风景和神话故事,只不过前者的主角是神,后者的核心是人。

《闽游滴沥之四》,其重心则放在了风土人情的层面上。

偕友人游鼓岭时,正值清明时节,于是,他们有幸欣赏并参与了乡民清明祭祀的活动,像拍摄电影似的将这一幕幕动人的场景给记录了下来。

山村的寂静,乡民的纯朴,祭祀的虔诚,美酒的飘香,处处给人以清新扑鼻和陶醉的感觉,也可谓是遗世而独立,羽化而登仙。

来到福州,不能不凭吊伟大的民族英雄戚继光。

戚继光是明代杰出的军事家,为抗击倭寇,保卫东南沿海的安宁,他率领子弟兵浴血沙场,屡立战功,创造了许多奇迹,其严明的军纪,高超的武艺,卓越的指挥才能,和攻无不克,战无不胜的英雄业绩,都给子孙后代留下千古佳话。

到达福州后,曾专程去戚公祠拜祭。《闽游滴沥之五》就曾特意指出,福州城东南的于山,"最值得登临怀念的,是山西面的一座戚公祠。"

> 明参将戚继光,大败倭寇回来,曾宴士卒于此。至今戚公祠内,供奉着的一张彬彬儒雅的戚将军像,还是为福州全郡人士所崇拜景仰的

唯一岘山碑。祠中的醉石一方,因为戚公醉后,曾经在此山坐卧休息过的,游人过境,个个都脱帽致敬,浩叹着现代良将的不多。关于戚参将的轶闻故事,以及民间遗爱的证明,如思儿亭、惨恻桥、光饼、东征饼之类,流传在福州界限的很多很多……

从神话传说的出现,到古代英雄豪杰的登场,从高山顶上苍松翠柏的巍然耸立,到沟壑缝隙间涓涓细流的声响……有百花盛开的娇艳,有小草嫩芽的清香,有遨翔天空的雄鹰,也有雀儿知了的浅吟低唱……似乎,在人们认知的山水图画中,和人文风景的册页中所能描绘的,在《闽游滴沥》中都能看得到。如果放在别处,有了这些,已经是很全面很完美了,但在福州,仅有这些还是很不够的,一道更靓丽的风景还没有出现,那就是青春少女的飒爽英姿。

有游记大家之称的郁达夫,自然是不会轻易忽略这一道风景的。在《闽游滴沥之六》中,他不惜笔墨,不吝辞藻,尽情地赞颂福州少女的美。

　　福州的女子,不但一般皮肤细白,瞳神黑大,鼻梁高整,面部轮廓明晰,个个都够得上美人的资格,就从身体的健康,精神的活泼两点来讲,也当然可以超过苏杭一带的林黛玉式的肺病美女。我所以说,福州的健康少女,是雕塑式的,希腊式的;你即使不以整个人的相貌丰度来讲,切去了她的头部,只将胴体与手足等捏成一个模型,也是够与罗丹的Torso媲美了。这原因,是在福州的女子,早就素足挺胸,并没有受过裹脚布的遗毒的缘故。

有了青春少女倩影丽姿的出现,为福建所描绘的这幅山水画才算完整。

历史上还没有人能如此精确、详尽、周到、全面地来描绘福建的山水,郁达夫的《闽游滴沥》具有开先河之功。

郁达夫到福州任"蛮府参军",是这里的山川和人民的莫大荣幸,6篇《闽游滴沥》的宣传功效,真不知能顶得上多少部高头讲章式的说教。

读了《闽游滴沥》诸篇章,福州的山川景物,人文地理,风土人情和英姿勃发的青春少女,都能活灵活现,呼之欲出,招之即来。

可以这样说,郁达夫出任"蛮府参军"以来,为福建人民立下的首功,就是6篇《闽游滴沥》的横空出世。

《闽游滴沥》是一幅充满诗情的泼墨山水画,同时也是一首蕴含着丰富人文底蕴的抒情诗。

除《闽游滴沥》等游记的写作之外，在政论、杂感等方面的创作，他也是很勤奋的。发表在《论语》杂志上的《高楼小说》即是如此。

所谓的"高楼"，即是指他在福州的寓所。

"小说"也并非任意虚构，故事情节跌宕起伏，辞藻华丽优美的文艺作品，实乃政论、杂感之作。

写作《高楼小说》时，他又好像回到了当年鏖战黄浦滩头的峥嵘岁月，一样的披坚执锐，一样的勇往直前，一样的所向无敌。

如《高楼小说》之二的《说日本少年军人的发魔》，从日本三千少年军官兵佐帝都暴动说起，深刻分析了它的现实危害，以及对周边国家，尤其是对一水之隔的中国所产生的严重灾难。未雨绸缪，给国人敲响了祸水西移的警钟。

《高楼小说》之十一的《移家别纪》，则猛烈地抨击了对外丧权辱国，对内敲骨吸髓的腐败政府和各级的执行机关。

郁达夫在闽停留期间，思考最多，研究用力最勤的一个问题就是中日关系。

在日本留学长达十年之久，他深谙大和民族的禀性，对九一八事变后中日关系的走向清晰明了，所以，他多次提醒政府当局和沉醉在歌舞升平里的同胞，日本亡我之心早已有之，要巩固国防，做好迎头痛击日本侵略者的各项准备工作。在《战争与和平》一文中，他更是一针血地揭露了日本军国主义一步一步吞噬我大好河山地的滔天罪行。

疑 窦 丛 生

正当郁达夫在福州准备大有作为时，家庭却出现了不"和谐"的因素，确切地说，是他和王映霞的婚姻出现了"裂痕"。

福州之行，是他和王映霞婚姻危机的正式开端。

在这之前，他每次的负气离家出走，都是对王映霞管束太严的不满和无声的抗议，而导致的后果则是一次次地检讨，一次次地写悔过书。

可这次在赴闽的头一天晚上,他第一次表示了与王映霞不相同的意见,维护了独立的人格和尊严。其日记是:

> 侵晨六时起床,因昨晚和霞意见不合,通宵未睡也。事件的经过是如此的,前月十五日——已逼近废历年底了——福州陈主席公洽来函相招,谓若有闽游之意,无任欢迎。但当时因罗秘书贡华、戴先生及钱主任大钧(慕尹)等随委员长来杭,与周旋谈饮,无一日空,所以暂时把此事搁起。至年底,委员长返京,始匆匆作一陈公复函,约于过旧历年后南行,可以多看一点山水,多做一点文章。时历新年,习俗难除,一日捱一日的过去,竟到了前晚,因约定的稿子,都为酬应所误,交不出去,所以霞急劝我行,并欲亲送至上海押我上船;我则夷犹未决,并也不主张霞之送我,因世乱年荒,能多省一钱,当以省一钱为得。为此两人意见冲突,你一言,我一语,闲吵竟到了天亮。

> 既经起了早,又觉得夫妇口角,不宜久持过去,所以到了八点钟就动身跳上了沪杭火车,霞送我上车时,两人气还没有平复。直到午后一点多钟在上海赶上了三北公司的靖安轮船,驶出吴淞口,改向了南行之后,方生后悔,觉得不该和她多闹这一番的。

> 晚上风平浪静,海上月华流照,上甲板去独步的时候,又殷殷想起了家,想起了十余小时不见的她。

从这则日记看,他之所以和王映霞吵闹不休,坚持一个人独立前行,主要是嫌王映霞管的太宽了,限制了他的自由。而王映霞之所以坚持要送他去上海,担心的是他的安全,关键是怕他太散漫,唯恐他喝酒误了行程。

大骡子大马圈养的久了,还要急于挣脱缰绳到野外去撒欢,去寻求刺激呢!更何况是位居灵长动物之首的人乎?

在杭州定居的两年多时间里,污浊的政治氛围,黑暗的社会现实,使他几于窒息,艰于视听;而夫人王映霞的诸多清规戒律,又使他难于开怀畅饮,随心所欲,笑傲江湖。

白色恐怖的乌云当头笼罩,挥之不去;苦闷、烦恼、无聊的阴风又紧紧相逼,寸步不离。这就是郁达夫在杭州期间真实生活的具体写照。

离杭赴闽,是他好不容易才寻求到的一个挣脱羁绊,重回自由天地,纵情高歌的大好机会,怎能一出征就又让夫人任意摆布呢?所以,表示不同意见,据理力争,是再正常不过的事了。从夫人王映霞这方面来讲,她深知郁达夫那放浪、散漫的文人作派,唯恐他到上海后,经不住朋友们的诱惑,而改弦易张,耽误了自己的前程不说,辜负了陈公侠主席的一片好心则是大事。为了安全和保险起见,她执意要押送夫君到上海,等其上船后再回来,也应该说是在情理之中,无可厚非。关于这一层意思,在《王映霞自传》中说的很是明白。

> 一九三六年的二月二日(旧历正月初十),我为郁达夫准备好川资行装等,郁达夫预备乘早车到上海,然后再换船南行。

> 他的脾气和作风我是想得到的。为了他这次出门,我们曾争论过一些时候。这还是移居杭州后的第一次争论。他临行的前一晚,我提出了打算陪他到上海,亲自送他上靖安轮船的要求,因为我怕他到上海之后,若不马上上船的话,则他身边的旅费将会无计划地用完。但他对于我的提议却不同意。他认为,我匆忙间的一趟来去,劳神而又伤财。双方的出发点都不坏,但是闹却闹了一夜,争执了一夜,谁也不让谁,大家坐到天明。看看开车的时间将到,才决定让他一个人走。不过在送他上火车之后,我马上赶到了曹秉哲律师的住处,和他商量,接通了上海靖安轮船上的长途电话,得到了确已有这么一位乘客上了船的消息后,我才安心,也总算尽到我做妻子的责任了。不过胸中的郁闷,持续了好些天。

总体来讲,这个时期,他们的婚姻基础还算是牢固的,家庭生活相对还是平稳的。

和王映霞的这次吵闹,是他生平第一次,而且吵闹的理由纯属鸡毛蒜皮,尤其是自己更有意气用事之嫌,所以,这次吵闹在他记忆中留有深刻的印象,事后想起来还很觉惭愧。《闽游滴沥之一》中的一段话就充分表明了他的忏悔之意。

> 喝着酒,谈着闲天,计算着船进马尾港口,横靠南台的时日与钟点,倒也忘记了离乡背井的悲哀。只是静默下来,心里头总觉得有点儿隐痛难熬,先还浑浑然不晓得究竟是为了什么?随后方想起了昨天晚上和霞的一场争吵,与今天开车时她那张立在铁栅外的苍白的脸,就是这一点心痛的病源。

夫妻间在生活上出现了矛盾,很快就会自行消失,而一旦在感情上出现了"裂痕",那将是永远无法弥合的。

这次吵闹虽则是由生活小事引起的,实际上则是感情危机所致。这之后,他对王映霞的感情始终处于矛盾中。

对王映霞,他始终是挚爱着的,所以,在闽期间,他在日记中一次次记录下了对王映霞的思念之情。1936 年 2 月 28 日的日记是:

> 晚上,独坐无聊,更作霞信,对她的思慕,如在初恋时期,真也不知是什么原因。

对每一个人来说,初恋都是美好的,长存记忆中。

和王映霞初恋时,那如痴如醉的情,那火辣辣的爱,那惊天地、泣鬼神般的大追逐,人们早已在《日记九种》里领略过了。婚后十年,彼此偶尔小别,对王映霞的思念,竟还能产生出初恋时的感觉,这充分说明,王映霞在他的心目中,仍还是像十年前那样光彩照人,千娇百媚。

数日不见,如隔三秋,十分的想念,而王映霞一旦来信要赴闽和他相聚时,却又诚惶诚恐,烦恼至极,不遗余力地加以阻挠,甚至以辞职相威胁。

这种复杂、矛盾的心理一直困扰着在闽时的郁达夫。1936 年 3 月 5 日的《闽游日记》是:

> 昨晚在东街喝得微醉回来,接到了一封霞的航空信,说她马上来福州了;即去打了一个电报,止住她来。因这事半夜不睡,犹如出发之前的一夜也。今晨早起,更为此事而不快了半天;本想去省府办一点事,但终不果,就因她的要来,而变成消极,打算马上辞职,仍回杭州去。

这则日记所记表明,王映霞对郁达夫虽有诸多的不满,但还是关心眷恋的。相别一月便急着要去福州相会,就是最好的证明。

再之,它也说明,王映霞还没有别的精神寄托,一个心思都还在郁达夫的身上。关心他的生活,他的工作,他的健康,唯恐因他的"散漫"误了陈主席的大事。

王映霞的出发点和用意是好的,她来闽相聚,既可照顾郁达夫的生活,又能慰藉他的相思之苦,这本是好事,而郁达夫却感到甚为惶恐,更为严重的是,如果她执意要来,则打算以辞职回杭来阻止。

郁达夫对王映霞的恐惧心理,在这里表露无遗。

王映霞的一封欲来闽团聚的信，在郁达夫心中激起了波澜，同时也将他们感情危机的信息透露了出来。

王映霞是十分了解郁达夫的，他做事往往是率意而为，不大计较后果。像赴闽团聚一事，如果他不同意硬是去了，他真的会辞职回杭。想到这里，自我安慰道，不会有事的，时间还短，一切都在新鲜之中。于是，遂致电暂不去闽。

王映霞要来闽，烦恼苦闷之至，而一封不再来闽的回电，则使他又"快活之至"。其情其景，真使人感慨良多。1936 年 3 月 6 日的日记是：

> 午后洗澡，想想不乐，又去打了一个电报，止住霞来。晚上和萨上将镇冰等联名请松井石根大将吃晚饭，饮至十时始返寓；霞的回电已到，说不来了；如释重负，快活之至，就喝了一大碗老酒。明日打算把那篇《南国的浓春》写好寄出。

不愿王映霞来闽相聚的原因，郁达夫在 1936 年 3 月 7 日的日记曾有所透露。即"女子太能干，有时也会成祸水。"话外之意，是怕王映霞来闽后，再像在杭州时那样张扬，不但使自己难堪，而且还会影响工作和声誉，再之，他是怕王映霞来闽后，自己会失去自由——不能随意喝酒，纵情山水，驰骋士林。

王映霞不在身边时，思念她，而她欲来时，又极力阻止她，这就是当时郁达夫对王映霞感情的两重心理。1936 年 3 月 12 日的日记是：

> 早晨三点醒来，作霞的信；自六日接来电后，已有六日不曾接她的信了，心颇焦急，不知有无异变。记得花朝夜醉饮回来，曾吟成廿八字，欲寄而未果："离家三日是元宵，灯火高楼夜寂寥，转眼榕城春渐老，子规声里又花朝。"北望中原，真有不如归去之想。

对日记中所言，他的老同学孙百刚在《郁达夫外传》中曾有一番推测和议论。"按一般说：在外边的丈夫有五、六天不接到家中夫人的信，也很普通，何况杭州和福州的邮递又不方便。即使心中焦急，接下来也不至于说'有无异变'。这里所谓'异变'，不会指一般的家人疾病，银钱进出等。读他的诗注，可见达夫心情之沉重"。

孙百刚话的言外之意是说，这期间的郁达夫对王映霞能否红杏出墙已开始产生怀疑了。

怀疑她红杏出墙也好,嫉恨她能干也罢,但郁达夫对她深爱的感情却没有变。1936年4月1日的日记就是证明。

> 今天一早起来,开窗看见了将开往上海去的大轮船的烟突,就急忙写信,怕迟了又要寄不出而缓一星期。交通不便,发信犹如逃难摸彩,完全不能够有把握,是到闽以后,日日感到的痛苦;而和霞的离居两地,不能日日见面谈心,却是这痛苦的主要动机。

不能天天和亲爱的夫人见面谈心,便日日感到痛苦难捱,大有不如归去之念,而夫人马上真的要来了,却又十二万分的恐慌,并千方百计地进行阻挠,而且不达目的誓不罢休。这就是来闽初期的郁达夫,一个真真切切、实实在在的郁达夫。

1936年4月2日南京《新民报》上的一篇短文,更是活灵活现地道明了他的真实心境。

短文的题目是《做官不忘恋爱,郁达夫两头忙;既忙于赔小心,又忙于应付饭局》。仅看标题,似乎与一般捕风捉影,道听途说,供人茶后消遣的小道消息无异,细读之下,方知是郁达夫致王映霞的一封家书。

亲爱的霞:

> 出门未及两月,已有隔世之感,所以日日只盼望你的来信,几日不见信来,心里郁闷,自然要疑神疑鬼,猜想到许多事情;前回的信里,出言不慎,致使你对信发愤,原是我的不是,先在这里告个罪儿。

> 你的十八日晨发的信,昨天到了,因为礼拜,财政部陈国梁视察来闽,不得不陪同玩一天,所以没有作覆,请恕我。我在这里,生活很有规则,早晨七点起床,晚上十点睡觉;有时候睡不着,就起来看书看到天明,天明后,再睡两三个小时。写信,写日记,洗浴,是每日必做的工作,此外则吃饭很忙,一顿总有三四处饭局,实在是一件苦事。

> 各地小报的恶意记载,近来没有了,想来是材料已经陈腐,而真相也都大白之故。此地的第一缺点,是在交通的不便,所以寄信老发生问题;没有方法只能每日多写几封。我想若以写信的工夫,来做文章,则不必半年,就有三十万字好做,光阴虚费在这些地方,真正可惜。报载闽南有变,全系谣言,大约系本省几个失意军人,在图谋不轨,故意造出来的宣传;而路透访员,受了他们的愚,所以有此结果。我本打算于本

月内去厦门以及泉樟一带旅行,但因此闲琐事未了,要等下月方能出发。武夷之游,恐怕要等到六月;不过若有好的机会遇着,而同游有人,则先去闽北也说不定。洵美有信来杭否?书架做得怎么样了?到了福建之后,收罗福建文献,又集起了旧籍三百多册;书架顶好要多做几个,宁使空着待摆,不可用时使它不足。福建风景好极,远胜富春江上。纪游的文字在《宇宙风》上陆续寄出发表了,你可曾看见?

杭州诸亲友都好么?来信望告诉一二。这一封私信,你阅后以为可以发表,请拿去交给大慈,头上加一个"闽海双鱼"的题目就对。杭州的友人,大约要想知道我的消息的总也不少;借花献佛,可以省去我许多作信之劳,更可以省下我的几张五分邮票。

达夫

三月廿三晚上

从书信的落款日期看,正与《闽游日记》中所载相吻合,在翌日的日记中则详细记载了发信经过:"午前送财政部视察陈国梁氏上新铭轮,为介绍船长杨氏,寄霞之信,即投入船上邮筒内。"从书信内容和邮发时间上看,印证了该信确为日记中提到者无疑。信中介绍了郁达夫在福建的生活情况,既沉湎于山川美景,乐不思蜀,又被各种无聊的饭局应酬所烦恼。至于生活起居、写作计划、购置藏书、应酬饭局等等详情,在《闽游日记》中均有记载。

经过几番磨难,几番周折,王映霞于 1937 年的初春携子来闽与郁达夫团聚。有关在闽期间的夫妻生活,《王映霞自传》中是这样写的:

一九三七年的春三月,我奉他的命去福州,心中的闷气还未曾消除。将杭州的家务略一安排,随身只带了郁云。因为他从小脾气古怪,容易闹事。到福州之后,我随时注意郁达夫之所以不让我早来福州的原因,但我还是漠然。既是多年来的夫妇,我为了自慰,也就不再想入非非了。他带我去玩过几处名胜,吃过多次名菜,访过许多朋友,玩过好几次日本堂子,叫日本名妓来替我敬酒。可惜我还没住上半年,在这个临时的家庭刚刚安排就绪时,卢沟桥的炮声响了。于是商量决定,我带了殿春先回杭州,同船的有陈仪先生的女儿陈文瑛。

王映霞回忆录中的这段话说的很有点"蹊跷",同时也很耐人寻味。

一是说明,她这次携子前往福州和夫君团聚,完全是被动的,极不情愿的，没有郁达夫的"命"令，她是不会去的。这与一年前的主动要求前往，变化真是太大了，可以说是天壤之别。一年前，"风雨茅庐"初成，多年的梦想成了现实，一时感到很满足。如果没有夫君的文坛大名和在社会上的显赫地位，她是不可能在很短的时间内，几乎是以成本的价格来拥有这座"豪宅"的，对此，她是心知肚明的。

郁达夫的存在和健康，是直接关系着他们这个小家庭及其王氏家族的兴衰荣辱，所以，她视郁达夫为生命中的唯一。分别刚近一个月，便火烧火燎地要赶往福州去照料他的生活起居，是在情理之中的。

再之，郁达夫赴闽之前，是以教育厅长的人选应召的。她眼里，主管一省的教育大计，其厅长的位置是炙手可热的，权势倾天，万人敬仰，有了它，就可以像朋友许绍棣那样，食有鱼、出有车，呼风唤雨，耀祖光宗。对未来，她是充满着无限憧憬的。而一年之后，这一切全都变了样。

"风雨茅庐"不再拥有初落成时的新鲜和光彩，与达官富商们的别墅相比，它只不过是一处普通的住宅而已，没有什么值得炫耀的地方。

一年来，郁达夫并没有当上福建省的教育厅长，什么参议，什么政府公报室主任，在为官者眼里，都不过是些虚职和闲差事而已，钱不能挣大的，权没有三分。王映霞失望了，很是悲哀。

没有了企盼和希望，夫妻间的热情自然要减去许多，这时不愿再去蛮荒之地的福州伺候夫君，也就可以理解了。

另外，"心中的闷气还未曾消除"一句中的"闷气"真不知是从何而来。如果说，一年之前，郁达夫执意不让她去福州，使她很生气的话，那么，经过三百六十五天的风霜雨雪的侵蚀，也应该早已烟消云散了。又言之，这期间，郁达夫不止一次的回杭州团聚，夫妻间有什么隔阂，温柔乡中的万种风情也该将其化解得无影无踪了。再一点，王映霞在回忆录中说的离闽回杭的时间也是很可疑的。

她是 1937 年 5 月间，携殿春回杭州的，而卢沟桥的炮声是当年的七月七日打响的，怎么能说是因"卢沟桥的炮声"拆散了刚刚"就绪"的小家呢？显然，不是误记，就是有意遮掩了什么。

郁达夫的《回程日记》和其他文章也都明白无误地记载着王映霞母子回杭的时间，是 1937 年的四月底五月初。

王映霞在其自传中论及福州生活时,是轻描淡写了,就实际而言,他们的夫妻生活并不是那么轻松愉快的。

郁达夫的同事、部下蔡圣焜在《忆郁达夫先生在福州》中曾有描述。

> 是年十月,达夫先生先往上海为鲁迅先生送殡,后东渡日本,据说是应日本各社团、学校之请前往讲演,并去商议出版《大鲁迅全集》之事,约一个月后偕同他的妻子王映霞来福州。这时,他的住所已迁入光禄坊刘家祖屋(现光禄坊十一号)。同事们曾假东街"三山座"宴请其伉俪。可是只有达夫先生一人光临,而映霞托辞未到。席间,达夫先生神色不甚欢悦,大家均感奇异。

大概王映霞此时是身在福州,心系杭州吧,所以,与郁达夫诸事的配合并不是那么默契,甚至说是很不协调。

夫妻间在感情上有了"芥蒂",自然也会表现在行动上。据蔡圣焜回忆,自王映霞来福州后,郁达夫的情绪一直很坏,从没露过笑颜。

> 一九三七年春末,突然感到达夫先生风度与从前迥然不同,精神沮丧,心情亦急躁。据传闻与王映霞不和,甚感惊奇。是何原因,人言言殊,莫衷一是。事属家庭内部纠纷,非外人所得深知。达夫先生为此气愤,且尚需为幼儿安排生活等麻烦问题费心,因此不像过去那样乐观、豪放,社交方面亦少活动。我们均表同情,但无法安慰。

王映霞在杭州适应了呼风唤雨,流光溢彩的贵夫人生活,对侍儿弄夫式的家庭主妇的角色已渐渐不习惯了,未及半年,便携儿重回杭州。

烽 火 满 天

王映霞携带儿子郁云从福州回到杭州,落脚未稳,便赶上上海"八一三"战事。

上海是杭州东南的主要屏障,两地相距仅有 4 个小时的火车行程。

日寇侵占上海后,杭州也岌岌可危,有钱有势的人家都纷纷寻求避难之所。王映霞尽管很能干,但面对如此复杂纷繁的局面,她也是一筹莫展。好在这之前,郁达夫曾给她们母子设计了逃难方案,"倘若上海吃紧",就由她带着孩子去富阳老家暂避一时。

富阳是郁达夫的出生和少年时读书成长的地方,距省会杭州仅有90华里的行程,三面环山,一面靠水,风景十分秀丽,出入也方便,是战时逃难和生活的最佳选择。再之,就是没有中国军队的节节抵抗,日寇的铁蹄一时还践踏不到这里。

郁达夫的二哥是富阳县城里有名的大夫,方圆几十里,无人不知,无人不晓,人缘也很好,加上郁氏家族众多的亲朋好友,将家暂时安置在这里,他相信王映霞母子是不会受太大委屈的。按照事先设计的方案,上海"八一三"的炮声刚停,王映霞果真携家带口地来到了富阳。在《王映霞自传》中,谈到避难富阳时的生活和情感时,她这样写道:

> 我们在富阳住的地方,就在鹳山脚下"春江第一楼"旁,租定了两间房屋。这房子在富春江畔,门窗一开,就能见到白茫茫的江水,距达夫母亲所在的鹳山亦不远。每当茶余饭后,我老爱牵着两个大的儿子在江边散步,或者静坐在江边石上,遥望那来去的风帆。

笔墨淡淡,言语轻轻,看似逍遥,而实际生活的担子却是很沉重的。紧接前言,王映霞笔锋一转便道出了其中的辛酸苦辣和无奈。

> 在兵荒马乱中,我又单枪匹马,带了六旬老母和三个不满十岁的儿子,寄居在他的故乡,日子过得并不容易。不过两个月来,无论是在富阳县城或是乡间,我和达夫的老母亲,或者养吾二哥的一家,彼此都相处得融洽和谐。我们住在杭州时,老人家也曾来过两次,就住在我们家里。我这次来富阳,亦并非初次。老人家年龄大了,难免有点重男轻女的看法。我身边的三个都是男孩,这一点是老人家最开怀的。老人家吃素,念佛。我每天总挤出时间带了孩子看她一次,顺便带一二样她所爱吃的素菜,而我们大小,也就陪她一起吃了饭,才回自己的住处。在闲谈里,她告诉我,想翻一身丝棉袄裤,说富阳没有人能替她翻。我就马上满足了她的心愿。

王映霞在富阳住了两月有余,听说杭州战事吃紧,将波及到这里,于是就又随同二哥养吾一家到环山住了一阵子,最后听从浙江省财政厅长程远帆的劝告,与省政府的家属和政府机关一同搬往丽水。回忆搬往丽水的经过时,王映霞在她的自传中曾这样写道:

我们在富阳住不上两个月,养吾告诉我,他准备把他夫人和孩子全部搬到富阳的南岸环山,暂时在他的妹婿家住一个时候再说,并且问我们打算怎样。

……

不久我们和养吾一家,整理了行李,雇了一条小木船,去了环山叶家。

这叶家原是郁达夫的姊夫家,姊姊自小就嫁给姓叶的,不久病故,但这位忠厚的姐夫还和郁家来往。他自己造新房子,完全让我们两房人家占用了。

我们在环山只住了两个多月,已经是落叶萧萧的初冬时节。听人说,战争扩大,富春江也快要封锁,我想富春江若一封锁,则我们住处的水上交通就会断,只有十里外的场口这小镇作为通道。这个时候如果郁达夫能回富阳来,则我是一定要和他同回福建,让一家同住一处。我那紧张的心情,也可以松弛一些。

住得不久,我打算单身到富阳城里去打听一下消息,不料在富阳城的街上碰到了程远帆。

程远帆是浙江省的财政厅长,也是我们从上海搬来杭州住下后才认识的。这时他刚从杭州到金华去,路过富阳,听说富阳是郁达夫的家乡,便下车来找找我们看,不料,就在街上遇见了我。

据他告诉我说,我们现在住的环山,不能久住。若一旦富春江被封,环山到富阳的交通只能依靠十里外的场口镇。场口又是一个小镇,容纳不了许多人。程远帆劝我们还是走出这一个小圈子,向金华方向走。先到金华住定以后,然后通知郁达夫,要他马上来接。

对程远帆的这一建议,我是完全同意的。但如今即将封江,富春江若被封,则我们又如何能出去呢?

借用一条木船,把我们一家老小,从环山接回到富阳,再在县政府借住一宿。第二天车子一到,就可以走了。至于程远帆自己,当天马上要回杭州去,第二天,他打算叫一辆汽车,到富阳来把我们全家接往金华的。

我当时听了他这一番有见解、有安排的话,觉得不论往后如何,在目前,这实在是一个忠厚长者的肺腑之言。

于是,我别了程远帆,马上再回环山去,向母亲把这一个计划讲了。母亲听后,也认为这计划不错。于是把行李整理好后,告诉了养吾,我们这一家老小,坐木船重新回到富阳。

第二天程远帆的车子从杭州开来富阳,我们这一家,就搭上了他的车子,一直到金华,在金华住下后,马上去信福州,告诉郁达夫我们已经到了金华了,盼望他能到金华来把我们接走。

对王映霞所谓的是浙江省财政厅长程远帆,用汽车将她们一家从富阳接到丽水避难之说,郁风在《三叔达夫——一个真正的"文人"》一文里,却表示了不同的看法,她认为,接王映霞一家从富阳到丽水避难的不是程远帆,而是教育厅长许绍棣。

第二年抗日战争开始,年底杭州沦陷,王映霞先到富阳避难,后由许绍棣接往国民党浙江省府所在地丽水。三叔再也不可能回到并不属于他的"风雨茅庐"了。

与王映霞之说相比,郁风之说的可信度应该是大的。

一、程远帆与郁达夫并没有什么特别的交情,在他的日记和其他文字里,也很少有"程远帆"三个字出现;再之,在兵荒马乱的岁月里,负一省财政之责的厅长,也无暇去顾及一个并非友情深厚的朋友的妻儿,更何况还要将她们从遥远的小山村接到省政府机关临时所在地呢?即使有这个闲暇,他也不可能有这个心思,人言可畏,为官者没有不知道这个道理的。

二、王映霞一家在富阳逃难期间,一直受到二哥养吾的照应,她们去丽水前夕,两家又同在一处居住,当时来接她们的是谁的车子,又是谁派人来的,郁养吾应该是知道的。郁风和二叔养吾的感情一直很好,解放后又曾多次回故乡写生,而每次回去都是和二叔住在一起,他的说法应该是来自二叔无疑,故可信程度是高的。

三、王映霞将"许绍棣"说成是"程远帆",意在遮掩她和许绍棣那非同寻常的"友情"。

王映霞这次跟随省政府机关迁至金华,再至丽水,是他们毁家的导火索。

在杭州时,王映霞就和省政府机关的一些达官贵人很熟悉,而且对一些

"权要"也很羡慕。

远离丈夫，精神空虚孤独，在患难中与旧相识异地重逢，相互照顾，嘘寒问暖，情感自然会发生变化。她与许绍棣的关系就是一例。

许绍棣是浙江临海县人，自幼父母双亡，靠伯母抚养成人。中学毕业后，以优异的成绩考入复旦大学。为减轻家庭负担，业余时间到一姓方的大户人家担任家庭教师，方家的长辈很看重他的人品和学问，遂将女儿方志培嫁给他为妻。

许绍棣大学毕业后，先是在中学教书，尔后参加国民党，走向仕途，官至国民党浙江省党部执行委员，兼教育厅长。郁达夫定居杭州后，多有来往，关系也不错。

因都是文化界人士，王映霞与许绍棣前妻交往颇为频繁，自然和许绍棣也是经常碰面的。

1936年，方志培去世后，许绍棣带着3个女儿跋涉千山万水，很惹人同情。王映霞就是同情和爱怜者之一。

在去金华之前，王映霞与许绍棣就有书信来往，到丽水后两家住在一个楼，小孩子们又常在一块玩耍，他们接触的机会也就不期然地多了起来。情感也随之发生变化，麻烦和事端接踵而至。外界的流言蜚语更加有声有色。据《王映霞自传》回忆，在丽水期间，她的心情和生活都是很轻松愉快的，没有一点亡国之痛和大战将来临的紧张气氛，甚至可以将3个未成年的孩子，完全扔给年迈的老母亲，约朋友遍游浙东山水。她说：

> 我憧憬着浙东的几处名胜，像永康的方岩和金华的北山，往昔只能在郁达夫写的游记里了解一些，到了丽水之后，一有时间，我便约几个朋友去玩个痛快。游踪所至游兴之浓，我在家信中都告诉了郁达夫，当然，从他的脾气来讲，他是会不高兴的，冷讽热嘲，在他的复信里我都可以看得出来。

一介布衣寒士的妻子，在烽火连天的岁月里，丈夫又不在身边，之所以能如此潇洒，如此风光，如果没有居高位的官僚朋友热情"关照"，那是绝对不可能的，也是无法想象的。这个"朋友"就是许绍棣。

1938年3月9日，郁达夫应郭沫若之邀，前往武汉任军委会政治部第三厅设计委员，临行前，特地去丽水接王映霞一同赴任。

在从金华去南昌的火车上，王映霞与一同前来的李家应闲聊时，李告诉她说，她是南京中央大学西画系毕业的，这次是打算到汉口找工作做的，尔后她又继续说到：她还有一个姓孙的好朋友未婚。孙的爸爸，在浙江教育厅做事，孙要陪爸爸，这次就没有和她同行。李家应又问王映霞，说："伯母，你有没有适当的人替多慈介绍一个？"

对李家应的话，王映霞一时没有反应过来，停了一会才明白她的意思，于是便说道："我们认识的人并不少，未曾结婚的还未想到。有一个许绍棣，两年前他妻子亡故，但遗有三个女儿。"

许绍棣在浙江是鼎鼎大名的，李家应一听马上回答道："他有三个女儿不妨事，到了汉口，伯母，你能不能给我写信去征求一下对方同意不同意？我家里还有多慈的照片，有必要时可以附了去。"就这样，王映霞与许绍棣在汉口与丽水之间开始了"两地书"的传递。

王映霞与许绍棣的风言风语早已传到了郁达夫的耳朵里，但他并没有介意，这次看到他们书信不断，疑窦顿生，遂演绎出了一场令人啼笑皆非的闹剧。

郁达夫对王映霞给许绍棣"做媒"一事本身就十分反感，更何况她欲介绍的"新人"又是莫逆之交徐悲鸿的红颜知己孙多慈呢？

郁达夫与徐悲鸿相识于 1927 年，在上海友人田汉家里第一次看了他的几张画后，"就感到了他的笔触的沉着，色调的谐和，与夫轮廓的匀称，是我们的同时代有许多画家所不及的。"（郁达夫《与悲鸿的再遇》）

徐悲鸿在艺术是成功的，贵为一代画坛宗师，而在婚姻方面却是不幸的。妻子蒋碧薇早已投入中统首脑张道藩的怀抱，世人皆知，自己心仪已久的女弟子孙多慈又因种种原因不能结为"秦晋之好"。

对徐悲鸿不幸的婚姻，郁达夫是深表同情的，对其和孙多慈的恋情也寄予了厚望。不料，自己的妻子竟插手朋友间的情感纠葛，横刀夺其所爱，赠与可恶之人。

真是万般无奈到了极点，同时也成了他心中永远抹不去的痛。《王映霞自传》中对这件事的说法是：

> 到了武昌的第三天，李就来找我，并且把孙的相片也带来了，要我替她写封信去问问。我迟疑了一会，告诉她："让我慢慢的写。"

我的信寄去之后,等了多日,没有回音。李家应要我再去信。隔了一些日子,回信来了,说是可以做做朋友。我就随随便便地把许绍棣的回信放在台子上。谁知,郁达夫在酒醉之后,便将这一封信去照相馆里印了出来。后来就算作是许绍棣给我的"情书"。所以等在武昌住定后,我和他在日常生活中,事无巨细,似乎他总看不入眼。书信的来往他要怀疑,一般的应酬与游玩他会猜忌。而我的个性,既骄又娇,总不愿用什么和顺的言词去向他解说。我感到苦闷,却又在苦闷中挣扎。我也知道他比我更苦闷,他是急性子,表面上虽然怨我,甚至于想离开我,但在他的内心,还是极痛苦地想攫住我,亟盼我能从言语或态度上向他表达出我的心意——我对他并没有改变的心意来。但是我没有这样做,而且变得更冷淡更消极。这样一来,他便更确定了他的幻想确已成了事实,他受到了沉重的打击而不能自拔。

郁达夫是一个以国事为重,家事为轻的真诚的爱国主义战士。尽管因王映霞与许绍棣的事情将他折磨得心力交瘁,但一接到去前线慰问抗敌将士的命令,他马上整装奔赴前方战场。

离开武汉后,他以军委会政治部第三厅设计委员的身份,冒着枪林弹雨到河南战区视察工作,慰问伤兵,赠送纪念品,向大后方报告前线战斗状况。视察河南战区后写下的《平汉陇海津浦的一带》等散文,不仅仅将这里军民对日宣战屡屡告捷的消息如实地、形象地给报道了出来,重要的是他还将这里因交通阻塞、敌机轰炸所造成的文化饥渴也一同诉述给了大后方的人民,特别是活跃在文艺战线上的同胞,请求他们给予无私的支援,以期使他们的对敌斗争取得更伟大、更辉煌的战绩。对战区人民的关心和热爱,在郁达夫的私人书简里也可看得到。1938 年 4 月 19 日他在致夫人王映霞的信中就详细报告了在郑州视察期间的所见所闻和所感所思。

离开河南战区,郁达夫一行又到台儿庄去视察慰问。在这里,他做出了一件功在当代,利在千秋的大事——即说服美国外交官援助中国抗日。

出于自身利益考虑,抑或是对战况不明等原因使然,美国在中国抗战初期,一直是在"大风圈"外静观其变。

1938 年 4 月 6 日,中国军队在台儿庄一线阻击日寇进犯,歼敌一万多人,极大地鼓舞了各族人民的抗战信心,意义非常重大。郁达夫奉命代表军委会政治部和全国抗敌文艺家协会率团到前线视察慰问,几乎与之同时,美国驻华使馆武官史迪威也到达了徐州,与他们下榻同一个饭店。

史迪威是个"中国通",同情并支持中国人民的抗战大业,多次冒着枪林弹雨到前线了解收集情报,及时向有关方面提供信息和建议,深得国共两党有识之士的赞誉,但他这次的徐州之行却被阻止于台儿庄的大门之外,原因是,在这之前,意大利的3位记者借采访之名到前线窃取情报被发现后,军委会政治部密令各战区长官,严禁外国记者和军人到前线去。史迪威的台儿庄之行适逢其时。

对政治十分敏感,对国际关系了如指掌的郁达夫,很清醒地知道美国在整个反法西斯战场上的战略地位,同时也意识到了史迪威在美对华关系中所扮演的重要角色。得悉史迪威想去战区考察而不能时,马上便去做李宗仁的工作,希望他以国事为重,放眼世界,不要拘泥于某些条条框框。在他的积极努力下,史迪威的愿望终得实现。

在陪同史迪威考察台儿庄战场的间隙,他还主动地向客人详细地介绍了中日政治、经济、文化、军事等方面异同和优劣,并条分缕析地进行了比较,最后得出了的结论是日本必败,中国必胜。史迪威从战区回去后向美国国务院写的报告和发表在军事杂志上的文章,其中的观点和结论大多都是来自郁达夫所言。

因当时史迪威去台儿庄战区视察是违犯军委会有关禁令的,为减少不必要的麻烦,双方一直缄口不言。对这件事的重大意义,盛成在《与达夫一起去台儿庄劳军》一文中有过很好的说明。

大义凛然,怒斥为私欲而出卖"灵魂"的昔日好友——佐藤春夫,愤然与之割袍断交,是郁达夫在武汉时期的又一惊天之举。

佐藤春夫是日本近代"私小说"的代表人物,作品素以表现现代人的孤独、忧郁、厌世等苦闷情绪而著称,这一点正吻合郁达夫的文艺思想,所以,俩人自1920年订交后,十数年来关系一直很密切,来往也很频繁。

他的这位十数年如一日的好朋友,中日战争打响后,竟一反常态,肆意污蔑攻击郭沫若等文艺界的抗日先锋,为日本军国主义发动的侵华战争推波助澜。《亚细亚之子》为其代表作。该文的大意是:一位姓汪的革命文学家,北伐之后流亡日本十余年,一天晚秋的薄暮,他的一个姓郑的朋友衔中国最高领袖的密谕,忽而到他的寓居去访问。煽动他回国去作抗日宣传。卢沟桥事件后,汪一个人悄然留下了遗书逃回了中国。在各地作了许多热烈的抗日的宣传。最后他发现了自己是被人利用了,作了人家的傀儡,更使他失望的是他在北伐时代的一位情人,却被姓郑的骗去作了妾,藏置在杭州的金屋之中。于是他就翻然醒悟,重新投入日本人的怀抱。

凡有常识的人一看便知,"姓汪的革命文学家"影射的是郭沫若,"姓郑的中国朋友"暗指的是郁达夫。整个故事梗概是以郁达夫秘密动员郭沫若回国作蓝本的。在这篇恶劣之作中,佐藤"处处高夸着日本皇军的胜利"和日本女人爱国爱家的高尚人格,而对中国人民则使用了最恶毒的语言进行攻击和诋毁,在他的笔下,中国的男人都是些"出卖朋友的劣种",女人则"比日本的娼妇还不如"。

《亚细亚之子》虽是文学作品,但影响极坏,严重伤害了中国人民的感情。郁达夫看到后气愤异常,除与作者割袍断交外,还接二连三地撰文进行反驳,以正视听。

愤怒之情溢于言表,流于笔端,一针见血地戳穿了佐藤自命"清高"、"友善"的画皮,沉重地打击了其反华的嚣张气焰,大长了中国人民的志气和威风。

就在郁达夫披星戴月,奔走呼号于抗日救亡的前线战场时,夫人王映霞却正忙于为党棍、学阀许绍棣"牵线搭桥"当红娘。面对他们之间一封封缠绵悱恻的情书和一袭象征"爱情"的红纱巾,郁达夫惊呆了。

那一束书信,是何等的亲热啊!絮絮家常,叨叨政事,切切形势。文风之细腻,语言之轻飘,仿佛是一对"热恋"中的情人。

郁达夫愤怒了,精神几近崩溃。

极端"愤怒"和精神几近"崩溃",实属一个有妇之夫的正常行为规范,否则,那才真是神经失常。

试想,在丽水时,夫妻就因为"许绍棣"而闹得天崩地裂,几乎要分手。作为王映霞,为夫君的脸面考虑,为家庭着想,她应该主动的远离许绍棣,避嫌还来不及呢?还为他介绍什么对象。

又言之,她所介绍的孙多慈,还是郁达夫的好朋友徐悲鸿的生死之恋,这不是在刺伤夫君,又是什么,可以说,在这件事上,她根本没有把郁达夫放在眼里，更没有考虑他的感受。

一个是许绍棣，一个是郁达夫，在王映霞心中的天平上，孰重孰轻，大家一看便知。

在此时此刻，如果王映霞能用几句温柔的话语，也许会化解去郁达夫的愤懑之情，然而，她没有，她始终不愿低下她那高昂的头。

两人针尖对麦芒，谁也不愿意先示弱，亲朋好友都不愿看到的一幕终于出现了。

根据王映霞的回忆，从台儿庄战场回来，郁达夫紧锁的眉头就没有舒展过。经验推猜，这是他要离家出走的前兆。若是在从前，她不会主动挑起事端，而是让他发作后再进行安抚劝导。不过在这个时候，非寻常可比，飞机日日在乱炸，一家老小要吃要用，他一走了之，这个家就无法支撑下去。鉴于此，她采用了主动出击的办法，想以此遏制他的离家出走，于是她先开口道，"你又打算走么？要走，可以的，你须把三个儿子也带了走。否则，就让我走！"

王映霞说这话是带有试探性的，并没有要"走"的准备，而不料，郁达夫听了她的话，语气很坚定地表示道："你走就你走。"这句话把王映霞打晕了。她在自传中回忆说：

这些年来，我从未听见他对我讲过如此严重触犯我自尊心的话。这时，我顿时怒火中烧，站起身来，马上去我母亲房内取了两件替换衣服，手中提了一个拎包，三步并两步地，从堂屋走到天井，再从天井里跨出了大门。假戏已经在真做，郁达夫看了我这个样子，也跟在我身后走了出来。

走到大门口，正好看见有一辆空车，我就一边跨上车去，一边向车夫说："你给我拉到火车站！"

因为心中有气，人在火头上，所以便不经考虑，就说出了"要走"的话。其实，我到车站去做什么呢？找什么人呢？我的亲人就只有老母和孩子，不是都在我的身边么？不是都在武昌么？我真的还有什么人可找？我正在这样地反问自己的时候，车夫却已把车子拉了起来，要起步的样子。我的头脑里略略地清醒了一些，就又重新对车夫说："不，不去车站了！你把我拉到小朝街四十一号！"

原来，小朝街是我们在杭州时候的朋友曹秉哲的住所，曹先生是杭州的名律师。在杭州和富阳,他的熟人最多。现在他住在武昌,名义是军事委员会政治部部长陈诚的秘书。他是我们在杭州时候极好的一个朋友。

我离开家庭时,应该去什么地方最系适当,是着实要经过一番考虑的。就是说,我不能到单身男子的人家,又不能去到一个只有女子的家庭,要在几分钟之内,马上决定下来,这实在是一件为难的事情。在这种情况下,我终于决定了去曹家。

曹秉哲夫妇一看见了我,就知道一定是家中又在发生口角。就劝我:"休息,休息,慢慢来,你就在我们家住几天,然后我会去叫达夫接你回去!"曹先生说。

我一听说要通知郁来接我回去,马上摇手示意,并对曹先生说:"曹先生!我今天之来,是打算在你们这里住几天,你可万万不可以去通知我家里。若你要去通知,我马上就走。"曹律师夫妇看到我这副决然的神情,倒是可怜了我起来,说:"你不要再走,我不去通知你的家里!噢!我一定不去通知。"经过了这样的一番周折之后,我总算安定地住了下来。

这一夜,曹律师把他们自己的房间让给了我,让我可以舒舒服服地住下来。但是人是有灵性的动物,思前想后,这一夜中我心情之恶劣,为十多年来所未有。

八月初的天气,在武昌是相当的炎热,我心中的郁闷也与天气的炎热成了正比例,好心的曹律师夫妇,总以为我们是一种平常的夫妇的争吵,过上两三天,气平静下来,就可以平安无事了。

第三天,曹律师把我的住处暗暗地去告诉了郁达夫,这使郁达夫的心境十分安定了下来。

郁达夫的一句"你走就你走",原也是一句赌气的话,没想到,王映霞真的走了。

面对此情此景,他不但气恼有加,而且更加确信了外界的传言,王映霞真的和许绍棣在谈恋爱。于是乎,便失去理智地作出许多荒唐之事。首先,去叫了三厅的许多同事来寓所观看王映霞和许绍棣的"情书";其次,分别向蒋介石和陈立夫写了长信,状告许绍棣插足别人家庭;其三,则是到《大公报》登了则寻人启事。

王映霞女士鉴：

　　乱世男女离合，本属寻常。汝与某君之关系，及携去之细软衣饰金银款项契据等，都不成问题。唯汝母及小孩等想念甚殷，乞告以住址。

郁达夫谨启

《启事》登出后，郁达夫即接到曹律师的报告，当得知王映霞并没有去浙江找许绍棣，而是赌气在朋友家，怒气也就消了一半，后在郭沫若等朋友的劝说下，又登了一则道歉启事，登门把王映霞请了回来，此事才算告一段落。

郁达夫的道歉启事是：

道歉启事

　　达夫前以神经失常，语言不合，致逼走妻映霞女士，并登报招寻启事中，诬指与某君关系，及携去细软等事。事后寻思，复经朋友解说，始知全出于误会。兹特登报声明，并深致歉意。

　　此致

　　映霞女士

郁达夫启

此次"风波"过后，各自都有所反省，也都认识到了自己的错误，为了重新生活，在朋友们的敦促和监督下，写了一张"协议书"，以示放弃前嫌，开始新的夫妻之旅。协议书的原文是：

　　达夫、映霞因过去各有错误，因而时时发生冲突，致家庭生活，苦如地狱，旁人得乘虚生事，几至离异。现经友人之调解与指示，两人各自之反省与觉悟，拟将从前夫妇间之障碍与原因，一律扫尽，今后绝对不提。两人各守本分，各尽夫与妻之至善，以期恢复初结合时之圆满生活。夫妻间即有临时误解，亦当以互让与规劝之态度，开诚布公，勉求谅解。凡在今日以前之任何错误事情，及证据物件，能引起夫妻间感情之劣绪者，概置勿问。诚恐口说无凭，因共同立此协议书两纸，为日后之证。

　　民国廿七年七月九日

　　立协议人　　　　　　夫　　　　郁达夫

　　　　　　　　　　　　妻　　　　王映霞

　　见证友人　　　　　　　　　　　周企虞

　　　　　　　　　　　　　　　　　胡健中

周企虞即杭州市市长周象贤,胡健中是浙江省《东南日报》的主笔。

对郁达夫和王映霞在武汉时所发生的情感纠纷,郭沫若在《论郁达夫》中说的很有道理。

一九三八年,政治部在武汉成立,我又参加了工作。我推荐了达夫为设计委员,达夫挈眷来武汉。他这时是很积极的,曾经到过台儿庄和其他前线劳军。不幸的是他和王映霞发生了家庭纠葛,我们也居中调解过。达夫始终是挚爱着王映霞的,但他不知怎的,一举动起来便不免不顾前后,弄得王映霞十分难堪。这也是他的自卑心理作祟吧!

正因为郁达夫始终挚爱着王映霞,而这时的王映霞已有精神寄托,情感归宿,不再那么挚爱他了,所以他痛苦,情绪激烈,行动怪异,做出一些超乎常人想象的事来也就在所难免了。盛成在《与达夫一起去台儿庄劳军》中的一段话就很值得玩味。

回到武汉后,我和达夫仍经常来往,不料到了七月初,他的家庭矛盾公开化了。当时有许多朋友责备王映霞女士,我与他们夫妇都是好朋友,也从中作过调解。我觉得夫妻间的事很复杂,达夫的性格孤独、浪漫,不同于一般人,做他的爱人很不容易,一味责备王映霞是于事无补的。

盛成的回忆,说明了王映霞红杏出墙,在朋友间是公认的事实,要不然,她怎么会遭到众人的"责备"呢?

此恨绵绵无绝期

1938 年 5 月,国民党军队组织的徐州会战失利后,日寇侵略者的气焰更加嚣张,而有战时政治、军事中心之称的武汉三镇,遂成为其大规模战略进攻的首要目标,志在必得。

武汉危在旦夕。

根据中日军事力量的对比,武汉肯定是守不住的。为了减少不必要的伤亡,积蓄力量打持久战,国共两党的核心层都主张放弃武汉,向西南大后方作战略撤退。原属军委会政治部第三厅的郁达夫及其同僚们,也同样面临着新的选择。武汉曾经是他和王映霞丢尽脸面的伤心之地,沉痛思定,他决定离开武汉和政治部第三厅,寻求一个新的、完全陌生的地方作为临时避难所,休养生息,疗治心灵的创伤。

心 灵 洗 礼

正当郁达夫和王映霞为新的避难所,苦苦寻觅而不得时,却意外地得悉,杭州艺术专科学校已迁至湖南的沅陵县,于是,马上去信在那里任教的刘开渠,希望他能帮助在当地找一住所,苟且偷生,暂居一时。

刘开渠是郁达夫在北京教书时的学生,十几年来书信不断,彼此相处一地的机缘也不少。这些在郁达夫和刘开渠各自的文章里都有记录。

1984 年 3 月,刘开渠在《忆郁达夫先生》一文中回忆当年初识郁达夫的情景时还记忆犹新。

大约在一九二四年，我所在的艺专聘请了刚从上海来到北京的郁达夫先生当"艺术概论"教员，给我们讲东西方艺术，从此我就成了他的学生。

达夫先生当时住在他大哥家里，这是北京的小四合院，西屋是他的卧室。我和赵其文、丁月秋（柯仲平的前妻）常去拜访他。而他呢，一点也没有架子，像平辈的朋友一样，亲切地接待我们，他知道我的生活很苦，时常断餐，当我去看望或有时他来找我的时候往往约我去吃小馆子。

与刘开渠相识不久，郁达夫便发现，刘开渠虽然在西洋绘画方面有一定的基础，文学素养也不错，且有《生的折磨》、《惨白的湖光》、《在长城上》等小说在《晨报副刊》和《现代评论》诸报章杂志上发表，但从他的气质、个性、体魄及家庭经济等的方面因素来考量，这些都并非是他的所长，若是能弃西洋画和小说创作，而改为专攻雕刻艺术，这不但于国于民大有好处，就是对个人来说，也是前途无量的。他说：

我私自猜度猜度他的个性，估量估量他的体格，觉得像他那样的人，学洋画还不如去学雕刻；若教他提锥运凿，大刀阔斧的运用起他的全身体力和脑力来，成就一定还要比捏了彩笔，在画布上涂涂，来得更大。

——《雕刻家刘开渠》

正如他事前所预言的那样，刘开渠一心专攻雕刻后，果然成绩卓著，名声大震，成了公认的我国新一代雕塑艺术的奠基人。"他的雕刻，完全是他的整个人格的再现，力量是充足的，线条是遒劲的，表情是苦闷的……"又云："他的雕刻的遒劲，猛实，粗枝大叶的趣味，尤其在他的 Designs 里，可以看得出来，疏疏落落的几笔之中，真孕育着多少的力量，多少的生意！"（郁达夫《雕刻家刘开渠》）

他们之间友谊的进一步发展是郁达夫从沪迁杭之后。刘开渠在《忆郁达夫先生》一文中回忆说：

一九三三年中，我从巴黎留学回国，在杭州西湖艺专雕塑系任教。到西湖艺专不几天，在孙福熙的宴会上遇到了阔别七八年之久的达夫先生。我们见面十分高兴，宴席散后，我们就一起到了他的家里。谈了各自的情况，我记得直到在他家吃了晚饭，我才回孤山住处。不久我患伤寒,住进了一个天主教仁爱医院,住了差不多三个月,达夫先生时常来看我。

从此,在工余课后,我经常去达夫先生家……

正是有着这样亦师亦友的特殊情感,所以,郁达夫在选择全家避难地时,眼光首先盯上了沅陵,一是这里为抗战大后,短时间内不会有硝烟炮火;二是有刘开渠这样的朋友为邻是不会感到很寂寞的。于是,便去信请求他帮助寻找房屋。

开渠兄:

来函读悉,已与郭沫若厅长谈起过,兄若能于最短时间内(一月以内)来武汉,当可为介绍。家中小儿及妇女们,现在颇欲迁一僻地,暂待战争进行,沅陵不知有无适当房屋可住。此信到后,请切实为一调查,并恳代为租定一屋,或与你们同住亦佳。等你回信来时,我就可以送他们走。看地图,则可由武汉坐船去常德,然后再由常德坐汽车去沅陵。此路我不知如何? 你若在一月之内来武汉,则他们可以和你同去,我可以省一番往返也。如何迅速复!

丽娜处不另!

达夫上

五月二十九日

这封信表明,郁达夫还没有离开政治部第三厅的打算,只是计划先将王映霞和孩子们迁移到一个相对安全的地方,以解除后顾之忧,自己仍返回烽火连天的抗日前线,一如既往地为国家的安危,为民族的生存而奔走呼号,摇旗呐喊。

别外一层的意思是,和王映霞在武汉虽然惊天动地地大闹了一场,但都无劳燕分飞的念头,居家过日子的心态也没有任何改变。将家安置在偏僻的沅陵,一是为了远离日寇炮火的轰炸;二是意在躲避许绍棣等一班党棍恶徒对王映霞的诱惑;三是为断绝王映霞对官场滚滚红尘的流连,清心寡欲,坚守妇道。后来因其他原因,他决计离开政治部第三厅,与夫人和孩子们一道举家迁到了湖南的汉寿县。

汉寿县位于湖南省的北部,沅江的下游,洞庭湖之滨,物华天宝,人杰地灵,自然风光美,人文地理环境优越,极适合像郁达夫这样伤痕累累,身心都很疲惫的旅行者来这里休养生息,安居乐业。的确,他在这里度过了一段幸福、美好、快乐的时光。

在湘西小镇汉寿时,俩人都有重归于好的念头和行动。郁达夫在致刘开渠的信中的一段话就是明证。

> 弟现已卜居于"汉寿北门外蔡天培号内",大约战事不结束,决不离此地,以后有信,乞寄此处。内人王女士,与许绍棣恋爱,家庭几至破裂,现则仍归于好,来汉寿住,亦为伊计,欲使静养数月,将此段情事忘去也。

> 我已辞去政治部工作,只打算多写一点文章,从前未完之稿,于此时结束一下,对世事完全绝望,唯等待老死而已……

由此可知,王映霞在郁达夫心中的地位仍然是很高的。为了能挽回她的芳心,拯救这个风雨飘摇的家,他决计舍弃功名利禄,偏居一隅,苟安偷生。

1938 年 8 月 22 日发表在《星岛日报》上的《国与家》,就更真实、更明显、更直接地表示了郁达夫痛苦和复杂的心态,同时也比较具体地道出了他当时的许多隐讳之言。

> 六月初头,正当武汉被轰炸得最危险的时候,我的这小小的家庭,也几至于陷入到了妻离子散的绝境。

> 自北去台儿庄,东又重临东战场,两度劳军之后,映霞和我中间的情感,忽而剧变了。据映霞说,是因为我平时待她的不好,所以她不得不另去找一位精神上可以慰藉她的朋友。但是在我呢,平时也不觉得对她有什么欺负;可是自从我福建回来,重与她在浙东相遇,偕她到武汉以来,在一道的时候,却总觉得她每日每夜,对我在愁眉苦脸,讨恨寻愁。六月四日,正在打算遵从政府疏散人口的命令,预备上船西去的中间,一场口角,她竟负气出走了;这原也是我的不是,因为在她出走之前,我对她的行动,深感到了不满,连日和她吵闹了几场,本来是我先打算一走了之的。她走之后,我因为不晓得她的去向,——当时是疑她只身仍回浙东去的——所以就在《大公报》上登了两天寻人的广告。而当这广告文送出之后,就在当天晚上,便有友人来送信了,说她是仍在武昌。这广告终于又大大地激怒了她。后来经许多友人的劝告,也经我们两人的忏悔与深谈,总算是天大的运气,重新又订下了"让过去埋入坟墓,从今后,各自改过,各自奋发,再重来一次灵魂与灵魂的新婚"的一个誓约。破镜重圆

以后,我并且又在《大公报》上登了一个道歉的启事,第二天就上了轮船,和她及她的母亲与三个小孩,一道的奔上这本来是屈左徒行吟的故地,从前是叫做辰阳,现在是称作汉寿,僻处在洞庭湖西边的小县里来了。

写作《国与家》一文的用意很明显,那就是通过自我谴责,来消除因《大公报》上的"启事"所引发的对王映霞的不利影响,还她清白,给足她面子,目的是想拴住她那颗芳心,不再越轨,不再红杏出墙。

用心真是良苦啊,因为他是真的太爱王映霞了,也真的不想失去她。看了《国与家》一文,王映霞感慨是很多的。

> 住在汉寿,读着他这样半忆半忏悔的文章以后,我胸中的闷气也略为微平了一些。我是个个性倔强的女人,对于自己的愿望与理想,只在意会而不想言传。要我从口头上表示出甜甜蜜蜜,我是怎么也做不出来。只打算在大风大浪的袭击以后,让心境渐趋平静,再恢复自己对他的感情。而这必然是有一个过程的。我相信,我们若能熬过了这一段静默的短时期,又何虑不会有柳暗花明的佳境来到? 可惜的是,郁达夫偏偏忽视了女性的纤细的心理。
>
> ——《王映霞自传》

王映霞是读懂了《国与家》的真正含义,也领了他这份情,并努力消弭夫妻间的隔膜,只不过因"要强"的性格使然,没有将这层意思用语言表达出来就是了。

无论如何,大风大浪之后,在汉寿总算过了一段平静安稳的日子。

王映霞"在家中教养她的三个小孩,每天替小孩洗澡当做一门功课,每日早晨提着一个篮子到街上买鱼。"(易君左《楚天辽阔一诗人》)

郁达夫在汉寿时的主要成绩是完成了《回忆鲁迅》的写作。在众多的朋友之中,他倾心钦佩,由衷推崇,彼此间自始至终都没有发生过一点龃龉的要数鲁迅了。

有郁达夫这样对鲁迅相识、相知,来往密切的老朋友写出的回忆文章,对世人认识鲁迅的伟大,弘扬鲁迅的精神,是有着不可估量的作用。

魂 牵 梦 绕

汉寿虽然美丽,民风纯朴,但这绝非久留之地。

郁达夫心系多灾多难的民族,和生死存亡的国家。经过短暂的休养生息,感情平复了,夫妻和睦了,他毅然再度离开妻儿,重返抗日的前线。

1938年的9月底,福建省政府主席陈仪知道他已辞去军委会政治部的工作,赋闲在湘西汉寿小镇,便飞函招他重聚榕城,共商抗日图亡大计。

自"卢沟桥"事变以来,国事、家事、天下事,没有一件是舒心的。

国事——疆土大片沦丧,民不聊生,饿殍遍地,战火纷飞;家事——先是老母亲遭日寇围困,饥饿而死;再之是妻子与友人苟合。这一桩桩一件件,都令他悲伤难抑,羞辱难当。特别是后者,更是让他无颜面对江东父老。

离开汉寿时,在表面上是很平静的,从容不迫,而心中奔突的烈火却一刻没有停息。这其中既有对侵略者的仇恨,也有对妻子的恋恋不舍和怜悯。1938年9月22日在赴福建的途中,他致信王映霞道:

> 临行时,颇觉依依。晨发汉寿,水上略有风波,然亦行百余里,今晚泊沅江,到长沙须后日上午。
>
> 野阔天低,湿云与湖水相接,阴阴瑟瑟,颇与此次行旅之心境相像。
>
> 出门多年,往日每以远游为乐事,此番独无兴致,亦不知是何缘故?
>
> 湖乡多风,早晚祈保重,到长沙后再以书告。

此信虽没有诸多的缠绵细语,但温柔之情,体贴之意已溢于言表。这之后,每有空闲,他便写信报平安及沿途所见所闻。如1938年9月25日的信是:

> 这是第五个明信片,因为空不过,并且想起了老乖乖爱写信,所以再写一张。墨水是早就没有了,原因就为了沿途请题字者太多。这些墨水,是向同在候车的一位X(?)君那里讨乞来的。战争的时候,这一种乱哄哄的生活,实在也很有趣。杭江路是我的旧游之地,所以一路上来,都有出乎意外的招呼与接待,大约明朝到了江山,总也可以平安去浦城的,而浦城却是陈老先生的辖地了。明日再写。

赴闽途中,时时牵挂着汉寿小镇上的妻儿,几乎是每天都有一封信发出,同样,家中的王映霞也一样惦记着旅途中的夫君。同一天,她也有一封信发出。

> 昔日雄心,今已尽随江流入海,以后只盼能如心如意的做几年人。我还时刻在悔着两年前,我为你计划的香港的事情,附上港报消息一块,藉作你的参考。大约是我的命运应该孤独的吧?否则为什么刚刚有些静下心情时,而你又偏偏须远行?此信到时,只盼你已在福州,或者已决定了我们的行止。祝　安心!

从这残简短章里可以看出这样几个问题:

一,对郁达夫的这次抛妻别子,只身赴闽的行为,她是不太赞成的,她希望的是全家团聚,特别是在这烽火连天的岁月里,一人在外,全家都挂念。

二,她企盼郁达夫早一点到闽将工作安顿就绪,以便全家早日榕城相会。另外,她的愿望仍是让郁达夫去香港《星岛日报》。在那里环境优雅,收入丰厚,熟人较少,有利于彼此洗心革面,重新做人。

三,王映霞属于嘴硬心软一类的女人,得理不让人。与郁达夫"干仗"时一点也不愿吃亏,咄咄逼人的气势令人心寒,可一旦冷静下来,并得到对方的好言宽慰时,也会随之作出善意的回报。收到郁达夫途中寄来的名信片,感情马上发生了变化。1938年9月27日她致郁达夫的信是:

> 文:
>
> 沅江及长沙发的两片都于昨日送来,欣慰之至。
>
> 你行后我已有两快函寄闽省府托蒋秘书转交,不知能于你到闽前寄到否?今日天气放晴,忙着洗了一天衣服,警报又来了,传说敌机已到长沙,想来你廿四,至迟廿五总可以离长去南昌的,不然又将为你添愁添虑,此时出门真靠不住,所以我总梦想着什么地方都与你同行来得好些,并非我能防止空袭,与其老远在为你担心,倒不如大家在一起受惊来得痛快,复仇过后心境依然是澄清的,只教你能明白自己的弱点,好好地爱护她,则得着一颗女人的心亦不难也。衡山设委会会计处寄来一张须盖章的收条,我已为你盖章后用挂号信寄去,信一张,便附一阅。愿　珍重!
>
> 映霞　九·廿七

这封信表明,王映霞还是希望与郁达夫和好如初的,从内心里还是关心他,爱护他的,并时时刻刻都系念着他的安危。1938年10月15日写给郁达夫的信,更体现了她作为主妇的良苦用心。

你一件罗长衫应该去洗一洗,这样放在箱内,怕坏及别的衣服。福州的日用品贵不贵?如牙膏肥皂之类,此地牙膏须卖四角五,那边如便宜,可以多买几支,以便回来的时候带来,药水肥皂此处须卖三角,冬菇木耳,汉寿没处买,亦请带几元来,这些多是容易携带而不可少之物,不要忘记。最好你能派到别处去,老在福州总嫌不大好,且看主席回来后如何,我在这里等你的消息。

孩子们连棉鞋都为他们做好了,预备将来你到何处,或者我可以去。

我与你在这里的时候一样安静,但较为劳苦。

映霞 十月十五日

就在郁达夫和王映霞努力修复夫妻间已出现的"裂痕",初见成效时,一件意外的事情发生了。

郁达夫在赴闽的途中,有人告诉他,王映霞已不在汉寿,携带金银细软到丽水和许绍棣"约会"去了。本已平静的心田顿起波澜。他当时的心态和举止,因没有资料可参考,很难描述,但王映霞的言语和行动确有文字可凭。这即是她1938年10月18日致郁达夫的信。

文:

六日的快信反而到在七日所寄的以后,邮件之颠倒无常,这正象征了我的命运,在十几年前,我何曾会得遥想到有今日,有今日受着丈夫恶意的欺凌?这的确与怀瑜向我说的,"红线牵错了,误了前因"一样,倘若当初你与别人"结识"了(这两个字是照七日来信中所写,你的用字似欠妥当,我是上等人家小姐,似与别人不可比也。你一开口便下流,难怪从前的人的婚姻须门户相当!),马马虎虎亦会得过半生,而我,又可以作一个很贤惠,很能干的大家庭中的媳妇,让翁姑喜欢,丈夫宠爱的和平空气中以终其身,如今是一切都成过去,所有的希望都只能希冀于来世,自古聪明人的遭遇偏不寻常,我又何能例外?徒靠你现在的每一次来信中都述说着"不愿援用强权"是无益的,你的用不用强权,与需否用强权,这都已在过去的十年你的行为中为你证明,一个已婚的男子在第二次的结婚后,精神肉体可以再重返"故乡",在那初婚的少女尚且能宽宏大量,能以绝大的牺牲心在万难中忍耐了过去,这才可以说并未"援用强权",以夺取你的自尊心,但当初我的报复的心,每时每刻我都在牢记着,从未因为暂时的欢娱而衰落过,正与据你所说的你对我的爱一样。现在只教你来信中一提及往事,那即刻就会使我把过去的仇恨一齐复燃起来,你若希望我不再回想你过去的罪恶时,只有你先向我一字不提,引导我向新的生命途中走。大家再重新的来生活下去,至于你的没有爱过旁的女人和对我的爱从未衰落过的那些话,我读了,只会感到你的罪深而刑罚太浅,这如病重而药轻一样的无济于事。能不能使我把你的旧恶尽行忘去是在你,请你记住。近来杂志读得很多,很有些想写文章写自传的冲动,但第一次的尝试,似乎总不敢下手。匆匆复你六日的快信,孩子我都照顾周到,无须你挂心。

映霞 十月十八日午后

别人都会在文章称赞自己的妻子,爱人,只有你,一结婚后便无声无息,就像世界上已经没有了这个人一样,做你的妻子,倒不如做个被你朋友遗弃了的爱人来得值得,就如徐亦定一样。

1938 年,在郁达夫和王映霞的婚姻历程上正可谓是多事之秋,一波未平,一波又起。王映霞去丽水找许绍棣"约会"的谣言不攻自破后,又有传闻说,王映霞之所以委身许绍棣,是因为许绍棣曾送给她一张几十万元的港币存折。这则传闻从郁达夫口中流露给王映霞时,更激起了她的万丈怒火,夫妻间免不了又是一番口枪舌战。

达夫:

今天为孩子们补了七八双破袜,且时刻都在等你有信来。顷得十一日平信,气得我手足都凉,又是半夜未曾合眼,原定不复你信,想想总似乎有些话不说不明之恨。所以又从新起来。

你喜欢听传言,我自然不能管,不过自此以后,我才知道自己是有身价的了,我永远都记得"有人赠我三十七万余元港币"这句话,请你去谢谢那位告诉你话的朋友,这样秘密的事情又偏会给他——你那位忠心的朋友知道,到今天我始知你朋友的本领不小,而且你的这个已经有了三个孩子的家庭的生命,亦许就会断送在你朋友的口里!

粤汉路敌人两面夹攻,湘省似有危状,汇款至今未到,你又偏善听近路之言,早一封信晚一封信来摧残我对你的感情,我今处于这样的情势之下,苟延残喘能有多久(?)时尚不能定,但愿你永远去和你的朋友生活下去!这三十七万余元港币的存折,于我们死后,都留在这里转赠你,让你再去买一个有这样身价的女子,因为你是喜欢有价钱的女人的,我始终并未要你一个钱,这似乎亦是你怕我会收别人的三十七万余元的原因。

以后我是喜欢钱了,你记住,这方法又是你教我的! 对你已无话可说,即此愿你多多听些人言!

映霞 十月廿四日

对这场因"传闻"而引起的风波,郁达夫和王映霞冷静审视后,都各自有所收敛,悄无声息地忍了下去。继续他们相互牵挂,又相互怨恨的新生活。数十年后,王映霞在《王映霞自传》中是这样表白自己,谴责郁达夫的。

谁知郁达夫一离开家,虽然沿途写了许多封信寄回来,但同时他却打了许多电报到丽水去,向浙江省政府里我们所认识的人中,询问我是否已到丽水了,去和许绍棣同居了等等。而我呢,当时一点也不知道这些事情,心中却还在想着,等待他到达福建后的消息。

南 洋 遗 恨

大概是郁达夫早就有了离国出洋的准备,所以到福州不久即电召王映霞携郁飞前往。

郁达夫是 1938 年 9 月 22 日离开湖南汉寿,辗转劳顿,于月底抵达福州。

到福州后,并未授予新的职务,仍以省政府参议和省政府公报室主任的身份奔走呼号于抗战的前哨阵地。

正当他抛弃家庭恩怨,全身心投入轰轰烈烈的抗战大业时,过去曾邀请他加盟,王映霞念念不忘的《星洲日报》再度邀请他前往主持大计。

从国内的政治形势和家庭变故等方面因素的综合考虑,郁达夫爽快地答应了《星洲日报》的邀请,并电促王映霞携长子一同前往。

到南洋诸岛宣传中国的抗战,争取华侨同胞的支持,这在素有侨乡之称的福建是一件大事,省主席陈仪对他的决策表示大力支持,临行前,特意设宴饯行,并且希望他不要辞去省政府参议之职,薪水照发。蒋授谦在《我与达夫共事》一文中是这样记载此事的。

> 一九三八年底胡文虎驻福州的代表胡兆祥邀达夫去新加坡任《星洲日报》编辑。达夫同意了。临行之日,主席陈仪在省政府为达夫"祖饯",祝愿他们夫妇在新的环境里愉快地工作,胜利归来为他们"洗尘"。热情洋溢,满室春风。

曾有着切身经历和感受的郁飞,在《郁达夫的星洲三年》一文中,是这样描述父亲出走南洋的真实原因和临别时场景的。

> 父亲于此时应聘去国的原因,我想不外是国内政治气氛的逐渐逆转和家庭变故的创伤难以平复。我那时自然体会不到这些,但后来读他这个时期的诗文就很明白。他总把此行称做"投荒炎海",说什么"若能终老炎荒,更系本愿",甚至还有这样沉痛的诗谶:"投荒大似屈原游,不是逍遥范蠡舟;忍泪报君君莫笑,新营生圹在星洲"。

> 心境如此,场面上还是作为"远赴海外宣传抗战"来欢送的。办理手续准备起程的几周间,父亲几乎每晚都须参加各方面的饯行饭局。海程状况和南天风土,自然是席间最普遍的话题。我们听说,虽然英属殖民地表面看来比较开通,然而英国当局对于华人知识分子入境还是十分顾忌的……

> 启程之夕,父亲在陈仪省主席的饯别宴会上喝到八九分醉意,由我们扶着跨上小轮去闽江口的川石岛换乘英商和丰公司的丰庆轮前去香港。他何尝想得到,此行在他恰似去应验"此身已分炎荒老"的另一诗谶的。

不论出于什么因素考虑,郁达夫毕竟离开了祖国,投身炎荒,这是个残酷的,不容争议的事实。

郁达夫走了,满带心灵的创伤,永远地离开了他挚爱的,多灾多难的祖国。关于"新加坡之行"的前因后果,在《王映霞自传》中有说明。

> 到福州之后,郁自己不来接,却叫人来接我们,我心中自知有异。后

来和郁达夫见了面,他说:"我已经答应了新加坡《星洲日报》之聘,马上就要到《星洲日报》去报到,并且,也已经为你们母子两人领好了护照。"

我听了无言以答,在这以男子为中心的社会,我只得遵命。晚上,我睡不着,忽然想起了两件令人伤心的事:第一件,郁达夫的老母亲,这一位辛劳了一世的老人,竟在我们离开富阳不久,在敌人侵入富阳时,孤身一人,活活饿死在自己的住所里。第二件,我的住在富阳的旧日同学金女士,她婚后甫三日,丈夫即病故,遗下一女,孤儿寡母艰难地生活着。想来想去,不觉提笔写下四首诗:

(一)

犹记年前住富春,澄江如练照丰神。

别来几度沧桑改,浙水狂涛忆故人。

(二)

容易年华似水流,钱塘别后两经秋。

春风沉醉花开夜,深锁琅琊燕子楼。

(三)

盛筵难再事多磨,后果前因问梦婆。

莫记春闺三宿恨,且留遗爱抚笭鹅。

(四)

烽火长沙夜入吴,残年风雪过闽都。

一帆又渡南溟岛,海国春来似画图。

诗是送给同学的,意在慰藉,却是怜人悯己。

第三天,也就是一九三八年十二月十八日,我就随他在福州的马尾上了船。船行三日,先到香港,我昏昏沉沉地走上岸,住进了思豪酒店,又接受了朋友们的招待。隔了三四天,我们三个人,就乘"康得罗苏号"意邮船离开了香港。

在船上,我想念的是现在还守在浦城县的老母和两个孩子,这次和他们一分开,不知什么时候才能相见? 想到将来,也就是这样的渺渺茫茫。

船抵马尼拉,我因为晕船,想调换一下空气,郁达夫陪我去菲律宾大学门口走了一圈,令人浑浑噩噩,真有如在梦中。

— 287 —

　　一周后，邮船渐渐地靠近了新加坡海岸。我的梦似乎才醒，觉得我处的是另一个环境，我是以另一种心情来迎接这个新的环境的。上岸之后，去到报馆里早已为我们租定了的峇鲁的住所时，虽然沿途都是绿树浓荫，我还是和木头人一样，一任周围的人摆布。总算，我知道我已经到达了星洲，和中国，和母亲，和弟弟等，是已经分离得很远很远。

　　初到的时候，虽然两人都还各有各的心事，但为了应付新知旧友，适应环境，我们亦居然同赴宴会。而平日在家里却哑口无言，只有在朋友们来到的时候，才看得见我们的笑容，听得见我们谈话的声音。友人一散，这一家又重归沉寂，真正的心与心的微笑，我发不出来，当然他也无法来开导和启发。

1939 年年初，香港《大风》旬刊计划出版周年纪念专号，编辑陆丹林特约郁达夫赐文。

陆丹林是他的文坛老朋友，俩人相知相交多年。郁达夫在离开汉寿赴闽途中还曾给他写过一封信，报告行踪。

　　丹林先生：

　　　　闷居汉寿湖乡，将及两月。现已只身来闽海，打算上闽南前线去一看，再转粤赴中央。政治部一部分人现移衡山，大约返湘时，当上祝融峰小住。附上劣诗数首，改正为佳。伤心人怀抱独真，唯以无锦词丽句出之为恨。匆颂起居曼福！

　　　　　　　　　　　　　　　　　　　　　　弟郁达夫上

　　　　　　　　　　　　　　　　　　　　　　十月一日，在福州

信后所附的《风雨下沅湘遥望汨罗》、《郭沫若氏自长江战线归来，谈及寒衣与文人少在前线等事》、《建延道中赋寄》和《舟泊洪山桥，颇多柳往雪来之感》4 首诗，后来有 3 首收入《毁家诗纪》。

　　因与陆丹林有这种友情，所以对《大风》的出版周年纪念专号，他责无旁贷地要赐文给予支持。于是乎，他便将自己从 1936 年到 1938 年间所写的诗作，选出诗 19 首，词一阕，详加注解，冠以《毁家诗纪》之名寄了出去。

　　对这些诗作发表后所产生的社会后果，和对夫妻感情的影响，他似乎都已预料到了。就社会反响而言，他就是想让人们知道国民政府中的某些披着人皮的豺狼是如何拆散他的家庭的,所以,在致陆丹林的信中明言,《毁家诗纪》"刊登之后,送我十本,另寄蒋介石、叶楚伧、于右任、邵力子、柳亚子等人手一册,至于稿费,可以不要。"显而易见,发表《毁家诗纪》的主要目的,就是要将许绍棣等恶棍们的丑态昭示于天下。至于妻子王映霞的感受,他就全然不顾了,无非是"毁家"!

《毁家诗纪》中的诗,王映霞大多都曾看过,因为其中有些还是专门写给她的。对诗本身并没有什么异议,而是其中的"注"激起了她的极大愤慨。

诗中的"注",点名道姓地将她和许绍棣的绯闻昭示天下,无论是在颜面上,或是在心灵上,都是令她难以承受的。

从愤怒到疯狂,她一步步地开始反击了。这即是陆续发表在《大风》杂志上的公开信。1939 年 3 月 17 日,她致《大风》杂志主编陆丹林的公开信是:

> 丹林先生:
>
> 　《大风》特大号拜读了,感慨无限。
>
> 　一切事件的真实性如何? 我现在不想多说,只愿在自己正在靠记忆力的帮助,动手写的一篇记事文中,说得详尽一点,好让世人不受此无赖所蒙蔽,而知在此光天化日之下,竟也曾有这样一个包了人皮的走兽存在着,更好让世上未婚的少女,当头一棒。
>
> 　今有商于先生者,即贵刊有没有胆量登载的问题。篇幅过长,亦能分期刊出否? 还有更重要的,是《大风》怕不怕因为登载了我的文字之故,揭发了"无赖文人"十二年来的歹行之故,而被"无赖文人"将此刊物从此视为眼中钉,不再为贵刊写尖利刻薄的大文了? 或更将瞎指先生亦与我有什么关系?
>
> 　当然我不一定须请《大风》刊载,但因前文(注:《毁家诗纪》)在贵刊刊出,我似乎亦不得不来一个反应。先生以为如何? 盼能拨冗赐复!
>
> 　头昏心烦,恕我草草不恭。即请
>
> 撰安!
>
> 王映霞
> 一九三九年三月十七日

骂郁达夫为"无赖文人"和"包了人皮的走兽",显然是出于愤怒的气话,不但有失客观和公允,众人不能接受,文坛不能接受,恐怕就连信的作者自己也不能相信。如若不然,何以能和他一同生活了 12 年,并养育了 3 个男儿。"富春江上神仙侣"又该作何解释。常言道的"物以类聚,人以群分",以及"近墨者黑,近朱者赤",在这里不也就失去了它的道理和流传价值。

读了此信,凡是有头脑和文学常识的人不禁要问,与"无赖文人"和"包了人皮的走兽"同枕而眠了 12 年的作者,自身又是一个什么样的人物? 若没有磁性共振,怎么能一块生活了如此长的时间?

王映霞对郁达夫的谩骂,超出了夫妻间争吵的范围,它涉及到对"创造社"及五四新文学的评价问题。

郁达夫既是"创造社"的主要发起人和顶梁柱,同时也是"太阳社"的中坚,如果他是无赖文人,那么,将置这两个社团于何地。再言之,"五四"新文艺旗手的鲁迅,新文坛宿将和领军人物的郭沫若、成仿吾等人都视郁达夫为亲密战友,情同手足,而沈从文、刘开渠等文坛新秀则视他为尊敬的师长,爱护有加。如果真像王映霞所说的那样,他是"无赖文人"和"包了人皮的走兽",那么,文坛上那么多的大佬和新秀还将有何面目教育、引导芸芸众生,己不正,何以正人。答案无疑是否定的。

徐君濂在《郁达夫先生在星洲杂忆》中的一段话说的很好:"《毁家诗纪》刮起的一阵风没有影响人们对诗人的崇敬,多数人对达夫先生的不幸寄予深切同情。诗人不唱'马前泼水'而演了一出'覆水重收',那宽大多情的胸怀是一般人难以做到的。接近达夫先生的人,从《毁家诗纪》中多少明白了他投荒南行的痛苦背景,他以超人的毅力忍受那些苦痛,默默地为南洋社会,为苦难中的祖国献出了心血凝聚的花朵"。这才是世人心目中的郁达夫。

王映霞致陆丹林的第二封信,写于次日。

在这封信里,王映霞有一处用词非常不当,那就是说郁达夫深夜"窃取"了她一张 500 元的存折。

王映霞与郁达夫婚后就没有再外出工作过,自然也就不会有经济收入。家中的一切费用开支全靠的是郁达夫的版税和稿费。500 元的存款,应该是郁达夫的劳动所得,就算是夫妻双方共有的财产吧!那么,一方取走暂用,未经另一方同意,也只能说是方法不当,怎能说是"窃取"呢!假如说,从自己家里拿东西,被看作是"窃取"的话,那世上的"贼"真是太多了。又言之,郁达夫想从家里拿点钱,就得采用"窃取"的手段,其在家中的地位也就不言而喻了。

再之,郁达夫在避难期间,临时动了乡愁,遂决定回故乡看望看望老母亲及分居的妻儿,也属于人之常情,并没有悖于道德和人伦。硬说他这是"兽心"使然,对新婚夫人的背叛,则是有点牵强附会,或者说是欲加之罪,何患无辞。

其三,王映霞在这里所言,也大有只许州官放火,不让百姓点灯之嫌。作为妻子,可以与别的男人同吃同住同游山玩水,美其名曰是"友情",让人给予理解,否则便是"笔端刻薄"。那么,郁达夫的故乡之行,却成了大逆不道,必欲报复而后快。这是何为,是否也是"笔端刻薄"。

其四,王映霞在信中口口声声说她是"一个素重口德的人","一切也都看在孩子分上"。如果真是这样,她就不会在炮火纷飞的岁月里,丢下老母和儿子去与别的男性游玩个"痛快"了。

其五,王映霞说她和郁达夫的结合,是"诱和逼"的结果。这对郁达夫来说,真是天大的冤枉,也是对世人的愚弄。一部《日记九种》就是明证。

在《日记九种》里,郁达夫的痴情苦恋自不待言,而王映霞的精明刁钻,善于心计,不达目的决不罢休的韧性也是有目共睹的。

王映霞与郁达夫恋爱时已二十有余,且已走向社会,为人师表了,硬把自己打扮成"一个未成年的少女",以博世人的同情垂怜,恐怕有点太故作了吧。

其六,就武汉时的家庭风波而言,郁达夫是在《大公报》上刊登了"道歉"的"启事",承认了错误。王映霞不也同样写了"悔过书"么?

郁达夫的《启事》墨迹犹存,而王映霞的"悔过书"之类的字具也没毁于人间,同样墨迹犹存。

戚宜君的《大师与校花》和夏长铨的《郁达夫与王映霞的婚变》就认为,"郁达夫之所以肯登'道歉书',是有王映霞的'悔过书'作交换的……"现流传于世的王映霞"悔过书"是这样的。

映霞因一时家庭生活痛苦,精神上无所寄托,致与许绍棣有精神上的热恋情事,现经友人调解及自己之反省,觉此等情事,实与夫妇生活有碍。今后当绝对与许君断绝往来,夫妇共同努力于圆满家庭生活之创造。

此致

郁达夫君收存

二七年七月九日王映霞具印

白纸黑字,言之凿凿。

郁达夫登报"寻妻",使王映霞的名誉受到玷污,精神受到伤害,同样,王映霞也曾做出让郁达夫很受伤害的事情,彼此半斤八两,各有过错。决不能把所有的过错都让郁达夫一个人承担。这对郁达夫来说是太不公平了。

继前两封信后,王映霞又以《请看事实》为题,给陆丹林写了第三封信。

这封信没有多少实质性的内容,但有两点却是不可不说的。其一,王映霞在信中说她的"婚姻既不同意于父母,又难谅解于亲朋。"这一点恐怕也不是事实。王映霞与郁达夫恋爱时,父亲金冰孙早已不在人间,自然不会表示什么意见;母亲起初是极力反对的,但与郁达夫接触后,为其才学和人格魅力所折服,很快也开了绿灯;外祖父王二南对郁达夫是亲热有加,格外器重,哪里还会反对呢? 再之,他们在西子湖畔举行订婚宴会时,出席者大多是女方的亲朋好友,个个兴高采烈,开怀畅饮,也没见谁有不满意的举动。他们的婚姻在当时,真正"既不同意于父母,又难谅解于亲朋"的应该是郁达夫。

以上所言,都有史料为证。

再言之,王映霞说郁达夫在"乱离时"竟不顾妻儿的安危,一人独走他乡,也是不符合事实的。

他是将全家在汉寿安顿好之后,才奉命重返福州的。王映霞母子之所以会遭遇长沙大火,在很大程度上是她急欲回浙江所造成的。这一点,她不自责,反怪郁达夫如何如何,真有些情理不通。

在这封信中,王映霞尽管口口声声说郁达夫卑鄙下流,无耻之极,人面兽心,不再忍辱了,要彻底戳穿他的画皮,揭露他的丑闻,以警世天下纯情的少女。然而,自始至终也没见她举出一件让人信服的事实,而给人的感觉却是泼妇骂大街。

王映霞在与陆丹林信件来往的同时,也给郁达夫写了封公开信。

这封信所讲内容不新鲜,但署名却很具"特色"——"永远不会吃亏的映霞"。的确,王映霞自与郁达夫恋爱起,先后已12年了,这12年来,夫妻间的大事小事,她是从来没有吃过"亏"的。

郁达夫每次负气离家出走的结果,都是以"悔过书"求得宽恕。

郁达夫的所有著作的版权都要归王映霞所拥有。

郁达夫靠辛劳和声望构筑的"风雨茅庐",产权和界碑同样是王映霞一个人的名字。

郁达夫"越轨"回故乡看看结发妻孙荃,而王映霞则以与许绍棣的恋爱相报复。

如此而已,她怎么会吃亏呢?

再之,她一再声称,郁达夫是个伪君子,言不由衷。而她自己是又如何呢?这厢讲,受够了婚姻的痛苦,发誓用"全生命,全人格来担保",今后的生命历程中"决不至再发生那第二次的痛苦的了。"谁知,此话音尚在绕梁中,她就和不是文人的钟贤道踏入了婚姻的殿堂。

真不知道,她和郁达夫这对冤家,谁是言不由衷。

郁达夫决计发表《毁家诗纪》时,只是为发泄对党国要员许绍棣的愤恨,揭露其伪君子的丑恶嘴脸,并没有将王映霞逼到绝路上去的意思,夫妻间的感情完了,但名分还是要保持的;同样,王映霞在《大风》杂志上发表写给陆丹林的公开信的目的,也是为了名誉,并没有想到要彻底毁掉这个家。

然而,他们夫妇苦心经营起来的"茅庐",终于为"大风"所破。

1940年3月,共同生活了12年的鸳鸯,都很不情愿地在离婚协议书上签了字。3个孩子完全由郁达夫抚养。

1940年5月31日,郁达夫在香港的《星岛日报》上登出了与王映霞脱离夫妻关系的《启事》。

> 达夫与王映霞女士已与本年三月脱离关系,嗣后王女士之生活行动,完全与达夫无涉,诸亲友处恕不一一函告,谨此启事。

继郁达夫的《启事》之后,王映霞也先后在香港的《星岛日报》,重庆的《中央日报》,浙江的《东南日报》登出了与郁达夫离婚的《启事》。

> 郁达夫近来思想行动,浪漫腐化,不堪同居。业已在星洲无条件协

议离婚,脱离夫妻关系。儿子三人,绝归郁君教养。此后生活行动,各不相涉,除各执有协议离婚书外,特此奉告海内外诸亲友。恕不一一。

王映霞启

真是个"永远不会吃亏的王映霞",连脱离夫妻关系《启事》也不会放过攻击谩骂郁达夫一番的机会,而将夫妻反目为仇的责任一股脑地全推给了对方。

自郁达夫和王映霞各自登出离婚《启事》始,两人 12 年的夫妻生活正式宣告彻底结束。

郁飞在《郁达夫的星洲三年》中,记下了他和母亲王映霞临别相聚的一幕。

> 一九四零年五月,父亲和母亲终于离异。虽然从南来后家庭内的关系我早已朦胧预感到裂痕难以弥补,最后结局对于我终是来得突然。一天下午母亲忽然驱车到我住读的那家美国教会学校来接我,说一切手续都已办好,明天就上船回香港,嘱我此后要照料自己。孩子对父母的事又有什么说的,我默默地随她到首都电影院,看了场电影然后回家。次日清晨为赶快脱离这难堪的境地,竟没想到该送她就匆匆回校了。家庭变故在各人——尤其是孩子——心头造成的创伤是可想而知的。此后父亲逗我玩时不经心间会提到往昔三人在一块时说过的玩话,出口以后两人都立即想起当初的情景,全都默不作声了。

> 此后在南岛就是父子相依为命了……

彼此毕竟一同生活了 12 年,既使是永远分离,也多少还是有点依依惜别之意的,在离别前夕,王映霞曾有一信留给郁达夫。

> 我马上要上船了,一切手续也都办妥,你们报馆里知道我缺少路费,昨天送来了贰佰元,这是我首先该向他们表示谢意的。以前的家用中所积余的二十余元,我留下了给你。

> 你我结婚十二年多,至少到今天为止,我还未曾做过一件于心有愧的事情,今后如何,那就要看我的家庭出身,要看我的本质的如何了,当你我共同生活的初时,你不但没有固定收入,而且还给予我许多未曾偿清的债务。就是后来的十二年里,在家庭的经济上,我亦曾作过许多东凑西补的安排。而今天我所留下给你的,债务是没有的,你已经有足够

开支的固定收入。你是饱受过经济的苦楚的,当你在尽情挥霍之时,望你总要顾到三个孩子的生活教育费用,虽然他们都是从艰苦朴素里成长起来,毕竟他们都还在学龄,没有自立的能力,父亲若不以身作则的来管教,又让谁来管教?

你的日常用品和衣服之类,全都放在原处未动。另外还有几套新的衣裤,是我在前些日子里为你赶做成的,你应该自己处理,我只带了几件自己的替换衣服走,留着的,随你安排。对这一些身外之物,我是素来不加以重视的。

我是中国人,忘不了中国。一定得回中国去,大概你是愿意永远留住在南洋的了。三个儿子,既坚决说须由你教养,我亦不想硬来夺走,但希望你要把他们教养得像个"人"的样子……

悲凉中还含有一丝丝情意,12 年共同生活的岁月,留下的不全是痛苦,欢欣快乐还是主要的。

对王映霞的离去,郁达夫当时没有表示什么,但在这之后所作的诗仍饱含有酸楚的情感。

> 自剔银灯照酒卮,旗亭风月惹相思。
>
> 忍抛白首名山约,来谱黄衫小玉词。
>
> 南国固多红豆子,沈园差似习家池。
>
> 山公大醉高阳夜,可是伤春为柳枝。

据了解郁达夫与王映霞脱离夫妻关系前夕生活和情感的新加坡籍友人黄葆芳解读,诗的第一句很明白地说诗人是对灯独酌,第三句说王映霞辜负了当年的山盟海誓;第五、六句道出在星洲虽不难找到异性安慰,但却又难免会钩起沈园旧事,可见他对王映霞还是不能忘怀忘情的;第七、八句更明显的说出在王映霞离别之前的那场独自大醉是不忍见到折柳赠别的伤心情景。(《回忆达夫先生二三事》)

是 非 曲 直

被友人誉为"富春江上神仙侣"的郁达夫和王映霞,走过 12 年的婚姻爱情之路后,终因相互在报章杂志上痛揭疮疤,不得不分道扬镳,各奔东西。

造成郁达夫和王映霞这对才子佳人分手的原因是多方面的,除却深层次的政治和社会的因素之外,恐怕王映霞的"红杏出墙"则是最直接的罪魁祸首。

王映霞乃大家闺秀,知识女性,而非水性杨花之辈。她的"红杏出墙",是有很多因素综合决定的。

首先是她的家庭出身和社会背景。

王映霞,本姓金,祖上是江浙一带数得着的大盐商,只是到了祖父这一辈才开始衰败,从小耳闻目染,使她对金钱看得很重,也懂得什么叫荣华富贵;再之,她的外祖父一脉,也曾是杭州城内亦官亦商的豪门,兴盛时同时经营着日进斗金的几家钱庄,也是到了外祖父时才开始中落的。

一句话,在她的骨子里沉淀着商人铜臭的元素,她之所以肯屈尊嫁给郁达夫,主要是看中了他那绝世才华和响彻大江南北的文坛英名。

在她的心目中和理念里,有才华有英名,就会拥有与之相匹配的社会地位,就能做官,就能攫取大量的财富,就能炫耀乡里,笑傲亲朋,蔑视群党。

徜徉西子湖畔的岁月里,郁达夫的才华和英名,的的确确为她挣足了面子,出入和市长夫人、警察局长夫人、商会会长夫人勾肩搭背,欢声笑语,如入无人之境,一度被杭州官场称之为一道靓亮的风景。

又言之,她想拥有一处属于自己的住宅,马上就有人给她筹划地皮,有了地皮,马上又有人帮她看风水搞设计;资金不够时,又有自称郁达夫弟子的人会主动送款上门,并扬言什么时间有钱什么时间还,不计利息。甚至连大门、鱼缸、花草树木之类也都免费有人送。

至于社会活动方面,那更是让她出尽了风头。用她自己的话说就是,今天到了一个京剧名角,前去捧场有份,明日为某人接风或饯行,也有请帖,什么人的儿女满月,父母双寿,乃至到小姨子小姑子结婚等等,都非要请她去喝酒不可。

这还不算风光吗?

在杭州想拥有的社会地位及其他能满足虚荣的光环,她似乎都得到了,正欲有所新的追求时,恰逢有朋友推荐郁达夫去福建省当教育厅长,几经周折,也很快得到省主席陈仪的口头应诺。

欣闻此讯,她更是春风得意,踌躇满志,平时常戏言,若能得一厅长夫人头衔,此生足矣。谁知,梦想马上就要变成现实,她情不自禁,笑不拢口。

正因如此,郁达夫到闽不足一个月时,她便急着要前去福州相聚,恐怕真正的意图并不是去照料夫君的饮食起居,而是想去品尝品尝做厅长夫人的滋味。

一年之后,郁达夫并没有如愿以偿地当上教育厅长,只给了一个省政府参议和省政府公报室主任的虚衔。

她失望了,感情开始发生倾斜了,而这一切,远在福州的郁达夫却茫然不知。

依据她的人生观、性格特点和周围所处的环境,这期间不迸射出一点绯闻的火花,那就是太不正常了。

陈福亮在《郁达夫大传》中论及这个问题时,有一段话就很精辟地道出了其中的奥妙。

> 妻子为什么会"红杏出墙",那是有深刻的多重原因的。一个依然年当妙龄的不甘寂寞而美艳的女子,他居然将她放心地留在杭州;郁达夫太过信任朋友,三四年、三五年为了避嫌滥交了那么多为人不齿的所谓朋友,给了他人可乘之机;郁达夫太重视他的事业,包括写作、宣传,不克分身;也许他到死也不明白,他自己一身病恹,如何消受这样一个落寞的美人儿? 与那个官场上春风得意、居官高位、营养良好的政客相比,他难免有这耻辱之机缘。还有,那个官僚心机过深,又是处于乱世之中,做一个清纯的女人该有多难……

> 生在乱世的女人是可怜的。我们不说她无辜,但乱世艰难啊!

陈福亮的分析,进一步证实了王映霞的"红杏出墙",都是权势和金钱惹的祸。

如果郁达夫当初真的能荣任福建省教育厅长,那么,王映霞也就不会长期滞留杭州了。

离开杭州,与夫君朝夕相处,耳鬓厮磨,那班恶棍党徒们也就无机可乘了,也就不会有后面的悲剧发生了。

"金钱"在王映霞心目中的地位实在是太重要了,所以,她在 1938 年 10 月 25 日致郁达夫的信中曾恶狠狠地发誓,假若有女儿,"则一定三世都不给她与不治生产的文人结婚!"

郁达夫的自卑心理作祟,也是他和王映霞婚姻悲剧一个不可忽视的因素。

大的方面讲——争不过强权政治,小的方面讲——斗不过邪恶势力,精神上长期受压抑,自卑的心理也就很自然地于无形中产生了。

郭沫若在《论郁达夫》一文中,就"自卑心理"在郁达夫和王映霞婚姻悲剧中所起的不良作用,有过很精辟,见解独到的分析。

> 后来他们到过常德,又回到福州,再远赴南洋,何以终至于乖离,详细的情形我依然不知道。只是达夫把他们的纠纷做了一些诗词,发表在香港的某杂志上。那一些诗词有好些可以称为绝唱,但我们设身处地替王映霞着想,那实在是令人难堪的事。自我暴露,在达夫仿佛是成为一种病态了。别人是"家丑不可外扬",而他偏偏要外扬,说不定还要发挥他的文学的想象力,构造出一些莫须有的"家丑"。公平地说,他实在是超越了限度。暴露自己是可以的,为什么要暴露自己的爱人?这爱人假使是旧式的无知的女性,或许可无问题,然而不是,故所以他的问题弄得来不可收拾了。

郭沫若的这番话讲的很中肯,也很有道理,发人深思。

对郭沫若的观点,郁达夫的侄女郁风在《三叔达夫》一文中也是极表赞同的。

> 后来终于发生了《毁家诗纪》中的悲剧。在武汉,他和王映霞所谓"乱世男女"的婚变闹得满城风雨,三叔用尽了弱者的报复手段,用最恶毒的字眼公开的宣扬"家丑",甚至是饥不择食的拿起腐朽的封建武器掷向王映霞(如称她为"下堂妾"),同情他的朋友们也觉得他做得太过分了。然而正如郭老在《论郁达夫》中所说:"谁能了解这样不惜自我卑贱以身饲虎的人呢?"也许可以这样说,他是借一个他所真心爱过却始终没有真正理解他的替罪羊,来发泄对于窃国弄权吸血吃人的狐鼠之辈的满腔愤怒和仇恨!

用弱者的报复手段也好,以身饲虎也罢,但发泄的对象毕竟是自己曾经爱过,现在也在真心喜爱的王映霞。

如果要报复党徒恶棍,换一种其他方式也许更好些,既达到了痛击"敌人"的目的,又没伤到自己心爱的人。遗憾的是,郁达夫却无可奈何地选择了一条不归路。

试想,郁达夫既然仍执着的爱着王映霞,那么,就应该原谅她所犯的错误,宽恕她一时的"红杏出墙",教育她,引导她,培养她的高尚情操,帮助她树立正确的人生观和金钱意思,不再重蹈覆辙。而不应该用激烈的言辞,夸张的手法和虚拟的情节将"家丑"外扬,弄得彼此都无地自容。

如果在武汉时,他不是将许绍棣致王映霞的 3 封情书照相制版,分送诸亲友,令其脸面丢尽,也就不会有王映霞的离家出走;再进一步说,如果在王映霞赌气离家出走后,采取冷静的处理,或以温和的方法相劝,不以登寻人启事的手段相逼,也不会将家庭风波在武汉三镇闹得沸沸扬扬,世人皆知;又言之,如果没有《毁家诗纪》在《大风》杂志上的公开发表,也许他们会在南洋白头到老,终其一生。

在郁达夫和王映霞的婚姻悲剧里,起着最具杀伤力作用的是国民党里的恶棍,道貌岸然的许绍棣。

许绍棣是个卑鄙无耻的小人。鲁迅对他深恶痛绝,恨之入骨,早在《且介亭杂文二集·后记》中就将其阴险的真面目暴露给了世人。"杭州省党部的有力人物,久已是复旦大学毕业生许绍棣老爷之流,而当《语丝》登载攻击复旦大学的来函时,我正是编辑,开罪不少。为了自由大同盟而呈请中央通缉'堕落文人鲁迅',也是浙江省党部发起的。"

郁达夫举家迁杭时,鲁迅就曾规劝过他,结果不幸而言中,被这一位党部先生弄得家破人亡,死无葬身之地。

是他,许绍棣,勾引了自己的妻子,是他,许绍棣,夺走了好朋友徐悲鸿的所爱孙多慈,这两点相互交织,构成了郁达夫强烈的复仇心理。公开发表《毁家诗纪》,其意并非是要外扬"家丑",而重点是为揭露许绍棣的丑恶嘴脸,让世人看清他的蛇蝎心肠,还社会一个公道,还朗朗乾坤一个清白,同时也是为自己和朋友出口恶气。

为了揭露许绍棣欺世盗名的罪恶,郁达夫不惜以"毁家"作赌注,可见其仇之深,其恨之烈,是无以复加。

此仇不报,难为大丈夫,此恨不解,死不眠目,这就是郁达夫公开发表《毁家诗纪》时的心态。

如果没有《毁家诗纪》的公开发表，郁达夫和王映霞的这个"家"也就不会解体。所以，这个"仇"，这个"恨"，应该记在许绍棣这个恶棍身上。

陆丹林在郁达夫和王映霞的婚姻悲剧里，也扮演了极不光彩，极不道德的角色，他的出现，进一步加速了这场悲剧的发展，甚至可以说他是这场悲剧发生的导火索。

如果陆丹林是个道德高尚的人，是一个对朋友和朋友的家庭都极其负责任的人，在接到郁达夫的《毁家诗纪》时，就会斟酌再三，先将其退回原主，并主张立即将其销毁，以绝后患，更不会在自己主编的《大风》杂志上发表。

同是郁达夫朋友的易君左在处理类似事情时所采用的方法，就比陆丹林高明得多。在武汉时，当郁达夫把许绍棣致王映霞的情书照相制版印刷后送给他时，他不但"当场撕毁了"，而且还劝老朋友也"一齐烧掉"。他认为：

> 在诗歌散文上，也公然宣布他夫人和人家的私事，那就未免太率直了。这些地方是不能责备一个"佳人"为什么不爱一个"才子"。不讲王映霞这位有名的"杭州小姐"，远到几百年前，假如唐伯虎揭穿了秋香的阴私，哪里能流传"三笑姻缘"的民间佳话呢？
>
> ——易君左《海角新春忆故人》

这些浅显简单的道理，易君左懂，难道陆丹林就不懂？他不是不懂，而是为某种利益所驱使，故意而为之。

很明显，发表了《毁家诗纪》，郁达夫和王映霞的家很快就会解体，不发表则有可能维持。对这一点，陆丹林应该是清楚明白的。但他被商业利益和轰动的社会效益冲昏了头脑，全然不顾人类的道德底线和友情，一字未动的发表了《毁家诗纪》。更为可恶的是，不但在《大风》上发表了《毁家诗纪》，而且还接二连三地发表了王映霞一篇篇充满仇恨和人身攻击的文章，一场夫妻大战就这样在陆丹林的亲自导演和策划下，轰轰烈烈地上演了。

陆丹林坐山观虎斗，喜收渔利。

是啊，有了郁达夫自暴"家丑"的《毁家诗纪》，有了王映霞污蔑骂郁达夫的檄文，《大风》杂志一时风靡海内外，得到了极大的经济利益。

就这样，在内忧外患的综合作用下，郁达夫和王映霞苦心经营了12年的"家",终于解体了,他们的爱情悲剧也画上了句号,给世人留下诸多遗憾和哀叹。

对陆丹林及其主编的《大风》杂志缺乏职业道德的无耻行为,当时郁、王双方的亲友都一致表示谴责。

数十年后,郁云在《郁达夫传》中还表示了强烈的愤慨和不满。

> 由于《毁家诗纪》的发表,使郁达夫和王映霞的感情发生破裂,最后导致两人的离异。然而那时的《大风》旬刊,却借此成为一时畅销的刊物。《大风》的编者,除将登载《毁家诗纪》的特大号连续再版三次外,又在第三十四期上,以"不袒护"为理由,刊出王映霞回击郁达夫的《一封长信的开始》。到后来,甚至把王映霞写的抗辩信,也擅自加上《请看事实》的标题,予以公开发表。《大风》旬刊在这场家庭纠葛中,扮演了一个极不光彩的角色,它不仅提供了笔战的场所,同时还起着煽风点火的作用。这种不顾友情的卑劣行为,当时受到郁、王双方亲友的一致指责。但郁达夫与王映霞的关系,终因这场笔战而日趋恶化。到一九四〇年三月,由于无法共同生活,两人开始分居。后于一九四〇年五月下旬,由关楚璞作证,双方协议离婚。郁达夫于一九四〇年五月三十一日,在香港《星岛日报》登出《郁达夫启事》……王映霞也在香港《星岛日报》和重庆《中央日报》等报刊登她的启事,自此结束了他们十二年的夫妻关系。

对陆丹林不顾道义和友情,贪图名利的卑劣行为,郁达夫的好朋友孙百刚,在他的《郁达夫外传》中也明确表示了痛恨和谴责。

> 《毁家诗纪》计七绝七首,七律十二首,殿以《贺新郎》词一首。系达夫于一九三六年春至一九三八年冬陆续写成,曾多次润饰、整理、加注,发表于一九三九年三月五日香港出的《大风》旬刊第三十期。这一期的《大风》发行至四版之多,洛阳纸贵,风行一时。主编陆丹林喜出望外,得意万分。陆和达夫原是认识的,如果略有道义之心,就应该暂缓发表,向达夫婉言规劝,弥患无形。纵不敢说这样就能免去一场悲剧,(因达夫有强烈的发表欲和深刻的泄愤心,陆即使不予刊登,随时随地有人会给他发表的。)不过迟一天揭露,即多一天转机,不至于早期爆发,不可收拾。

孙百刚对陆丹林的谴责是很有道理的。民间尚流传着宁建十座桥，不拆一桩婚姻的说法，作为文化名流的陆丹林，更应该知道这其中的厉害关系。然而，为了一己的私利，违背良心干出了这样一桩伤天害理、为千古所痛骂的蠢事。

一些无聊小人的造谣生事，煽风点火，也是造成郁达夫和王映霞婚姻悲剧的一个潜在因素。

经过武汉的那场家庭风波，他们二人都已趋于冷静和理智，特别是在湘西小镇几个月的"心灵洗礼"，彼此间的仇和怨相继烟消云散。就在郁达夫再度赴闽任职的途中，某些无聊的小人忍耐不住了，一再向他传言，说王映霞已离开湘西，去浙江的丽水找许绍棣了，害得他一封电报接一封电报的往浙江省府各机关发，自取其辱。此计不成，他们又向郁达夫传言，说王映霞之所以肯委身许绍棣，是因为许绍棣曾赠送给她"三十七万元港币"云云。

这些卑鄙无耻的小动作，在郁达夫和王映霞的不幸婚姻里的确起到了火上浇油的作用。

《毁家诗纪》的多维诠释

《毁家诗纪》第一首：

> 离家三日是元宵，灯火高楼夜寂寥。
>
> 转眼榕城春欲暮，杜鹃声里过花朝。

这首诗原写于 1936 年的"花朝节"之夜，地点为福州。诗写好后本想及时寄给王映霞，以示想念之情，后因其他原因未能及时寄出，三日之后，因有五六天未能接到妻子的来信，心中忐忑不安，遂在当天的日记中将此诗录出，以抒发怀念故乡，想望妻儿之情。"早晨三点醒来，作霞的信，自六日接来电后，已有六日不曾接她的信了，心颇焦急，不知有无异变。记得花朝夜醉饮回来，曾吟成廿八字，欲寄未果：……北望中原，真有不如归去之想。"

花朝，即指旧历的二月十五日，民间俗称这天为百花的生日，乃名"花朝节"。

榕城，为福州市的别称。

若仅就诗的内容和寓意而言，并没有什么特别之处，起初在社会上流传时，也不曾引起王映霞的异议和不满，熟识的朋友看后也没有闲言碎语发表。问题的关键是出在该诗被冠以《毁家诗记》的首章发表时的"注"上。

诗人草就此诗时并没有作"注"，所谓的"注"，是后来加上去的。这首诗的"原注"是：

> 和映霞结缡了十余年，两人日日厮混在一道，三千六百日中，从没有两个月以上的离别。自己亦以为是可以终老的夫妇，在旁人眼里，觉得更是美满的良缘。生儿育女，除天殇者不算外，已经有三个结晶品

了,大的今年长到了十一岁。一九三六年春天,杭州的"风雨茅庐"造成之后,应福建公洽主席之招,只身南下,意欲漫游武夷太姥,饱采南天景物,重做些记游述志的长文,实就是我毁家之始。风雨南天,我一个人羁留闽地,而私心恻恻,常在想念杭州。在杭州,当然友人也很多,而平时来往,亦不避男女,友人教育厅长许绍棣君,就系平时交往中的良友之一。

首先,诗人在这里告诉人们,1936年他离杭赴闽任"蛮府参军"时,和王映霞的婚姻还堪称是美满的,也自认和娇妻是能白头偕老的;次之,诗人明言他这次"只身南下"的目的,是"意欲漫游武夷太姥,饱采南天景物,重做些记游述志的长文。"事实也的确是如此,来闽后,一连串的游闽文字相继发表在全国的报刊杂志上。如《闽游滴沥》、《高楼小说》、《记闽中的风雅》、《游白云洞》、《饮食男女在福州》等就是最好的佐证。再次之,诗人表白了"风雨南天",独自"羁留闽地"时对王映霞的思念之情。这一点是众所周知的。从离杭那天起,他就无时无刻不在想念他的映霞,又是诗又是信又是日记,仿佛初恋时,这一点有他的《闽游日记》、《浓春日记》、《回程日记》为证。其四,诗人点出了毁灭他们家庭的罪魁祸首——许绍棣。此人乃是诗人在杭州时所谓的良朋好友之一,素以敬重。万万没有料到,酿成夺妻之恨的竟然是他。

该诗"外传"最早见于1936年3月27日郁达夫致曹靖陶的信中。其中的一段话是:

> 弟来此间后,日日醉酒酬酢,无一刻闲,吟诗之兴尽矣。花朝夜醉归来,窗外似闻杜鹃,忽忆闽中儿女,大动不如归去之念。枕上微吟,亦曾凑足二十八字,录呈一笑。

信中所说的"二十八字"即是指的这首诗。

1936年4月15日,该诗又随同诗人致曹靖陶的信一起发表在福州的《华报》,1936年5月,上海良友图书印刷公司出版诗人的《闲书》时,因《闽游日记》收入其中,故该诗再次与读者见面。与最初的诗稿相比,这里作了文字上的润色和修改,如将第三句末尾处的"渐老"改成了"欲暮",将第四句开头的"子规"两字换成了"杜鹃"。

《毁家诗纪》第二首:

> 扰攘中原苦未休，安危运系小瀛洲。
>
> 诸娘不改唐装束，父老犹思汉冕旒。
>
> 忽报秦关悬赤帜，独愁大劫到清流。
>
> 景升儿子终豚犬，帝豫当年亦姓刘。

此诗应写于 1936 年的岁末，地点仍是在福州。

当时的政治形势是，日寇的铁蹄已践踏了东北三省，大片国土沦丧，民怨沸腾，群情激愤，而以蒋介石新军阀为首的国民政府奉行不抵抗政策，数十万大军节节败退，拱手让了半壁大好河山，广大的爱国志士无不痛心疾首，而适逢这时发生了西安事变，情况未明，消息不畅，更增加了诗人对祖国前途和民族命运的深深忧虑。该诗就是在这种情景下应运而生的。

"扰攘中原"，系指日本帝国主义的入侵，造成中原大地烽火连天，民不聊生。

"小瀛洲"，古代中国人对日本国的戏称。

"诸娘"，专指日寇占领区的妇女同胞，意谓国土虽已沦亡，但她们的心仍向往祖国，不愿改变装束，屈辱的做奴隶。

"秦关悬赤帜"，指 1936 年 12 月 12 日发生的"西安事变"。爱国将领张学良、杨虎城因不满蒋介石的不抵抗政策，在西安将其扣压，逼迫他停止"剿共"，结成统一战线，共同抗击日本帝国主义的侵略，收复沦陷的大好河山。

"清流"，泛指爱国的仁人志士。

"帝豫"，借用宋代刘豫任济南知府时，投降金人一事，意在痛斥为日寇效力的汉奸走狗。

全诗通篇充溢着爱国主义的强音。诗的"原注"是：

> 这一年冬天，因受日本各社团及学校之聘，去东京讲演。一月后，绕道至台湾，忽传西安事变起，匆匆返国，已交岁暮。到福建后，去电促映霞来闽同居。宅系光禄坊刘氏旧筑，实即黄莘田十砚斋东邻。
>
> 映霞来闽后，亦别无异状，住至一九三七年五月，以不惯，仍返杭州。在这中间，亦时闻伊有形迹不检之谣，然我终不信。
>
> 入秋后，因友人郭沫若君返国，我去上海相见，顺道返杭州；映霞始告以许绍棣夫人因久病难愈，许君为爱护情深，曾乞医生为之打针，使

得无疾而终,早离苦海。

诗的原注实为诗人一年生活历程的"自述状"。

1936年冬,名为应"日本各社团及学校之聘,去东京讲演",而实则肩负着重要使命——即宣传鲁迅,秘密劝说郭沫若回国抗战。

鲁迅是他20年相濡以沫的老朋友,对其创作和人格都有着深刻的认识和了解。在鲁迅逝世后的第三天,他就怀着无比哀痛和悲伤的心情写下了《怀鲁迅》,用诗一般的语言,火一样的激情,记录下了无数青年因鲁迅逝世而引起的巨大悲哀和愤怒,抒发了自己对战友绵绵无尽的哀思和沉痛的悼念之情。

真是晴天的霹雳,在南台的宴会席上,忽而听到了鲁迅的死!

发出了几通电报,荟萃了一夜行李,第二天我就匆匆跳上了开往上海的轮船。

二十二日上午十时船靠了岸,到家洗一个澡,吞了两口饭,跑到胶州路万国殡仪馆去,遇见的只是真诚的脸,热烈的脸,悲愤的脸,和千千万万将要破裂似的青年男女的心肺与紧捏的拳头。

这不是寻常的丧葬,这也不是沉郁的悲哀,这正像是大地震要来,或黎明将到时充塞在天地之间的一瞬间的寂静。

生死,肉体,灵魂,眼泪,悲叹,这些问题与感觉,在此地似乎太渺小了,在鲁迅的死的彼岸,还照耀着一道更伟大,更猛烈的寂光。

在《怀鲁迅》的末尾处,他又用无比愤怒的语言,猛烈地抨击了迫害鲁迅致死的黑暗社会,和凶暴残忍的民族败类——国民党反动派,以及愚昧无知的社会"庸众"。

没有伟大的人物出现的民族,是世界上最可怜的生物之群;有了伟大的人物,而不知拥护,爱戴,崇仰的国家,是没有希望的奴隶之邦。因鲁迅的一死,使人们自觉出了民族的尚可以有为,也因鲁迅之一死,使人家看出了中国还是奴隶性很浓厚的半绝望的国家。

鲁迅的灵柩,在夜阴里被埋入浅土中去了;西天角却出现了一片微红的新月。

好一个西天角上"微红的新月"。在这里他是以诗人的情怀,艺术家的灵感,政治家的敏锐,预示了旧中国将要面临的毁灭性大地震的袭击,期待着黎明的到来。是啊,平素十分崇拜、敬仰鲁迅的诗人,多么的渴望他生前日夜所向往的新世界的曙光能早一点出现。另一层的含义,是借用西天角出现的"一片微红的新月"来安慰先哲的在天之灵。

1936 年 11 月 29 日,在为日本《读卖新闻》写的《今日的中华文学》一文里,他又一次对鲁迅进行了高度评价。

刚为《读卖新闻》写了《今日的中华文学》,紧接着,又应邀为日本改造社即将出版的《大鲁迅全集》写了介绍性的文字。在这里他称誉鲁迅是中国自有新文学运动以来最伟大和最能代表这个时代的作家。

> 如问中国自有新文学运动以来,谁最伟大? 谁最能代表这个时代? 我将毫不踌躇地回答:是鲁迅。鲁迅的小说,比之中国几千年来所有这方面的杰作,更高一步。至于他的随笔杂感,更提供了前不见古人,而后人又绝不能追随的风格,首先其特色为观察之深刻,谈锋之犀利,文笔之简洁,比喻之巧妙,又因其飘溢几分幽默的气氛,就难怪读者会感到一种即使喝毒酒也不怕死似的凄厉的风味。
>
> 当我们见到局部时,他见到的却是全面。当我们热衷去掌握现实时,他已把握了古今与未来。要全面了解中国的民族精神,除了读《鲁迅全集》以外,别无捷径。

这段话讲得相当深刻,它把人们对鲁迅伟大的认识、研究又提到了一个新的高度。

秘密动员郭沫若回国参加抗日,是郁达夫东京之行的另一重要任务。

郭沫若自 1927 年遭蒋介石军阀政府的通缉,亡命日本已达十年之久了。

日寇大举入侵我东北后,国共两党及文艺界的同仁们都急切地希望郭沫若能回国领导文艺界的抗敌御侮斗争。

与郭沫若既是留日同学,又是"创造社"战友,郁达夫比别人更知郭沫若在中国文艺界的地位及其对抗战的重要性,特别是鲁迅逝世后,文艺旗手的桂冠更是非他莫属。为此,不惜利用和福建省主席陈公侠的特殊关系,积极活动取消对郭沫若的通缉令,以政府的名义欢迎他回国为抗战效力。

疏通国民党上层关系稍有眉目时,迅即开始了东渡之行。

在爱国心的驱使下,又经郁达夫的积极劝说,郭沫若终于同意回国。征得郭沫若的同意,从日本一回到国内,便四处活动国民党政府中的高级官员,取消对郭沫若的通缉令,以中央政府的名义请他回国参与政治事务。一俟接到国民党中央政府同意郭沫若回国的消息,郁达夫立即向在海外的郭沫若发快信报告之。

> 沫若兄:
>
> 　　南京蒋氏有意招兄回国,我已先去说过,第一,要他们办好取消通缉手续,第二,汇大批旅费去。此事当能在十日内办妥。望兄接到南京函后,即整装返国,去南京一行,或者事前以电报通知,我可以在上海相候。
>
> 　　此信到达后,即请复我,我此番去杭州住了数日,遇见你的七妹夫,在杭州经商,他也殷殷以你的事相托,总算他的愿望已经实现了。
>
> 　　函到后,希立复!
>
> 　　　　　　　　　　　　　　　　　　　　弟达夫上
>
> 　　　　　　　　　　　　　　　　　　　　五月十八日

写这封信时,他大概是刚刚得到国民党中央政府同意郭沫若回国的口信,具体落实取消对郭沫若通缉令的事尚在进行中。将致沫若的信发出去不多时,便正式接到了南京国民党中央政府同意郭沫若回国的通知,喜不胜喜,立即报告之,与其共享欢乐。

> 沫若兄:
>
> 　　今晨接南京来电,属我致书,谓委员长有所借重,乞速归。
>
> 　　我以奔走见效,喜不自胜,随即发出航空信一,平信一。一面并电南京,请先取消通缉,然后多汇旅费去日,俾得早日动身。
>
> 　　强邻压迫不已,国命危在旦夕,大团结以御外患,当系目下之天经地义,想兄不致嫌我之多事也。此信到日,想南京必已直接对兄有所表示,万望即日整装,先行回国一走。临行之前,并乞电示,我当去沪候你,一同往南京去走一趟。这事的经过,一言难尽,俟面谈。
>
> 　　前月底,我曾去杭州,即与当局诸公会谈此事。令妹婿胡灼三,亦亟亟以此事为嘱,殊不知不待伊言,我在去年年底返国时,已在进行也。此事之与有力者,为敝东陈公洽主席,及宣传部长邵力子先生,何廉处长,钱大钧主任,他们均系为进言者。

　　我在前两月函中，已略告一二，因事未成熟，所以不敢实告。大约此函到后，南京之电汇，总也可到，即将马上动身，先来上海。

　　中国情形，与前十年大不相同，我之甘为俗吏者，原因亦在此。将来若得再与同事，为国家谋一线生计，并设法招仿吾亦来聚首，则三十年前旧梦，或可重温。临函神驰，并祈速复。

弟达夫上

　　从该信所言中得悉，为郭沫若回国事，他前后奔波了几个月，务实费去了不少心血，这番苦衷，恐怕只有他一人深得其味。然而为了郭沫若回国后，能擎起文艺界抗日领袖的大旗，他却甘愿吃这份苦，受这份罪。这封信是 1936 年 5 月 12 日上午发出去的，下午他仍觉得有些话未说完，于是随即又发一快信。一天将两快信发出后，还恐怕郭沫若有所疑虑，次日又致函郭沫若的妹婿胡灼三，请他再去信郭沫若。正像他事前所告知的那样，郭沫若从日本返回国内后，立即就被任命为国民党中央政府军委会政治部第三厅厅长。而他走马上任后的第一件事，就是电招在福建的郁达夫前来武汉供职。

　　在日期间，又是座谈，又是讲演，又是访问，在如此繁忙紧张的工作里，他仍没忘怀爱妻王映霞。忙中偷闲，撰文报告行程，介绍在日期间的所见所闻和感受。《从鹿囿传来的消息》就是最好的证明。在京都时，他向王映霞报告说：

　　昨天到了京都，是日本明治维新以前的旧都，我在八高学生时代，曾经来过好几次的旧游之地。将近二十年的久别，这回见了，心里的确也感到了不少的愉快；但是腐蚀一切旧文化的物质文明，在这旧都的表面上，也留下了许多俗恶浓艳的斑点样的波纹。火车站前高耸着的"丸物"的层楼，"京极"边矮屋檐下闪烁着的轻质的年红，以及少女身上穿着在那里的不相称的洋服，我以为都是将这旧都的固有的美摧残下去的污点。

　　告别了京都，又驱车来到了奈良市。在这里，他也有许多见闻和感慨。"今天起了一个大早，坐汽车到了奈良法隆寺前，是日本圣德太子的道场，古物之多，多得像进了北京旧日的博物馆。木造的那间金堂，阅时一千好几百年，现在还坚强得同新造的一样。五重塔，仁玉门，以及东院的梦殿传法堂之类,古色古香,没有一处不令人肃然起敬。我在这梦殿里想起了正在受难的祖国,想起了又将纷乱的国内的政情。"

心系王映霞,时时在想念。初来福州时,环境不熟悉,人事关系生疏,局面尚未打开,在那个时候,他是极力反对王映霞前来相聚的,而不到一年,便感觉还是有夫人在身边的好,于是就力促她速来闽团聚。

王映霞自和郁达夫结婚后,就很少分离过,即使有,时间也是相当短的。郁达夫初到福州时,她还是一个心思都在郁达夫的身上。相互分别刚过一个月,她便心急火燎般地要去福州相见。但一年后,郁达夫敦促她去时,情形却有了天壤之别。好不容易在福州相聚了,却没有了往日的热情,在生活上也处处表现出了不和谐。不足四个月,她便以不适应闽地生活,牵挂老母和幼儿为由,匆匆离别而去。细究起来,她不愿在福州相聚的原因恐怕有这样两点。一是像她所言,确实过不惯福州的生活。在杭州时,无论是官场,或是社交界,她都能纵横捭阖,挥洒自如,随心所欲,率意而为;而在福州,她却没有了这番风光,除作为配角,偶尔随夫君赴几次宴会之外,大部分时间是蜗居斗室侍弄小儿。这一点是她离闽回杭的首要因素。其二是她在杭州已有了精神寄托。郁达夫离开杭州后,昔日的朋友们仍一如既往的和她保持着亲密的来往。渐渐地个别风流倜傥的"正人君了"便闯入了她的感情世界。他们比郁达夫会伪装,甜言蜜语,且有钱有势,能满足她的各种虚荣,于是乎,她的情感天平失衡了,心灵被迷惑了。一度迷惑住她的这个人就是许绍棣。不错,许绍棣曾是郁达夫的好朋友。这在他的日记可以查得到。如 1937 年 5 月 2 日,他一整天都是和许绍棣在一起。

> 午前十一时,绍棣偕周校长至柔来,同去杏花村喝酒。因与幼甫阎氏有于午后去九溪之约,故饭后即匆匆驱车往……
>
> 车中,绍棣为讲红舌村故事,听者讲者,两都忘倦。
>
> 九溪茶场,今天游客特多,程远帆氏夫妇,邵裴子先生等,都不期而遇,坐至午后四时,返城。
>
> 晚上由绍棣做东,约慕尹主任夫妇在三义楼吃饭,饭后并去东南日报馆看演《狄四娘》话剧,至十时始散。

无疑,王映霞急欲离闽回杭,与许绍棣的情感纠葛不能说没有关系。实际而言,这期间她对许绍棣还仅处于朦胧的好感阶段。是许绍棣的妻子病重期间,许的精心呵护,百般调理,又进一步将王对他的情感推向一个新的阶段。

《毁家诗纪》第三首:

> 中元后夜醉江城,行过严关未解醒。
>
> 寂寞渡头人独立,满天明月看潮生。

此诗应写于 1937 年的仲秋之际。

1937 年的 7 月,郭沫若在国内一片抗日的浪潮声中,终于秘密回到了国内。得悉郭沫若回国行程后,他特地从福州赶到上海去迎接。8 月 11 日离沪回闽,其间顺道回杭州带许钦文一同去闽任职。安抚好家中的妻儿老小,即辗转由水道改陆路返回福州,继续他的"俗吏"生涯。此诗就是回闽的途中愤时而作。诗的"原注"是:

> 八·一三战事,继七·七而起,我因阻于海道,便自陆路入闽,于中元后一夜到严州。一路晓风残月,行旅之苦,为从来所未历。到闽后,欲令映霞避居富阳,于富春江南岸亲戚家赁得一屋。然住不满两月,映霞即告以生活太苦,便随许君绍棣上金华,丽水去同居了。其间曲折,我实不知。只时闻自浙江来人言,谓许厅长新借得一夫人,倒很快乐,我亦只以一笑付之。盖我亦深知许厅长为我的好友,又为浙省教育界领袖,料他乘人之危,占人之妻等事,决不会做。况且,日寇在各地之奸淫掳掠,日日见诸报上,断定在我们自己的抗敌战营里,当然不会发生这种事情。但是人之情感,终非理智所能制服,利令智昏,欲自然亦能掩智。所以,我于接到映霞和许君同居信后,虽屡次电促伊来闽,伊终不应。

原注所言主要是他这次离杭后家中发生的变故。

七七事变之后,杭州危在旦夕,按原定计划,王映霞携母带子前往富阳。应该说,有郁达夫二哥养吾照顾,她在富阳期间并没有受什么委屈。大人小孩饮食起居尚属正常。但过惯了"风光"、"排场"的生活,不得已蛰居乡间,自然会有诸多不便之感,两月有余,开始滋生厌烦情绪,急欲寻求出路摆脱此境。按常理,她就是要离开富阳,也应该先与郁达夫商量商量,一是前往福州合家团聚,一同进退。二是再寻别的更为安全的栖居地。而绝无去和省政府机关同甘共苦的道理。

郁达夫没有在浙江省政府机关任过职，她是没有任何理由要求享受省政府机关家属待遇的。唯一可解释得通的理由，就是这一切均源自他们的朋友许绍棣。他是浙江省政府的大员，以他的名义和权力安排王映霞母子享受省政府机关家属的待遇，不但切实可行，也是不会有人反对的。王映霞携老带小，将家迁至丽水，正好与许绍棣的家同住在一个楼。是天意，或是人为之，已无从查考了。

王映霞与许绍棣的"绯闻"，郁达夫在这之前已有所闻，但他并不相信。他相信妻子知书达理，忠贞清白，绝不会做蝇营狗苟之事，同时他也相信许绍棣乃谦谦君子，党国要员，在国难之秋，更不会"乘人之危，占人之妻"。当友人言之凿凿向他通风报信时，他只有苦涩一笑，随风而去。到后来，他相信这是铁定事实时，乃多次急电促王映霞去福州，躲开魔爪。但她仍我行我素，不予理睬。

对郁达夫这期间的生活和情绪，楼适夷在《回忆郁达夫》中有记载。

> 一座精致安静的老式庭院，只住着达夫和一个帮助家务的老妈子。达夫让出自己西厢的书斋招待我住在他家里。没有见到熟悉的女主人和孩子们，我觉得奇怪。达夫说："映霞回杭州去了。"老妈子告诉我："太太来福建不久，就说去杭州搬东西，去了几个月没回来。"

老妈子的言外之意，流露出对王映霞的不满和谴责。

对王映霞不能来闽，楼适夷也是有看法的。他说：到福州后，和郁达夫坐下来闲谈的机会并不多，但可看出"他心理显然有些别扭。"

> 有时问起他的夫人，他好象也不愿意谈起。当时上海已经沦陷，江浙战事吃紧，杭州人已在逃难，福州虽然失了金门，毕竟还是安静的，为什么还不回来呢。在我心里留下老大疑窦。

楼适夷的"疑窦"是正确的，兵荒马乱，朝不保夕之际，不随夫君合家团聚，而跟毫无瓜葛的旁人一同进退，显然是有悖常理的。

《毁家诗纪》第四首：

> 寒风阵阵雨潇潇，千里行人去路遥。
>
> 不是有家归未得，鸣鸠已占凤凰巢。

据说这是首签诗，是郁达夫在福州天王君殿里烧香拜佛时求得的，因其苍凉、悲伤的意境正和他当时的家境和心情十分吻合，所以就拿过来借用

了,借此来表达心中的哀伤和愤懑的情怀。诗的"原注"是:

　　这是我在福州天王君殿里求得的一张签诗。正当年终接政治部电促,将动身返浙去武汉之前夜。诗句奇突,我一路上的心境,当然可以不言而喻。一九三八年一月初,果然大雨连朝;我自福州而延平,而龙泉、丽水。到了寓居的头一夜,映霞就拒绝我同房,因许君这几日不去办公,仍在丽水留宿的缘故。第二天,许君去金华开会,我亦去方岩,会见了许多友人。入晚回来,映霞仍拒绝和我同宿,谓月事方来,分宿为佳,我亦含糊应之。但到了第三天,许君自金华回来,将于下午六时去碧湖,映霞突附车同去,与许君在碧湖过了一晚,次日午后,始返丽水。我这才想到了人言之啧啧,想到了我自己的糊涂,于是就请她自决,或随我去武汉,或跟许君永久同居下去。在这中间,映霞亦似曾与许君交涉了很久,许君似不肯正式行结婚手续,所以过了两天,映霞终于挥泪别了许君,和我一同上了武汉。

在福州时,听到王映霞与许绍棣相恋的传闻,还有点不敢相信,这次到丽水搬家耳闻目睹,他不得不相信这是铁铸的事实了。一是王映霞对他没有往日久别胜新婚的激情;二是以"月事"来临为由拒绝和他同房;三是置他于不顾,私自和许绍棣玩了两天。于是乎,两人发生了激烈冲突,郁达夫愤怒地给她指出两条路任其选择———一是断绝和许绍棣的关系,与他一同去武汉;二是毁了这个家,成全她和许绍棣的姻缘。经过一番痛苦的选择,王映霞最终选择了前一条道路。这期间,王映霞与许绍棣恋爱一事,不但外界传得沸沸扬扬,就连王映霞自己也是供认不讳的,且还有向人炫耀之意。如向孙百刚展示许绍棣给她的信件就是一例。

王映霞携母带子在富阳避难期间,孙百刚因事路过这里时,特地抽暇去看望她们母子。老朋友相见,一不谈战事,二不谈远在异地的郁达夫,王映霞却拿出了许绍棣给她的信让友人看,真是匪夷所思,同时也令孙百刚困惑不已,心中多有郁结。他在《郁达夫外传》中说起这件事时写道:

　　那天我忙碌整日,又坐了五、六小时的汽车,非常疲倦。饭后略和映霞谈了几句达夫在福州的情况,然后将我的避难场所的住址详细告诉她。要她万一富阳突然紧急,不妨带着孩子,暂时入山到我那里一避。

她听了我的话，走到写字台边，将我告诉她的地址记了下来。我正想和她告辞，走到她替我预备好的厢房楼上去休息的时候，映霞突然拿出一束信来给我看。在暗淡的灯光下，我抽读了两三封。原来都是许绍棣（当时浙江省教育厅厅长）写给她的信。信中内容，非常平淡，大致说些战事的发展，前途的推测，杭州的空袭，机关的疏散等等。我对信中的话，当然不感兴趣。关于许绍棣和映霞的情况，我在杭州并不知道。记得曾有人问过我，我回答说不知道。后来那位问的人又说了很多的话，我也曾替映霞辩解过。我说：许绍棣我不熟悉，不便置论。关于映霞，我知道她一向对男女交际，落落大方，不拘形迹，也许因为彼此来往密些，言语随便些，因而引起了一些流言蜚语。这些，事后我当然不便开口去问映霞，我向来不喜欢刺探别人的隐事，更何况是男女间的事。所以一直置之脑后，不闻不问。直到那时映霞拿出许绍棣的信给我看时，我想这倒是绝好机会，不可错过。许绍棣负一省教育行政之责，当此国难临头之际，何以会有如此闲情逸致，对一个朋友的夫人，写这种娓妮清谈，叙话家常的信。同时，我还想将上次在杭州听到的那些说话告诉她。不料我正要开口问她时，听到外面一阵异样的叫嚣扰动声。映霞三脚两步跑到窗口向外一望，大声喊：

"啊呀，不好了！火起！"

若不是这场大火，孙百刚也许会从王映霞那里听到更多有关她和许绍棣之间的事情。虽然一场突如其来的大火，中断了孙百刚和王映霞的深谈，但从许绍棣给王映霞的"一束信"里，就可知他们的确在"恋爱"中。

《毁家诗纪》第五首：

> 千里劳军此一行，计程戒驿慎宵征。
>
> 春风渐绿中原土，大纛初明细柳营。
>
> 碛里碉壕连作寨，江东子弟妙知兵。
>
> 驱车直指彭城道，伫看雄师复两京。

这首诗写于1938年抗日前线。诗人一向以国事为重，家事为轻。1938年王映霞与他一同到武汉后，他很快抛开家庭的恩恩怨怨，全身心地投入到了全民的抗战事业中。多次以政治部第三厅设计委员的身份，冒着枪林弹雨到前方战区视察工作，慰问伤兵，赠送纪念品，报告战斗状况。

　　继《平汉陇海津浦的一带》，又于同年的 5 月 23 日写下了战地报告《黄河南岸》，进一步向全国各民族、各阶层报告了前方将士英勇抗敌的光辉业绩。他赞美那在长堤上"负枪行走的巡卒"和蜷伏在战壕里"目不转睛地监视着敌人的哨兵"，一个个都好像是"古代罗马的英雄"；他讴歌那些在炮火纷飞的年代仍有条不紊工作着的邮务员和兵营附近的老百姓……他认为，从守卫黄河两岸的将士和老百姓的脊背上，可以清晰地看出"四万万五千万民族的后光。"

　　为了表彰守卫在黄河两岸军民们英勇抗敌精神，激励他们永葆战斗的青春，特作律诗一首相赠，这就是《毁家诗纪》的第五首。该诗首次见于1938 年 7 月 1 日发表在《烽火》第 17 期上的散文《黄河南岸》里，后又见于1939 年 1 月 17 日新加坡《星洲日报·繁星》栏目里，诗题为《寅春日，北上劳军，视察河防后登五龙顶了望敌军营垒，翌日去徐州》，收入《毁家诗纪》时，将第二句中的"戒途计"改为了"计程戒"。

　　《毁家诗纪》第六首：

> 水井沟头血战酣，台儿庄外夕阳昙。
>
> 平原立马凝眸处，忽报奇师捷邳郯。

　　这首诗写于台儿庄大捷之后。

　　1938 年 4 月 6 日，中国军队在台儿庄一线阻击日寇进犯，歼敌一万多人，极大地鼓舞了国人的抗战信心。诗人奉命代表政治部及全国文协到前线慰问，所感所受，激动不已，即兴挥毫，多有佳作。与他一同前往的作家盛成在《与达夫一起去台儿庄劳军》一文中有描述。"这次到台儿庄前线约半个月时间，我和达夫朝夕相处，亲密共事，十分愉快。在此期间，达夫每有所感就即兴挥毫，写下不少好诗，遗憾的是，我未能保存下来。"

　　盛成文中所言的"好诗"，自然也包括上述这首诗。

　　诗人没有为第五首和第六首分别作注，而是将"注"放在了一起。两首诗共同的"原注"是：

> 四月中，去徐州劳军，并视察河防，在山东、江苏、河南一带，冒烽火炮弹，巡视至一月之久。这中间，映霞日日有邮电去丽水，促许君来武汉，我亦不知其中经过。但后从一封许君来信中推测，则因许君又新恋一未婚之女士，与映霞似渐渐有了疏远之意。

"原注"中所言,王映霞日日有电去丽水,催促许绍棣来武汉相会,当属实情。一是在这之前,王映霞与许绍棣早已是鸿雁传书不断,已多达"一束"了。二是这期间,王映霞正受李家应之托,介绍许绍棣与孙多慈见面,故有诸多书信来往。但信的内容除为许介绍新夫人之外,是否还夹杂着彼此间的情感纠葛,那只有天知道了。然而无可否认的事实是,既然郁达夫已因为她和许绍棣的事大闹一场,险些劳燕分飞,那么她就该有所收敛,尽量避免与许接触,可她却不然,仍与他来往有加。可见这时,他们的感情已升温到了难以自禁的境界了。

南奔北征,为抗日的大好形势所鼓舞,诗人对家庭的变故已看得很淡了。再加上王映霞与许绍棣山水相隔,所以激愤的情感稍有平复,对过去的事情也不那么斤斤计较了。

《毁家诗纪》第七首:

> 清溪曾载紫云回,照影惊鸿水一隈。
>
> 州似琵琶人别抱,地犹稽郡我重来。
>
> 伤心王谢堂前燕,低首新亭泣后杯。
>
> 省识三郎肠断意,马嵬风雨葬花魁。

这首诗,应为诗人以政治部第三厅设计委员的身份巡视浙江时所作,时值 1938 年的初秋之际。诗中所用词句和典故,都含有切肤之痛的悲伤之意。

"惊鸿"出自魏曹植的《洛神赋》:"翩若惊鸿,宛如游龙。"后人多以此代指美女。又如宋陆游的《沈园》:"伤心桥下春波绿,曾是惊鸿照影来。"无论是曹植倾慕的"洛神"女,或是陆游心仪的表妹唐婉儿,最后都以无力回天的悲剧而告终。诗人面对金华的山水,想到妻子红杏出墙的羞辱,以及险些毁家的劫难,真是大有"沈园再到之感"。全诗抒发的是"家忧"、"家难"的悲情,含血带泪,无限凄凉。诗的"原注"是:

> 六月底边,又奉命去第三战区视察,曾宿金华双溪桥畔,旧地重来,大有沈园再到之感。许君称病未见。但与季宽主席等一谈浙东防务、碧湖军训等事。

从河南、山东等前线回来后,诗人又奉命到浙江等防区视察。巡视到浙江省党政机关所在地金华时,禁不住心中涌起万顷波涛,千层巨浪。金华是个美丽富饶的地方。抗战前夕,他曾多次旅游到此,为它写下美文数篇,以赞其"胜"。金华是个美丽神奇的地方,诗人对它一见如故,情深深,意长长。然而,数年后旧地重游,却恍惚有隔世之感。这里有他的夺妻之敌——许绍棣。一场几乎毁家的悲剧就是在这里演绎的。

《毁家诗纪》第八首:

> 凤去台空夜渐长,挑灯时展嫁衣裳。
>
> 愁教晓日穿金缕,故绣重帏护玉堂。
>
> 碧落有星烂昴宿,残宵无梦到横塘。
>
> 武昌旧是伤心地,望阻侯门更断肠。

此诗写于 1938 年的中秋节前后。

从前线慰问回来,本应得到王映霞的笑脸相迎,缠绵悱恻,殊不料,满腔热血,浑身激情,却得到的是一张冷冰冰的脸,稍有不慎,便吵闹不已,而时不时还以"出走"相威胁,最后竟真的不辞而别,置幼儿老母于不顾。一忍再忍,一让再让,这一次实在是无法再忍受了,便在《大公报》登了一则寻人启事,实实地羞辱了她一番。

更不幸的是,无意中竟在屋角里捡到了许绍棣寄给王映霞的 3 封情书。失望了,彻夜难眠,第二天便找来郭沫若、范寿康等老朋友及三厅的同事,请他们来家看许绍棣写给王映霞的情书,而且将这 3 封情书照相制版广为散发。有道是男儿有泪不轻弹,未到伤心落泪时。

面对许绍棣寄给王映霞的情书,郁达夫是再也不能自禁了,号啕大哭不已。好朋友汪静之就曾亲眼目睹了这一幕。他在《王映霞的一个秘密》里曾这样描述道:

> 我要到广州去了,去向达夫告别。一进去,看见达夫和映霞正在争吵。达夫一见我,就指着映霞,一边哭一边向我说:"这个不要脸的女人,她居然和人家睡觉!"我一听,心里就很着急,怕达夫声张出去,杀人魔王马上会置他于死地。为了免得他闯祸,我就帮忙映霞掩饰。我说:"不会的,你不要相信谣言。"达夫马上说:"那里是谣言!她的姘头许绍棣的亲笔信在我手里!"我听了马上就放心了。达夫一边告诉我:"万万想不到她会这样不要脸!"一边说一边痛哭,满脸流泪,我从来没有见过一个男人这样号啕大哭,万分伤心痛苦的样子。王映霞也一边

哭一边辩解。我就对达夫说：

"你太爱她了，哭得这样伤心。冷静一点，夫妻商量解决好了，不要哭了。我是来向你告别的，我要到广州去，票已买好，马上要去上车了，不能帮助你们商量解决了。再见！"

汪静之所说的"杀人魔王"系指国民党特务分子戴笠。因为他已掌握王映霞和戴笠姘居的秘密，原以为郁达夫和王映霞吵闹是由戴笠而引起的，一听是许绍棣，紧张的心弦也就稍微有点松弛了。

汪静之不仅见证了郁达夫为王、许之恋伤心落泪的样子，而且还亲身经历了王映霞瞒着郁达夫偷偷打胎的事。

郁达夫长年漂泊在外，偶尔与王映霞相会，也都失去了往日的温存。二人到武汉不久，王映霞怀了孕，但他并不知情，于是乎，乘他到前线慰问之际，王映霞偷偷地到私人诊所将腹中的胎儿打掉了，其中的奥秘也就可想而知了。汪静之对这事的回忆是：

1938年春夏间，我全家避难到武昌，住在察院坡亲戚家。当时达夫家住在横街头，两家是近邻，常相往来。

后来台儿庄打了一场对日抗战的大胜仗，政府派了前线慰劳团。郁达夫参加慰劳团去了。

有一天王映霞来说："我肚里有了，抗战逃难时期走动不便，我到医院里请医生打掉。医生说：'要你男人一起来，才能把他打掉。男人不同意我们不能打。'达夫参加慰问团去了，要很多天才会回来，太大了打起来难些，不如小的时候早打。某某姐，我要请某某陪我到医院去，装作我的男人，医生就会替我打掉。请你把男人借我一借，某某是最忠诚老实的，达夫最信任他；如果请别的男人陪我去，达夫会起疑心的。"我的妻子马上说："没有问题，让他陪你去好了。"

我就陪映霞过江到汉口，坐了黄包车，沿江向下游走了约一里多路，到私人开的一个小医院里。映霞对医生说："我男人同来了。"医生就带映霞进里面病房里去了。我等在那里，等到映霞出来，我陪她回武昌。我和我妻子都认为逃难时怀孕不方便，应该打掉。

确切地说，王映霞私自打掉的这个孩子，绝对不会是郁达夫的，若是，也就不会瞒着他，去找别人冒充自己的丈夫了。

除堕胎的隐私之外,汪静之晚年还向世人透露了一个秘密,即王映霞不仅和许绍棣恋爱,而且还是特务头子戴笠的姘头,这也是他耳闻目睹,亲身经历的一幕。

一天我到达夫家看他回来没有,王映霞的母亲说:"没有回来。"我看见阳春(达夫的长子郁飞的乳名)满脸愁容,我问他:"为什么不高兴?"他说:"昨夜姆妈没有回来!"我问:"她到那里去了?"他说:"不知道。"我就问王映霞的母亲:"映霞到那里去了?"她说:"不知道。是一部小汽车来接去的。"第二天我再到达夫家去,想问问映霞头一天到那里去了。见了王映霞,她倒了茶请我坐下,我还没有开口,她就谈起戴笠家是花园洋房,家里陈设富丽堂皇,非常漂亮。谈话时露出羡慕向往的神情。我马上悟到她昨夜没有回家的原因了,原来是戴笠派小汽车接她去了。所以王映霞满脸是兴奋,幸福,得意的表情。又想到难怪她要打胎,而且要在达夫外出时去打。

回家时我告诉了妻子,她很惊奇,表示不再和这位同学来往。我当时考虑要不要告诉达夫:照道理不应该隐瞒,应把真相告诉朋友,但又怕达夫一气之下,声张出去。戴笠是国民党的特务头子,人称为杀人魔王。如果达夫声张出去,戴笠决不饶他的命。太危险了!这样考虑之后,我就决定不告诉达夫,也不告诉别人。后来达夫从前线慰问回武昌了,我见他的时候,一句不泄漏。

王映霞和戴笠姘居,就是她再次结婚后也仍未中断。这个秘密,不但汪静之夫妇知道,她的另外两个同学叶雅棣、叶雅珍也知道。汪静之在《王映霞的一个秘密》一文中回忆说:

1946年夏我回到上海,我的妻子的一位同学(也是王映霞的同学)说:"王映霞从南洋回到重庆,和某人(我忘了姓名)结了婚,就要戴笠帮忙,戴笠给她丈夫做运输汽车队队长,在滇缅路直到重庆做运输工作,汽车运私货,大发财。抗战胜利后,1945年戴笠给王映霞的丈夫做运输方面的宜昌站站长,也是发财的职务。上海接收时,戴笠给了王映霞一座接收下来的洋房,成了王映霞所有的房产。"这位同学又说:"戴笠一直是王映霞的姘头,外人不知道,我和某某某某同学知道。"

我和妻子听了她的同学说过之后,回家就二人做出决定,永远不能说出这些秘密,以免闯祸,杀人魔王太可怕了!

　　后来戴笠在飞机上炸死了,本来不用怕了,可是又想到王映霞本人不用怕,但她做过杀人魔王的姘头,可能也会受了魔王的影响,说不定她也有可怕之处,因此,决定仍旧不敢说起。

这首诗的"原注"是:

　　七月初,自东战场回武汉,映霞时时求去。至四日晨,竟席卷所有,匿居不见。我于登报找寻之后,始在屋角捡得遗落之情书(许君寄来的)三封,及洗染未干之纱衫一袭。长夜不眠,为题"下堂妾王氏改嫁前之遗留品"数字于纱衫,聊以泄愤而已。

结合汪静之的回忆,重读《毁家诗纪》第八首的"原注",应该说,诗人在这里所言并没有捏造事实,捕风捉影,有意危言耸听,而是有许、王恋爱的真凭实据在手。

《毁家诗纪》第九首:

　　　　敢将眷属比神仙,大难来时倍可怜。

　　　　楚泽尽多兰与芷,湖乡初度日如年。

　　　　绿章叠奏通明殿,朱字匀抄烈女篇。

　　　　亦欲赁春资德曜,宬廖初谱上鲲弦。

此诗应写于 1938 年武汉疏散后,全家在湖南汉寿避难期间。先是以《避地汉寿赋寄君左》为题,寄给了好朋友易君左,1938 年 8 月 22 日,又以《达夫近作》为题,刊载于《星岛日报·星座》第 22 期。诗前有序云:"避地汉寿,实即屈子行吟处,君左赠诗,有'富春江上神仙侣'句,因而有作,并示映霞。"后又将诗题定为《杭富沦陷后,姬王氏为友人浙教厅长某乘危占去半岁,复来归,遂令避居汉寿,易君左赠诗,有:"富春江上神仙侣"句,感而有作。》当时的背景是,经过武汉那场家庭风波,郁达夫和王映霞各自都反省了自己的错误,也都有重归于好的想法,于是举家迁离伤心地武汉,到湘西小镇汉寿安居乐业。汉寿是留日同学、安庆同事、好朋友易君左的家乡。没有烽火硝烟,没有金戈铁马,再加上老朋友相伴,全家相对过了一段平静的日子。

易君左在《楚天辽阔一诗人——记我的朋友郁达夫》中就有这样的画面。

刚跨进黑栏杆门,瞥见一个女子正替两个小孩洗澡,那女子穿着一身淡湖色的旗袍,头发蓬蓬的,高个子,强健的身体。仓促见有客人来会,便回转头要叫一个人的样子;那一个将被她叫的男子却赤膊着,向房内窜入。哪里知道来的并不是一个陌生的客人,而是一个十多年前的老朋友!

终于一转身达夫穿着一件小褂笑嘻嘻地走出来了,而他的夫人王映霞女子也草草地将小孩子的澡洗完,开始与我和鸥儿谈天。

目睹此情此景,谁能相信,这是一对刚刚闹过夫妻大战的鸳鸯。也许真的两人都将暴烈的性情有所收敛,居家安心过日子。他的朋友们也都真诚地祝福他们夫妻永远相敬如宾,美美满满白头到老。易君左一番热情洋溢地祝福就是心声。

我们希望这一双嘉宾永远居在汉寿。希望达夫像苏东坡买田阳羡,王摩诘筑室辋川,希望达夫不要老象屈原行吟而真正卜居,希望达夫心身康健安静多想几篇东西煽动南国抗战的热情。希望映霞惩治大都市的罪恶而鼓励乡村的清气。希望这斗大的城池中永远有一个长身玉立的康健女郎提着篮儿买鱼。希望那三个小朋友永远离不了母亲替他们洗澡一直洗到生出很长的胡子。真的,人生是要放达观一点,达夫是不必悲伤了!

对朋友们的真诚祝福,诗人是十分感激的,《毁家诗纪》中的第九首就是在这情景下有感而发的。

诗人的原意,一方面自省缺乏对妻子的道德和情操教育,一失足而成千古恨;另一方面则期望妻子能够安贫乐道,亲操井臼像古代的孟光一样,那么,他们不但可以破镜重圆,而且还更加恩爱。诗的"原注"是:

映霞出走后,似欲重奔浙江,然经友人劝阻,始重归武昌寓居,而当时敌机轰炸日烈,当局下令疏散人口,我就和她及小孩、伊母等同去汉寿泽国暂避。闲居无事,做了好几首诗。因易君左兄亦返汉寿,赠我一诗,中有"富春江上神仙侣"句,所以觉得惭愧之至。

经过几多波折,他对红杏出墙的妻子已经原谅了。这从当时寄给刘开渠的信中也有所表示。如:

弟现已卜居于"汉寿北门外蔡天培号内",大约战事不结束,决不离此地,以后有信,乞寄此处。内人王女士,与许绍棣恋爱,家庭几至破裂,现则仍归于好,来汉寿住,亦为伊计,欲使静养数月,将此段情事忘去也。

我已辞去政治部工作,只打算多写一点文章,从前未完之稿,于此时结束一下,对世事完全绝望,唯等待老死而已。

此信写得甚是凄凉,悲观,可见王、许恋爱对诗人的伤害有多么深吧!

《毁家诗纪》第十首:

犹记当年礼聘勤,十千沽酒圣湖滨。

频烧绛蜡迟宵柝,细煮龙涎浣宿熏。

佳话颇传王逸少,豪情不减李香君。

而今劳燕临歧路,肠断江东日暮云。

此诗也是在汉寿所作。

心情平淡了,所思所想也就趋于公正公平。回想往事,犹如昨日。诗的第三句叙述的是新婚之夜的情景:红烛频燃,春宵飞逝,彼此只希望迟一点听到象征天明的宵柝之声,以期美美享受一番这无与伦比的欢欣;诗的第四句叙述的是婚后情景,二人都十分珍惜呵护这来之不易的爱情之花,"细煮龙涎浣宿熏"。这情这景,是多么美好,令人神往,让人陶醉。而这大好的姻缘,如金似银的日了,却已随风飘逝,留下的是痛苦是灾难,是貌合神离的悲惨结局。真是越思越想,越令人肝肠欲断,无颜回江东。诗的"原注"是:

与映霞结合事,曾记在日记中。前尘如梦,回想起来,还同昨天的事情一样。

一部《日记九种》饱含了诗人对王映霞所有的情,全部的爱,泣天地,惊鬼神,至今回想起来,还历历在目,犹如昨日。然而,这毕竟是凋谢的黄花,过眼的烟云了。一切都随风而去。

《毁家诗纪》第十一首:

戎马间关为国谋,南登太姥北徐州。

荔枝初熟梅妃里,春水方生燕子楼。

绝少闲情怜婢女,满怀遗憾看吴钩。

闺中日课阴符读,要使红颜识楚仇。

这首诗的大意是,抗战军兴后,自己只顾国家民族的大业,而忽略了对妻子的教育和引导,以导致她目光短浅,认不清形势,摆不正位置,作出了既荒唐又可悲的事情。

诗的原注中说王映霞不关心时事,一味地追求生活的舒适安逸,连她自己也是自认不讳的。

"卢沟桥"事变后,她误认为,这场战争也和过去经历的数次的军阀混战一样,躲避一时很快就会过去的,所以既没有做好吃苦的准备,也没有长期逃难的打算,仍与平常一样,行则要汽车,住则要洋楼。不管前方将士如何流血奋战,马革裹尸,自己还是该游山时游山,该玩水时玩水。这真是"商女不知亡国恨,隔江犹唱后庭花。"

郁达夫为抗战,为民族的存亡,辛劳的汗水洒遍了大江南北,而他的妻子却在后方游山玩水,诗人怎么能会"高兴"起来呢?对她"冷嘲热讽"是必然的。诗的"原注"是:

> 映霞平日不关心时事,此次日寇来侵,犹以为系一时内乱;行则须汽车,住则非洋楼不适意。伊言对我变心,实在为了我太不事生产之故。

王映霞虽然是书香门第,但骨子里流淌的却是商人的血液。金家祖上是大盐商,王家祖上是经营钱庄的。所以,她虽从小耳闻目染的是书卷,长大后又嫁给了作家,但在其心灵深处却看不起不事"生产"的穷文人,尤其羡慕的是做官的。

她也曾向郁达夫坦言,之所以会对他变心,另寻精神寄托,就是因为他太不会挣钱了。这一点,也可以说是她的家传。她的母亲当初之所以反对她和郁达夫恋爱。就是因为郁达夫没有固定的经济来源,将来肯定是要吃亏的。

特别是举家迁杭以后,王映霞的感情生活就发生了"质"的变化。在上海期间,来往他们家的都是和郁达夫一样的"文人",经济状况大致都相同,显现不出富贵贫穷。而定居杭州则不一样了,出出进进都是达官贵人,相比之下,她这个作家妻子就相形见绌了。于是,她开始不满了,希望郁达夫也能跻身官场,自己跟着去享受高官夫人的荣耀。论才学,论声望,如果郁达夫愿意的话,恐怕早就是国民政府中的要员了,绝对不是一个区区厅长能比的,但他对此却不屑一顾,一次次谢绝了蒋委员长的允诺。这一点也是王映霞所想不通的,同时也是他们夫妻最终分手的一个潜在因素。假若,郁达夫像王映霞期望的那样,步入仕途,获得一官半职,她也就不会委身什么厅长、局长了。

《毁家诗纪》第十二首:

> 贫贱原知是祸胎,苏秦初不慕颜回。
>
> 九州铸铁终成错,一饭论交竟自媒。
>
> 水覆金盆收半勺,香残心篆看全灰。
>
> 明年陌上花开日,愁听人歌缓缓来。

诗人自诩为一箪食,一瓢饮,不改其乐的颜回,而却将王映霞比作贪图富贵,不惜人格的苏秦。

王映霞之所以会失身于达官政客,是因她太爱虚荣,图富贵了,什么高尚的人格,洁白的灵魂,在她眼里都抵不上金币辉煌。俗言道,一日夫妻百日恩,百日夫妻似海深。诗人秉持的就是这种理念。妻子失身了,背叛了自己的情感和良心,尽管很伤感,但仍原谅她,夫妻名分不变,唯一变的是"情"。怎样努力,无论如何是恢复不到新婚时的那种热情了。诗的"原注"是:

> 映霞失身之夜,事在饭后,许君来信中(即三封情书中之一),叙述当夜事很详细。当时且有港币三十七万余元之存折一具交映霞,后因换购美金取去。

郁达夫言之凿凿地说夫人失身于许绍棣,应该说是有根据的,那就是许绍棣致王映霞的书信。

许绍棣虽系官僚,但毕竟是文化人出身,也喜欢舞文弄墨,附庸风雅。也许他和王映霞的交欢之夜太激动,太忘我了,竟不期然地诉诸了文字,大概希望王与自己一同欣赏,流连回忆。对许绍棣的"情书",王映霞可能是再三展读,一直沉浸在幸福的回忆中,而忘了将其收藏,不幸被发现,导致了一场夫妻大战。该诗最先见于1938年8月3日致易君左的信中,并且在诗的第四句之后还有一段文字说明:"内子事,其始固因,一饭而失身,颇可伤也。"这是诗人第一次以文字的形式向朋友坦言,王映霞已失身他人,而且是在饭后,真是悲伤之极。

《毁家诗纪》第十三首:

　　并马氾州看木奴,粘天青草覆重湖。

　　向来豪气吞云梦,惜别清啼陌鹨鸪。

　　自愿驰驱随李广,何劳叮嘱戒罗敷。

　　男儿只合沙场死,岂为凌烟阁上图。

　　氾州:地名,今湖南汉寿境内;木奴:柑桔的别名。相传三国时代吴国的丹阳太守李衡在氾州种植柑桔千余株,后柑桔长成,每年可得绢数十匹。他临死时告诉儿子说:"汝母恶我治家,故穷如是,然吾州里有千头木奴,不责汝衣食,岁上一匹绢,然可足用耳。"云梦:即云梦泽。唐孟浩然有诗云:"气蒸云梦泽,波撼岳阳楼"。李广:西汉名将。《史记》记载,他带兵打仗时能与士卒同甘共苦,与侵犯边境的匈奴前后打了七十余仗,战功卓著,名彪史册,后随大将军卫青攻击匈奴,途中迷失方向,贻误战机,受到处分,自杀身亡。罗敷:《诗经·陌上桑》云:"秦氏有好女,自名为罗敷。"后世泛指为美貌而有节操的妇女。凌烟阁上图:封建王朝,为表彰功臣而建筑的高阁,绘有功臣图像。

　　该诗的手稿中,第一句中有注:"汉寿地介于常德之间。"第八句下注:"姬企慕官职以厅长为最大荣名,每对人自称厅长夫人于以取乐。"

　　这首诗应是诗人再度赴闽前而作,地点仍在汉寿。武汉疏散后,他并没有随郭沫若等人南下,而是携妻儿老小避居汉寿。原打算在山清水秀的小县城长居下去,直到战事结束,"并马氾州看木奴,粘天青草复重湖"即是也。同年的 9 月,福建省陈公侠主席得知他已辞去政治部第三厅的职务,遂电招他回闽,共商抗日救国大计。

　　接到陈主席的电报,诗人顿时豪气猛生,决心抛开家庭的恩恩怨怨,重返沙场,为国效力。诗的"原注"是:

　　　　九月中,公洽主席复来电促我去闽从戎,我也决定为国家牺牲一切了,就只身就道,奔赴闽中。

　　抗战爆发后,出于安全考虑,王映霞一直要求全家在一起。她担心一旦郁达夫"负气离家"出走,老母幼子将陷入无人照料的困顿境地。武汉那场夫妻大战的导火索也是这个原因引起的。而这次诗人真的走了,却不知她为何没有携全家一同前往。

　　这次赴闽是官复原职,旧地重游,没有陌生之说。按道理讲,他应该携家带口一同前往,这也正是王映霞口口声声的意愿,但他却没有这样做。再之,无论从何种角度说,王映霞也应该随同前去的。其一汉寿不是她们的家乡;二是这里不在他任职的区域,没有熟人照顾。孰是孰非,只有后人去猜测了。

《毁家诗纪》第十四首:

> 汨罗东望路迢迢,郁怒熊熊火未消。
>
> 欲驾飞涛驰白马,潇湘浙水可通潮?

该诗的手稿,题为《九月初旬离汉寿拟去南洋,风雨下沅湘,遥望汨罗》。1938 年 10 月 1 日,诗人将这首诗连同其作品寄给陆丹林时,又将题定为《风雨下沅湘遥望汨罗》,最早见于 1938 年 10 月 15 日香港的《大风》杂志。

这首诗写于赴闽途中。诗人途经汨罗,突然间风雨大作,似有为壮士远征送行而奏乐之意,禁不住意气风发,引吭高歌。大有风萧萧兮易水寒,壮士一去兮不复返之气魄。同时,面对波涛翻滚,浪花飞涌的东逝水,遥思两千年前忧愤国事,无力回天,怀石自沉于江的屈原,对祖国所遭的灾难更增加了几分忧虑和不安。他恨不能跃马挥戈,斩尽杀绝所有的侵华倭寇,还我中华大地永远繁荣兴旺。诗人是爱国的,然而他所热爱的祖国却正在蒙受耻辱,横遭血光。诗人是爱家的,然而他所心爱的妻子却背叛他与友人私通。这一切,都令诗人的心在流血,而且是汨汨鲜血。诗的"原注"是:

> 风雨下沅湘,东望汨罗,颇深故国之思,真有伍子胥怒潮冲杭州的气概。

此说也很伤感凄凉,大有倾尽钱塘水,也难洗尽心中羞辱之愤懑。

《毁家诗纪》第十五首:

> 急管繁弦唱渭城,愁如大海酒边生。
>
> 歌翻桃叶临官渡,曲比红儿忆小名。
>
> 君去我来他日讼,天荒地老此时情。
>
> 禅心已似冬枯木,忍再拖泥带水行。

此诗为诗人返闽途中,夜宿浙江江城时有感而发。

诗人暂居汉寿,经过田园风光,山野情趣的熏染陶冶,心中的愤火已渐渐平息,对不贞的妻子也有所原谅。可在江城听流娼所唱京剧《乌龙院》

时,又勾起了他的伤心往事。

《乌龙院》的剧情,与诗人的婚姻遭遇极其相似。此诗的原手稿是:"重入浙境,情更怯矣,酒楼听流娼卖唱,百感俱集,又恐被人传作话柄,向王姬说也。"怕人浙境,恐人耻笑,应该是诗人当时真实的心境。诗的"原注"是:

> 重入浙境,心火未平。晚上在江山酒楼听江西流娼高唱京曲《乌龙院》,终于醉不成欢;又恐他年流为话柄,作离婚的讼词,所以更觉冷然。

浙江是诗人的故乡,是生他养他的地方。这里留有他少年时代的梦幻,青年时代的豪情,中年时代的牧歌,而如今却因主政浙江教育的"禽兽"奸淫了他的妻子,羞愧难当,无颜面对这大好河山。

自幼喜欢听戏,而如今却怕听戏了。因为戏中所言,多是自己不幸命运的写照。

《毁家诗纪》第十六首:

> 此身已分炎荒老,远道多愁驿递迟。
>
> 万死干君唯一语,为侬清白抚诸儿。

此诗乃在返闽途中,行至建阳时所作。

经过一番激烈的思想斗争,自此,诗人已下定决心,离开伤心的故国故土故人,到海外去宣传抗日,即使终老蛮荒之野,也在所不惜。同时也殷殷期望妻子,能清清白白抚育3个幼儿长大成人。诗的"原注"是:

> 建阳道中,写此二十八字寄映霞,实亦决心去国,上南洋去作海外宣传,若能终老炎荒,更系本愿。

诗人毕竟也是人,儿女情长的心怀,也和普通人没有什么两样。自己将要去国赴南洋为抗战而奔走呼号,生死难料,何时回返更是未知。这时候他唯一牵挂的就是尚未成年的3个儿子。他是多么希望孩子的母亲能够洁身自好,含辛茹苦地将他们培养成国家的栋梁。该诗原稿有题,名为《建阳道中有寄》,内有小注:"王出小儿三人尚居汉寿。"最早见于1938年9月28日致王映霞的信中。

《毁家诗纪》第十七首:

> 去年曾宿此江滨,旧梦依依绕富春。
>
> 今日梁空泥落尽,梦中难觅去年人。

此诗系诗人旧地重游,追思往事,念及旧人,睹物生情之作。旧人当指王映霞。诗的"原注"是:

> 宿延平馆舍,系去年旧曾宿处,时仅隔一年,而国事家事竟一变至此!

的确,过去的一年,对祖国,对诗人的家,都是多灾多难的。对祖国,日寇的铁蹄几乎踏遍半个中国,烧杀抢掠,奸淫施暴,惨不忍睹,令人发指。对家庭,先是老母亲饿死故里,继之是夫妻感情生变,险些妻离子散,家将不家。这一年,真是应了一句古语,国破家亡。

《毁家诗纪》第十八首:

> 千里行程暂息机,江山依旧境全非。
>
> 身同华表归来鹤,门掩桃花谢后扉。
>
> 老病乐天腰渐减,高秋樊素貌应肥。
>
> 多情不解朱翁子,骄俗何劳五牡骓。

该诗的手稿题为《舟泊洪山桥,是两年前与姬共游赏处》,1938 年 10 月 1 日,寄给陆丹林时改题为《舟泊洪山桥颇多柳往雪来之感》,最早见于 1938 年 10 月 15 日的《大风》杂志。此诗系诗人去国赴南洋途中所作,故有"江山依旧境全非"之感慨,同时又引发了他对朱老夫子皓首穷经为当官的理解,但对他为官后不能原谅贫贱时离他而去妻子的行为表示了不满。既然对朱老夫子覆水难收表示了不满,那就说明,他对王映霞的错误也给予了宽恕。诗的"原注"是:

> 船到洪山桥下,系与映霞同游之地,如义心楼之贴沙,为映霞爱吃的鲜鱼,年余不到,风景依然,而身世却大变了。映霞最佩服居官的人,她的倾倒于许君,也因为他是现任浙江最高教育行政长官之故。朱翁子皓首穷经,终为会稽郡守,古人量似太窄,然亦有至理。

诗人对王映霞始终是有情有义的。他不满意王映霞的虚荣,厌恶她的骄横跋扈;但他曾努力去理解,去探索她的内心世界。也想尽最大能耐原谅她的过失。希望这个千疮百孔的家能够复原。诗人的宽大宽容,和良苦用心在这里也可见一斑了。

《毁家诗纪》第十九首:

> 一纸书来感不禁,扶头长夜带愁吟。

谁知元鸟分飞日，犹剩冤禽未死心。

秋意着人原瑟瑟，侯门似海故沉沉。

沈园旧恨从头数，泪透萧郎蜀锦衾。

写作此诗时，诗人已决心断绝对妻子的所有情义，不再流连忘返。导致他下此决心的原因，是王映霞的浙江之行。他离开汉寿不久，王映霞不顾母老儿幼，更不顾他的情感，只身去了浙江。用诗人的话说，她这是旧情未忘。既然她已身在曹营心在汉，那么，是去是留，一切都顺其自然了。诗的"原注"是：

> 到闽后即接映霞来书，谓终不能忘情独处，势将于我不在中，去浙一行。我也已经决定了只身去国之计，她的一切，只能由她自决，顾不得许多了。但在临行之前，她又从浙江赶到了福州，说将痛改前非，随我南渡，我当然是不念旧恶的人，所以也只高唱一阕《贺新郎》词，投荒到这炎海中来了。

从这首诗的"原注"中得悉，诗人到福州不久，曾接到王映霞的一封书信，大意是说要回浙江一趟，处理一些未了的琐事云云。对王映霞乘自己不在时，独自回浙江一事，郁达夫甚是敏感，他以为这是王映霞仍未忘怀许绍棣，明目张胆地去苟合。出于义愤，和弱者最无奈的报复手段，他接到王映霞的信后，曾分别打电报给浙江省政府几个大的机关和友人，寻觅王映霞的行踪。

王映霞这次独自回浙，彻底断了郁达夫对她尚有的那一丝情感，完全是无所谓了，你来闽也好，不来也罢，任尔自由。幻想破灭了，终老炎荒的信念更增加了几分坚定。

他们全家避居汉寿时，许绍棣与孙多慈正在热恋中。思之前后，王映霞只有随郁达夫相聚福州一途可走了。若不然，得悉郁达夫往浙江打电报寻觅一事，早就暴跳如雷了，但是她忍了，而且很屈辱地任其摆布了——让去福州就去福州，让去南洋就去南洋。

《毁家诗纪》中的词一阕是：

贺新郎

忧患余生矣！

纵齐倾钱塘潮水，奇羞难洗。

欲返江东无面目,曳尾涂中当死。

耻说与,衡门墙茨。

亲见桑中遗芍药,学青盲,假作痴聋耳。

姑忍辱,毋多事。

匈奴未灭家何恃?

且由他,莺莺燕燕,私欢弥子。

留取吴钩挢大敌,宝剑岂能轻试?

歼小丑,自然容易。

别有戴天仇恨在,国倘亡,妻妾宁非妓?

先逐寇,再驱雉。

郁达夫是一个真正的爱国主义战士,处处时时都是以国为重家为轻。许绍棣勾引了他的妻子,他的妻子红杏出墙,作出了越轨之举,使他蒙羞。但是在大敌当前,他忍了,从没因"家"事而贻误投身抗战的大事。

从武汉到汉寿再至福州。这期间,他除到各大战区视察慰问之外,还奋笔疾书,撰写了大量宣传抗日救国的文章,并自觉地转换方向,减少那种闲适的游记文字的写作,而是以其匕首投枪式的战斗杂文,来为抗日战争呐喊。像《战时的文艺作家》、《日本的娼妓与文士》、《战时的小说》、《我们只有一条路》、《政治与军事》、《国与家》、《地大物博人口众多》等就是在他"蒙羞"期间写的。

国事和家事,孰重孰轻,诗人是很分明的。尽管和许绍棣的仇"不共戴天",但与抗战相比那就微不足道了。"先逐寇,再驱雉"就是这个意思。也正如词的"原注"所言。

许君究竟是我的朋友。她奸淫了我的妻子,自然比敌寇来奸淫要强得多。并且大难当前,这些个人小事,亦只能暂时搁起,要紧的,还是在为我们的民族复仇!

《毁家诗纪》是诗人血和泪的结晶,它记录了郁达夫3年来间关几万里的种种遭遇和不幸,心是灰色的,苦涩的,悲凉的。

主要参考书目

《郁达夫文集》,花城出版社 1981 年版。

《郑伯奇文集》,陕西人民出版社 1988 年版。

《王映霞自传》,黄山书社 2008 年版。

王自立、陈子善:《郁达夫研究资料》,天津人民出版社 1982 年版。

《创造社资料》,福建人民出版社 1985 年版。

陈子善、王自立:《回忆郁达夫》,湖南文艺出版社 1986 年版。

黄萍荪:《风雨茅庐外纪》,香港三联书店 1985 年版。

于　听:《郁达夫风雨说》,浙江文艺出版社 1991 年版。

蒋增福:《郁达夫及其家族女性》,浙江文艺出版社 1993 年版。

郭文友:《千秋遗恨》,四川人民出版社 1996 年版。

郁云:《郁达夫传》,福建人民出版社 1984 年版。

孙百刚:《郁达夫外传》,浙江人民出版社 1982 年版。

詹亚园:《郁达夫诗词浅注》,上海古籍出版社 2006 年版。

《汪静之文集》,西泠印社 2006 年版。

责任编辑:于宏雷
封面设计:肖　辉
版式设计:韩　晔
责任校对:周　昕

图书在版编目(CIP)数据

郁达夫与王映霞/许凤才 著. -北京:人民出版社,2012.12
ISBN 978－7－01－011121－6

Ⅰ.①郁…　Ⅱ.①许…　Ⅲ.①郁达夫(1896～1945)-生平事迹②王映霞
(1905～2000)-生平事迹　Ⅳ.①K825.6

中国版本图书馆 CIP 数据核字(2012)第 179084 号

郁达夫与王映霞
YUDAFU YU WANGYINGXIA

许凤才　著

人民出版社 出版发行
(100706　北京市东城区隆福寺街 99 号)

北京瑞古冠中印刷厂印刷　新华书店经销

2012 年 12 月第 1 版　2012 年 12 月北京第 1 次印刷
开本:710 毫米×1000 毫米 1/16　印张:21
字数:300 千字　印数:0,001-3,000 册

ISBN 978－7－01－011121－6　定价:42.00 元

邮购地址 100706　北京市东城区隆福寺街 99 号
人民东方图书销售中心　电话 (010)65250042　65289539